STUDENT-ANNOTATED EDITION

FIFTH EDITION

Dicho y hecho

BEGINNING SPANISH

LAILA M. DAWSON
University of Richmond
ALBERT C. DAWSON
University of Richmond

With contributions from
Dulce M. García
City University of New York

Narrative Illustrations by
Luis F. Pérez

John Wiley & Sons, Inc.
New York   Chichester   Brisbane
Toronto   Singapore

ACQUISITIONS EDITOR: Carlos Davis
DEVELOPMENT EDITOR: Nancy Perry
MARKETING MANAGER: Leslie Hines
TEXT AND COVER DESIGN: Kenny Beck
MANUFACTURING MANAGER: Mark Cirillo
PHOTO EDITOR: Mary Ann Price
PHOTO RESEARCHER: Jennifer Atkins
ILLUSTRATIONS COORDINATOR: Anna Melhorn
"ANTONIO" CARTOONS: Jeff Hall
MAPS: Alice Thiede, Carto Graphics
This book was set in New Aster by University Graphics, Inc. and
printed and bound by Donnelley/Willard. The cover was printed by Lehigh Press.

Library of Congress Cataloging-in-Publication Data

Dawson, Laila M., 1943–
    Dicho y hecho : beginning Spanish / Laila M. Dawson, Albert C.
Dawson ; with contributions from Dulce M. García ; narrative
illustrations by Luis F. Pérez.—5th ed.
        p.   cm.
    Includes bibliographical references.
    ISBN 0-471-14018-X (cloth : alk. paper)
    1. Spanish language—Textbooks for foreign speakers—English.
2. Spanish language—Grammar.   I. Dawson, Albert C., 1939– .
II. García, Dulce M.   III. Title.
PC4129.E5D38   1996
468.2'421—dc20   96-19751
                                                        CIP
Printed in the United States of America

10 9 8 7 6 5 4 3 2 1

■ PREFACE

¡Bienvenidos! Welcome to the fifth edition of *Dicho y hecho*! To those of you who are familiar with this book, welcome back. To those of you who are new to *Dicho*, we hope you'll enjoy it as much as the many instructors have who have used it over the years and whose comments have inspired and shaped the exciting new features in this edition.

Dicho y hecho is a carefully crafted, classroom-tested text. It has been enthusiastically praised by teachers and students alike for its straightforward, easy-to-implement, lively, and highly successful approach to teaching and learning Spanish.

Dicho offers you these special features:

Fundamentals of the program

- A visual component that uses a cast of identifiable characters to allow the student to relate and react to situations that reflect the theme, vocabulary, functions, and structures of each chapter.

- Thematic vocabulary that becomes active by means of multiple and progressive phases of application, ranging from identification in the introductory drawings to personal expression and situational conversations.

- A clear, uncomplicated presentation of language structures that allows students to study easily on their own.

- A creative array of classroom-tested exercises and activities that moves students from controlled to creative responses within the context of a particular theme, idea, or situation.

- A focused presentation of culture that provides insightful "windows" into Hispanic daily life in the concise *Noticias culturales* and a more comprehensive introductory view of Hispanic countries and cultures in the *Panorama cultural* sections.

- A variety of components with accompanying communicative activities designed to work together to (1) bring interesting diversity to each class day and (2) provide good pace and rhythm to the class through teacher-to-student, student-to-student, and small group interaction.

Features new to this edition:

- An all new artistic presentation rendered by a Hispanic artist.
- Revised and updated vocabulary, which includes the introduction of an entirely new and timely vocabulary theme: **La comunicación, la tecnología y el mundo de negocios.**

- Revised presentation of vocabulary—vocabulary presented subsequent to each two-page chapter-opener drawing now appears in small thematic segments and is tied to specific exercises.
- The grammatical scope and sequence have been slightly modified to seek better balance and distribution.
- Contextualization within the exercises and activities has been enhanced.
- A greater variety of exercises and activities is presented with increased opportunity for open-ended/creative responses and paired/group collaborative work.
- A greater number of authentic realia-based exercises.
- *Conversaciones* have been rewritten or revised to enhance the natural flow of the dialog and to incorporate the cultural and personal experiences of the text characters.
- The *Panorama cultural* sections now appear in an attractive new design that presents revised and new interesting factual information on each country. This information is enhanced by color maps, beautiful color photos, and intriguing *curiosidades* that pique the interest of the reader.
- A completely new *Rincón literario* component briefly introduces the students to literature representing each of the major Spanish-speaking areas of the world.
- Developmental reading strategies have been added to accompany the *Panorama cultural* sections in Chapters 1–7 and all *Rincón literario* sections.
- The *En resumen* component now presents two sections: *Conversando*, emphasizing speaking skills, and *De mi escritorio*, which helps students to develop their writing skills within a controlled context.
- Brief *Pronunciation Check* sections now appear in Chapters 1–5 in order to recycle key points presented in the preliminary *La pronunciación* chapter.
- Each *Estructura* section is introduced by a delightful cartoon featuring **Antonio Tucán**, **Julia Quetzal**, and **Miguelito**.
- Study hints written by students for students have been placed throughout the text.

Dicho y hecho's many learning components give you increased flexibility

The *Dicho y hecho* complete first-year program includes

- The main student textbook of 14 chapters.
- An Annotated Instructor's Edition with suggestions for presentation and reinforcement of material, suggested procedure for student preparation, and sample syllabi.
- Accompanying transparencies of all drawings used in exercises and activities, including the chapter-opener illustrations without the vocabulary labels, plus accompanying transparencies of key grammar points for classroom presentation.

- A workbook/laboratory manual composed of *Integración: ejercicios escritos*, designed to practice writing skills and to reinforce classroom activity, and *Integración: manual de laboratorio*, which coordinates with the laboratory tape program to provide practice and reinforcement of the vocabulary and grammar for each chapter as well as practice in listening comprehension.
- A laboratory tape program that coordinates with the laboratory manual, *Integración: manual de laboratorio*.
- A student tape/CD including the pronunciation materials in the preliminary chapter, the *Conversaciones* from each chapter, and the eight *Rincón literario* selections.
- A testing program that tests chapter structures, vocabulary, and cultural information.
- A text-specific videotape that is coordinated to the cultural, thematic, and functional content of each of the textbook chapters.
- An Interactive Multimedia CD-ROM (PC and MAC) integrated with the text and featuring pronunciation and listening exercises, vocabulary and grammar acquisition, and cultural and literary readings.
- An *Intensive Exercises* booklet for use in class and in small-group practice sessions.

Chapters are organized into easy-to-teach sections

Each chapter is introduced by an overview that includes the goals for communication, structures, and areas of cultural exploration. Then come the following sections (organization varies slightly in Chapter 1):

Bien dicho   Each unit of vocabulary is based on a theme applicable to the student's life and to survival situations in the Spanish-speaking world. An exciting double-page illustration visually presents much of the chapter's vocabulary. Items are identified in both Spanish and English for ease of use. Introductory exercises practice vocabulary with visual cues and the application of the vocabulary to areas of personal and general reference. Theme vocabulary is contextually used in each *Conversación*. Additional vocabulary is presented in thematic segments as needed throughout the chapter and is subsequently practiced and reinforced through vocabulary- and/or grammar-based exercises and activities.

Conversación   The purpose of this section is to provide a concise, practical, and natural context for application of some of the chapter's functions, themes, vocabulary, and grammar, without sacrificing authentic language. These short situational conversations, designed for oral practice, are followed by a brief exercise to check student retention of the content or by an *Actividad* designed to create on-the-spot situations in the classroom for immediate creative, contextual application of the vocabulary.

Noticias culturales   These short readings in Spanish expand upon a cultural aspect of the chapter theme. They are followed by a set of questions and/or a short comprehension activity to help reinforce the passage's content.

Estructura   Each segment of grammar is introduced by a label that shows for what purpose (function) it may be used when communicating in Spanish. Students first encounter a humorous cartoon that offers a visual example of the structure and then a simple explanation followed by written examples, charts, formulae, and other visual presentations. Each grammatical structure is presented in its most commonly used form without complex ramifications. Grammatical structures, functions, and chapter topics are integrated whenever possible, and structures are reintroduced and recycled through practice in subsequent chapters.

Study Hints from Students   Chosen by their professors, students using the Fourth Edition in schools across the country reviewed the text and came up with many useful tips to share with their peers. Coming from these students' own experiences in understanding and studying the material in *Dicho y hecho*, these *student-to-student* Study Hints are found in the margins right next to the grammar or vocabulary point they address.

Práctica y comunicación   These sets of practice exercises and activities follow all presentations of vocabulary and grammar. They are designed to move the student gradually from controlled to open-ended communication. Controlled practice is fast-moving and contextualized, with an emphasis on quickly mastering the mechanical use of the vocabulary or structure in preparation for more meaningful communication. More open-ended exercises and activities provide ample opportunity for student interaction in pairs and groups. Other activities provide students the opportunity to apply the vocabulary and grammar creatively in specific situations. These include mini-dramas (both prepared and spontaneous), oral activities and presentations, mime, and so on. All direction lines after the first half of Chapter 1 are in Spanish.

En resumen   This culminating component of the chapter serves as a synthesis of the chapter's topic, functions, grammar, and vocabulary. Beginning with Chapter 2, it is divided into two segments: *Conversando* and *De mi escritorio*. The former usually involves a structured conversation, a role-play , or a situational dramatization. The latter involves carefully directed writing assignments ranging from brief descriptions to postcards and letters to the culminating dramatic skits found in Chapter 14.

Panorama cultural   This appealing combination of readings, color maps, color photos, and intriguing *curiosidades* comes at the end of each chapter and helps acquaint students with "Big C" Hispanic culture—the geography, history, demographics, art, music, and other facets of the Hispanic world. These reading selections, which progress in length across the book, are devoted to the different countries and regions of the Spanish-speaking world. The first seven *Panorama cultural* sections are introduced by *Reading Strategies*, which guide the student in learning how to skim and scan basic informational material in order to glean key historical, cultural, and geographical facts. Comprehension exercises and activities that help students synthesize and apply the information from the readings and photos follow each *Panorama cultural*.

Repaso de vocabulario activo   At the end of each chapter, the active vocabulary (without translations) is presented in a checklist alphabetized by parts of speech. To provide an additional context, nouns and expressions are presented in thematic subgroups.

Autoprueba y repaso   Review exercises at the end of each chapter may be used by students individually or in groups as an excellent study aid for tests. They provide a brief overview of the vocabulary and structures of the chapter. An Answer Key for the review exercises appears in *Apéndice 2.*

Rincón literario   This special new feature introduces first-year students to Hispanic literature through brief and varied selections. *Rincón literario* sections appear after Chapters 3, 6, 8, and 9–13 in order to correspond to the cultural and geographical unit(s) just completed, for example, "Los hispanos en los Estados Unidos." These literary selections are prefaced by concise biographical information on each author and by *Reading Strategies* which focus on developing the student's ability to identify more abstract themes such as love or justice and to be aware of descriptive setting, the passage of time, the narrator's role, and the like.

Reference tools   At the end of the book are the following reference tools: paradigms of regular, stem-changing, orthographic-changing, and irregular verbs; answers to review exercises; Spanish-English and English-Spanish vocabularies (active vocabulary labeled by chapter); and the index.

¡Que les sirva bien y que gocen de la experiencia!

Laila M. Dawson
Albert C. Dawson

To ERIC,
our eclectic spirit, whose adopted land is Mexico.

To SHEILA,
our gentle spirit, whose heart is in Ecuador.

ACKNOWLEDGMENTS

The professional and personal support of many individuals has been instrumental and indispensable in the development of this fifth edition of *Dicho y hecho*.

A very special and separate commendation should be paid to Dr. Dulce García of the City University of New York, who has brought her own flair for teaching and Hispanic culture into the text through her development of the *Conversaciones* and the cultural information for the *Noticias culturales* and *Panorama cultural* sections. She has always been upbeat and exciting to be around as she generously offered her respected perspectives on various facets of the text.

We are grateful to the loyal users of *Dicho y hecho* who over the years have continued to provide valuable tips, insights, and suggestions for improvements of the text.

For their critically important observations and comments, we wish to thank the following reviewers from across the nation:

Reviewers for the Fifth Edition

Renée Andrade, *Mt. San Antonio College;* Michael Beykirch, *Corning Community College;* Sarah E. Blackwell, *University of Georgia, Athens;* William J. Calvano, *Temple University;* Carmen DeMiguel-Márquez, *Paradise Valley Community College;* Lisa Donde Green, *Bucks County Community College;* Dulce M. García, *City College of New York, CUNY;* Trinidad González, *CA State Polytechnic University;* Mary Anne Kucserik, *Cedar Crest College;* Sivya Molins, *Community College of Philadelphia;* Marilyn Palatinus, *Pellissippi State Technical Community College;* Rubén Pelayo, *Southern Connecticut State University;* Louise Rozwell, *Monroe Community College;* Ingrid Watson-Miller, *Hampton University.*

Reviewers of Previous Editions

Nelson Arana, *University of South Dakota;* Franklin Attoun, *College of the Desert;* Carolyn Bruno, *University of New Haven;* Gwyn E. Campbell, *Washington and Lee University;* Antonio Candau, *Southwest Texas State University;* Sharon Cherry, *University of South Carolina, Spartanburg;* Daisy Defilipis, *State University of New York, York College;* Carole Demmy, *Butler Community College;* Tony Dutton, *Angelo State University;* Bruce Gamble, *Owens Technical College;* Paula Heusinkveld, *Clemson University;* John Lipski, *University of Florida;* Beth Markowitz, *Brandeis University;* Terry Mount, *University of North Carolina, Wilmington;* Joanne Olson-Biglieri, *Lexington Community College;* Stephen A. Sadow, *Northeastern University;* Candido Tafoya, *Eastern New Mexico University;* Robert M. Terry, *University of Richmond;* Mirtha Toledo, *Valparaiso University;* Aida Toplin, *University of*

North Carolina, Wilmington; David Torres, *Angelo State University;* Robert Valero, *George Washington University;* Carmen Vidal-Lieberman, *University of Maryland, College Park;* Ann S. White, *Michigan State University;* Jeanne Yanes, *University of Missouri, Kansas City.*

Student Reviewers

We are very grateful to have had a wide range of students across the country tell us what they thought of the explanations, activities, and overall approach of *Dicho y hecho* as they used the Fourth Edition. They told us what worked and what did not and took the time to write the *Study Hints* that appear in this edition, sharing with their peers tips on how to study and how to avoid pitfalls in Spanish. We are deeply indebted to the following student reviewers and to the faculty who nominated them to participate in this process: *Angelo State University*—Professor: David O'Dell, Student Reviewer: Marsha Wink; *Bucks County Community College*—Professor: Lisa Donde Green, Student Reviewer: Jennifer Rapposelli; *City College of New York*—Professor: Dulce García, Student Reviewers: Curleen Burgos, Keisha Latty; *Hampton University*—Professor: Margaret Morris, Student Reviewers: Kimberly Jackson, Damon Robinson; *Hardin-Simmons University*—Professor: Teresia Taylor, Student Reviewer: Rachel Fink; *Montana State University at Billings*—Professor: Helga Winkler, Student Reviewer: John Nickey; *Pellissippi State Technical Community College*—Professor Marilyn Palatinus, Student Reviewer: Connie Wagner; *Saint Mary's University*—Professor: Tony Farrell, Student Reviewer: Erin Dearnley-Davison; *San Bernardino Valley College*—Professor: Antonio Durante, Student Reviewers: Allison McMahon, Reylene Johnson; *Southern Connecticut State University*—Professor: Sandra Grant, Student Reviewer: Colleen O'Brien.

We are also indebted to many colleagues at the University of Richmond who, because of breadth of knowledge and experience, we constantly appealed to for help with points of grammar, vocabulary, and culture related to their native countries and areas of expertise. In particular we note the contributions and support of professors Claudia Ferman, Carlos Schwalb, Aurora Hermida-Ruiz, María Vidal, Dulce Lawrence, Humberto Risso, María Cordero, Rose Marie Marcone, F. Rodman Ganser and Steven Booth.

We feel fortunate for having been able to work with such a talented artist as Luis Pérez, whose artistic renderings bring a wonderfully Hispanic flair to the text illustrations. Also, Jeff Hall, a respected Richmond artist, has added his gifts of interpretation through the cartoons accompanying and introducing each grammatical structure.

With every edition, we become increasingly aware of the progressively more difficult nature of textbook publication, especially with the advent of new graphics technology, CD ROM programs, videos, computer software, and the like. It is for this reason that we pay a special note of recognition to Carlos Davis, Foreign Language Editor at John Wiley and Sons. His availability, his vision, his depth and breadth of experience, and his hands-on-approach gave us a continuous sense of support and direction. Also, special thanks go to Anna Melhorn, Senior Illustrations Coordinator, for her cheerful disposition, insights, and efficiency in coordinating the complex art component of the text. The entire professional staff with whom we had direct contact at Wiley was always so supportive, friendly, and wonderfully efficient. We commend Nancy Perry, Senior Developmental Editor, Mary Ann Price and Jennifer Atkins in photo research, Edward Winkleman, Senior Production Editor, Andrea Bryant, Supplements Editor, Leslie Hines, Associate Marketing Manager; Kevin Murphy in design, and many others who worked diligently behind the scenes. Likewise, Kris Swanson and Ernst Schrader, Developmental Editor and Copy Editor, respectively, were dedicated, insightful, meticulous colleagues who offered precise, on-target suggestions in multiple stages of development that gave us a better perspective on the project.

Finally, we offer special thanks to our wonderful children, Eric and Sheila, Spanish scholars in their own right, who love to explore the Hispanic world and who continue to put up patiently with their parents during the long, challenging creative process of textbook writing. Our daughter Sheila has added her artistic touch to the workbook through her caligraphy realia. Eric has drawn substantially on his study abroad and teaching experience, as well as his keen sense of humor, to add special touches, including the development of the cartoon series that accompany each *Estructura*.

L.M.D.
A.C.D.

■ CONTENTS

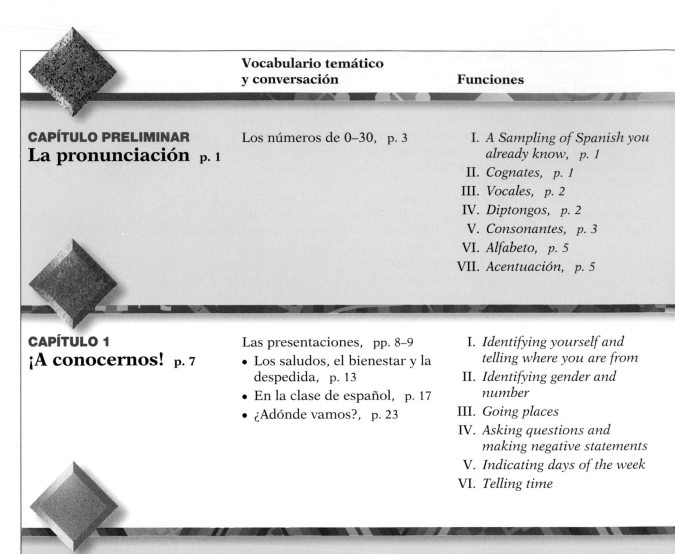

	Vocabulario temático y conversación	Funciones
CAPÍTULO PRELIMINAR **La pronunciación** p. 1	Los números de 0–30, p. 3	I. *A Sampling of Spanish you already know,* p. 1 II. *Cognates,* p. 1 III. *Vocales,* p. 2 IV. *Diptongos,* p. 2 V. *Consonantes,* p. 3 VI. *Alfabeto,* p. 5 VII. *Acentuación,* p. 5
CAPÍTULO 1 **¡A conocernos!** p. 7	Las presentaciones, pp. 8–9 • Los saludos, el bienestar y la despedida, p. 13 • En la clase de español, p. 17 • ¿Adónde vamos?, p. 23	I. *Identifying yourself and telling where you are from* II. *Identifying gender and number* III. *Going places* IV. *Asking questions and making negative statements* V. *Indicating days of the week* VI. *Telling time*
CAPÍTULO 2 **La familia** p. 37	La familia, pp. 38–39, 40 • Algunas profesiones y vocaciones, p. 42 • Las descripciones, p. 50 • Las nacionalidades, p. 55 • ¿Dónde están?, p. 57 • ¿Cómo están?, p. 60	I. *Numbers from 30–100 and telling age with* **tener** II. *Expressing possession* III. *Describing people and things* IV. *Indicating nationality* V. *Indicating location* VI. *Describing conditions* VII. *Describing people, places, and things*

Estructuras	Cultura y literatura	Síntesis y repaso
	"Sensemayá", Nicolás Guillén, p. 6	
Los pronombres personales y **ser + de**, p. 11 Artículos y sustantivos, p. 19 **Ir + a +** destino, p. 22 Preguntas y declaraciones negativas, p. 25 Los días de la semana, p. 26 ¿Qué hora es?, p. 27	NOTICIAS CULTURALES: Los saludos entre hispanos, p. 16 PANORAMA CULTURAL: El mundo hispano, p. 32 **Mapa** *Reading Strategies*	EN RESUMEN: • **Conversando:** ¡A conocernos!, p. 31 REPASO DE VOCABULARIO ACTIVO, p. 34 AUTOPRUEBA Y REPASO #1, p. 35
Los números de 30–100 y **tener . . . años**, p. 44 Los adjetivos posesivos, p. 46 Los adjetivos descriptivos, p. 49 Adjetivos de nacionalidad, p. 55 **Estar** + localización, p. 56 **Estar** + condición, p. 60 **Ser** y **estar**, p. 62	NOTICIAS CULTURALES: La familia hispana, p. 48 PANORAMA CULTURAL: Los hispanos en los Estados Unidos, p. 66 **Mapa** *Reading Strategies*	EN RESUMEN: • **Conversando:** De las familias, p. 65 • **De mi escritorio:** Una descripción de una persona especial, p. 65 REPASO DE VOCABULARIO ACTIVO, p. 69 AUTOPRUEBA Y REPASO #2, p. 70

	Vocabulario temático y conversación	Funciones

CAPÍTULO 3
La comida, p. 71

En el mercado, pp. 72–73
- ¿Cuándo? ¿Cuánto?, p. 80
- Más comida y las bebidas, p. 82

I. *Talking about actions in the present*
II. *Asking for specific information*
III. *Expressing likes and dislikes*

CAPÍTULO 4
Los pasatiempos y los deportes, p. 107

Los pasatiempos y los deportes, pp. 108–109, 111
- El cuerpo humano, p. 112
- ¿Está usted enfermo?, p. 131

I. *Indicating the person that is the object of your attention*
II. *Talking about a wider variety of activities (in the present)*
III. *Talking about the weather and the seasons*
IV. *Talking about a wider variety of activities*
V. *Making future plans*

CAPÍTULO 5
La ropa, p. 143

En la tienda de ropa, p. 144–145
- Los colores, p. 149
- Las joyas, p. 153
- Los meses y unas fechas importantes, p. 164

I. *Pointing out things and persons*
II. *Indicating possession*
III. *Emphasizing possession*
IV. *Counting from 100 >*
V. *Indicating dates*
VI. *Indicating that an action has been going on for a period of time*
VII. *Emphasizing that an action is in progress*

Estructuras	Cultura y literatura	Síntesis y repaso
El presente de los verbos regulares **-ar**, **-er**, **-ir**, p. 76 Palabras interrogativas, p. 90 **Gustar**, p. 92	NOTICIAS CULTURALES: ¿Sabes que mucha de nuestra comida viene de Hispanoamérica y España?, p. 81 NOTICIAS CULTURALES: El horario hispano para las comidas, p. 89 PANORAMA CULTURAL: La cultura hispana—parte integral de los Estados Unidos, p. 98 *Reading Strategies* RINCÓN LITERARIO: Los hispanos en los Estados Unidos, "Es que duele" de Tomás Rivera, p. 104 *Reading Strategies*	EN RESUMEN: • **Conversando:** Una cena especial, p. 97 • **De mi escritorio:** Una carta personal, p. 97 REPASO DE VOCABULARIO ACTIVO, p. 102 AUTOPRUEBA Y REPASO #3, p. 103
El **a** personal, p. 115 Verbos con la forma **yo** irregular, p. 117 El tiempo y las estaciones, p. 123 Verbos con cambios en la raíz, p. 127 **Ir + a** + infinitivo, p. 133	NOTICIAS CULTURALES: El fútbol: rey de los deportes, p. 121 PANORAMA CULTURAL: España, situación geográfica, país de contrastes, p. 136 **Mapa** *Reading Strategies*	EN RESUMEN: • **Conversando:** De vacaciones en las Bahamas, p. 135 • **De mi escritorio:** Una descripción de una persona imaginaria, p. 135 REPASO DE VOCABULARIO ACTIVO, p. 140 AUTOPRUEBA Y REPASO #4, p. 141
Los demostrativos, p. 151 Posesión con **de**, p. 157 Los adjetivos y pronombres posesivos, p. 158 Los números de cien a. . . , p. 160 ¿Cuál es la fecha?, p. 164 **Hacer** para expresar tiempo, p. 166 El presente progresivo, p. 168	NOTICIAS CULTURALES: La ropa tradicional, p. 155 PANORAMA CULTURAL: Las artes en España, p. 172 *Reading Strategies*	EN RESUMEN: • **Conversando:** En la tienda de ropa, p. 171 • **De mi escritorio:** Una carta de un(a) estudiante de España, p. 171 REPASO DE VOCABULARIO ACTIVO, p. 178 AUTOPRUEBA Y REPASO #5, p. 179

	Vocabulario temático y conversación	Funciones

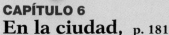

CAPÍTULO 6
En la ciudad, p. 181

En la ciudad, pp. 182–183, 184
- ¿Cuándo?, p. 194
- En la oficina de correos, p. 196
- El dinero y el banco, p. 201

I. *Indicating an impersonal or anonymous action*
II. *Talking about past actions*
III. *Expressing additional actions in the past*
IV. *Referring to persons and things without repeating the name*

CAPÍTULO 7
El campo y la naturaleza, p. 215

El campo y la naturaleza, p. 216–217, 218

I. *Expressing additional actions in the past*
II. *Indicating an action that took place some time ago*
III. *Indicating to whom something is done*
IV. *Expressing likes, dislikes and interests*
V. *Answering the questions WHAT and TO WHOM without repeating names*
VI. *Making indefinite and negative references*

CAPÍTULO 8
En el hogar, p. 247

En el hogar, pp. 248–249, 251
- Poner la mesa, p. 250
- Los quehaceres domésticos, p. 252

I. *Describing in the past*
II. *Talking about and describing persons, things, and actions in the past*
III. *Indicating where and when*
IV. *To refer to persons without repeating the name*
V. *Stating purpose, destination, cause, and motive*

Estructuras	Cultura y literatura	Síntesis y repaso
El **se** impersonal y el **se** pasivo, p. 188 El pretérito, p. 191 Verbos con cambios en la raíz en el pretérito, p. 198 Pronombres de complemento directo, p. 202	NOTICIAS CULTURALES: La plaza, p. 197 PANORAMA CULTURAL: España—un mosaico de culturas, p. 206 *Reading Strategies* RINCÓN LITERARIO: España, poemas de Gloria Fuertes, p. 212 *Reading Strategies*	EN RESUMEN: • **Conversando:** Mi pueblo, p. 205 • **De mi escritorio:** Una descripción de mi visita a una ciudad, p. 205 REPASO DE VOCABULARIO ACTIVO, p. 210 AUTOPRUEBA Y REPASO #6, p. 211
Otros verbos irregulares en el pretérito, p. 222 **Hacer** para expresar *ago*, p. 227 Pronombres de complemento indirecto, p. 229 Verbos similares a **gustar**, p. 232 Los pronombres de complemento directo e indirecto, p. 234 Palabras afirmativas y negativas, p. 237	NOTICIAS CULTURALES: Ir de excursión, p. 226 PANORAMA CULTURAL: Imágenes de México, p. 240 **Mapa** *Reading Strategies*	EN RESUMEN: • **Conversando:** Contando una historia imaginaria, p. 239 • **De mi escritorio:** Una descripción de mi aventura, p. 239 REPASO DE VOCABULARIO ACTIVO, p. 244 AUTOPRUEBA Y REPASO #7, p. 244
El imperfecto, p. 255 El pretérito y el imperfecto, p. 258 Preposiciones de lugar y otras preposiciones útiles, p. 265 Pronombres preposicionales, p. 269 **Para** y **por**, p. 270	NOTICIAS CULTURALES: Las casas coloniales, p. 264 PANORAMA CULTURAL: México en su historia, p. 274 RINCÓN LITERARIO: México, "Las sandías" de Nellie Campobello, p. 279 *Reading Strategies*	EN RESUMEN: • **Conversando:** La casa de mis sueños, p. 273 • **De mi escritorio:** Una descripción de un sueño, p. 273 REPASO DE VOCABULARIO ACTIVO, p. 277 AUTOPRUEBA Y REPASO #8, p. 278

	Vocabulario temático y conversación	Funciones

CAPÍTULO 9
La vida diaria y las relaciones humanas,
p. 281

En la residencia estudiantil, pp. 282–283
- Las relaciones humanas, p. 290

I. *Talking about daily routines and emotions or conditions*
II. *Talking about each other*
III. *Describing how actions take place*
IV. *Describing what has happened*
V. *Describing what had happened*

CAPÍTULO 10
Coches y carreteras,
p. 315

La estación de servicio y la carretera, p. 316–317, 319
- ¡Reacciones!, p. 320

I. *Expressing subjective reactions to the actions of others*
II. *Expressing wishes and requests that affect the actions of others*
III. *Expressing emotional reactions and feelings about the actions of others*
IV. *Giving orders and instructions to others*
V. *Giving orders and suggestions to a group in which you are included*

CAPÍTULO 11
En el aeropuerto,
p. 353

En el aeropuerto, pp. 354–355, 356
- La estación de ferrocarril, p. 371

I. *Giving orders and advice to family and friends*
II. *Giving orders and advice to family and friends (cont.)*
III. *Expressing doubt, uncertainty, or disbelief*
IV. *Using impersonal expressions to state recommendations, emotional reactions, and doubts*
V. *Expressing reactions to recent events*

Estructuras	Cultura y literatura	Síntesis y repaso

Los verbos reflexivos, p. 286

Los verbos reflexivos para indicar una acción recíproca, p. 291

Los adverbios, p. 295

El presente perfecto, p. 297

El pasado perfecto, p. 303

NOTICIAS CULTURALES:
Los días festivos, p. 293

PANORAMA CULTURAL:
La América Central, p. 306
Mapa

RINCÓN LITERARIO:
La América Central—Nicaragua, "Las loras" de Ernesto Cardenal, p. 312
Reading Strategies

EN RESUMEN:
- **Conversando:** Inventando historias, p. 305
- **De mi escritorio:** Una descripción de un día típico, p. 305

REPASO DE VOCABULARIO ACTIVO, p. 310

AUTOPRUEBA Y REPASO #9, p. 311

El subjuntivo, p. 322

El subjuntivo en los mandatos indirectos, p. 326

El subjuntivo con expresiones de emoción, p. 330

Los mandatos **usted** y **ustedes**, p. 335

Los mandatos **nosotros**, p. 340

NOTICIAS CULTURALES:
La Carretera Panamericana, p. 334

PANORAMA CULTURAL:
Las Antillas mayores, p. 344
Mapa

RINCÓN LITERARIO:
Las Antillas—Cuba, "Versos sencillos" de José Martí, p. 350
Reading Strategies

EN RESUMEN:
- **Conversando:** Un viaje en automóvil, p. 342
- **De mi escritorio:** Cartas a los "desesperados", p. 342

REPASO DE VOCABULARIO ACTIVO, p. 348

AUTOPRUEBA Y REPASO #10, p. 349

Los mandatos **tú** afirmativos, p. 358

Los mandatos **tú** negativos, p. 362

El subjuntivo con expresiones de duda e incredulidad, p. 366

El subjuntivo con expresiones impersonales, p. 368

El presente perfecto de subjuntivo, p. 373

NOTICIAS CULTURALES:
Compañías aéreas hispanas, p. 369

PANORAMA CULTURAL:
Colombia y Venezuela, p. 378
Mapa

RINCÓN LITERARIO:
La América del Sur—Colombia, "¡Me habían visto!" de Gabriel García Márquez, p. 384
Reading Strategies

EN RESUMEN:
- **Conversando:** Un viaje por avión, p. 376
- **De mi escritorio:** *Una carta de consejos a mi hermano(a)*, p. 377

REPASO DE VOCABULARIO ACTIVO, p. 382

AUTOPRUEBA Y REPASO #11, p. 382

	Vocabulario temático y conversación	Funciones

CAPÍTULO 12
En el hotel, p. 387

En el hotel, pp. 388–389, 390
• Los números ordinales, p. 399

I. *Making indefinite and negative references*
II. *Ways to talk about unspecified or non-existent persons or things*
III. *Comparing people or things that have the same qualities or quantities*
IV. *Comparing unequal qualities or quantities*
V. *Talking about what might or would happen in certain circumstances*

CAPÍTULO 13
El mundo de hoy,
p. 419

El mundo de hoy: el medio ambiente y la sociedad, pp. 420–421, 424

I. *Reacting to past actions or events*
II. *Expressing reactions to past events*
III. *Posing hypothetical situations*
IV. *Expressing hopes, both real and unreal*

CAPÍTULO 14
La comunicación, la tecnología y el mundo de los negocios, p. 451

La comunicación, la tecnología y el mundo de los negocios, pp. 452–453
• Solicitando empleo, p. 456

I. *Talking about what will happen*
II. *Talking about pending actions*
III. *Expressing condition and purpose*
IV. *Writing simple business letters*
V. *Describing and discussing general situations and topics in the present, past, and future*

Estructuras	Cultura y literatura	Síntesis y repaso
Más palabras afirmativas y negativas, p. 393 El subjuntivo con referencias a lo indefinido o inexistente, p. 395 Comparaciones de igualdad, p. 401 Comparaciones de desigualdad y los superlativos, p. 403 El condicional, p. 407	NOTICIAS CULTURALES: Acomodaciones en el mundo hispano, p. 400 PANORAMA CULTURAL: Los países andinos: el Perú, Bolivia y el Ecuador, p. 410 **Mapa** RINCÓN LITERARIO: La América del Sur—Perú, "Masa" de César Vallejo, p. 417 *Reading Strategies*	EN RESUMEN: • **Conversando:** En el hotel Mil Estrellas, p. 409 • **De mi escritorio:** Una tarjeta postal a mi mejor amigo(a), p. 409 REPASO DE VOCABULARIO ACTIVO, p. 415 AUTOPRUEBA Y REPASO #12, p. 415
El imperfecto de subjuntivo, p. 429 El pluscuamperfecto de subjuntivo, p. 433 Cláusulas con **si**, p. 436 El subjuntivo con **ojalá**, p. 439	NOTICIAS CULTURALES: Manifestaciones estudiantiles, p. 435 PANORAMA CULTURAL: Los países del cono sur: Chile, la Argentina, el Uruguay y el Paraguay, p. 441 **Mapa** RINCÓN LITERARIO: La América del Sur—la Argentina, "Apocalipsis" de Marco Denevi, p. 448 *Reading Strategies*	EN RESUMEN: • **Conversando:** Los representantes del Congreso, p. 440 • **De mi escritorio:** Una carta a mi representante en el Congreso, p. 440 REPASO DE VOCABULARIO ACTIVO, p. 446 AUTOPRUEBA Y REPASO #13, p. 447
El futuro, p. 458 El subjuntivo después de conjunciones temporales, p. 461 El subjuntivo después de conjunciones de condición y de finalidad, p. 465 Las cartas de negocios, p. 469 Un resumen del presente, del pasado y del futuro, p. 471	NOTICIAS CULTURALES: La Internet en Hispanoamérica y España, p. 468 PANORAMA CULTURAL: Los países hispanos al frente de la tecnología mundial, p. 476	EL RESUMEN FINAL: Dramaturgo, actores y actrices REPASO DE VOCABULARIO ACTIVO, p. 479 AUTOPRUEBA Y REPASO #14, p. 480

APÉNDICE 1
Verbos 481

A. Regular verbs 481
B. Stem-changing verbs 483
C. Verbs with orthographic changes 484
D. Irregular verbs 486

APÉNDICE 2
Respuestas para las autopruebas 490

APÉNDICE 3
Definiciones de términos gramaticales 498

Vocabulario 500

Spanish–English 500
English–Spanish 509

Índice 519

Mapas

El mundo hispano 32   Los Estados Unidos 66   España 136
México 240   La América Central 306   Las Antillas 344   Colombia,
Venezuela 378   El Perú, Bolivia, El Ecuador 410   Chile, La Argentina,
El Uruguay, El Paraguay 441

KEY TO SYMBOLS THAT APPEAR IN DICHO Y HECHO

Paired or Group
Conversational Activity

Writing Activity

Headphones: the section
of the chapter indicated
is featured in the student
tape or CD that
accompanies each text

Study Hint

Pronunciation Check

HOW TO USE THIS BOOK

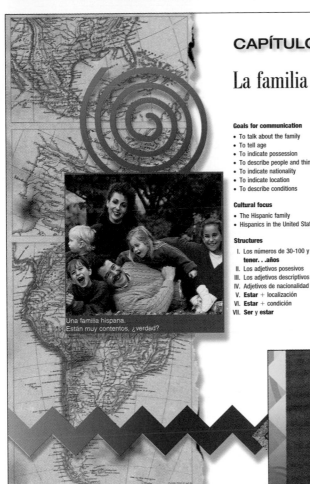

CAPÍTULO 2

La familia

Goals for communication
- To talk about the family
- To tell age
- To indicate possession
- To describe people and things
- To indicate nationality
- To indicate location
- To describe conditions

Cultural focus
- The Hispanic family
- Hispanics in the United States

Structures
- I. Los números de 30-100 y **tener. . .años**
- II. Los adjetivos posesivos
- III. Los adjetivos descriptivos
- IV. Adjetivos de nacionalidad
- V. **Estar** + localización
- VI. **Estar** + condición
- VII. **Ser** y **estar**

Una familia hispana.
Están muy contentos, ¿verdad?

A photograph and the chapter title set the scene for you in each chapter of *Dicho y hecho.* Use these elements and the list of goals as a road map to the Spanish language and culture you will learn in the chapter.

An exciting **double-page illustration** visually presents much of the chapter's vocabulary. Use the art to help you understand the new language you are learning. Items are identified in both Spanish and English to help you further.

CAPÍTULO 2 La Familia

1. grandmother 2. grandfather 3. grandparents 4. father 5. mother 6. parents 7. baby (el **bebé**, m.)
8. daughter 9. son 10. uncle 11. aunt 12. dog 13. house 14. car

Bien dicho segments present new words and expressions based on topics of everyday life and on survival situations in the Spanish-speaking world. Use this new vocabulary in the exercises and activities that follow to talk about your own interests and situations. The symbol 💠 tells you the activity is to be done with a partner or in a small group.

Notice the **Study Hints.** They were written by students across the country who were using *Dicho y hecho* and had many useful tips to share with you.

BIEN DICHO Algunas profesiones y vocaciones

1. el abogado
(la abogada)

2. la mujer de negocios
(el hombre de negocios)

3. el médico
(la médica)

4. la enfermera
(el enfermero)

5. el camarero
(la camarera)

6. la dependienta
(el dependiente)

7. la programadora
(el programador)

8. el contador
(la contadora)

9. el ama de casa

Note
1. Even though **ama** is a feminine word, it requires the article **el.** However, in the plural **las** is used rather than **los.**

   el ama de casa *but* **las amas de casa**

2. When simply stating a person's profession or vocation without further qualifiers or description, the indefinite article **un** or **una** is omitted. When an adjective is added, the indefinite article is used.

   Mi madre es **abogada**. *but*
   Mi madre es **una abogada** estupenda.

1. lawyer (m./f.) 2. business woman/man 3. doctor (m./f.) 4. nurse (m./f.) 5. waiter/waitress 6. store clerk (m./f.) 7. computer programmer (m./f.) 8. accountant (m./f.) 9. homemaker

42 Capítulo 2

D. Nuestras profesiones
En parejas, háganse las preguntas y contéstenlas.
1. ¿Cuál es la profesión o vocación de tu madre? ¿y de tu padre? **Mi. . .**
2. ¿Cuál es la profesión de tu tío favorito? ¿de tu tía favorita?
3. ¿Eres tú camarero(a)? ¿dependiente(a)?
4. ¿Tienes interés en ser abogado(a)? ¿militar? ¿profesor(a) de español? ¿hombre/mujer de negocios? **Tengo interés en ser. . .** (o) **No tengo interés en ser. . .**

Conversación

A short **Conversación** provides a natural, authentic context for the chapter's topics, communication goals, vocabulary, and grammar. Look for the symbol 💠 ; it tells you the material is part of the student audio tape or CD. Listening to the native Spanish speaker's pronunciation and intonation can help you understand and remember the text better and gives you a chance to practice Spanish pronunciation. The **Conversación** is followed by a brief comprehension check or activity so that you can immediately practice the vocabulary.

Javier conoce° a Susana   *meets*

NATALIA: Javier, quiero presentarte a mi prima Susana.
 JAVIER: Mucho gusto, Susana. ¿Eres estudiante?
SUSANA: No, soy arquitecta.

La familia **43**

JAVIER: ¡Qué bien! ¡Eres muy joven!
NATALIA: Susy es muy inteligente.
SUSANA: (*a Natalia*) ¡Gracias, prima! (*a Javier*) ¿De dónde eres, Javier?
 JAVIER: Soy del Ecuador. ¿y tú? ¿Eres boliviana como tu prima?
SUSANA: Sí, soy de Bolivia pero mis padres y mi hermano están en Chile. ¿y tu familia? ¿Tienes hermanos o hermanas?
 JAVIER: Sí, tengo tres hermanos. Ellos están en Guayaquil con mis padres.
NATALIA: (*a Javier*) Un día mi prima y yo vamos a visitar el Ecuador.
 JAVIER: (*a las chicas*) Pues, ¡mi casa es su casa!

¿Qué pasa?

Conteste las preguntas.
1. ¿Son Susana y Natalia primas o hermanas?
2. ¿Es Susana estudiante o arquitecta?
3. ¿Es Javier del Ecuador o de Bolivia?
4. ¿Están los padres de Susana en Chile o en Bolivia?
5. ¿Tiene Javier tres hermanas o tres hermanos en Guayaquil?
6. En el futuro, ¿Natalia y Susana van a visitar Bolivia o el Ecuador?

NOTICIAS CULTURALES

LA FAMILIA HISPANA

Por lo general, la familia hispana tiene más miembros que la típica *familia nuclear* (padres e hijos) norteamericana. En una casa hispana, es muy común encontrar a los padres, a los hijos y a los abuelos viviendo° juntos°. Generalmente, los hijos solteros° viven en la casa de sus padres hasta° casarse°. Muchos van a la universidad y trabajan al mismo tiempo°.

En la familia hispana, la abuela es muy importante en la educación de los nietos y nietas. Normalmente, ella es también° la persona que cuida° a los niños cuando los padres salen° o trabajan. [¡El concepto de contratar a una persona para cuidar a los niños (*babysitting*) no es frecuente entre los hispanos!]

Además° de los padres, los hijos y los abuelos, también es común encontrar a otros parientes—como tíos, tías y primos—viviendo en la misma casa o apartamento. Este tipo de familia se llama *familia extendida* y es más común en el campo° que en la ciudad.

living / together
unmarried
until / marry
same time
also
takes care of / go out

in addition to

country

¿Cuál es el abuelo? ¿y la abuela? ¿Cuántos nietos hay?

¿TÚ O USTED?

Como sabe°, en español existen dos maneras de tratar o dirigirse° a una persona: *tú* y *usted*. *Tú*, usualmente, implica informalidad; *usted*, generalmente, implica respeto, formalidad y, a veces°, cierta distancia. En la mayoría de las comunidades hispanas, los miembros de una familia se tratan de *tú*. En muchos países hispanos, sin embargo°, los hijos llaman a sus abuelos *usted* y al resto de la familia *tú*.

as you know / to address / sometimes

nevertheless

¿Cuánto sabemos? (*How much do we know?*)

¿Sí o no?

1. La típica familia hispana es nuclear (padres e hijos).
2. En las decisiones familiares, la opinión de la abuela es importante.
3. La familia extendida—abuelos, padres, hijos, tíos, etc.—es más común en la ciudad.
4. Los miembros de una familia usualmente usan *tú* para comunicarse.

Noticias culturales are short readings that expand upon a cultural aspect of the chapter theme. These brief glimpses into Hispanic culture are followed by a quick comprehension check or activity.

R. Tú y yo

En parejas, hagan preguntas y contéstenlas.

MODELO ¿bien o mal?
¿Estás bien o mal?
Estoy bien, gracias. ¿Y tú?

1. ¿contento(a) con tus clases aquí en la universidad?
2. ¿contento(a) con la vida social aquí?
3. ¿aburrido(a) con la vida social o académica?
4. ¿cansado(a) los lunes?
5. ¿enfermo(a) hoy?
6. ¿enojado(a) con tu novio(a) o con tu compañero(a) de cuarto?
7. ¿preocupado(a) por tus notas en cálculo (álgebra) (historia) (español)?

The **Estructura** section opens with a humorous cartoon, offering you a visual example of the grammatical structure and is followed by examples, charts, and other visual presentations for ease of study and review. The grammatical structures—the building blocks of the language—are presented in their most commonly used form and are integrated with the communication goals and topics of the chapter.

Estructura

VII. *Describing people, places, and things:*
ser y estar

"I used the following saying to help me remember when to use **estar** rather than **ser**: 'How you are and where you are always use the verb **estar**.' " —C. Wagner, Pellissippi State Technical Community College

A. Origen versus localización

1. **Ser** tells where the subject is from (origin).

   ¿**De dónde es Carlos?**   *Where is Carlos from?*
   Es de Chile.   *He is from Chile.*

2. In contrast, **estar** denotes location by telling where the subject is.

   ¿**Dónde está Carlos?**   *Where is Carlos?*
   Está en casa.   *He is at home.*

■ Práctica y comunicación

N. Fotografías de una visita a México
En las fotos de su viaje a México, indique a un compañero o a una compañera de clase dónde están las personas.

MODELO En esta (*this*) foto. . .
Mi primo Ricardo está en la escuela.

Ricardo

yo

mi amigo y yo

Exercises and activities are based on current, engaging topics. Many ask you to look at and interpret culturally rich photographs and drawings.

■ Práctica y comunicación

. ¿De dónde son y dónde están ahora?
ompleten en parejas.

MODELO *Nombre*	*Origen*	*Localización*
James Bond	Inglaterra	Monte Carlo

James Bond es de Inglaterra pero ahora está en Monte Carlo.

Nombre	*Origen*	*Localización*
1. el rey Juan Carlos	España	Angola
2. Gloria Estefan	Cuba	la Florida
3. Madre Teresa	los Estados Unidos	la India
4. la princesa Diana	Inglaterra	el Canadá
5. mi profesor(a) de español	. . .	. . .
6. mi compañero(a) de cuarto	. . .	. . .
7. mi madre	. . .	. . .
8. mi abuelo(a)	. . .	. . .

T. Mi profesor(a)
Describa a su profesor(a) de español. Use **ser** o **estar** según las indicaciones.

MODELO La profesora/El profesor (*apellido*). . .inteligente.
Es inteligente.
La profesora/El profesor (*apellido*). . .bien hoy.
Está bien hoy.

La profesora/El profesor. . .

1. . . .de (*estado o país*)
2. . . .(*nacionalidad*)
3. . . .alto(a)/bajo(a)
4. . . .moreno(a)/rubio(a)
5. . . .joven/viejo(a)
6. . . .generoso(a)
7. . . .honesto(a)
8. . . .trabajador(a)
9. . . .buen(a) profesor(a)
10. . . .bilingüe
11. . . .muy responsable
12. Pero, no. . .bien hoy
13. No. . .contento(a) en este momento
14. . . .un poco nervioso(a)
15. . . .un poco preocupado(a)
16. . . .enojado(a) con los estudiantes
17. . . .frustrado(a)
18. . . .enfermo(a) ¡Qué pena!

U. Una persona famosa
Un(a) estudiante de la clase adopta la personalidad de una persona muy famosa. Los otros estudiantes le hacen preguntas para determinar su identidad. Usen **ser** o **estar** en las preguntas. El (la) estudiante sólo contesta **sí** o **no.**
Categorías posibles: político(a), actor/actriz, atleta, músico(a).

Ejemplos de preguntas: **¿Eres actor? ¿Estás en Hollywood? ¿Eres joven?** etc.

V. ¿Tiene usted interés en ser enfermera o enfermero?

Lea el anuncio y conteste las preguntas.

1. ¿Cuántos años tiene la señorita?
2. ¿Cuál es su profesión?
3. ¿Son los salarios buenos o malos?
4. ¿Cómo está ella?
5. ¿Cómo es su vida? ¿aburrida o emocionante?
6. ¿De cuántos años son los programas de estudio?
7. ¿A qué número llamamos para recibir más información?

"No está mal... para tener 22 años."

Soy enfermera. Gano un buen salario y estoy contenta conmigo misma. Mi profesión ha hecho mi vida muy excitante. No está mal para tener 22 años. ¡Me encanta ser enfermera!

Llama al **1-800-962-6877** para recibir más información sobre las oportunidades, buenos salarios, programas de estudio de 2 ó 4 años y las diferentes opciones de trabajo que te ofrece la carrera de Enfermería.

A great number of exercises ask you to look at **realia**—authentic documents such as ads and articles reproduced from magazines published throughout the Spanish-speaking world.

 En resumen

En resumen is the culminating section of the chapter. The first part, **Conversando**, helps you check your mastery of the language you have learned through conversations and role-plays. In the second part, **De mi escritorio** *(From my desk),* you will write descriptions, postcards, letters, and skits, further developing your writing skills in Spanish.

A. Conversando: De las familias

En grupos de tres, preséntense, y luego conversen sobre (*about*) sus familias. Por ejemplo: ¿De dónde es tu familia? ¿Tienes hermanos, etc.? ¿Cómo es tu madre/hermano, etc. (características, años, profesión)? ¿Dónde está(n)?

B. De mi escritorio: Una descripción de una persona especial

Escriba una descripción de una persona muy importante en su vida.

- ¿Cómo se llama?
- ¿De dónde es?
- ¿Quién es? (profesión, etc.)
- ¿Cuántos años tiene?
- ¿Cómo es? (características físicas y de personalidad)
- ¿Cómo está? (probablemente)
- ¿Dónde está en este momento?

Ahora lea su descripción a la clase o a otro(a) estudiante de la clase.

Panorama cultural is an appealing combination of readings, color maps, color photos, and intriguing bits of trivia that take you on a tour of the geography, history, demographics, art, and music of the Hispanic world. Use the *Reading Strategies* as a guide to learning how to gain basic information from the material quickly.

PANORAMA CULTURAL

Los hispanos en los Estados Unidos

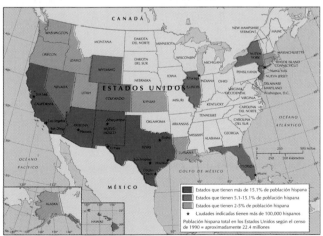

Estados que tienen más de 15.1% de población hispana
Estados que tienen 5.1-15.1% de población hispana
Estados que tienen 2-5% de población hispana
★ Ciudades indicadas tienen más de 100,000 hispanos
Población hispana total en los Estados Unidos según el censo de 1990 = aproximadamente 22.4 millones

Estudie el mapa e identifique los estados con mayor concentración hispana (más del 5.1%)

Reading strategies

Scan the following reading focused on "Hispanics in the United States."

1. Underline or highlight the important information surrounding key words such as **regiones, ciudades, mayoría, Centroamérica, influencia,** etc.
2. Now reread the selection, reviewing the major ideas in order to complete the statements in **¡A ver cuánto aprendimos!**

¿Cuántos hispanos hay?

¿Sabe usted que hay más de 23.000.000 de hispanos en los Estados Unidos? En efecto, los hispanos son una comunidad muy grande y muy importante en la vida[1] de este país. Las

[1]*life*

REPASO DE VOCABULARIO ACTIVO

Adjetivos

abierto(a)	delgado(a)	guapo(a)	perezoso(a)
aburrido(a)	difícil	hermoso(a)	pobre
alto(a)	divertido(a)	inteligente	preocupado(a)
amable	enfermo(a)	joven	rico(a)
antipático(a)	enojado(a)	malo(a)	rubio(a)
bajo(a)	excelente	mayor	serio(a)
bonito(a)	fácil	menor	simpático(a)
bueno(a)	feo(a)	moreno(a)	tonto(a)
cansado(a)	flaco(a)	nervioso(a)	trabajador(a)
cerrado(a)	fuerte	nuevo(a)	triste
contento(a)	gordo(a)	pequeño(a)	viejo(a)
débil	grande		

Adverbios

allí	bien	mal	muy
aquí			

Conjunciones

y/e   o/u   pero

Nacionalidades

alemán/alemana

Repaso de vocabulario activo is a list of the vocabulary you are expected to have mastered by the end of the chapter. Words and expressions are grouped within categories that will make studying, remembering, and using the vocabulary easier for you.

The **Autoprueba y repaso** section provides review exercises that you may use individually or with your classmates as an excellent study aid for tests. You'll find the Answer Key in **Apéndice 2.**

AUTOPRUEBA Y REPASO 2

I. El verbo tener
Use la forma correcta de **tener.**

1. Yo _____ tres hermanos.
2. Mi hermano mayor _____ 21 años.
3. Mis padres _____ 55 años.
4. Mi hermano menor y yo _____ muchos cassettes.
5. ¿Cuántos años _____ tú, mi amigo?

II. Los adjetivos posesivos
¿Qué tienen los estudiantes?

MODELO Mi hermano/cuaderno
Tiene su cuaderno.

1. yo/fotos
2. ¿libros/tú?
3. José/guitarra
4. mi amigo y yo/computadoras
5. ustedes/escritorio
6. vosotros/calculadora

III. El verbo ser: las características y nacionalidades
A. Dé la forma negativa y afirmativa según el modelo.

MODELO yo/viejo
No soy viejo. Soy joven.

1. yo/tonto
2. tú/fea
3. nosotros/débiles
4. ellas/altas
5. Carlos/rubio
6. vosotros/pobres
7. usted/gordo
8. las clases/difícil

3. David es de Toronto.
4. Dulce y Rosita son de Acapulco.
5. Hans y Fritz son de Berlín.

IV. El verbo estar: localización y condición
Dé la forma negativa y afirmativa según el modelo.

MODELO yo/bien
No estoy bien. Estoy mal.

1. yo/triste
2. tú/enfermo
3. nosotros/mal
4. mis hermanos/en la ciudad
5. el coche/aquí
6. las puertas del coche/ abiertas

V. Ser en contraste con estar
Use la forma correcta de **ser** o **estar** según las indicaciones.

The **Rincón literario** is a special feature of literary selections that appear after Chapters 3, 6, 8, and 9 through 13. These brief and varied selections give you an exciting introduction to Hispanic literature.

RINCÓN LITERARIO

ESPAÑA

Poemas de Gloria Fuertes

Gloria Fuertes (1918–), famosa escritora española, figura en numerosas antologías poéticas. A ella no le interesa la fama y dice: "Mi nombre figura en numerosos corazones° poéticos ¡esto sí que vale°!" A causa de los horrores de la guerra civil española (1936–39), Gloria Fuertes se hizo pacifista y también empezó a escribir literatura para niños. Para ella la poesía es una nueva religión, una fuerza que puede acabar con° la injusticia, el odio° y las guerras. Sus temas más comunes son: (a) la injusticia, la guerra, la tristeza, la angustia°, y (b) la vida, la paz, el amor y el futuro.

hearts / worthwhile

stop / hatred
anguish

Reading Strategies

Quickly read the following selections. Select key words and phrases from each selection that will permit you to identify specific themes from those listed above.

Música celestial

El amor fue mi maestro,
él me enseñó° a poner las manos en tu cuerpo,
y sonabas°, sonabas,
como celestial guitarra.

taught
sounded

¿Con qué asocia ella el amor?

Son celdas de castigo°

Son celdas de castigo.
¿Oyes? ¿Los oyes?
Son salas de hospitales.
¿Oyes? ¿Los oyes?
Son campos de batalla.
¿Oyes? ¿Los oyes?
Son los pobres del mundo.
¿Oyes? ¿Los oyes?
Son los enamorados° abandonados.
¿Oyes? . . . ¿Nos oyes?

solitary confinement

lovers

LA PRONUNCIACIÓN
The sounds of Spanish

Note: *The contents of this section are recorded on the student tape that accompanies each textbook and on the tape labeled* **La pronunciación,** *which is a part of the lab program.*

I. A sampling of Spanish you already know

Repeat the pronunciation of these Spanish/English words.

patio	burrito	Colorado	San Antonio
burro	adiós	Nevada	Las Vegas
fiesta	loco	California	Linda
siesta	tequila	Florida	Teresa
amigo	hacienda	Arizona	María
taco	vista	San Francisco	Margarita
enchilada	rodeo	Los Ángeles	Tomás

II. Cognates: a sampling of words identical or similar in Spanish and in English

Practice the pronunciation of the following cognates. Listen for the differences in sounds, such as **r** and the silent **h**.

hospital	piano	popular	responsable
hotel	animal	importante	pesimista
teléfono	mosquito	interesante	optimista
rancho	elefante	romántico	generoso
chocolate	inteligente	fantástico	independiente
dentista	estúpido	ridículo	tímido
doctor	ignorante	sentimental	dinámico
general	famoso	terrible	
presidente	honesto		

III. Vocales *(Vowels)*

Unlike English vowels, each Spanish vowel has only one basic sound, even though slight variations are sometimes created by its position within a word or phrase. Spanish vowels are short and clipped, never drawn out. Listen carefully and repeat each sound and word. (The English equivalents in italics are only approximations.)

a	*bah*	**casa**
e	*let*	**bebé**
i	*bikini*	**sí**
o	*more*	**loco**
u	*flu*	**Lulú**

Ejercicio A
Line by line, repeat the following children's verse, focusing on the vowel sounds.

a e i o u
Arbolito del Perú.
Yo me llamo. . . (*add your name*).
¿Cómo te llamas tú?

Ejercicio B
Repeat the following sounds, and then pronounce them on your own, gradually increasing your speed.

ama eme imi omo umu
aba ebe ibi obo ubu
ala ele ili olo ulu
afa efe ifi ofo ufu

IV. Diptongos *(Diphthongs)*

In Spanish, a diphthong is either a combination of two weak vowels (**i, u**) or a combination of a strong vowel (**a, e**, or **o**) and a weak vowel (**i** or **u**). Diphthongs are pronounced as a single syllable.

Luis   **gua**camole   **sie**sta

Ejercicio C
Pronounce the vowel combinations as found in the following sounds and words.

ai	aire
au	auto
ei	seis
eu	Europa
ia	piano
ie	fiesta
io	idiota
iu	triunfo
oi	heroico
ua	Guatemala
ue	Venezuela
ui	Suiza
uo	cuota

BIEN DICHO   (*Well said*) Los números de 0–30

cero	0	diez y seis/dieciséis	16
uno	1	diez y siete/diecisiete	17
dos	2	diez y ocho/dieciocho	18
tres	3	diez y nueve/diecinueve	19
cuatro	4	veinte	20
cinco	5	veinte y uno/veintiuno	21
seis	6	veinte y dos/veintidós	22
siete	7	veinte y tres/veintitrés	23
ocho	8	veinte y cuatro/veinticuatro	24
nueve	9	veinte y cinco/veinticinco	25
diez	10	veinte y seis/veintiséis	26
once	11	veinte y siete/veintisiete	27
doce	12	veinte y ocho/vcintiocho	28
trece	13	veinte y nueve/veintinueve	29
catorce	14	treinta	30
quince	15		

Ejercicio D
1. Repeat and learn the above numbers, focusing on the vowel and diphthong sounds.
2. Now count by two's from 2–30: **2, 4, 6. . .**
3. Count by two's from 1–29: **1, 3, 5. . .**

V. Consonantes *(Consonants)*

Some consonants in Spanish are different from their English counterparts. Others vary within the Spanish-speaking world itself. Below you will find general guidelines for pronouncing consonants that may be problematic to some English-speaking persons.

b/v   In Spanish the letters **b** and **v** are pronounced in the same way. They have two possible pronunciations.

At the beginning of a breath group and after **m** or **n**, **b** and **v** are pronounced like the English *b* in *boy*.

> **Buenos días   veinte   un buen vino**

In most other positions, and particularly between vowels, **b** and **v** are pronounced with the lips slightly open, allowing air to pass through them.

> **favor   una vista bonita   octubre**

c   In Spanish America, **c** before **e** or **i** has the English *s* sound as in *sister*.

> **cero   cincuenta   trece**

In most regions of Spain **c** before **e** or **i** is pronounced with a *th* sound as in *thanks*.

> **cero   cincuenta   trece**

Before **a, o, u**, or a consonant, **c** has the English *k* sound as in *cat*.

> **catorce   clase   criminal**

d	In Spanish the letter **d** has two sounds. At the beginning of a breath group, and after **n** or **l**, **d** has a pronunciation similar to the English *d* in *door*.

dos   diez   banda

In most other positions, particularly between vowels and at the end of a word, **d** has a slight *th* sound as in *this* or *brother*.

adiós   una discoteca   libertad

g	Before **e** or **i**, **g** has the English *h* sound as in *help*.

generoso   inteligente   mágico

In other positions (except between vowels, where it is slightly softened) **g** is hard as in *goat*.

gracias   gusto   amigo

In the combinations **gue** and **gui**, the **u** is silent as in *guest*.

guitarra   guía   guerra

With the addition of the dieresis (¨), the **u** is pronounced.

pingüino   bilingüe

h	Not pronounced; silent as in *honest*.

hotel   hospital   alcohol

j	Approximates the pronounced *h* sound of English as in *help*.

jueves   junio   ejercicio

ll	Double **l** approximates the English *y* sound as in *yes*.

llama   millón   amarillo

ñ	Is similar to the *ny* sound in *canyon*.

mañana   cañón   montaña

q	Occurs only in the combinations **que** and **qui**, which have a silent **u**. The combination **qu** is pronounced as a *k*.

que   chiquita   quince

r	If not initial, the single **r** approximates the sound of *tt* as in *Betty likes butter better* or *dd* as in *Eddy*.

trece   pirata   popular

rr	Has a trilled sound as in mimicking a motorcycle; initial **r** has the same sound.

perro   carro   rifle

Try repeating each line of the following verse.
> Erre con erre cigarro,
> erre con erre barril.
> Rápido corren los carros,
> carros del ferrocarril.

z	In Spanish America, **z** is pronounced the same as *s*. The English *z* sound is never used in Spanish.

diez   Arizona   zafiro

In most regions of Spain, **z** is pronounced with a *th* sound as in *thanks*.

diez   Arizona   zafiro

Ejercicio E

Practice the following consonant and vowel combinations.

ca	que	qui	co	cu
ca	ce	ci	co	cu
ga	gue	gui	go	gu
ga	ge	gi	go	gu
ha	he	hi	ho	hu
ja	je	ji	jo	ju
va	ve	vi	vo	vu
ba	be	bi	bo	bu
za	ze	zi	zo	zu
sa	se	si	so	su

VI. El alfabeto (*The alphabet*)

The present day Spanish alphabet has 27 letters, the 26 letters found in English plus **ñ**. In the past, three 2-letter combinations—**ch** (che), **ll** (elle),[1] **rr** (erre)—were part of the Spanish alphabet. They are still used in spelling words out loud.

The letters and their names in Spanish are:

a (a)	**j** (jota)	**r** (ere)
b (be)	**k** (ka)	**s** (ese)
c (ce)	**l** (ele)	**t** (te)
d (de)	**m** (eme)	**u** (u)
e (e)	**n** (ene)	**v** (ve) (uve)
f (efe)	**ñ** (eñe)	**w** (doble ve) (doble uve)
g (ge)	**o** (o)	**x** (equis)
h (hache)	**p** (pe)	**y** (i griega)
i (i)	**q** (cu)	**z** (zeta)

Ejercicio F

Spell the following words using the Spanish alphabet.

1. general
2. hotel
3. señorita
4. ejercicio
5. yo
6. quince
7. examen
8. voz

VII. Acentuación (*Accents and stress*)

A. In Spanish, if a word has a written accent mark (called in Spanish **acento**), the accented syllable is stressed.

> **dinámico   ridículo   veintitrés**

B. In words without a written accent, the following rules apply.

1. The next to the last syllable is stressed if the word ends in a vowel, a diphthong, or in **n** or **s**.

> **patio   repitan   lunes**

2. The last syllable is stressed if the word ends in a consonant other than **n** or **s**.

> **animal   doctor   libertad**

---

[1]In many dictionaries, **ch** and **ll** will be found as separate letters.

Ejercicio G

Pronounce the following words, stressing the correct syllable.

1. pro/fe/sor
2. den/tis/ta
3. u/ni/ver/si/dad
4. pre/si/den/te
5. per/so/nal
6. te/lé/fo/no
7. ro/mán/ti/co
8. cla/se

Ejercicio H

Nicolás Guillén is a Cuban poet who often emphasized his country's African heritage. In these lines from his poem "Sensemayá," he creates musical rhythms while referring to a snake (**culebra**), the snake's eyes (**ojos**), tongue (**lengua**), and mouth (**boca**). Repeat the lines focusing on (a) the vowel sounds, and (b) the rhythm of each line created by the stress on certain syllables.

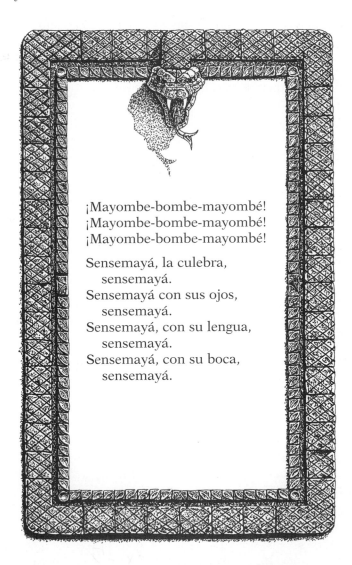

¡Mayombe-bombe-mayombé!
¡Mayombe-bombe-mayombé!
¡Mayombe-bombe-mayombé!

Sensemayá, la culebra,
   sensemayá.
Sensemayá con sus ojos,
   sensemayá.
Sensemayá, con su lengua,
   sensemayá.
Sensemayá, con su boca,
   sensemayá.

Now read the lines straight through and, while reading, tap out the rhythm as if you were playing bongo drums.

CAPÍTULO 1

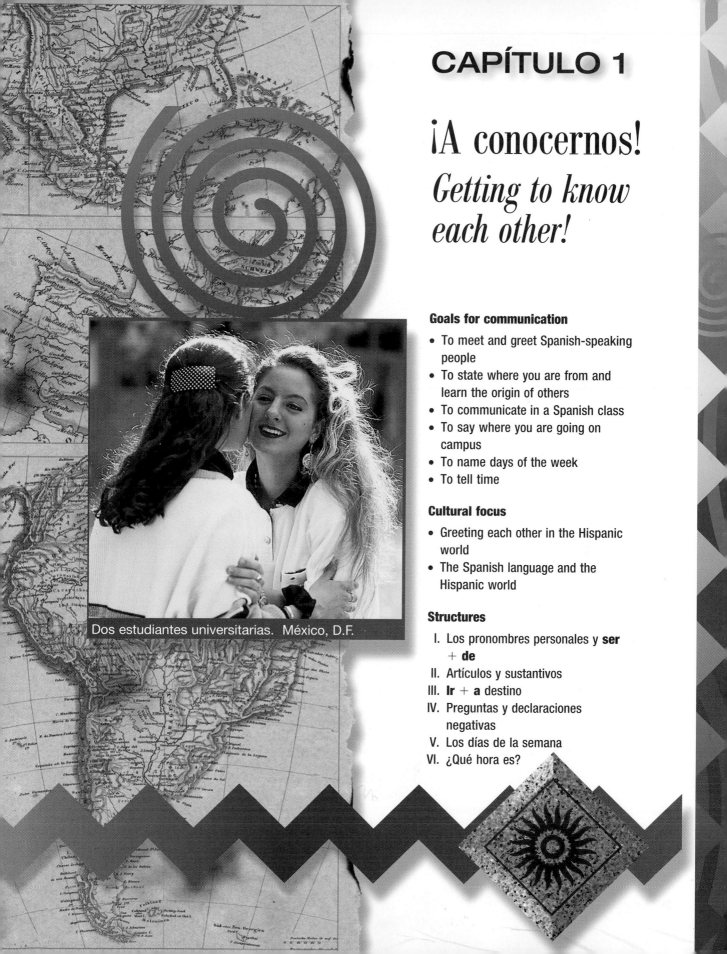

¡A conocernos!
Getting to know each other!

Dos estudiantes universitarias. México, D.F.

Goals for communication

- To meet and greet Spanish-speaking people
- To state where you are from and learn the origin of others
- To communicate in a Spanish class
- To say where you are going on campus
- To name days of the week
- To tell time

Cultural focus

- Greeting each other in the Hispanic world
- The Spanish language and the Hispanic world

Structures

I. Los pronombres personales y **ser** + **de**
II. Artículos y sustantivos
III. **Ir** + **a** destino
IV. Preguntas y declaraciones negativas
V. Los días de la semana
VI. ¿Qué hora es?

CAPÍTULO 1 ¡A conocernos! *Getting to know each other!*

Formal (used in last-name basis relationships)

1. Allow me to introduce. . . .   2. Pleased to meet you.   3. The pleasure is mine.   4. What's your name?   5. My name is. . . . And yours?

Informal (used in first-name basis relationships)

6. I want to introduce. . . .   7. Delighted (f.) to meet you. **Encantado** (m.)   8. Nice meeting you, too.   9. What's your name?   10. My name is. . . . And yours?

Práctica y comunicación

(See drawings on pages 8–9.)

A. Nuestros personajes

In this exercise you will become acquainted with some of the principal characters whose activities you will follow throughout this text. Answer the questions referring to the drawings on pages 8–9.

1. ¿Cómo se llama la profesora?
   ¿Qué dice la profesora Linares? (*What does professor Linares say?*)
   ¿Qué dice Inés?
   ¿Cómo responde Octavio?

2. ¿Qué dice Alfonso?
   ¿Cómo responde Carmen?

3. ¿Qué dice Javier?
   ¿Qué dice Pepita?
   ¿Cómo responde Natalia?

4. ¿Qué dice Linda?
   ¿Cómo responde Manuel?

B. Las presentaciones

Refer back to the expressions presented in the introductory drawings as needed.

1. Moving about the classroom, learn the names of at least five of your classmates (**¿Cómo te llamas?**) and your professor (**¿Cómo se llama usted?**), and say that you are happy to meet them (**Mucho gusto/ Encantado[a]**).

2. Can you identify your classmates? Respond as your instructor asks their names.

   MODELO ¿Cómo se llama?
         Se llama George.

3. Now, moving about the classroom in pairs, introduce a classmate to the instructor (**Permítame presentarle a. . .**), and then to other classmates (**Quiero presentarte a. . .**). Each party should respond to the introduction appropriately.

Estructura

I. *Identifying yourself and others and telling where you are from:* Los pronombres personales y **ser** + **de**

Use subject pronouns in Spanish to clarify, emphasize, or stress who you are talking about. However, when the context or the conjugated form of the verb in a sentence makes it obvious who is meant, usually the subject pronoun is omitted. Here is a list of subject pronouns; next to each is the conjugated, present-tense form of the verb **ser** that corresponds to it.

A. Formas de los pronombres + el verbo ser

los pronombres personales + el verbo **ser** *to be*			
yo	**soy**	*I am*	(Yo) **soy** de México.
tú	**eres**	*you are*	¿**Eres** (tú) de los Estados Unidos?
usted		*you are*	¿**Es** (usted) de California?
él	**es**	*he is*	(Él) **es** de España.
ella		*she is*	(Ella) **es** de Puerto Rico.
nosotros	**somos**	*we (m.) are*	(Nosotros) **somos** de Taos.
nosotras		*we (f.) are*	(Nosotras) **somos** de Miami.
vosotros	**sois**	*you (m.) are*	¿**Sois** (vosotros) de Madrid?
vosotras		*you (f.) are*	¿**Sois** (vosotras) de Sevilla?
ustedes		*you are*	¿**Son** (ustedes) de El Paso?
ellos	**son**	*they (m.) are*	(Ellos) **son** de Los Ángeles.
ellas		*they (f.) are*	(Ellas) **son** de San Antonio.

"It's important that you understand that **es** translates as *it is* when no subject is given."—*J. Rapposelli, Bucks County Community College*

B. Ser + de (*to be from*)

One use of the verb **ser** is to ask about or to express origin.

   ¿De dónde es usted?   *Where are you from?* (formal)
   Soy de Arizona.   *I'm from Arizona.*

   ¿De dónde eres tú?   *Where are you from?* (informal)
   Soy de Colorado.   *I'm from Colorado.*

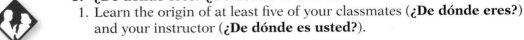

 ## ▐▐▐ Práctica y comunicación

C. ¿De dónde eres? ¿De dónde es usted?

1. Learn the origin of at least five of your classmates (**¿De dónde eres?**) and your instructor (**¿De dónde es usted?**).

2. The instructor will ask you where some of your classmates are from. Report back what you discover.

   MODELO ¿De dónde es Carmen?
            Carmen es de Madison.

D. ¡Somos de Chicago!

Move about the classroom asking your classmates once again where each is from (**¿De dónde eres?**) and as you do so, group yourselves according to place or origin (cities/states/countries). Then answer your instructor's questions:

1. ¿De dónde son ustedes? **Nosotros (Nosotras) somos de. . .**
2. ¿De dónde son ellos/ellas?
3. ¿De dónde es él/ella?
4. ¿De dónde es usted?

[handwritten: note · accent mark · Dónde]

BIEN DICHO   Los saludos, el bienestar y la despedida

Below you will find two conversations. The first introduces certain formal greetings (**los saludos**) and expressions of well-being (**el bienestar**). The second presents their informal equivalents, and also expressions of farewell (**la despedida**).

Formal

—**Buenos días, señorita.**	*Good morning, Miss.*
(**Buenas tardes, señora.**)	*(Good afternoon, Ma'am.)*
(**Buenas noches, señor.**)	*(Good evening, Sir.)*
—**Buenos días.**	*Good morning.*
—**¿Cómo está usted?**	*How are you?*
—**Muy bien, gracias, ¿y usted?**	*Very well, thanks. And you?*
—**Regular (así, así).**	*Fair (so-so).*

[handwritten: Note]

Informal

—**Hola, ...**	*Hello, hi, ...*
—**Hola, ... ¿Cómo estás?**	*Hi, ... How are you?*
(**¿Qué tal?**) (**¿Cómo te va?**)	*(How's it going?)*
—**Muy bien, gracias, ¿y tú?**	*Very well, thanks. And you?*
—**Bastante bien.**	*Pretty well.*
—**¿Qué pasa?**	*What's happening?*
—**Nada nuevo.**	*Nothing new./Nothing much.*
Voy a la clase de historia.	*I'm going to history class.*
—**Pues, hasta luego.**	*Well, see you later.*
(**Hasta mañana.**)	*(See you tomorrow.)*
(**Hasta pronto.**)	*(See you soon.)*
(**Chao.**)	*(Bye./So long.)*
—**Adiós.**	*Goodbye.*

> **Note**
> You may have noticed that Spanish has two verbs expressing *to be*, both of which you have just used: **ser** (**Soy** de México.) and **estar** (¿Cómo **está** usted?). You will study **estar** and the differences between **ser** and **estar** in Chapter 2.

BIEN DICHO   Expresiones de cortesía

Con permiso.   *Pardon me, excuse me (to seek permission to pass by someone or to leave).*

Perdón.   *Pardon me, excuse me (to get someone's attention or to seek forgiveness).*

■■■■ Práctica y comunicación

E.   ¿Cómo estás?

1. In pairs, practice both the **formal** and **informal** conversations presented above. Repeat each conversation several times, switching roles and substituting the appropriate expressions (**Buenas tardes/ noches, señora/señor**, etc. or **¿Qué tal?/¿Cómo te va?**, etc.).

2. Pretend that you are at a business meeting in Mexico City. Walk about the conference room greeting business colleagues formally and inquiring as to their well-being. Be sure to use **con permiso** and **perdón** appropriately.

3. Now, move about the classroom informally greeting your friends and classmates, inquiring as to their well-being, and saying farewell. Again, be sure to use the appropriate expressions for passing by a group or interrupting someone.   *Buenas tardes Senor*

F.   ¿Cómo respondes?

1. Your instructor arrives on the first day of class. Give an appropriate response to each of her/his greetings or inquiries.

a. Buenos días, señõrita (señora/señor).
b. ¿Cómo está usted?   *muy bien*
c. ¿Cómo se llama usted?
d. ¿De dónde es usted?   *Soy de Claremonte*
e. Permítame presentarle a. . .   *Perdon*
f. Hasta luego.   *adios*

2. A student from another school joins your study-abroad group. Give an appropriate response to each of her/his greetings or inquiries.

a. Hola.   *como te llamas*
b. ¿Qué tal?
c. ¿Cómo te llamas?   *mellamo mathew*
d. ¿De dónde eres?   *yo soy de Claremonte*

e. Quiero presentarte a. . .
f. ¿Qué hay de nuevo?
g. Hasta pronto.

G. ¡Saludos!

Scan the following advertisement relevant to ordering note cards, and then fill in the blanks.

1. La suma total por _____ tarjetas es _____ .
2. Las dimensiones son _____ por _____ .
3. Mis cuatro tarjetas favoritas son _____ , _____ ,
   _____ y _____ .

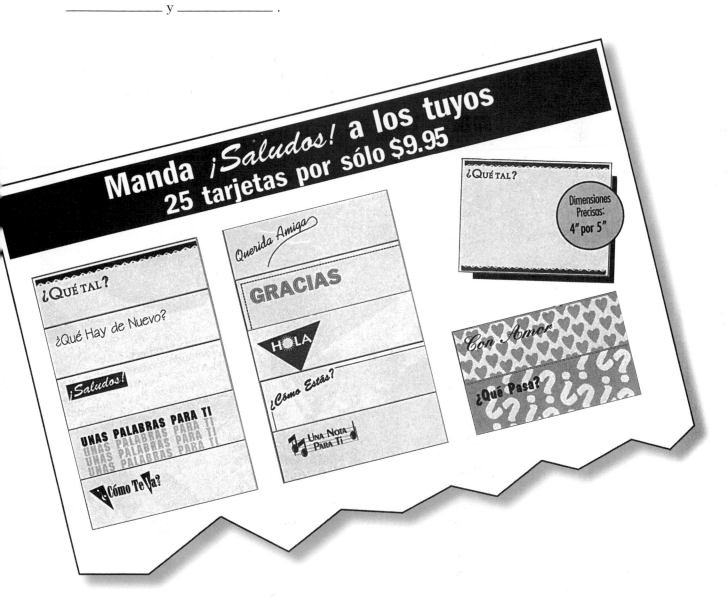

LOS SALUDOS ENTRE HISPANOS

1. Entre los hispanos es muy común *darse la mano*

2. o *darse un beso en la mejilla*

3. cuando dos personas *se conocen por primera vez*

4. o cuando *se encuentran*.

5. También es común, entre hombres, *abrazarse* cuando son buenos amigos.

Actividad

¿Qué saludos o expresiones corresponden a las situaciones en las fotografías? Trabajen en parejas para determinar lo que dicen las personas. *(Work in pairs to determine what the people are saying.)*

Se dan la mano.

Se dan un beso en la mejilla y se abrazan.

Ahora, ¿pueden (*can*) ustedes demostrar las maneras de saludar indicadas en las fotografías? Presenten algunas a la clase.

BIEN DICHO   En la clase de español

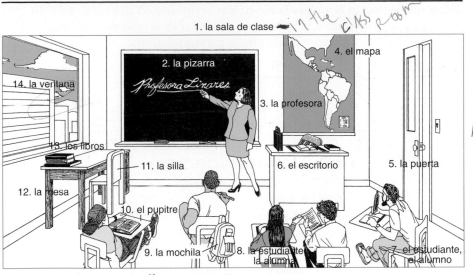

(handwritten annotations on image:)
1. la sala de clase — in the class room
el libro
more los libros than one
La Bandera — FLAG

En la clase de español (*continuado*)

el **maestro**	*teacher* (m.)	la **oración**	*sentence*
la **maestra**	*teacher* (f.)	la **palabra**	*word*
el **cuaderno**	*notebook*	la **pregunta**	*question*
el **papel**	*paper*	la **respuesta**	*answer*
el **lápiz**	*pencil*	la **tarea**	*assignment*
el **bolígrafo**	*ballpoint pen*	el **examen**	*exam*
la **tiza**	*chalk*	la **prueba**	*test*
el **borrador**	*eraser*	la **nota**	*grade*
el **capítulo**	*chapter*	**¿Como se dice . . . ?**	*How does one say . . . ?*
la **lección**	*lesson*		
la **página**	*page*	**hay**	*There is, there are*
el **ejercicio**	*exercise*		

"There are lots of tricks to help you remember vocabulary words. For instance, you open a window for *ventilation*. The Spanish word for window is **ventana**. Try to associate other Spanish words with English ones."
—C. O'Brien, *Southern Connecticut State University*

Note

Hay is a special form of the verb **haber** which denotes existence = *there is, there are*. It can be used with just one item or several, without changing its form.

Hay una ventana en la sala de clase.   *There is* a window in the classroom.

Hay treinta pupitres.   *There are* thirty desks.

---

1. classroom   2. chalkboard   3. professor (el **profesor**, m.)   4. map (m.)   5. door   6. (teacher's) desk   7. student (m.)   8. student (f.)   9. backpack   10. (student) desk   11. chair   12. table   13. books (el **libro**, s.)   14. window

Remember that in Spanish America **z** is pronounced the same as **s**. In most regions of Spain **z** is pronounced with a *th* sound as in *thanks*. Practice the example words with both pronunciations:

pizarra   tiza   lápiz

▮▮ Práctica y comunicación

"You will find that the activities are very useful for practice before quizzes and exams."—*R. Fink, Hardin-Simmons University*

H. Juego de palabras (*Word game*)
¿Qué asocia usted con cada una de las siguientes palabras?

> MODELO la respuesta
> **la pregunta**

1. la pizarra
2. el bolígrafo
3. la mochila
4. la puerta
5. la nota
6. la pregunta
7. el libro
8. el escritorio
9. la mesa
10. el estudiante

I. ¿Cómo se dice?
En parejas, practiquen el vocabulario "En la clase de español."

> MODELO ESTUDIANTE #1: **¿Cómo se dice *pencil* en español?**
> ESTUDIANTE #2: **Se dice *lápiz*.**

J. ¿Cuántos hay?
Vamos a contar (*Let's count*).

1. ¿Cuántos pupitres hay en la sala de clase? **1, 2, . . .**
2. ¿Cuántas alumnas hay en la clase?
3. ¿Cuántos alumnos hay en la clase?
4. ¿Cuántas ventanas hay en la sala de clase?
5. ¿Cuántas mochilas hay?

K. Instrucciones en acción
1. Estudien la lista de instrucciones que se usan en la clase.

   abra/abran — *open (to one person/to more than one person)*
   cierre(n) — *close*
   conteste(n) — *answer*
   escriba(n) — *write*
   lea(n) en voz alta — *read aloud*
   repita(n) — *repeat*
   traduzca(n) — *translate*
   pase(n) — *go to*
   siénte(n)se/ — *sit down/get up*
      levánte(n)se

2. Ahora, sigan las instrucciones del profesor/de la profesora.
- Cierren los libros.
- Abran los cuadernos.
- Con bolígrafo o con lápiz, escriban la palabra **ejercicio** en el cuaderno.
- Repitan la palabra **pupitre**.
- Traduzcan la palabra **pizarra**.
- Abran los libros en la página 00.
- Lean las instrucciones del ejercicio K en voz alta.
- . . . , levántese.
- . . . , pase a la pizarra.
- Escriba una pregunta en la pizarra.
- Estudiantes, contesten la pregunta.
- . . . , gracias. Siéntese.
- Y ahora, todos, levántense.
- Siéntense.

Estructura

II. _Identifying gender and number:_ **Artículos y sustantivos**

A. Artículos definidos e indefinidos

All nouns in Spanish, even those referring to nonliving things, are either masculine or feminine (gender) and singular or plural (number). When a definite article (_the_) or indefinite article (_a, an_) accompanies a noun, its form must also be either masculine or feminine and singular or plural to agree with the noun.

Artículos definidos: **el, la, los, las** = *the*		
	singular	*plural*
masculino	**el** alumno	**los** alumnos
femenino	**la** alumna	**las** alumnas

Artículos indefinidos: **un, una** = *a, an*; **unos, unas** = *some*		
	singular	*plural*
masculino	**un** alumno	**unos** alumnos
femenino	**una** alumna	**unas** alumnas

B. Sustantivos masculinos y femeninos

1. Most nouns that end in **-o**, as well as nouns referring to male beings, are masculine.

Definite article (handwritten annotation)

El alumno necesita **un cuaderno.**	*The student needs a notebook.*
El[1] **profesor González** necesita **un bolígrafo.**	*Professor González needs a pen.*

Indefinite article (handwritten annotation)

2. Most nouns that end in **-a, -ción**, and **-dad**, as well as nouns referring to female beings, are feminine.

La alumna necesita **una silla.**	*The student needs a chair.*
La maestra dice: "Lean **la oración.**"	*The teacher says: "Read the sentence."*

3. All other nouns must be learned as masculine or feminine.

El lápiz está sobre **el pupitre.**	*The pencil is on the desk.*
La clase tiene **un examen** por **la tarde.**	*The class has an exam in the afternoon.*

STUDY HINT

Always learn a new word by saying the article with the noun. Remember them as a unit.

C. Sustantivos en el plural

1. To form the plural of nouns ending in a vowel, add **-s**.

Los estudiantes están en la sala de clase. ← *el estudiante esta en la sala de clase* (handwritten annotation)
Los ejercicios están en la página dos.
Las preguntas están en el cuaderno de ejercicios.

"You could also write vocabulary on index cards, color coding for masculine and feminine."—*J. Rapposelli, Bucks County Community College*

---

[1]The definite article **el** or **la** is used with titles [**señor, señora, señorita, profesor(a)**, etc.] when not speaking to the person directly.

2. To form the plural of nouns ending in a consonant, add **-es**.

> **Los profesores** están en la oficina.
>
> Repitan **las oraciones**. (Note that words ending in **-ción** lose the accent in the plural.)
>
> ¿Dónde están **los lápices**? (Note the spelling change of **z** to **c: lápiz, lápices**.)

██████ Práctica y comunicación

L. ¡Lea!

¿Qué necesitamos leer? Use el artículo definido **el** o **la**.

> MODELO libro
>
> **Lea el libro.**

Lea. . . ~Read

1. pregunta   Lea la pregunta
2. respuesta   Lea la respuesta
3. ejercicio   Lea el ejercicio
4. oración
5. prueba
6. capítulo
7. lección
8. diálogo
9. lista de vocabulario
10. palabra

Y ahora, use la forma plural.

> **MODELO** libro
>
> **Lea los libros.**

M. ¿Qué es?

Complete la oración. Use el artículo indefinido.

> **MODELO** silla
>
> **Es una silla.**

1. mesa   Es una
2. escritorio   es un escritorio
3. pupitre
4. bolígrafo
5. cuaderno
6. lápiz
7. libro
8. examen   un
9. ventana   una
10. puerta   una
11. mochila   una

Estructura

III. _Going places:_ **Ir + a + destino**

To state where you are going, use a form of the verb **ir** (_to go_) + **a** + your destination. Study the present-tense forms of the verb **ir** along with the sample sentences.

	ir _to go_	
yo	**voy**	**Voy** a la universidad.
tú	**vas**	¿**Vas** a la universidad?
usted, él, ella	**va**	Ella **va** a clase.
nosotros, nosotras	**vamos**	**Vamos** a la cafetería.
vosotros, vosotras	**váis**	¿**Váis** a la cafetería?
ustedes, ellos, ellas	**van**	Ellas **van** al gimnasio.

The forms of **ir** can be translated according to context in three different ways (_I go, I do go, I am going_) (_you go, you do go, you are going_), etc.

Voy a la cafetería.	_I am going_ to the cafeteria.
Voy a la cafetería todos los días.	_I go_ to the cafeteria everyday.
¿**Vas** a la cafetería todos los días?	_Do you go_ to the cafeteria everyday?

BIEN DICHO   ¿Adónde vamos?

Vamos a la
clase de. . .
- español/inglés
- arte/música/literatura
- religión/filosofía
- historia/ciencias políticas
- (p)sicología/sociología
- biología/física/química (*chemistry*)
- matemáticas/álgebra/cálculo
- computación (*computer science*)/**contabilidad**
(*accounting*)/**economía**

[handwritten note:] Él va a la iglesia todos los domingos

¿Va a la inglesia todos los domingos?

Vamos. . .
- **a la residencia estudiantil** (*to the dorm*)
- **a la biblioteca** (*to the library*)
- **a la librería** (*to the bookstore*)
- **a la cafetería**
- **a la oficina del profesor/de la profesora**
- **a la universidad**

[handwritten note:] Es el gordo y feo

¿es el gordo y feo?

Vamos. . .
- **al cuarto** (*to the room*)
- **al centro estudiantil**
- **al gimnasio** —GYM
- **al laboratorio**

[handwritten note:] Statement → yo soy inteligente
+ the question → ¿Soy yo inteligente?

Vamos. . .   **a casa** (*home*)

PRONUNCIATION CHECK

Remember that before **e** or **i**, **g** has the English *h* sound as in *help*.
Examples:

biología   álgebra   religión   gimnasio

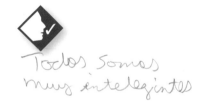

[handwritten note:] Todos somos muy intelegintes

Note

1. You can see in the previous list that **a** combines with the masculine article **el** to become **al**.

   a + el = al

   Vamos **al** cuarto. *but* Vamos **a la** cafetería.

2. In addition, you can see that **de** (*from, about, of*) combined with **el** becomes **del**.

   de + el = del

   Vamos a la oficina **del** profesor. *but* Vamos a la oficina **de la** profesora.

"This was an important concept to study for tests. Since there aren't any apostrophes in Spanish, these rules help you learn how to construct sentences."—*E. Dearnley-Davison, St. Mary's University*

N. ¿Adónde van?

Indique adónde van las personas.

MODELO yo/la clase de arte   **Voy a la clase de arte.**
        ellos/el gimnasio   **Van al gimnasio.**

1. yo/la clase de español
2. Alberto/el gimnasio *Va al gimnasio*
3. nosotros/la biblioteca
4. Pepita y Javier/la cafetería
5. yo/el cuarto *Yo vay al cuarto*
6. Linda y Manuel/la clase de cálculo
7. nosotros/el laboratorio
8. la profesora Linares/la oficina
9. tú y yo/el centro estudiantil
10. vosotros/la librería

O. ¿A qué clase va?

Según el objeto que tiene la persona, indique a qué clase va.

MODELO Manuel tiene su calculadora.
        Va a la clase de matemáticas.

1. Pepita tiene su microscopio. *historia*
2. Alfonso tiene sus discos para la computadora.
3. Inés tiene su violín. *foun adjesive*
4. Linda tiene su tubo de ácido sulfúrico.
5. Camila tiene un libro sobre Picasso.
6. Natalia tiene una copia de *Hamlet*.
7. Esteban tiene un libro sobre Abraham Lincoln.
8. Javier tiene una Biblia y un libro sobre Ghandi.
9. Octavio tiene un libro sobre Freud.
10. Rubén tiene un libro sobre Kant y Nietzsche.
11. Carmen tiene un libro sobre la política de los Estados Unidos.
12. Manuel tiene un libro sobre finanzas.

P. ¿Adónde vas después de (*after*) la clase de español?

1. Andando por la clase, háganse la siguiente pregunta. Luego contesten. (*Walking about the classroom, ask each other the following question. Then answer it.*)

MODELO **¿Adónde vas después de la clase?**
        Voy a la clase de biología, etc.

2. Ahora, conteste las preguntas de la profesora/del profesor.

MODELO ¿Adónde va. . . después de la clase?
        Va a la clase de biología, etc.

Estructura

IV. *Asking questions and making negative statements:*
Preguntas y declaraciones negativas

A. Preguntas

In asking questions, the subject most commonly follows the verb.
Compare the following examples.

¿Va **Linda** a la fiesta?	*Is Linda going to the party?*
¡No! **Ella** va a la biblioteca.	*No! She is going to the library.*
¿Van al gimnasio **los estudiantes**?	*Are the students going to the gym?*
¡No! **Ellos** van al laboratorio.	*No! They are going to the lab.*

As you have seen, questions and exclamations in written Spanish have the
expected punctuation marks at the end, but also inverted marks at the
beginning.

B. Declaraciones negativas

To make a negative statement, place **no** before the verb. In answering a
question with a negative statement, repeat the **no**.

El profesor **no** es de España.	*The professor is not from Spain.*
¿Es Sonia de Costa Rica?	*Is Sonia from Costa Rica?*
No, no es de Costa Rica. Es de Panamá.	*No, she is not from Costa Rica. She is from Panamá.*

Práctica y comunicación

Q. ¿Sí o no?

Conteste las preguntas.

1. ¿Es usted de Vermont? ¿de Montana? ¿de Nevada? ¿No? Pues, ¿de dónde es usted?

2. ¿Es su profesor(a) de Chile? ¿de Paraguay? ¿de Bolivia? ¿de Guatemala? ¿No? Pues, ¿de dónde es?

3. Después de la clase, ¿va usted al gimnasio? ¿a la librería? ¿a la clase de arte? ¿a la biblioteca? ¿No? Pues, ¿adónde va?

4. ¿Va usted de vacaciones a las Bahamas? ¿a la Florida? ¿a Cancún? ¿No? Pues, ¿adónde va de vacaciones?

Estructura

V. *Indicating days of the week:* Los días de la semana

¿Qué día es hoy? (*What day is it today?*)

abril						
lunes	**martes**	**miércoles**	**jueves**	**viernes**	**sábado**	**domingo**
1 *(Monday)*	**2**	**3**	**4**	**5**	**6**	**7**

⌐ el **día** ⌐   ⌐ el **fin de semana** ⌐

la **semana**

"Remember: To make days of the week plural, you change the article from **el** to **los**. Do not add an *-s* at the end, as in English.!"—*E. Dearnley-Davison, St. Mary's University*

▮▮ Práctica y comunicación

R. Días especiales

Indique:

1. los días favoritos de los estudiantes
2. el peor (*worst*) día para los estudiantes
3. un día bueno para fiestas
4. el día para ir a la catedral o a la iglesia. ¿y a la sinagoga?
5. los días de la clase de español
6. los días que no vamos a la clase de español

S. Los días académicos

1. Escriba en el cuaderno una lista de sus clases.

   MODELO **la clase de química**
   la clase de matemáticas, (etc.)

2. En parejas, hagan preguntas y contéstenlas según el modelo.

   MODELO **¿Qué días vas a la clase de química?**
   Voy a la clase de química los lunes, los miércoles y los viernes.

◆ Estructura

VI. *Telling time*: ¿Qué hora es?

¿Qué hora es?

Son las doce.

Miguelito   Antonio

When you want to know what time it is, ask: **¿Qué hora es?** The most common structure for telling time in Spanish is:

Es + **la** + **una y/menos** (minutos)
Son + **las** + **dos, tres. . . y/menos** (minutos)

1. Use **es la una** for *one o'clock*.
   Use **son las. . .** with all other times.

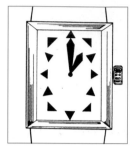 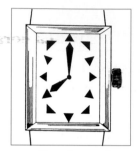

Es la una.   **Son las ocho.**

2. During the first thirty minutes after the hour, give the hour just past plus (**y**) the number of minutes past the hour.

Pay attention to the fact that **es** is only used when you are talking about 1:00–1:30. Otherwise, you always use **son**—*A. McMahon, San Bernardino Valley College*

 y  y 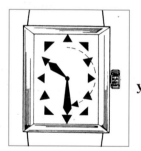 y

Es la una y diez.   **Son las cinco y cuarto.**   **Son las diez y media.**
plus   **Son las cinco y quince.**   **Son las diez y treinta.**

3. After thirty minutes, give the next hour less (**menos**) the number of minutes to go before the coming hour.[2] Center left of each clock print

menos   menos

Es la una menos diez.   **Son las nueve menos veinticinco.**

---

[2]An increasing number of people say the time as it appears on a digital watch—**Son las tres y cuarenta y cinco**, for example, rather than **Son las cuatro menos cuarto.**

For commercial or business purposes (transportation schedules, movie times, and the like) the 24-hour clock is often used. The time on the 24-hour clock is formed by adding the P.M. time (2:00 P.M., for example) to the number twelve (14:00). All A.M. times are the same in both systems.

11:00 P.M. = **23 horas**   11:00 A.M. = **11 horas**

BIEN DICHO   La hora

¿Qué hora es?	*What time is it?*
Es la una./Son las dos. etc.	*It is one o'clock./It's two o'clock.* etc.
¿A qué hora. . . ?	*At what time. . . ?*
A la una./A las dos. etc.	*At one o'clock./At two o'clock.* etc.
cuarto/media	*a quarter/half*
de la mañana	A.M. *(in the morning)*
de la tarde³/de la noche	P.M. *(in the afternoon)/*P.M. *(in the evening)*
Es (el) mediodía./Es (la) medianoche.	*It's noon./It's midnight.*

▮ Práctica y comunicación

T.   ¿Qué hora es?

1.

2.

3.

4.

A.M.

---
³In most Spanish-speaking countries, "afternoon" extends until 7:00 or even 8:00 P.M.

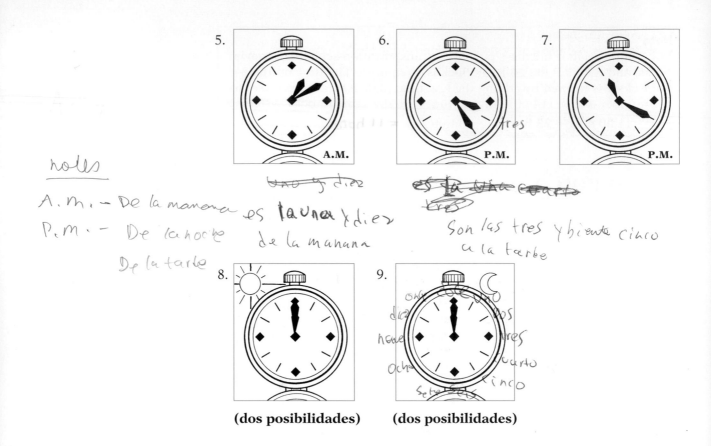

5. A.M.

6. P.M.

7. P.M.

(handwritten notes)

notes

A.m. – De la mañana
P.m. – De la noche
De la tarde

es la una y diez
de la mañana

Son las tres y veinte cinco
a la tarbe

8. (dos posibilidades)

9. (dos posibilidades)

U. El horario académico

Escriba una lista de sus clases los lunes y los martes.

los lunes **los martes**

... ...

En parejas, háganse preguntas para averiguar (*to find out*) la hora de cada clase.

MODELO **la clase de química**

ESTUDIANTE #1: **¿A qué hora es tu clase de química?**

ESTUDIANTE #2: **Es a las nueve y veinte.**

V. Programas de televisión

Hagan una lista de los programas de televisión más populares, y luego indiquen el día de los programas y la hora.

MODELO "Seinfeld"

Es el jueves a las 9:00 de la noche.

W. Una figura cómica

Lea el anuncio del programa de televisión y conteste las preguntas.

1. ¿Quién es la famosa figura cómica?
2. ¿A qué hora es el programa?
3. ¿En qué día es?
4. ¿En qué cadena o canal es?
5. ¿Es la serie buena para la familia?

what día is it

Son las tres y media

a las tres

½ hr = media

GARFIELD 1978 PAWS, INC. Used with permission of Universal Press Syndicate. All rights reserved.

En resumen

Conversando: A conocernos

Con un(a) compañero(a) de clase, soliciten la información indicada.

- ¿Cómo estás? ~~mellamo matthew~~ *muy bien*
- ¿Cómo te llamas? *me llamo matthews*
- ¿De dónde eres? *soy de claremonte*
- ¿Adónde vas después de la clase de español? *voy de trabajo*
- ¿Cuál (*What*) es tu (*your*) número de teléfono? *555-2555 cinco, cinco, cinco, doce, cinco, cincuenta...*
- ¿Cuál es tu clase favorita? ¿Vas todos los días? *mi clase el favorito el español (los martes y jueves)*
- ¿A qué hora es la clase? *Do you go everyday*

a las trece de la tarde

PANORAMA CULTURAL

El mundo hispano[1]

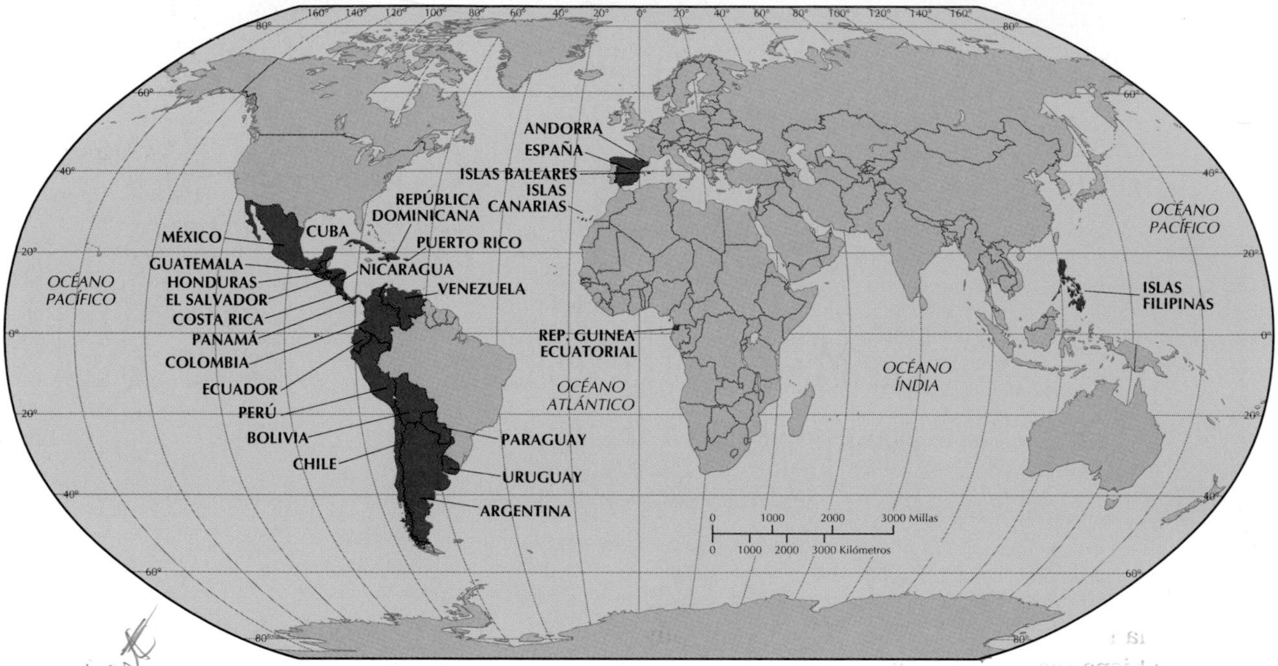

Reading strategies

Scan the following cultural reading whose content is focused on "Hispanics and their language."

1. Locate and underline key words that are similar to their English equivalents, for example: **variedad, origen**, and **importante**.
2. Highlight the key ideas surrounding these words.
3. Now reread the selection and complete the statements found in the comprehension section at the end of the selection.

Los hispanos y su idioma[2]

Entre[3] los hispanos hay una rica[4] variedad de razas y culturas. Gran parte de la población hispana es de origen indio, africano o europeo, y hoy la mayoría de los hispanos son una combinación de dos o más de estas razas. El 12 de octubre

[1]**Hispano**, used as an adjective, describes all that pertains or relates to Spain and the nations of Spanish America.

[2]*language* [3]*among* [4]*rich*

(a)

(b)

(c)

¿Cuál (*Which*) de estas personas hispanas es de origen africano? ¿de origen indio? ¿de origen español?

("el día de la raza") es la fecha en que los hispanos celebran su riqueza[5] racial y cultural. El español es el idioma común de los hispanos y es uno de los cinco idiomas más importantes del mundo. Aproximadamente 350 millones de personas hablan español. El español es la lengua[6] de España, México, Guatemala, Nicaragua, El Salvador, Honduras, Costa Rica, Panamá, Cuba, la República Dominicana, Puerto Rico, Colombia, Venezuela, Ecuador, Perú, Chile,

Argentina, Bolivia, Uruguay y Paraguay. El español también es una lengua muy importante en los Estados Unidos. Aproximadamente 30 millones de personas hablan español en

este país.[7] La gramática del español es igual en todos los países, pero la pronunciación y el vocabulario puede[8] variar un poco de país a país o de región a región.

---

[7]*country* [8]*can*

---

[5]*richness* [6]*language*

¡A ver cuánto aprendimos! (*Let's see how much we learned!*)

1. Las razas y culturas que existen entre los hispanos son. . .
2. El 12 de octubre los hispanos celebran. . .
3. . . .personas hablan español en el mundo.
4. . . .personas hablan español en los Estados Unidos.
5. La. . .del español es diferente en cada país.
6. Diez países de habla hispana son. . .

REPASO DE VOCABULARIO ACTIVO

Readings & common expressions

Saludos y expresiones comunes

Buenos días, señorita (señora, señor).
Buenas tardes.
Buenas noches.
Hola.
¿Cómo está usted? ¿Cómo estás?
¿Qué tal? ¿Cómo te va?
Muy bien, gracias. Bastante bien.
¿Y tú?
Regular. Así, así.
¿Qué pasa?
Nada nuevo.
Permítame presentarle a. . .
Quiero presentarte a. . .
Mucho gusto.
Encantado(a).
Igualmente.

El gusto es mío.
¿Cómo se llama usted? ¿Cómo te llamas?
Me llamo. . .
¿De dónde es usted? ¿De dónde eres?
Soy de. . .
¿Cómo se dice. . . ?
Por favor.
Perdón.
Con permiso.
Adiós.
Hasta luego.
Hasta pronto.
Hasta mañana.
Chao.
Vamos a casa.

En la clase de español

la alumna
el alumno
el bolígrafo
el borrador
el capítulo
el cuaderno
el ejercicio
el escritorio
el (la) estudiante
el examen
el laboratorio
el lápiz
la lección

el libro
el maestro
la maestra
el mapa
la mesa
la mochila
la nota
la oración
la página
la palabra
el papel
la pizarra

la pregunta
el profesor
la profesora
la prueba
la puerta
el pupitre
la respuesta
la sala de clase
la silla
la tarea
la tiza
la ventana

En la universidad

la biblioteca
la cafetería
el centro estudiantil

el cuarto
el gimnasio
la librería

la oficina
la residencia estudiantil

La clase de. . .

mi clase son — a 6

álgebra
arte
biología
cálculo
ciencias políticas

computación
contabilidad
economía
español
filosofía

física
historia
inglés
literatura
matemáticas

música
química
religión
sicología (psicología)
sociología

Días de la semana

el día	martes	viernes	la semana
¿Qué día es hoy?	miércoles	sábado	el fin de semana
lunes	jueves	domingo	

La hora

¿Qué hora es?	¿A qué hora?	cuarto	Es (el) mediodía.
Es la una.	A la una.	media	Es (la) medianoche.
Son las dos.	A las dos.	de la mañana (tarde, noche)	

[handwritten: Son las dos menos cuarto]

[handwritten: Son las dos y menos quince / Son las dos y cuarto]

Verbos

hay	ir	ser

AUTOPRUEBA Y REPASO #1

I. Saludos y expresiones comunes

Complete la conversación con un saludo, una pregunta o una expresión de cortesía. Hay más de una respuesta posible.

1. PROFESORA: Buenos días. ¿Cómo está usted?
   PEPITA: _____ . ¿Y usted?
   PROFESORA: _____ .

2. PROFESORA: ¿ _____ ?
   PEPITA: Me llamo Pepita.

3. CARMEN: ¡Hola, Pepita! ¿ _____ ?
   PEPITA: Regular. ¿Y tú?
   CARMEN: _____ .

4. PEPITA: Profesora, permítame presentarle a Carmen Martínez.
   PROFESORA: _____ .
   CARMEN: _____ .

5. PEPITA (*a Manuel*): ¿Cómo te llamas?
   MANUEL: _____ . ¿y tú?
   PEPITA: _____ .
   MANUEL: Mucho gusto, Pepita.
   PEPITA: _____ .

6. PROFESORA: Vamos a casa. Hasta luego.
   PEPITA: _____ .
   CARMEN: _____ .

II. Pronombres personales y el verbo ser

Indique la forma correcta del verbo **ser**.

MODELO yo/de México
Yo soy de México.

1. ella/de Panamá
2. ellos/de Chile
3. nosotras/de México
4. tú/de Colombia
5. usted/de El Salvador
6. vosotros/de Sevilla

III. Artículos y sustantivos

A. ¿Qué necesitamos escribir? Siga (*follow*) el modelo.

MODELO ejercicio
Escriban el ejercicio.

1. ejercicios *los ejercisios*
2. oración *la oración*
3. respuestas *las respuestas*
4. preguntas *las preguntas*
5. tarea *la tarea*
6. vocabulario *lo vocabulario*

B. ¿Qué necesita el profesor? Siga el modelo.

MODELO un libro
Necesita un libro.

1. bolígrafo *un*
2. computadora *una*
3. cuaderno *un*
4. papeles *unas*
5. pizarra *una*
6. sillas *unas*

C. ¿De dónde son las personas? Siga el modelo.

MODELO El profesor es de España.
Los profesores son de España.

1. La alumna es de Washington.
2. El estudiante es de Nicaragua.
3. El profesor es de Guatemala.
4. La profesora es de San Antonio.

IV. ¿Adónde vamos?

Con las palabras indicadas, escriba adónde van las personas.

MODELO yo/iglesia/domingo
Yo voy a la iglesia el domingo.

1. nosotros/universidad/lunes
2. ellos/cafetería/martes
3. ella/librería/miércoles
4. vosotras/biblioteca/jueves
5. ustedes/centro estudiantil/viernes
6. usted/gimnasio/sábado

V. Declaraciones negativas

Contesten las preguntas de manera afirmativa o negativa.

MODELO ¿Es usted de Boston?
Sí, soy de Boston. (o) **No, no soy de Boston.**

1. ¿Se llama usted Juan (Juana)?
2. ¿Es usted de Texas?
3. ¿Va usted a la clase de religión?
4. ¿Es usted estudiante?

5. ¿Es usted famoso(a)?
6. ¿Hay muchos estudiantes excelentes en la clase?
7. ¿Hay muchos profesores ignorantes en la universidad?

VI. Días de la semana

Complete.

1. Vamos a las clases los lunes, ___ _____ , ___ _____ , ___ _____ , y los viernes.
2. Los días favoritos de los estudiantes son: viernes, ___ y ___ .

VII. La hora

A. ¿Qué hora es?

MODELO 1:10, tarde
Es la una y diez de la tarde.
3:30, mañana
Son las tres y media de la tarde.

1. 1:15, tarde
2. 9:30, noche
3. 3:40, mañana
4. 5:50, mañana

B. ¿A qué hora? Indique a qué hora usted va a clase.

MODELO arte/1:30, tarde
Voy a la clase de arte a la una y media de la tarde.

1. historia/8:15, mañana
2. español/9:20, mañana
3. religión/11:30, mañana
4. biología/1:45, tarde

CAPÍTULO 2

La familia

Una familia hispana.
Están muy contentos, ¿verdad?

Goals for communication

- To talk about the family
- To tell age
- To indicate possession
- To describe people and things
- To indicate nationality
- To indicate location
- To describe conditions

Cultural focus

- The Hispanic family
- Hispanics in the United States

Structures

I. Los números de 30-100 y **tener. . .años**
II. Los adjetivos posesivos
III. Los adjetivos descriptivos
IV. Adjetivos de nacionalidad
V. **Estar** + localización
VI. **Estar** + condición
VII. **Ser** y **estar**

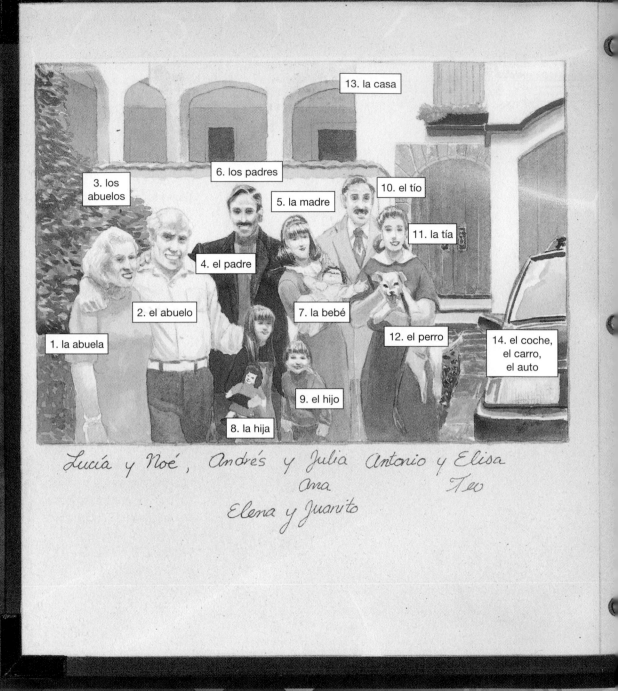

13. la casa

6. los padres

3. los abuelos

10. el tío

5. la madre

11. la tía

4. el padre

2. el abuelo

7. la bebé

1. la abuela

12. el perro

14. el coche, el carro, el auto

9. el hijo

8. la hija

Lucía y Noé, Andrés y Julia Antonio y Elisa
Ana Teo
Elena y Juanito

CAPÍTULO 2   La Familia

1. grandmother   2. grandfather   3. grandparents   4. father   5. mother   6. parents   7. baby (el **bebé**, m.)
8. daughter   9. son   10. uncle   11. aunt   12. dog   13. house   14. car

1. el novio

2. la novia

3. el esposo

4. la esposa

Andrés y Julia

Andrés y Julia

5. la nieta

6. el nieto

7. el primo

8. la prima

Elena, Noé y Juanito

Juanito con Ricardo y Jere.

Juanito

9. el hermano

10. la hermana

Elena

1. boyfriend 2. girlfriend 3. husband 4. wife 5. granddaughter 6. grandson 7. cousin (m.) 8. cousin (f.)
9. brother 10. sister

A. La familia

MODELO ¿Quién es Andrés?
     Andrés es el padre de Elena y Juanito.

En la fotografía grande. . .

1. ¿Quién es Julia?
2. ¿Quiénes son Andrés y Julia?
3. ¿Quién es Ana?
4. ¿Cómo se llama la hija? ¿y el hijo?
5. ¿Cómo se llama la abuela? ¿y el abuelo?
6. ¿Quiénes son Lucía y Noé?
7. ¿Cómo se llama el perro?
8. ¿Es la casa colonial o moderna?
9. ¿Qué vehículo hay en la fotografía?
10. ¿Cuántas personas hay en la familia?

En las fotografías pequeñas de la familia. . .

11. (foto #1) Andrés es el novio. ¿Quién es Julia?
12. (foto #2) Julia es la esposa. ¿Quién es Andrés?
13. (foto #3) Noé es el abuelo. ¿Quién es Elena? ¿y Juanito?
14. (foto #4) ¿Son Juanito y Ricardo hermanos? ¿Qué son? ¿y quién es Tere?
15. (foto #5) ¿Son Elena y Juanito primos? ¿Qué son?

BIEN DICHO   La familia y otras personas

La **familia**	*family*
los **parientes**	*relatives*
la **madrastra**/el **padrastro**	*stepmother/stepfather*
la **bisabuela**/el **bisabuelo**	*great grandmother/great grandfather*
el **hermano mayor**/la **hermana mayor**	*older, oldest brother/sister*
el **hermano menor**/la **hermana menor**	*younger, youngest brother/sister*
el **sobrino**/la **sobrina**	*nephew/niece*

Otras **personas**	*persons, people*
el **hombre**/la **mujer**[1]	*man/woman*
el **niño**/la **niña**	*child* (m./f.)
el **muchacho**/la **muchacha** (el **chico**/la **chica**)	*boy/girl*
el **amigo**/la **amiga**	*friend* (m./f.)
el **compañero de cuarto**/ la **compañera de cuarto**	*roommate* (m./f.)

PRONUNCIATION CHECK

Remember that in Spanish the **h** is not pronounced. Examples: **hermano, hermana, hombre.** The **j** in Spanish approximates the pronounced *h* sound of English as in *help*. Example: **mujer.**

B. Solicitando información

En parejas, háganse las preguntas y contéstenlas.

1. ¿Cómo se llama tu padre? **Se llama. . .** ¿De dónde es?
2. ¿Cómo se llama tu madre? ¿De dónde es?
3. ¿Tienes (*Do you have*) hermanos o hermanas mayores? **Sí, tengo. . . No, no tengo. . .**
4. ¿Tienes hermanos o hermanas menores?
5. ¿Tienes una madrastra? ¿un padrastro?
6. ¿Tienes muchos parientes?
7. ¿Tienes sobrinos[2]? ¿primos? ¿nietos? ¿hijos? ¿abuelos? ¿y bisabuelos?
8. ¿Tienes muchos amigos aquí en la universidad?
9. ¿Tienes un compañero/una compañera de cuarto?
10. ¿Tienes esposo/esposa? ¿novio/novia?
11. ¿Tienes perro? (¿Cómo se llama?)

Refrán°: **De tal palo°, tal astilla°** **De tal padre, tal hijo.**	*saying / stick / splinter*

¿Cuál es el refrán equivalente en inglés? ¿Se aplica a su familia?
¿Es usted parecido(a) a su madre o padre?

---

[1]**Mujer** also has the meaning *wife*. It's masculine counterpart is **marido** (*husband*).

[2]In speaking about members of the family, the masculine plural reference can include both males and females. Example: **sobrinos** = nieces and nephews.

"I started putting all of the vocabulary on index cards, but I realized that it would be hard to keep so many cards. So, I wrote them out in a notebook instead with the English translation to help me remember them. When you study, you can cover the English words and see how much of the Spanish you remember."—*D. Robinson, Hampton University*

1. el abogado
(la abogada)

2. la mujer de negocios
(el hombre de negocios)

3. el médico
(la médica)

4. la enfermera
(el enfermero)

5. el camarero
(la camarera)

6. la dependienta
(el dependiente)

7. la programadora
(el programador)

8. el contador
(la contadora)

9. el ama de casa

> **Note**
> 1. Even though **ama** is a feminine word, it requires the article **el**. However, in the plural **las** is used rather than **los**.
>
>   **el ama de casa** *but* **las amas de casa**
>
> 2. When simply stating a person's profession or vocation without further qualifiers or description, the indefinite article **un** or **una** is omitted. When an adjective is added, the indefinite article is used.
>
>   Mi madre es **abogada**. *but*
>   Mi madre es **una abogada** estupenda.

1. lawyer (m./f.) 2. business woman/man 3. doctor (m./f.) 4. nurse (m./f.) 5. waiter/waitress 6. store clerk (m./f.) 7. computer programmer (m./f.) 8. accountant (m./f.) 9. homemaker

Otras profesiones

agente de bienes raíces *(real estate agent)*   arquitecto(a)   artista (m./f.)
  atleta (m./f.)   cantante (m./f.)   carpintero(a)   científico(a)   dentista
  (m./f.)   electricista (m./f.)   gerente (m./f.) *(manager)*   ingeniero(a)
  mecánico(a)   militar (m./f.)   músico(a)   periodista (m./f.) *(journalist)*
  policía (m./f.)   político(a)   (p)sicólogo(a)   secretario(a)
  veterinario(a)

▰▰▰ Práctica y comunicación

C. ¿Cuál es la profesión?
Identifique la profesión según la descripción.

> MODELO Trabaja (*He/she works*) en el hospital.
> **Es médico o médica.** (o) **Es enfermero o enfermera.**

1. Trabaja para una compañía grande.
2. Defiende a los "inocentes".
3. Trabaja en casa.
4. Trabaja con computadoras.
5. Trabaja con números grandes.
6. Trabaja en Bloomingdales.
7. Trabaja en un restaurante.
8. Es médico de animales.
9. Construye mesas, sillas, etc.
10. Trabaja en laboratorios.
11. Analiza los problemas personales.
12. Defiende la nación.

"Notice how many cognates there are on this page alone! You already know more Spanish than you think."—*E. Dearnley-Davison, St. Mary's University*

D. Nuestras profesiones
En parejas, háganse las preguntas y contéstenlas.

1. ¿Cuál es la profesión o vocación de tu madre? ¿y de tu padre? **Mi. . .**
2. ¿Cuál es la profesión de tu tío favorito? ¿de tu tía favorita?
3. ¿Eres tú camarero(a)? ¿dependiente(a)?
4. ¿Tienes interés en ser abogado(a)? ¿militar? ¿profesor(a) de español? ¿hombre/mujer de negocios? **Tengo interés en ser. . .**   (o) **No tengo interés en ser. . .**

Conversación

Javier conoce° a Susana

meets

NATALIA: Javier, quiero presentarte a mi prima Susana.
 JAVIER: Mucho gusto, Susana. ¿Eres estudiante?
SUSANA: No, soy arquitecta.

JAVIER: ¡Qué bien! ¡Eres muy joven!

NATALIA: Susy es muy inteligente.

SUSANA: (*a Natalia*) ¡Gracias, prima! (*a Javier*) ¿De dónde eres, Javier?

JAVIER: Soy del Ecuador. ¿y tú? ¿Eres boliviana como tu prima?

SUSANA: Sí, soy de Bolivia pero mis padres y mi hermano están en Chile. ¿y tu familia? ¿Tienes hermanos o hermanas?

JAVIER: Sí, tengo tres hermanos. Ellos están en Guayaquil con mis padres.

NATALIA: (*a Javier*) Un día mi prima y yo vamos a visitar el Ecuador.

JAVIER: (*a las chicas*) Pues, ¡mi casa es su casa!

¿Qué pasa?

Conteste las preguntas.

1. ¿Son Susana y Natalia primas o hermanas?
2. ¿Es Susana estudiante o arquitecta?
3. ¿Es Javier del Ecuador o de Bolivia?
4. ¿Están los padres de Susana en Chile o en Bolivia?
5. ¿Tiene Javier tres hermanas o tres hermanos en Guayaquil?
6. En el futuro, ¿Natalia y Susana van a visitar Bolivia o el Ecuador?

Estructura

I. *Numbers from 30–100 and telling age with* **tener:** Los números de 30–100 y **tener. . .años**

A. Los números de 30 a 100

treinta	30	**setenta**	70
treinta y uno	31	**ochenta**	80
treinta y dos	32	**noventa**	90
cuarenta	40	**cien**	100
cincuenta	50	**ciento uno. . .**	101. . .
sesenta	60		

Note
Uno, even when part of a higher number, becomes **un** or **una** to agree with a masculine or feminine noun.

> veinti**ún** hombres   *21 men*
> setenta y **una** mujeres   *71 women*

STUDY HINT ━━━━━━━━━━━━━━━━━━━━━━━━━━━━

Review the numbers 0–30 on page 3.

━━

B. Tener. . .años

The verb **tener** (*to have*) has many functions, one of which is to tell age. In contrast to English, which uses *to be. . .years old* to tell age, Spanish uses **tener. . .años,** which translates literally as *to have. . .years*.
To inquire about age, the question **¿Cuántos años. . .?** (*How many years. . . ?*) is used with **tener.**

> **¿Cuántos años tiene él?**   *How old is he?*
> **Tiene cuarenta y un años.**   *He is forty-one years old.*

Study the forms of the verb **tener** in the present tense as well as the sample sentences.

tener *to have*		**tener. . .años** *to be. . .years old*
yo	**tengo**	**Tengo** veintiún años. .
tú	**tienes**	**¿Tienes** veintiún años?
usted, él, ella	**tiene**	Mi madre **tiene** cincuenta años. .
nosotros(as)	**tenemos**	Mi amigo y yo **tenemos** quince años.
vosotros(as)	**tenéis**	**¿Tenéis** treinta **años**?
ustedes, ellos(as)	**tienen**	Los chicos **tienen** nueve **años.**

▰▰▰ Práctica y comunicación

E. Generaciones
¿Cuántos años tienen las personas de la familia presentada en la "foto" (página 38)?

> MODELO Antonio, el tío (51)
> **Tiene cincuenta y un años.**

1. Elisa, la tía (50)
2. Andrés, el padre (41)
3. Julia, la madre (36)
4. Lucía, la abuela (75)
5. Noé, el abuelo (81)
6. Elena, la hija (9)
7. Juanito, el hijo (6)
8. Ana, la bebé (1)

F. ¿Cuántos años tienen?

Conteste las preguntas del profesor/de la profesora.

1. ¿Cuántos años tiene usted? Clase, ¿cuántos años tiene él/ella?
2. ¿Cuántos años tiene su compañero(a) de cuarto? **Mi. . .**
3. ¿Cuántos años tiene su abuelo favorito o abuela favorita?
4. ¿Quién tiene bisabuelos? ¿Cuántos años tiene su bisabuelo o bisabuela?
5. ¿Cuántos años tiene su profesor(a) de español?

Y ahora, andando por la clase, háganse las preguntas para averiguar cuántos años tienen las personas indicadas.

> MODELO tu hermano o hermana
>
>> ESTUDIANTE #1: **¿Cuántos años tiene tu hermano o hermana?**
>>
>> ESTUDIANTE #2: **Tiene. . .años.** (o) **No tengo hermanos.**

1. tú
2. tu compañero(a) de cuarto
3. tu madre/padre
4. tu abuelo favorito o tu abuela favorita
5. el profesor o la profesora de español
6. tu hermano o hermana mayor/menor

Estructura

II. *Expressing possession:* Los adjetivos posesivos

You have already informally seen and used the verb **tener** to express possession: **¿Tienes hermanos? ¿Tienes perro?**

Possession may also be expressed with possessive adjectives, which you have previously seen and used: **¿Cuántos años tiene tu padre?**

Possessive adjectives show ownership or a relationship between people. Observe the varying forms of the possessive adjectives in the chart below.

Los adjetivos posesivos	
mi tío, **mis** tíos	*my*
tu hermana, **tus** hermanas	*your*
su abuelo, **sus** abuelos	*his, her, its, your (formal)*
nuestro amigo, **nuestros** amigos **nuestra** amiga, **nuestras** amigas	} *our*
vuestro primo, **vuestros** primos **vuestra** prima, **vuestras** primas	} *your (informal)*
su profesor, **sus** profesores	*their, your (formal)*

The possessive adjectives **mi, tu,** and **su** have only singular and plural forms **(mi/mis, tu/tus, su/sus). Nuestro** and **vuestro** have singular and plural as well as masculine and feminine forms **(nuestro/nuestros, nuestra/nuestras, vuestro/vuestros, vuestra/vuestras).**

In Spanish, possessive adjectives agree with the thing possessed, not with the possessor.

Son **mis perros.**	*They are **my dogs.***
Es **nuestra casa.**	*It is **our house.***
Nuestros abuelos son de Cuba.	***Our grandparents** are from Cuba.*
Lola, ¿son **tus primos**?	*Lola, are they **your cousins**?*
Los estudiantes dicen que **su profesora** es fantástica.	*The students say that **their professor** is fantastic.*

▮▮▮ Práctica y comunicación

G. El álbum de fotos

Imagínense que ustedes están examinando unos álbumes de fotos. ¿De quién tienen fotos?

MODELO Tengo una foto de. . . (abuelos)
Tengo una foto de mis abuelos.

1. Tengo una foto de. . .
   (abuelos) (padres) (casa) (hermano) (perros)

2. Carmen tiene una foto de. . .
   (hijos) (sobrinos) (abuela) (carro) (amigas favoritas)

3. Nosotros tenemos una foto de. . .
   (familia) (sobrinos) (abuelo) (hermanos) (amigas)

4. Camila y su hermana tienen una foto de. . .
   (casa) (primos) (novios) (carro) (perro)

LA FAMILIA HISPANA

Por lo general, la familia hispana tiene más miembros que la típica *familia nuclear* (padres e hijos) norteamericana. En una casa hispana, es muy común encontrar a los padres, a los hijos y a los abuelos viviendo° juntos°. Generalmente, los hijos solteros° viven en la casa de sus padres hasta° casarse°. Muchos van a la universidad y trabajan al mismo tiempo°.

living / together unmarried / until / marry / same time

En la familia hispana, la abuela es muy importante en la educación de los nietos y nietas. Normalmente, ella es también° la persona que cuida° a los niños cuando los padres salen° o trabajan. [¡El concepto de contratar a una persona para cuidar a los niños (*babysitting*) no es frecuente entre los hispanos!]

also takes care of / go out

Además° de los padres, los hijos y los abuelos, también es común encontrar a otros parientes—como tíos, tías y primos—viviendo en la misma casa o apartamento. Este tipo de familia se llama *familia extendida* y es más común en el campo° que en la ciudad.

in addition to

country

¿Cuál es el abuelo? ¿y la abuela? ¿Cuántos nietos hay?

¿TÚ O USTED?

Como sabe°, en español existen dos maneras de tratar o dirigirse° a una persona: *tú* y *usted*. *Tú*, usualmente, implica informalidad; *usted*, generalmente, implica respeto, formalidad y, a veces°, cierta distancia. En la mayoría de las comunidades hispanas, los miembros de una familia se tratan de *tú*. En muchos países hispanos, sin embargo°, los hijos llaman a sus abuelos *usted* y al resto de la familia *tú*.

as you know / to address / sometimes

nevertheless

¿Cuánto sabemos? (*How much do we know?*)
¿Sí o no?
1. La típica familia hispana es nuclear (padres e hijos).
2. En las decisiones familiares, la opinión de la abuela es importante.
3. La familia extendida—abuelos, padres, hijos, tíos, etc.—es más común en la ciudad.
4. Los miembros de una familia usualmente usan *tú* para comunicarse.

Estructura

III. *Describing people and things:* Los adjetivos descriptivos

Soy un tucán magnífico.

Adjectives are words that describe, limit, or qualify a noun or pronoun. Adjectives in Spanish agree in gender (masculine or feminine) and number (singular or plural) with the nouns or pronouns they modify.

A. Formación de los adjetivos

1. Adjectives ending in **-o** have four possible forms (masculine or feminine, singular or plural) to indicate agreement.

	singular	*plural*
masculino	Él es **honesto.**	Ellos son **honestos.**
femenino	Ella es **honesta.**	Ellas son **honestas.**

Note how the **-o** changes to **-a** to agree with the feminine singular pronoun. Note the addition of **-s** to the vowel (**-o** and **-a**) to form the plural.

2. Adjectives ending in **-e, -ista,** or a consonant have only two possible forms (singular or plural) to indicate agreement. (Adjectives of nationality that end in a consonant are one exception. See Indicating Nationality, page 55.)

singular	*plural*
Él/Ella es **excelente.**	Ellos/Ellas son **excelentes**
. . .**idealista.**	. . .**idealistas.**
. . .**sentimental.**	. . .**sentimentales.**

Note the addition of **-es** to the consonant to form the plural.

B. Posición de los adjetivos

1. In Spanish descriptive adjectives most commonly follow the noun.

> **Mónica es una estudiante responsable.** *Monica is a responsible student.*

2. Adjectives of quantity (limiting adjectives) precede the noun, as in English.

> **Tres** estudiantes son de Nuevo México.
> **Muchos** estudiantes van al concierto.

BIEN DICHO   Las descripciones

The following descriptive adjectives are most commonly used with the verb **ser** to indicate characteristics or qualities that are considered inherent or natural to the person or thing described.

Características físicas

"Note that some of the adjectives, such as *fuerte, débil, grande, joven,* and *probre* have only one form, whereas other words listed here have both masculine and feminine forms."
—*J. Rapposelli, Bucks County Community College*

gordo(a)/flaco(a)	*fat/skinny*
delgado(a)	*slender*
alto(a)/bajo(a)	*tall, high/short, low*
fuerte/débil	*strong/weak*
grande/pequeño(a)	*large, big/small, little*
moreno(a)/rubio(a)	*brunette, dark-skinned/blonde*
guapo(a)/feo(a)	*good-looking, handsome/ugly*
hermoso(a)	*beautiful*
bonito(a)	*pretty*
viejo(a)/joven (plural = **jóvenes**)	*old/young*

Otras características descriptivas

nuevo(a)	*new*
bueno(a)/malo(a)	*good/bad*
rico(a)/pobre	*rich/poor*
inteligente/tonto(a)	*intelligent/dumb, silly*
amable	*kind, nice*
simpático(a)/antipático(a)	*nice/disagreeable, unpleasant* (persons)
divertido(a)/aburrido(a)	*amusing, funny/boring*
perezoso(a)/trabajador(a)[3]	*lazy/hardworking, diligent*
serio(a)	*serious*
difícil/fácil	*difficult, hard/easy*

Otras palabras útiles

muy	*very*		**o**	*or*
y	*and*		**pero**	*but*

---

[3]Adjectives ending in **-dor** add **-a** to agree with a feminine singular noun:
> **trabajador** > **trabajadora**
> **conservador** > **conservadora**

Remember that in Spanish a **d** between vowels has a slight *th* sound as in *brother*. Examples:

delgado   **divertido**   **aburrido**

Note

1. The adjectives **bueno** and **malo** can be placed before a noun. If the noun is masculine and singular, **bueno** becomes **buen,** and **malo** becomes **mal.**

    Es un **buen** estudiante. (pero) Es una **buena** profesora.

2. **Y** becomes **e** before words beginning with **i** or **hi.**

    Mi madre es bonita **e** inteligente.

3. **O** becomes **u** before words beginning with **o** or **ho.**

    ¿Es el presidente deshonesto **u** honesto?

■■■ Práctica y comunicación

H. Al contrario
Describa de manera afirmativa a las siguientes personas.

> MODELO Whoopi Goldberg no es antipática.
> **Es simpática.**

1. Jodie Foster no es gorda.
2. Michael Jordan no es bajo.
3. Sylvester Stallone no es débil.
4. Joan Rivers no es morena.
5. Sandra Bullock no es fea.
6. Brad Pitt no es viejo.
7. Gloria Estefan no es perezosa.

> MODELO Mis amigos no son antipáticos.
> **Son simpáticos.**

8. Mis amigos no son pobres.
9. Nosotros no somos aburridos.
10. Mis amigas no son tontas.
11. Mis hermanos no son fuertes.
12. Mis primos no son guapos.
13. Mis primas no son trabajadoras.

I. ¿Cómo son?

Describan a las personas o las cosas (*things*) según los dibujos.

MODELO **El coche #1 es viejo.**
El coche #2 es nuevo.

el coche #1   el coche #2

Javier   Pepita

Octavio   Alfonso

Juanito   Noé

Esteban   Natalia

Esteban   Natalia

El vagabundo   Octavio

el ogro   Inés

el ogro   Camila

la casa   la casita

J. Preguntas personales

En parejas, háganse las preguntas y contéstenlas.

> MODELO
> ESTUDIANTE #1: **¿Eres responsable?**
> ESTUDIANTE #2: **Sí, soy responsable.** (o) **No, no soy muy
> responsable. ¿Y tú?**

1. ¿Eres amable?
2. ¿Eres inteligente?
3. ¿Eres romántico(a)?
4. ¿Eres perezoso(a)?
5. ¿Eres trabajador(a)?
6. ¿Eres atlético(a)?
7. ¿Eres serio(a)?
8. ¿Son tus padres generosos? ¿flexibles?
9. ¿Es tu compañero(a) de cuarto divertido(a)? ¿perezoso(a)?
   ¿simpático(a)?
10. En tu opinión, ¿es la clase de español divertida? ¿aburrida? ¿fácil?
    ¿difícil?

K. Descripción

Describa a las siguientes personas y clases usando adjetivos.

> MODELO Somos. . .
>   **Somos jóvenes e inteligentes.**

1. Soy. . .
2. Mi padre es. . .
3. Mi madre es. . .
4. Mi hermano(a) es. . .
5. Mi novio(a) es. . .
6. Mi compañero(a) de cuarto es. . .
7. Mis amigos son. . .
8. Mi profesor(a) de español es. . .
9. Nuestra clase de español es. . .
10. Mis clases en general son. . .

L. Personalidades interesantes

En español, algunos adjetivos son similares (o idénticos) a los del inglés. Estudie la lista que sigue:

moral	lógico(a)
inmoral	organizado(a)
optimista	disciplinado(a)
pesimista	egoísta _selfish_
idealista	exótico (a)
práctico(a)	conservador(a)
generoso(a)	liberal
dinámico(a)	famoso(a)
enérgico(a)	atlético(a)
cómico(a)	arrogante
grosero(a) _mean_	cruel
modesto(a)	responsable
tranquilo(a)	irresponsable
sincero(a)	honesto(a)
ambicioso(a)	deshonesto(a)
independiente	tolerante
curioso(a)	intolerante

Describa a las personalidades indicadas.

MODELO Einstein
Einstein es lógico, organizado, disciplinado, etc.

1. Fidel Castro
2. Oprah Winfrey
3. Rush Limbaugh
4. Whoopi Goldberg
5. Hillary Clinton
6. Gandhi
7. Madonna
8. Martin Luther King
9. Saddam Hussein

Caballero
39, busca amiga sincera, simpática independiente. Apdo. 2151-1002

Norteamericano
desea conocer Srta. sincera, 25–32 anos. Telf: 276-6660.

¿Qué tipo de persona busca el caballero? ¿y el norteamericano?

Estructura

IV. _Indicating nationality:_ Adjetivos de nacionalidad

Most adjectives of nationality have four possible forms (masculine or feminine, singular or plural) to indicate agreement.

	singular	_plural_
masculino	Él es **español.**	Ellos son **españoles.**
femenino	Ella es **española.**	Ellas son **españolas.**

As in **español/española** in the above examples, adjectives of nationality ending in a consonant add **-a** to the final consonant to agree with the feminine singular noun. Also, note the addition of **-es** to the final consonant to agree with the masculine plural noun.

Adjectives of nationality are used with the verb **ser,** but no article:

> **Soy canadiense.**

BIEN DICHO   Las nacionalidades[4]

alemán/alemana (_German_)
canadiense (m./f.)
chino(a)
español/española
estadounidense (m./f.)
francés/francesa
inglés/inglesa

italiano(a)
japonés/japonesa
norteamericano(a)
portugués/portuguesa
puertorriqueño(a)
ruso(a)

AUSTRiaco/a
suizo/a
Holanda

---

[4]For a complete listing of the nationalities related to Central and South America and the Antilles, see the maps that accompany the _Panorama cultural_ sections which focus on these geographical regions.

■■■■ Práctica y comunicación

M. ¿De qué nacionalidad son?

MODELO Mao Tse Tung
Es chino.

1. Los "Rolling Stones" y los "Beatles"
2. Tolstoy y Dostoevsky
3. Julio Iglesias
4. Pancho Villa y Emiliano Zapata
5. Juana de Arco
6. Jacques Cousteau
7. Oprah Winfrey
8. El rey (*king*) Juan Carlos y la reina Sofía
9. Los coches Honda y Toyota
10. El coche Volkswagen
11. El coche Ferrari
12. La cámara Nikon

Y ahora, pregúntele a un(a) compañero(a) de clase cuál es la nacionalidad de las personas de su familia.

13. ¿De qué nacionalidad es tu madre? ¿y tu padre?
14. ¿De qué nacionalidad son tus abuelos? ¿y tus bisabuelos (*great grandparents*)?
15. ¿Cuál es tu nacionalidad?

Estructura

V. *Indicating location:* Estar + localización

Study the forms of the present tense of the verb **estar** (*to be*), as well as the sample sentences.

estar *to be*		
yo	**estoy**	**Estoy** en la universidad.
tú	**estás**	¿**Estás** en casa?
usted, él, ella	**está**	Él **está** en el gimnasio.
nosotros(as)	**estamos**	**Estamos** bien.
vosotros(as)	**estáis**	¿**Estáis** mal?
ustedes, ellos(as)	**están**	Ellos **están** furiosos.

The verb **estar** is used with prepositions such as **en** (*in, at*) to indicate the location of people or objects. **Estar** is used to tell where the subject is.

> ¿**Están en** la fiesta o **en** su apartamento? *Are they **at** the party or **in** their apartment?*

BIEN DICHO   ¿Dónde están?

aquí/allí	*here/there*
en el campo	*in the country, field*
en la ciudad	*in the city*
en las montañas	*in the mountains*
en la playa	*at the beach*
en la escuela	*at school*
la escuela primaria	*elementary school*
la escuela secundaria	*high school*
en la universidad	*at the university*
en casa	*at home*
en el trabajo	*at work*

"Notice that **en** can mean *in* or *at*, depending on how it is used."—*C. O'Brien, Southern Connecticut State University*

> **Note**
> **La escuela primaria** in the Hispanic world normally includes grades 1-8. **La escuela secundaria** (also referred to as **el colegio, la preparatoria,** or **el liceo**) normally includes grades 9-12.

Práctica y comunicación

N. Fotografías de una visita a México

En las fotos de su viaje a México, indique a un compañero o a una compañera de clase dónde están las personas.

MODELO En esta (*this*) foto. . .
Mi primo Ricardo está en la escuela.

Ricardo

yo

mi amigo y yo

yo

nosotros

mis tíos

mi tía Anita

O. ¿Dónde están?

En parejas, digan dónde (probablemente) están en este momento las siguientes personas.

> MODELO ¿**Dónde está tu compañero(a) de cuarto?**
> **Está en la biblioteca.**

1. ¿Dónde está tu madre/padre?
2. ¿Dónde está tu hermano(a) menor/mayor?
3. ¿Dónde está tu compañero(a) de cuarto?
4. ¿Dónde está tu tío(a) favorito(a)?
5. ¿Dónde están tus abuelos?
6. ¿Dónde está tu novio(a)?

Estructura

VI. *Describing conditions:* **Estar + condition**

Estar is used with descriptive words to indicate the mental or physical condition in which the subject is found at a given time.

BIEN DICHO   ¿Cómo están?

bien/mal	*well/bad, badly, sick*
enfermo(a)	*sick*
contento(a)/triste	*happy/sad*
cansado(a)	*tired*
aburrido(a)	*bored*
enojado(a)	*angry*
nervioso(a)	*nervous*
preocupado(a)	*worried, concerned*
cerrado(a)/abierto(a)	*closed/open*

"You would only use the verb **ser** with these words if it is a permanent condition, e.g., a chronic illness or a personality disorder! (See p. 64)."—*C. Burgos, City College of New York*

P. ¿Cómo están las personas?

Indique cómo están las personas según los dibujos.

Ruben

Camila

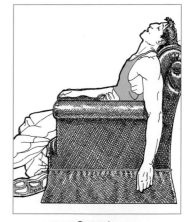

Octavio

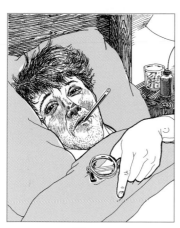

Alfonso

Carmen

Linda   Manuel

Q. Situaciones

Indique la condición de las siguientes personas o cosas.

1. Cuando. . .recibe una A en un examen de español, está. . .
2. Cuando. . .recibe una F en un examen de cálculo, está. . .
3. Cuando hay un examen muy, muy difícil, los estudiantes están. . .
4. Cuando hay un examen, los libros están. . .
5. Cuando no hay examen en la clase, los libros están. . .
6. Cuando los estudiantes están en la clase de matemáticas, están muy. . .
7. Cuando ustedes reciben malas notas, sus padres están. . .
8. Los lunes los estudiantes están. . .
9. Los viernes los estudiantes están. . .
10. Yo no estoy bien hoy, estoy. . .

R. Tú y yo

En parejas, hagan preguntas y contéstenlas.

> MODELO ¿bien o mal?
> **¿Estás bien o mal?**
> **Estoy bien, gracias. ¿Y tú?**

1. ¿contento(a) con tus clases aquí en la universidad?
2. ¿contento(a) con la vida social aquí?
3. ¿aburrido(a) con la vida social o académica?
4. ¿cansado(a) los lunes?
5. ¿enfermo(a) hoy?
6. ¿enojado(a) con tu novio(a) o con tu compañero(a) de cuarto?
7. ¿preocupado(a) por tus notas en cálculo (álgebra) (historia) (español)?

Estructura

VII. *Describing people, places, and things:* ser y estar

"I used the following saying to help me remember when to use **estar** rather than **ser**: 'How you are and where you are always use the verb **estar**.'"—*C. Wagner, Pellissippi State Technical Community College*

A. Origen versus localización

1. **Ser** tells where the subject is from (origin).

> **¿De dónde es Carlos?** *Where is Carlos from?*
> **Es de Chile.** *He is from Chile.*

2. In contrast, **estar** denotes location by telling where the subject is.

> **¿Dónde está Carlos?** *Where is Carlos?*
> **Está en casa.** *He is at home.*

B. Características versus condiciones

1. **Ser** (a) identifies who or what the subject is and (b) tells what the subject is like.

   (a) Who or what the subject is = identity, vocation, profession, religion, nationality, etc.

Ella es abuela.	*She is a grandmother.*
Él es profesor.	*He is a professor.*
Soy católico.	*I am Catholic.*
Ella es chilena.	*She is Chilean.*

   (b) What the subject is like = descriptive characteristics and qualities (physical or personality traits) inherent to the person or things described.

¿Cómo **es** tu padre?	*What is your father like?*
Es alto y **moreno.**	*He is tall and dark-haired.*
Mi madre **es inteligente** y muy **simpática.**	*My mother is intelligent and very nice.*

2. In contrast, **estar** tells in what condition the person or thing is at a given time, for example, how the subject feels, looks, appears, etc.

¿Cómo está el?	*How is he?*
Está muy **preocupado.**	*He is very worried.*
Su esposa **está enferma.**	*His wife is sick.*

C. Ser y estar con ciertos adjetivos

Observe how the use of **ser** and **estar** with certain adjectives can change those adjectives' meaning. With **ser,** the adjective denotes an inherent characteristic or trait; with **estar,** it reflects a condition at a particular moment.

El programa de televisión **es aburrido.**	*The television program is boring.*
Los niños **están aburridos.**	*The children are bored.*
Carmen **es** muy **bonita.**	*Carmen is very pretty.*
Pepita **está** muy **bonita** hoy.	*Pepita looks very pretty today.*
La fruta chilena **es** muy **buena.**	*Chilean fruit is very good.* (general quality)
La fruta **está buena** hoy.	*The fruit looks (tastes) good today.* (condition today)

S. ¿De dónde son y dónde están ahora?

Completen en parejas.

MODELO *Nombre*   *Origen*   *Localización*
        James Bond   Inglaterra   Monte Carlo
        James Bond es de Inglaterra pero ahora está en Monte Carlo.

Nombre	*Origen*	*Localización*
1. el rey Juan Carlos	España	Angola
2. Gloria Estefan	Cuba	la Florida
3. Madre Teresa	los Estados Unidos	la India
4. la princesa Diana	Inglaterra	el Canadá
5. mi profesor(a) de español	. . .	. . .
6. mi compañero(a) de cuarto	. . .	. . .
7. mi madre	. . .	. . .
8. mi abuelo(a)	. . .	. . .

T. Mi profesor(a)

Describa a su profesor(a) de español. Use **ser** o **estar** según las indicaciones.

MODELO La profesora/El profesor (*apellido*). . .inteligente.
        Es inteligente.
        La profesora/El profesor (*apellido*). . .bien hoy.
        Está bien hoy.

La profesora/El profesor. . .

1. . . .de (*estado o país*)
2. . . .(*nacionalidad*)
3. . . .alto(a)/bajo(a)
4. . . .moreno(a)/rubio(a)
5. . . .joven/viejo(a)
6. . . .generoso(a)
7. . . .honesto(a)
8. . . .trabajador(a)
9. . . .buen(a) profesor(a)
10. . . .bilingüe
11. . . .muy responsable
12. Pero, no. . .bien hoy
13. No. . .contento(a) en este momento
14. . . .un poco nervioso(a)
15. . . .un poco preocupado(a)
16. . . .enojado(a) con los estudiantes
17. . . .frustrado(a)
18. . . .enfermo(a) ¡Qué pena!

U. Una persona famosa

Un(a) estudiante de la clase adopta la personalidad de una persona muy famosa. Los otros estudiantes le hacen preguntas para determinar su identidad. Usen **ser** o **estar** en las preguntas. El (la) estudiante sólo contesta **sí** o **no.**

Categorías posibles: político(a), actor/actriz, atleta, músico(a).

Ejemplos de preguntas: **¿Eres actor? ¿Estás en Hollywood? ¿Eres joven?** etc.

V. ¿Tiene usted interés en ser enfermera o enfermero?

Lea el anuncio y conteste las preguntas.

1. ¿Cuántos años tiene la señorita?
2. ¿Cuál es su profesión?
3. ¿Son los salarios buenos o malos?
4. ¿Cómo está ella?
5. ¿Cómo es su vida? ¿aburrida o emocionante?
6. ¿De cuántos años son los programas de estudio?
7. ¿A qué número llamamos para recibir más información?

"No está mal... para tener 22 años."

Soy enfermera. Gano un buen salario y estoy contenta conmigo misma. Mi profesión ha hecho mi vida muy emocionante. No está mal para tener 22 años. ¡Me encanta ser enfermera!

Llama al **1-800-962-6877** para recibir más información sobre las oportunidades, buenos salarios, programas de estudio de 2 ó 4 años y las diferentes opciones de trabajo que te ofrece la carrera de Enfermería.

En resumen

A. Conversando: De las familias

En grupos de tres, preséntense, y luego conversen sobre (*about*) sus familias. Por ejemplo: ¿De dónde es tu familia? ¿Tienes hermanos, etc.? ¿Cómo es tu madre/hermano, etc. (características, años, profesión)? ¿Dónde está(n)?

B. De mi escritorio: Una descripción de una persona especial

Escriba una descripción de una persona muy importante en su vida.

- ¿Cómo se llama?
- ¿De dónde es?
- ¿Quién es? (profesión, etc.)
- ¿Cuántos años tiene?
- ¿Cómo es? (características físicas y de personalidad)
- ¿Cómo está? (probablemente)
- ¿Dónde está en este momento?

Ahora lea su descripción a la clase o a otro(a) estudiante de la clase.

PANORAMA CULTURAL

Los hispanos en los Estados Unidos

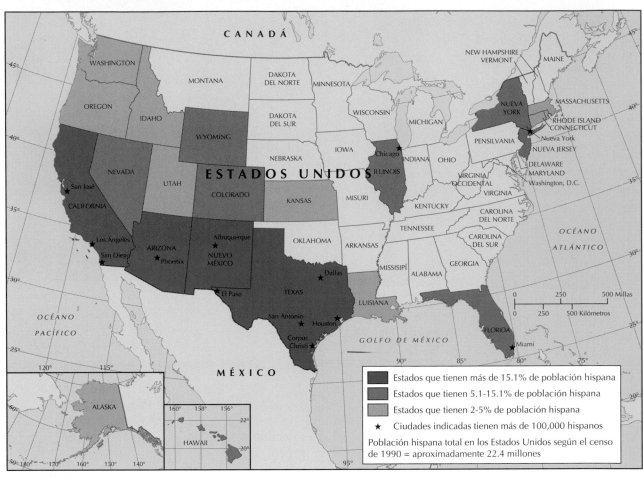

CANADÁ

WASHINGTON
MONTANA
DAKOTA DEL NORTE
MINNESOTA
NEW HAMPSHIRE
VERMONT
MAINE

OREGON
IDAHO
DAKOTA DEL SUR
WISCONSIN
MICHIGAN
NUEVA YORK
MASSACHUSETTS
RHODE ISLAND
CONNECTICUT

WYOMING
IOWA
PENSILVANIA
Nueva York
NUEVA JERSEY

NEVADA
UTAH
NEBRASKA
ILLINOIS
Chicago
INDIANA
OHIO
DELAWARE
MARYLAND
Washington, D.C.

ESTADOS UNIDOS

San José
CALIFORNIA
COLORADO
KANSAS
MISURI
VIRGINIA OCCIDENTAL
VIRGINIA

KENTUCKY
CAROLINA DEL NORTE
OCÉANO ATLÁNTICO

Los Ángeles
ARIZONA
Albuquerque
NUEVO MÉXICO
OKLAHOMA
TENNESSEE
CAROLINA DEL SUR

San Diego
Phoenix
ARKANSAS
MISSISIPÍ
GEORGIA

El Paso
TEXAS
Dallas
ALABAMA

OCÉANO PACÍFICO
San Antonio
Houston
LUISIANA

Corpus Christi
GOLFO DE MÉXICO
FLORIDA
Miami

MÉXICO

ALASKA
HAWAII

Estados que tienen más de 15.1% de población hispana
Estados que tienen 5.1-15.1% de población hispana
Estados que tienen 2-5% de población hispana
★ Ciudades indicadas tienen más de 100,000 hispanos
Población hispana total en los Estados Unidos según el censo de 1990 = aproximadamente 22.4 millones

0   250   500 Millas
0   250   500 Kilómetros

Estudie el mapa e identifique los estados con mayor concentración hispana (más del 5.1%)

Reading strategies

Scan the following reading focused on "Hispanics in the United States."

1. Underline or highlight the important information surrounding key words such as **regiones, ciudades, mayoría, Centroamérica, influencia,** etc.
2. Now reread the selection, reviewing the major ideas in order to complete the statements in ¡**A ver cuánto aprendimos!**

¿Cuántos hispanos hay?

¿Sabe usted que hay más de 23.000.000 de hispanos en los Estados Unidos? En efecto, los hispanos son una comunidad muy grande y muy importante en la vida[1] de este país. Las

¹life

66

¿Cómo se manifiesta la fusión de la cultura hispana y la norteamericana en esta escena? Miami, Florida

¡QUÉ ENCHILADA!

La enchilada más grande del mundo se hace (*is made*) en un pueblo de Nuevo México; 75 personas la preparan ¡y 8.500 personas la comen (*eat it*)!

regiones en donde hay más hispanos son el sur[2] de la Florida y el suroeste de la nación. Tambien[3] hay muchos hispanos en ciudades como Nueva York, Los Ángeles, Chicago y Washington, D.C.

¿De dónde son?

La mayoría[4] de los hispanos en los Estados Unidos son de México, Puerto Rico y Cuba. El mayor número de mexicanoamericanos está en los estados de California, Arizona, Nuevo México y Texas. En la ciudad de Miami, viven[5] más de 500.000 cubanoamericanos;

---

[2]*south* [3]*also* [4]*majority* [5]*live*

¿Cómo se llama este supermercado? ¿Qué productos se venden allí? Spanish Harlem, Nueva York

y en la ciudad de Nueva York hay una comunidad de más de 1.000.000 de puertorriqueños.

También crece[6] cada día la población hispana que viene[7] de Centroamérica. Las mayores comunidades de salvadoreños y nicaragüenses están en las ciudades de Miami y Washington, D.C.

Su influencia

Los hispanos en los Estados Unidos tienen una influencia muy importante en la cultura del país, especialmente en las artes, la comida[8] y el idioma[9]. La comunidad hispanoamericana también es muy valiosa[10] en los sectores de la economía y la política.

La hispanidad es muy evidente en la historia de los Estados Unidos. Muchos nombres de los estados y ciudades estadounidenses tienen origen hispano: Florida, Texas, Los Ángeles, Santa Fe, Buena Vista, San Antonio, El Paso. . .¡y muchos más! ¿Sabe qué significan?

---

[6]*grows* [7]*comes* [8]*food* [9]*language*
[10]*valuable*

¿En qué estado de los Estados Unidos se celebra la ''Fiesta San Antonio''?

¿DÓLAR ESPAÑOL?

El signo del dólar ($) viene de una antigua moneda (*coin*) española que tenía (*had*) como símbolo dos columnas con una cinta entrelazada (*interlaced ribbon*) entre ellas.

¡A ver cuánto aprendimos!

Completen.

1. Hay aproximadamente. . .hispanos en los Estados Unidos.
2. Hay más hispanos en las regiones de. . .
3. . . .son tres ciudades donde viven muchos hispanos.
4. La mayor parte de los hispanos en los EEUU son de. . .
5. Hay más cubanoamericanos en la ciudad de. . .
6. . . .es la ciudad donde hay más puertorriqueños.
7. Hoy hay muchos inmigrantes hispanos de. . .
8. . . .son cuatro ciudades estadounidenses con nombres en español.

REPASO DE VOCABULARIO ACTIVO

Adjetivos

abierto(a)
aburrido(a)
alto(a)
amable
antipático(a)
bajo(a)
bonito(a)
bueno(a)
cansado(a)
cerrado(a)
contento(a)
débil

delgado(a)
difícil
divertido(a)
enfermo(a)
enojado(a)
excelente
fácil
feo(a)
flaco(a)
fuerte
gordo(a)
grande

guapo(a)
hermoso(a)
inteligente
joven
malo(a)
mayor
menor
moreno(a)
nervioso(a)
nuevo(a)
pequeño(a)

perezoso(a)
pobre
preocupado(a)
rico(a)
rubio(a)
serio(a)
simpático(a)
tonto(a)
trabajador(a)
triste
viejo(a)

Adverbios

allí
aquí

bien

mal

muy

Conjunciones

y/e

o/u

pero

Nacionalidades

alemán/alemana
canadiense
chino(a)
español/española

estadounidense
francés/francesa
inglés/inglesa

italiano(a)
japonés/japonesa
norteamericano(a)

portugués/portuguesa
puertorriqueño(a)
ruso(a)

Sustantivos

La familia

la abuela
el abuelo
la bisabuela
el bisabuelo
la esposa
el esposo
la familia

la hermana
el hermano
la hija
el hijo
la madrastra
la madre

la nieta
el nieto
el padrastro
el padre
los padres
el pariente

la prima
el primo
la sobrina
el sobrino
la tía
el tío

Las profesiones y otras personas

la abogada
el abogado
el ama de casa (f.)
la amiga
el amigo
el/la bebé
la camarera
el camarero
la compañera de cuarto

el compañero de cuarto
la contadora
el contador
la chica
el chico
la dependienta
el dependiente
la enfermera

el enfermero
el hombre
el hombre de negocios
la médica
el médico
la muchacha
el muchacho
la mujer

la mujer de negocios
la niña
el niño
la novia
el novio
la persona
la programadora
el programador

Cosas (things) *y lugares* (places)

el auto	el perro	la escuela primaria	la playa
el carro	el campo	la escuela secundaria	el trabajo
la casa	la ciudad	la montaña	la universidad
el coche	la escuela		

Verbos y expresiones verbales

estar
tener
tener. . .años

AUTOPRUEBA Y REPASO #2

I. El verbo tener
Use la forma correcta de **tener**.

1. Yo _____ tres hermanos.
2. Mi hermano mayor _____ 21 años.
3. Mis padres _____ 55 años.
4. Mi hermano menor y yo _____ muchos cassettes.
5. ¿Cuántos años _____ tú, mi amigo?

II. Los adjetivos posesivos
¿Qué tienen los estudiantes?

MODELO Mi hermano/cuaderno
Tiene su cuaderno.

1. yo/fotos
2. ¿libros/tú?
3. José/guitarra
4. mi amigo y yo/computadoras
5. ustedes/escritorio
6. vosotros/calculadora

III. El verbo ser: las características y las nacionalidades
A. Dé la forma negativa y afirmativa según el modelo.

MODELO yo/viejo
No soy viejo. Soy joven.

1. yo/tonto
2. tú/fea
3. nosotros/débiles
4. ellas/altas
5. Carlos/rubio
6. vosotros/pobres
7. usted/gordo
8. las clases/difíciles

B. Indique la nacionalidad.

MODELO Ellas son de París.
Son francesas.

1. Ellos son de Tokio.
2. Aurora es de Madrid.
3. David es de Toronto.
4. Dulce y Rosita son de Acapulco.
5. Hans y Fritz son de Berlín.

IV. El verbo estar: localización y condición
Dé la forma negativa y afirmativa según el modelo.

MODELO yo/bien
No estoy bien. Estoy mal.

1. yo/triste
2. tú/enfermo
3. nosotros/mal
4. mis hermanos/en la ciudad
5. el coche/aquí
6. las puertas del coche/abiertas

V. Ser en contraste con estar
Use la forma correcta de **ser** o **estar** según las indicaciones.

MODELO La casa. . .grande.
La casa es grande.

1. viejo/el coche
2. jóvenes/los padres
3. hombre de negocios/el padre
4. muy simpática/la hija
5. muy contenta/la familia
6. en la Florida/los abuelos
7. de la Florida/los tíos

VI. Repaso general del Capítulo 2
Conteste en oraciones completas.

1. ¿Cómo es usted?
2. ¿Cómo es su madre?
3. ¿Cómo son sus amigos?
4. ¿Están usted y sus amigos preocupados?
5. ¿Tiene usted muchas clases?
6. ¿Tienen ustedes clases los sábados?

CAPÍTULO 3

La comida

Mercado público. Chichicastenango, Guatemala

Goals for communication

- To buy and talk about food (in a market, restaurant, etc.)
- To talk about actions in the present
- To ask for specific information
- To express likes and dislikes

Cultural focus

- Foods of the Hispanic world
- Hispanic culture in the mainstream of U.S. life

Structures

I. El presente de los verbos regulares **-ar, -er, -ir**
II. Palabras interrogativas
III. **Gustar**

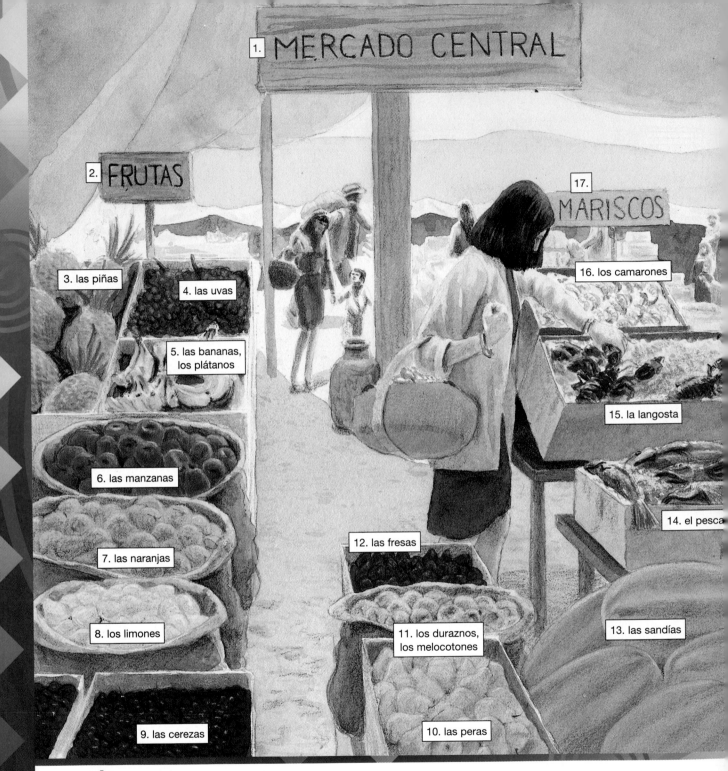

CAPÍTULO 3 La comida

1. market 2. fruits 3. pineapples 4. grapes 5. bananas 6. apples 7. oranges 8. lemons 9. cherries
10. pears 11. peaches 12. strawberries 13. watermelons 14. fish 15. lobster 16. shrimp 17. seafood

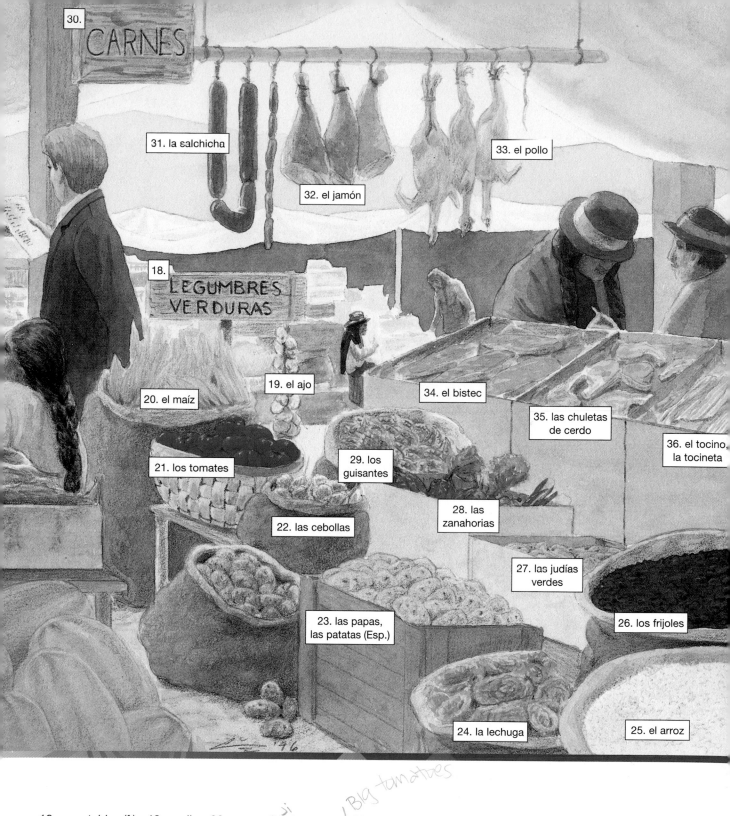

30. CARNES

31. la salchicha

32. el jamón

33. el pollo

18. LEGUMBRES VERDURAS

19. el ajo

20. el maíz

34. el bistec

35. las chuletas de cerdo

36. el tocino, la tocineta

21. los tomates

29. los guisantes

28. las zanahorias

22. las cebollas

27. las judías verdes

23. las papas, las patatas (Esp.)

26. los frijoles

24. la lechuga

25. el arroz

18. vegetables (f.)   19. garlic   20. corn   21. tomatoes   22. onions   23. potatoes   24. lettuce   25. rice
26. beans   27. green beans   28. carrots   29. peas   30. meats (f.)   31. sausage   32. ham   33. chicken
34. steak   35. pork chops   36. bacon

Práctica y comunicación

A. Vamos al mercado
Conteste en español según los dibujos en las páginas 72–73.

1. ¿Qué frutas venden (*do they sell*) en el mercado? **Venden. . .**
   ¿Cuál es su fruta favorita? **Mi fruta favorita. . .**
2. ¿Qué mariscos hay?
   ¿Cuál es su marisco favorito?
3. ¿Qué legumbres tienen en el mercado?
   ¿Cuál es su legumbre favorita?
4. ¿Qué carnes venden en el mercado?
   ¿Cuál es su carne favorita?

B. ¿Qué vamos a comprar? (*What are we going to buy?*)
Usted y su compañero o compañera van al mercado. Indiquen lo que (*what*) van a comprar. Completen el ejercicio en parejas.

1. Deseamos (*We want*) preparar una sopa (*soup*) grande con muchos ingredientes.
   Vamos a comprar. . .
2. Deseamos preparar una ensalada deliciosa.
   Vamos a comprar. . .
3. Deseamos preparar una ensalada de frutas con nuestras frutas favoritas.
   Vamos a comprar. . .

"To help you remember the food vocabulary, think about it when you're grocery shopping or sitting in your kitchen!"—*A. McMahon, San Bernardino Valley College*

Conversación

Con doña Rosa en el mercado público

Doña Rosa va de compras° al mercado público todos los sábados. Prefiere el mercado público porque las legumbres, las carnes y las frutas son más frescas y económicas que en el supermercado. Ella siempre° compra las legumbres y las frutas en el puesto° de don Andrés, un vendedor en el mercado.

shopping

always
stall, shop

to buy

also

DOÑA ROSA: Buenos días, don Andrés. Hoy necesito comprar° muchas legumbres y frutas porque mis hijos y mis nietos van a comer en casa esta noche.

DON ANDRÉS: ¡Qué bien, doña Rosa! Hoy tengo verduras frescas y unos tomates perfectos para preparar salsa. También° tengo cilantro[1] fresco, ajo y cebollas.

---

[1]**Cilantro** is a parsley-like herb that is used to season many Latin American dishes.

DOÑA ROSA: ¡Voy a preparar una salsa muy buena! ¿Qué frutas tiene hoy? ¿Hay mangos?

DON ANDRÉS: No, no tengo mangos hoy, pero tengo naranjas y manzanas.

DOÑA ROSA: ¿Tiene fresas?

DON ANDRÉS: Sí, a cien pesos el kilo.

DOÑA ROSA: ¡Están un poquito caras°, don Andrés! *expensive*

DON ANDRÉS: Sí, pero son muy grandes y frescas.

DOÑA ROSA: Necesito dos kilos de fresas, un kilo de tomates, tres cebollas grandes y un poco de cilantro.

DON ANDRÉS: ¡Va a comprar muchas cosas! Son 300 pesos. . .con un descuento especial para usted, doña Rosa.

DOÑA ROSA: ¡Gracias, don Andrés! Hasta el sábado.

DON ANDRÉS: Hasta el sábado. . .y ¡mucha suerte° esta noche con su cena°! *luck / dinner*

Note
Doña is a title of respect given to a married woman, used before the first name only. **Don** is the masculine equivalent.

¿Qué pasa?

1. ¿Qué necesita comprar doña Rosa?
2. ¿Quiénes vienen a comer a la casa de doña Rosa?
3. ¿Qué va a preparar doña Rosa esta noche?
4. ¿Qué frutas tiene hoy don Andrés? ¿Cómo son las fresas que vende?
5. ¿Qué compra doña Rosa?
6. ¿Cuánto cuesta en total?

"The conversations are really great to help you get used to talking in Spanish. Don't shy away from speaking in class!"—*J. Rapposelli, Bucks County Community College*

En este supermercado, ¿qué frutas puede usted comprar?

Actividad

En parejas, preparen una conversación entre (*between*) el/la cliente (usted) y un vendedor o una vendedora en el mercado público. Luego algunas parejas presentan su "conversación" ante la clase.

CLIENTE: Buenos días, don/doña. . .
VENDEDOR(A): . . .
CLIENTE: . . .Hoy necesito comprar
VENDEDOR(A): Hoy tengo. . .
CLIENTE: Voy a comprar. . . ¿Cuánto cuestan. . . ?
VENDEDOR(A): . . .pesos en total.
CLIENTE: Muchas gracias, don/doña. . .
VENDEDON(A): . . .

Estructura

I. *Talking about actions in the present:* **El presente de los verbos regulares -ar, -er, -ir**

A. Formación del presente

All verbs in Spanish fall into three groups:
1. Verbs with infinitives ending in **-ar,** for example, **estudiar** (*to study*).
2. Verbs with infinitives ending in **-er,** for example, **vender** (*to sell*).
3. Verbs with infinitives ending in **-ir,** for example, **escribir** (*to write*).

As you can see, the Spanish infinitive corresponds to the English infinitive form *to + action*, for example, *to buy* = **comprar.**
To form the present tense of regular **-ar, -er, -ir** verbs, the infinitive ending is replaced with endings that correspond to the subject of the sentence. In contrast to irregular verbs such as **ir, ser,** and **estar,** which have been studied separately, the forms of regular verbs always follow a set pattern.

"It's important to understand that regular verbs have a pattern and irregular verbs stray from the pattern that most verbs follow."
—*J. Rapposelli, Bucks County Community College*

	hablar *to speak* *hablar > habl-*	**comer** *to eat* *comer > com-*	**vivir** *to live* *vivir > viv-*
yo	habl**o**	com**o**	viv**o**
tú	habl**as**	com**es**	viv**es**
usted, él, ella	habl**a**	com**e**	viv**e**
nosotros(as)	habl**amos**	com**emos**	viv**imos**
vosotros(as)	habl**áis**	com**éis**	viv**ís**
ustedes, ellos(as)	habl**an**	com**en**	viv**en**

Note: Regular **-er** and **-ir** verbs have identical endings except in the **nosotros(as)** and **vosotros(as)** forms.

B. Empleo *(Use)* del presente

The present tense in Spanish is used to talk about actions that occur in the present or that commonly reoccur. Note the three English translations.

La profesora habla sobre los mercados hispanos.

*The professor **speaks** about Hispanic markets.* (in general)
*The professor **is speaking** about Hispanic markets.* (right now)
*The professor **does speak** about Hispanic markets.* (emphatic)

The present tense, accompanied by phrases indicating future time, may also be used to talk about future actions.

La profesora habla esta tarde. *The professor **will speak** this afternoon.* (near future)

Los verbos regulares **-ar:**

cenar	*to have dinner*	**Ceno** en casa.
comprar	*to buy*	**Compro** mis libros en la librería.
desayunar	*to have breakfast*	**Desayuno** en la cafetería.
desear	*to want, desire*	¿**Deseas** ir a la fiesta?
estudiar	*to study*	Eva **estudia** en la biblioteca.
hablar	*to speak, talk*	¿**Hablan** ustedes italiano?
llegar	*to arrive*	La profesora **llega** a las dos.
necesitar	*to need*	**Necesitamos** estudiar más.
preparar	*to prepare*	**Preparamos** la tarea para el lunes.
tomar	*to take, drink*	¿**Tomas** cálculo?
		¿**Toma** la profesora café durante la clase?
trabajar	*to work*	Esteban **trabaja** en el centro estudiantil.

Note

When two consecutive verbs are used together, only the first is conjugated.

¿**Deseas** ir a la fiesta?   *Do you want to go to the party?*
Necesitamos estudiar más.   *We need to study tonight.*

"It's really important to remember the information in this note. Using two verbs together is very common."
–J. Rapposelli, Bucks County Community College

C. La vida académica

Describa su vida académica. Use la forma correcta del verbo.

MODELO Yo. . .*llegar* a la universidad a las ocho.
Llego a la universidad a las ocho.

1. Yo. . .*desayunar* en el centro estudiantil.
   estudiar en la biblioteca
   trabajar en la librería
   ir a las clases
   comprar un sandwich y un yogur en la cafetería
   hablar con mis amigos
   preparar la tarea para mañana
   cenar a las seis y media

2. Nosotros. . .*llegar* a la universidad a las ocho.
   desayunar en el centro estudiantil, etc.

3. (*Nombres de estudiantes*). . .*llegar* a la universidad a las ocho, etc.

D. Preguntas personales

En parejas, háganse las preguntas y contéstenlas.

MODELO ¿Trabajas en Pizza Hut?
Sí, trabajo en Pizza Hut. (o) **No, no trabajo en Pizza Hut.**
¿Deseas trabajar en Pizza Hut?
Sí, deseo trabajar en Pizza Hut. (o) **No, no deseo trabajar en Pizza Hut.**

1. ¿Desayunas en la cafetería? ¿Deseas desayunar en "Aunt Sarah's Pancake House"?

2. ¿A qué hora cenas? ¿Deseas ir a un restaurante esta noche?

3. ¿Necesitas ir al supermercado hoy (*today*)? En el supermercado, ¿qué frutas compras generalmente?

4. ¿Trabajas en la universidad? ¿Deseas trabajar aquí?

5. ¿Estudias mucho? ¿Necesitas estudiar más?

6. ¿Tomas una siesta por la tarde? ¿Deseas tomar una siesta ahora (*now*)?

7. ¿Deseas hablar español bien? ¿Qué otras lenguas deseas hablar?

Los verbos regulares **-er, ir:**		
aprender	*to learn*	**Aprendemos** los verbos fácilmente.
beber	*to drink*	¿Qué **beben** ustedes?
comer	*to eat*	¿**Comes** en la cafetería?
vender	*to sell*	¿**Venden** chicle en el supermercado?
asistir a	*to attend*	**Asistimos** a UCLA.
escribir	*to write*	¿**Escribes** los exámenes con lápiz?
vivir	*to live*	¿**Vives** en la residencia?

E. La vida académica (continuado)

Describa su vida académica. Use la forma correcta del verbo.

> MODELO Yo. . .*asistir* a la Universidad de. . .
> **Asisto a la Universidad de. . .**

1. Yo. . .*vivir* en la residencia
   comer en la cafetería
   ir a las clases
   escribir muchas composiciones
   aprender muchas cosas nuevas e interesantes

2. Nosotros. . .*asistir* a la Universidad de. . .
   vivir en la residencia, etc.

3. (*Nombres de estudiantes*). . .*asistir* a la universidad de. . . , etc.

"Keep an ongoing verb list and practice verb conjugations out loud."
—A. McMahon, San Bernardino Valley College

F. Tú y yo

En parejas, háganse las preguntas y contéstenlas según el modelo.

> MODELO ¿*comer* en McDonald's?
> **¿Comes en McDonald's?**
> **Sí, como en McDonald's.** (o) **No, no como en McDonald's.**

1. ¿*asistir* a los conciertos de "rock"?
2. ¿*asistir* a los conciertos de música clásica?
3. ¿*comprar* la pizza de Domino's?
4. ¿*comer* mucha pizza?
5. ¿*beber* Pepsi-Cola? ¿y Coca-Cola?
6. ¿*vivir* en la residencia de estudiantes? (¿en un apartamento?) (¿en casa?)
7. ¿*tener* un(a) compañero(a) de cuarto?
8. ¿*hablar* español con tu compañero(a) de cuarto?
9. ¿*estudiar* los fines de semana?
10. ¿*ir* a muchas fiestas los fines de semana? ¿y a los bares?

(continuado)

Ahora, decidan lo que tienen en común.

> MODELO **Nosotros asistimos a los conciertos de "rock",** etc.

¿Son ustedes compatibles o no?

BIEN DICHO   ¿Cuándo (*When*)? ¿Cuánto (*How much*)?

hoy/mañana	*today/tomorrow*
ahora/más tarde	*now/later*
temprano/tarde/a tiempo	*early/late/on time*
esta mañana/tarde/noche	*this morning/afternoon/tonight*
todo el día/todos los días	*all day/ every day*
toda la mañana/tarde/noche	*all morning/afternoon/night*
todas las mañanas/tardes/ noches	*every morning/afternoon/night*
por la mañana/tarde/noche	*in the morning/afternoon/at night*
más/menos	*more/less*
mucho/poco (adv.)	*much, a lot/little* (quantity)

"Remember that **días** is masculine. That's why **todos** is used here, rather than **todas.**"—*C. O'Brien, Southern Connecticut State University*

Note

Mucho and **poco** as *adverbs* of quantity do not change in gender and number.

> **Comemos mucho/poco.**

You will learn on page 83 that **mucho** and **poco** as *adjectives* do change in gender and number.

> **Comemos muchas/pocas verduras.**

G. Un día académico

En parejas, háganse las preguntas y contéstenlas.

1. ¿Desayunas todas las mañanas?
2. ¿Vas a la biblioteca hoy? ¿mañana?
3. ¿Vas al centro estudiantil ahora? ¿más tarde?
4. ¿Vas al gimnasio esta tarde? ¿esta noche?
5. ¿Tienes clase todos los días?
6. ¿Tienes más clases por la mañana, por la tarde o por la noche?
7. Normalmente, ¿llegas a las clases tarde, temprano o a tiempo? ¿Llega la profesora/el profesor tarde, temprano o a tiempo?
8. ¿Estudias español todos los días? ¿Necesitas estudiar más?
9. ¿Cenas en la cafetería todas las noches?
10. Normalmente, ¿estudias en la biblioteca o en tu cuarto por la noche?
11. Cuando tienes un examen final muy importante, ¿estudias toda la noche?

¿SABES QUE MUCHA DE NUESTRA COMIDA VIENE° DE HISPANOAMÉRICA Y ESPAÑA?

comes

Los Estados Unidos importa muchos alimentos° de los países hispanos por su excelente calidad°. De España, por ejemplo, viene la mayor parte del aceite° de oliva que usamos en nuestras comidas y ensaladas. Los plátanos de Costa Rica son famosos en todo el mundo y los estadounidenses compran y consumen gran cantidad° de ellos. Otro producto hispano famoso en todo el mundo por su calidad es el café colombiano. Una gran parte del café que consumimos en los Estados Unidos viene de las montañas de Colombia. Argentina es uno de los países productores de carne más importantes del mundo. Las carnes argentinas son muy famosas y los mejores° restaurantes de los Estados Unidos las sirven por su gran calidad°.

foods
quality
oil

quantity

best
quality

Los Estados Unidos importa una gran cantidad de frutas chilenas, especialmente las uvas. Los vinos de Chile y los de España son también reconocidos por su calidad en todo el mundo. ¿Conoces° otros productos que importamos de los países hispanos?

Do you know

¿Cuánto sabemos?

1. Los Estados Unidos importa muchas frutas de. . .
2. En nuestros supermercados compramos los. . .costarricenses.
3. En nuestras ensaladas usamos. . .español.
4. El. . .colombiano es famoso en todo el mundo.
5. Las mejores carnes que comemos en este país probablemente vienen de. . .

Cuando la Pureza no es suficiente... Goya tiene la Suprema Calidad del Aceite de Oliva Extra Virgen.

BIEN DICHO   Más comida y las bebidas

8. la pimienta

6. la leche

7. la sal

5 . el cereal

2. el pan

1. los huevos

4. la mermelada

3. la mantequilla

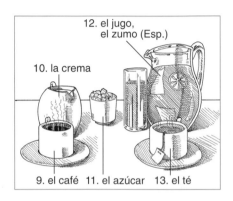

12. el jugo,
el zumo (Esp.)

10. la crema

9. el café   11. el azúcar   13. el té

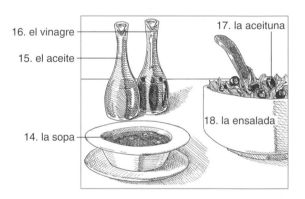

16. el vinagre

15. el aceite

17. la aceituna

18. la ensalada

14. la sopa

22. el refresco

21. el sandwich,
el bocadillo(Esp.)

20. las papas
fritas

19. la hamburguesa

1. eggs 2. bread 3. butter 4. jam 5. cereal 6. milk 7. salt 8. pepper 9. coffee 10. cream 11. sugar
12. juice 13. tea 14. soup 15. oil 16. vinegar 17. olive 18. salad 19. hamburger 20. French fries
21. sandwich 22. soft drink

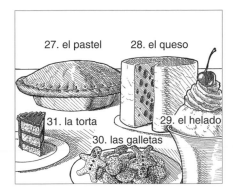

La comida (continuado)

la **comida**	*food, main meal*
el **desayuno**	*breakfast*
el **almuerzo**	*lunch*
la **merienda**	*afternoon snack*
la **cena**	*supper, dinner*
la **bebida**	*drink, beverage*
el **postre**	*dessert*
los **huevos revueltos**	*scrambled eggs*
frito(a)	*fried*
frío(a)/caliente	*cold/hot* (temperature, not spiciness)
con/sin	*with/without*
mucho(a)/poco(a) (adj.)	*much, a lot/little* (quantity)
muchos(as)/pocos(as) (adj.)	*many/few*

---

23. wine 24. beer 25. water 26. ice 27. pie, pastry 28. cheese 29. ice cream
30. cookies 31. cake

PRONUNCIATION CHECK

1. Remember that in Spanish America, **c** before **e** or **i** has the English *s* sound as in *sister*. In most regions of Spain, **c** before **e** or **i** is pronounced with a *th* sound as in *thanks*. Practice the example words with both pronunciations:

   cena   gracias   aceite   cerveza   cereal

2. In the combination **gue, gui, que, qui**, remember that the **u** is silent. Examples:

   hamburguesa, queso, mantequilla

> **Note**
>
> 1. **Agua** is feminine even though it uses the article **el,** for example, **el agua fría.** The plural form is **las aguas.**
>
> 2. Spanish uses the preposition **de** (*of*) to join two nouns for the purpose of description.
>
> | | |
> |---|---|
> | **helado de vainilla** | *vanilla ice cream* |
> | **torta de chocolate** | *chocolate cake* |
> | **jugo de naranja** | *orange juice* |

■■■■ Práctica y comunicación

H. ¡Vamos a comer!
¿Asocia usted las siguientes comidas con el desayuno, el almuerzo o la cena?

> MODELO huevos fritos
>   **el desayuno**

 1. pan tostado con mantequilla y mermelada
 2. sopa y ensalada
 3. pastel de manzana con helado de vainilla
 4. un coctel de camarones
 5. huevos revueltos con tocino
 6. jugo o zumo de naranja
 7. un sandwich o bocadillo de jamón y queso
 8. arroz con pollo, pan y vino
 9. café caliente con crema y azúcar
10. una hamburguesa con papas fritas

I.   Juego de palabras
¿Qué palabras asocia usted con las siguientes comidas?

> MODELO cereal
>   **leche, azúcar, frutas,** etc.

 1. café
 2. pan

3. aceite
4. ensalada
5. hielo
6. bocadillo o sandwich
7. sal
8. huevos
9. sopa
10. helado

J. Especialidades

En el mundo hispano existen tiendas (*stores*) pequeñas donde venden artículos o productos especiales. Por ejemplo, en una **tortillería** venden **tortillas.** ¿Qué venden estas tiendas?

1. ¿Qué venden las panaderías?
2. ¿las heladerías?
3. ¿las pastelerías?
4. ¿las fruterías?
5. ¿las carnicerías?
6. ¿las lecherías?

En esta tienda, ¿qué pueden tomar las señoras? España

K. Tú y yo

En parejas, háganse preguntas y contéstenlas.

> MODELO ¿*desear* crema en el café?
>> **¿Deseas crema en el café?**
>> **Sí, deseo crema en el café.** (o) **No, no deseo crema en el café; deseo azúcar.**

1. ¿*desear* azúcar en el té? ¿hielo en el vino? ¿aceite y vinagre en la ensalada? ¿la hamburguesa con o sin cebollas? ¿la comida con mucha sal o poca sal? ¿mucha pimienta en la comida?

2. ¿*beber* mucha cerveza? ¿muchos refrescos? (¿qué tipo?) ¿mucha leche? ¿mucho café? ¿jugo de tomate? ¿vino?

3. ¿*comer* mucho ajo? ¿mucho pan? ¿muchas aceitunas? ¿muchos perros calientes? ¿mucho helado? ¿muchos postres? (¿qué tipo?)

4. ¿*desear* los huevos fritos o revueltos? ¿el jugo de manzana o el jugo de naranja? ¿una sopa caliente o una sopa fría? ¿el pollo frito o el pollo asado? ¿el helado de fresa o el helado de chocolate? ¿el pastel de manzana o el pastel de limón?

BIEN DICHO Otras expresiones y palabras útiles

tener (mucha) hambre	*to be (very) hungry*
tener (mucha) sed	*to be (very) thirsty*
Sí, por favor.	*Yes, please.*
No, gracias.	*No, thank you.*
Muchas gracias.	*Thank you very much.*
De nada.	*You are very welcome.*
otro(a)/otros(as)	*another/other*

> **Note**
> **Otro(a)** does NOT use the indefinite article **un (una).**
>> Deseo **otra** limonada.   *I want **another** lemonade.*

L. ¿Deseas otro?

En parejas, un(a) estudiante toma el papel (*role*) de mamá y el otro o la otra toma el papel de hijo o de hija. Conversen según el modelo.

> MODELO MAMÁ/PAPÁ: **Aquí tienes una Coca-Cola.**
>> HIJO(A): **Tengo mucha sed. Gracias por la Coca-Cola.**
>> MAMÁ/PAPÁ: **De nada. ¿Deseas otra?**
>> HIJO(A): **Sí, por favor.** (o) **No, gracias.**

1. MAMÁ/PAPÁ: Aquí tienes una hamburguesa.
   HIJO(A): **Tengo mucha hambre,** etc.

2. MAMÁ/PAPÁ: Aquí tienes un refresco.

3. MAMÁ/PAPÁ: Aquí tienes un sandwich grande.

4. MAMÁ/PAPÁ: Aquí tienes una bebida.

5. MAMÁ/PAPÁ: Aquí tienes un perro caliente.

6. MAMÁ/PAPÁ: Aquí tienes una limonada.

7. MAMÁ/PAPÁ: Aquí tienes un taco.

M. Cuando tienes mucha hambre o mucha sed. . .

En parejas, háganse las preguntas y contéstenlas.

1. En este momento, ¿tienes mucha hambre? (¿Qué deseas comer?)
2. ¿Tienes sed ahora? (¿Qué deseas beber?)
3. Cuando estás en una fiesta y tienes mucha sed, ¿qué tomas?
4. Cuando estás en tu casa y tienes mucha sed, ¿qué tomas?
5. Cuando estás en tu casa y tienes mucha hambre, ¿qué comes?
6. Cuando estás en la residencia por la noche y tienes mucha hambre, ¿que comes?
7. Cuando estás en McDonald's y tienes mucha hambre, ¿qué comes?
8. Cuando estás en un restaurante muy elegante y tienes mucha hambre, ¿qué comes?

N. En el restaurante TropiBurger

Conteste las preguntas según el anuncio.

1. Es el almuerzo. Usted está en el restaurante TropiBurger y tiene mucha hambre. ¿Qué desea usted para comer? ¿y para beber?
2. ¿Cuáles son los ingredientes de la hamburguesa "El Guapo"?
3. ¿Qué ingrediente extra tiene el "tociburger"?
4. ¿Qué es el "Granjero"?

EL GUAPO.

GUAPO CON QUESO

HAMBURGUESA CON QUESO

PASTEL DE PIÑA

PAPAS FRITAS Y AREPITAS

Mayonesa, hecha con huevos frescos.

Lechuga fresquita.

Cebolla, partida muy fina.

Carne de primera, hecha en nuestro asador.

Pan especial, recién tostado.

Tomates seleccionados.

Salsa de tomate, para alegrar la cosa.

TOCIBURGER.

GRANJERO.
Sandwich de Pollo

MERENGADAS
Chocolate   Fresa   Mantecado

TropiBurger
...más cerca de ti!

TBP 0185   GRACIAS POR COLABORAR CON EL ASEO DE LA CIUDAD Y PONER LOS DESECHOS EN SU LUGAR

O. La comida hispana

La comida hispana es rica, interesante y muy variada. En parejas, lean las descripciones de los platos (*dishes*)[2] y asócienlas con las fotos.

dough

1. Los **churros** (España): masa de harina° cilíndrica frita. Frecuentemente se sirven con café con leche o con chocolate caliente.

saffron

2. La **paella** (España): plato de arroz sazonado con azafrán°, con carnes (pollo, etc.), con una gran variedad de mariscos y con legumbres (guisantes, cebolla, etc.)

3. La **tortilla** (España): omelete que contiene huevos, patatas y cebollas. Se sirve con frecuencia a la hora de la merienda en los bares de España.

stuffed
baked

4. La **empanada** (España, Argentina, Chile, Cuba, etc.): masa de harina rellena° generalmente con carne, cebollas, huevos, aceitunas, etc., frita u horneada°.

cooked / oven / syrup

5. El **flan** (España, México, etc.): un postre de huevos, leche, azúcar y vainilla, cocido° al horno° en un molde con un almíbar° de caramelo.

a. _____

b. _____

c. _____

d. _____

e. _____

---

[2]These dishes, though commonly associated with one or a few countries in particular, are often enjoyed throughout the Spanish-speaking world.

P. Mini-dramas: En el restaurante

En grupos de tres estudiantes, preparen diálogos orales entre dos clientes y el camarero o la camarera en un restaurante.

Temas: a. el desayuno
  b. el almuerzo o la comida
  c. la cena

Posibles preguntas del camarero o de la camarera:

- ¿Qué desea usted para el desayuno? ¿para el almuerzo? ¿para la cena? ¿unos platos típicos del mundo hispano?
- ¿Qué desea usted para beber? (*y más tarde*) ¿Va a tomar café?
- ¿Va a tomar postre? ¿Qué postre desea usted?
- ¿Qué más desea ustcd?
- ¿Desea usted la cuenta (*bill*)?

Recuerden las expresiones de cortesía, por ejemplo: **por favor, gracias, de nada.**

Q. Un menú extraordinario

En parejas, decidan el nombre del restaurante que van a crear y diseñen un menú extraordinario.

Incluyan: aperitivos
  ensaladas y sopas
  platos principales
  postres
  ¡y los precios!

NOTICIAS CULTURALES

EL HORARIO HISPANO PARA LAS COMIDAS

Por lo general, el desayuno hispano es muy temprano por la mañana y es ligero° comparado al desayuno típico de los estadounidenses. Los españoles y los hispanoamericanos usualmente desayunan una taza de café (expreso) con leche y pan con mantequilla o churros (España). El almuerzo, generalmente, es la comida más fuerte del día. Se almuerza normalmente a la 1:00 o a las 2:00 de la tarde. El almuerzo puede incluir una sopa, arroz o verduras, carne o pescado y postre. Por la tarde es muy común entre los hispanos comer la merienda. Esta puede° incluir café o té, leche, galletas o algún pastel. Los hispanos cenan generalmente más tarde que los estadounidenses. La cena hispana típicamente es entre las 8:00 y las 9:00 de la noche. En España la hora de la cena puede ser más tarde (10:00–12:00).

light

can

¿Cuánto sabemos?

¿Se asocian las siguientes referencias a los Estados Unidos o a los países hispanos?

1. la cena fuerte
2. el almuerzo al mediodía
3. la merienda
4. la cena tarde por la noche
5. el desayuno con huevos, cereal y tocino
6. el almuerzo con sopa, carne y arroz

Estructura

II. *Asking for specific information:* Palabras interrogativas

"Note that all of the questions have accents. Pay attention to where they go, so you don't lose points on quizzes and exams!"—*A. McMahon, San Bernardino Valley College*

¿Qué?	What?	¿Qué frutas tienen hoy?
¿Cómo?	How?	¿Cómo están las fresas hoy?
¿Cuándo?	When?	¿Cuándo llegan las piñas?
¿Por qué?	Why?	¿Por qué no hay mariscos hoy?
¿Quién? ¿Quiénes?	Who?	¿Quién va a comprar la carne?
¿De quién?	Whose?	¿De quién es?
¿Cuál? ¿Cuáles?	Which one?	¿Cuál deseas?
	Which ones?	¿Cuáles son tus favoritos?
¿Cuánto? ¿Cuánta?	How much?	¿Cuánto es en total?
¿Cuántos? ¿Cuántas?	How many?	¿Cuántos tomates necesitas?
¿Dónde?	Where?	¿Dónde está el vendedor?
¿Adónde?	(To) where?	¿Adónde va?
¿De dónde?	From where?	¿De dónde es?

1. **Qué** is used to obtain a definition or explanation; *in front of a noun* **qué** is used to seek a choice.

¿**Qué** es?	*What is it?*
¿**Qué** postre deseas?	*Which dessert do you want?*

2. **Cuál/Cuáles** is used to ask for a choice and is used *in front of a verb or preposition*.

¿**Cuál** es tu postre favorito?	*Which is your favorite dessert?*
¿**Cuál** de los postres deseas?	*Which of the desserts do you want?*

Without written accents, some of the words listed previously change meaning slightly and are used to connect two separate thoughts within a statement.

que   *that, which, who*

El mercado **que** está en la plaza vende mariscos.	*The market that's in the plaza sells seafood.*

lo que   *what, that which*

Compro **lo que** necesito.	*I buy what I need.*

cuando   *when*

Cuando tengo hambre voy a la cafetería.	*When I'm hungry, I go to the cafeteria.*

porque   *because* (written as one word)

Deseo una hamburguesa grande **porque** tengo much hambre.	*I want a big hamburger because I'm very hungry.*

"I always remembered this point by thinking: if there's no question mark, there's no accent mark."—*E. Dearnley-Davison, St. Mary's University*

▄▄▄▄ Práctica y comunicación

R. Acerca de la profesora/del profesor

Su profesor(a) les da cierta información. Hágale preguntas para solicitar más información. Use las palabras interrogativas.

> MODELO París no es mi ciudad favorita.
> **¿Cuál es su ciudad favorita?**
> Es Madrid.

1. No soy del Paraguay.

2. No tengo diecinueve años.

3. No tengo tres hijas.

4. No vivo en una residencia en la universidad.

5. No trabajo en la oficina por la noche.

6. No como en la cafetería.

7. No tomo cerveza con la comida.

8. La música "rock" no es mi música favorita.

9. *Tom Sawyer* y *Huckleberry Finn* no son mis novelas favoritas.

S. La entrevista (*interview*)

Entreviste a una persona de la clase para solicitar la información que sigue. Use las palabras interrogativas.

- nombre (¿Cómo. . . ?)
- origen (¿De dónde. . . ?)
- años (¿Cuántos. . . ?)
- residencia (¿Dónde. . . ?)
- la familia (¿Cómo. . . ? ¿Cuántos/Cúantas. . . ?)
- comidas/bebidas favoritas (¿Cuál/Cuáles. . . ?)
- estudios (¿Qué. . . ? ¿Cuándo. . . ?, ¿Dónde. . . ?)
- destinación después de la clase (¿Adónde. . . ?)

Estructura

III. *Expressing likes and dislikes:* Gustar

Gustar, meaning *to be pleasing* (to someone), is used in a special construction to express the Spanish equivalent of the English *to like*.

		(LITERAL TRANSLATION)
Me gusta el helado.	*I like ice cream.*	(Ice cream is pleasing to me.)
¿Te gustan las fresas?	*Do you like strawberries?*	(Are strawberries pleasing to you?)
No le gusta tomar vino.	*He doesn't like to drink wine.*	(Drinking wine isn't pleasing to him.)

As you observe in the above examples, the subject pronouns **yo, tú, él,** etc. are NOT used in the **gustar** constructions. To express who is doing the liking (or literally, to whom something is pleasing), indirect object pronouns are used: **me, te, le, nos, os, les.**[3] The verb **gustar** agrees with the thing or things liked, **gusta** with a single item and **gustan** with plural items.

Person(s) doing the liking + gusta/gustan + thing(s) liked

| me te le | **gusta** | el |
| nos os les | **gustan** | las |

Note that the definite article is used with the thing(s) liked.
Me gusta **el** helado. *I like ice cream*

To express the idea that one wants *to do something*, the singular form of **gustar (gusta)** is used with the infinitive. The singular form of **gustar** is even used with two or more activities.

Nos **gusta comer.**
We like to eat

Les **gusta cenar** en restaurantes y **asistir** a conciertos.
They like to have dinner in restaurants and attend concerts.

---

[3]The indirect object pronouns, meaning *to me, to you, to you/him/her, to us, to you, to you/them*, will be studied in detail in Chapter 7.

Note

1. When the reference to the person doing the liking is a noun (my parents, Pedro, etc.), the sentence may also include the reference **A mis padres. . . , A Pedro. . . ,** etc.

> **A mis padres les** gusta la langosta.
>
> *My parents like lobster.*
>
> **A Pedro le** gusta beber cerveza.
>
> *Pedro likes to drink beer.*

2. Because **le** and **les** have multiple meanings (*to him, to her, to you, to them, etc..*), a clarification may be necessary. Clarifiers include: **A usted/él/ella. . . , A ustedes/ellos/ellas. . .**

> **A ellas** no **les** gusta la comida en la cafetería.
>
> *They don't like the food in the cafeteria.*
>
> ¿**Le** gustan **a usted** las hamburguesas?
>
> *Do you like hamburgers?*

3. In addition to the preceding examples, the forms **a mí** me gusta(n). . . , **a ti** te. . . , **a nosotros(as)** nos. . . , **a vosotros(as)** os. . . can be added for emphasis.

> ¡**A mí me** gustan mucho las cerezas!

■■■ ■ **Práctica y comunicación**

T. ¿Qué hay para la cena?

Usted pregunta, **¿Qué hay para la cena?** y su mamá o papá dice lo que hay para comer. ¿A usted le gusta o no le gusta la comida mencionada?

> MODELO bistec
>
> ¡**Ah! Me gusta el bistec.** (o) ¡**Ay! No me gusta el bistec.**

¿Qué hay para la cena?

1. langosta
2. chuletas de cerdo
3. guisantes
4. pescado
5. camarones
6. frijoles
7. brócoli
8. hamburguesas
9. perros calientes
10. sopa de cebolla

U. Tú y yo

En parejas, háganse preguntas y contéstenlas.

MODELO ¿la universidad?
¿Te gusta la universidad?
Sí, me gusta. (o) **No, no me gusta.**

1. ¿estudiar?
2. ¿hablar español?
3. ¿asistir a los conciertos de música clásica?
4. ¿ir a museos de arte?
5. ¿la comida italiana? (china) (mexicana)
6. ¿la pizza de Domino's?
7. ¿las papas fritas de McDonald's?
8. ¿las cebollas?
9. ¿las aceitunas?
10. ¿la leche?
11. ¿la cerveza?
12. ¿el vino?

V. ¿Qué les gusta?

En grupos de tres, decidan lo que les gusta o no les gusta a las siguientes
personas.

MODELO En general, a los profesores de español. . .
A los profesores de español les gusta la comida española.
No les gusta hablar inglés en la clase, etc.

En general. . .

1. a los niños. . .
2. a los estudiantes. . .
3. a nosotros en las fiestas. . .
4. a nosotros en la clase de español. . .
5. a mi compañero(a) de cuarto. . .
6. a mi hermano(a). . .
7. a mi padre. . .
8. a mi madre. . .
9. a mí. . .

W. La pirámide del bienestar

En parejas, estudien la pirámide y la información que sigue y contesten las preguntas.

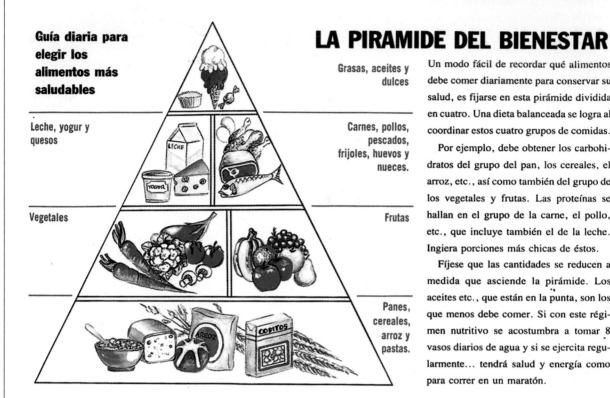

Guía diaria para elegir los alimentos más saludables

Leche, yogur y quesos

Vegetales

LA PIRAMIDE DEL BIENESTAR

Grasas, aceites y dulces

Carnes, pollos, pescados, frijoles, huevos y nueces.

Frutas

Panes, cereales, arroz y pastas.

Un modo fácil de recordar qué alimentos debe comer diariamente para conservar su salud, es fijarse en esta pirámide dividida en cuatro. Una dieta balanceada se logra al coordinar estos cuatro grupos de comidas.

Por ejemplo, debe obtener los carbohidratos del grupo del pan, los cereales, el arroz, etc., así como también del grupo de los vegetales y frutas. Las proteínas se hallan en el grupo de la carne, el pollo, etc., que incluye también el de la leche. Ingiera porciones más chicas de éstos.

Fíjese que las cantidades se reducen a medida que asciende la pirámide. Los aceites etc., que están en la punta, son los que menos debe comer. Si con este régimen nutritivo se acostumbra a tomar 8 vasos diarios de agua y si se ejercita regularmente… tendrá salud y energía como para correr en un maratón.

1. ¿En cuántos grupos se dividen las comidas?

2. ¿De dónde se obtienen los carbohidratos? ¿Cuál de los carbohidratos te gusta más?

3. ¿En qué grupos se encuentran (*are found*) las proteínas? ¿Qué comidas de estos grupos te gustan más? ¿Debemos comer más o menos comida de estos grupos?

4. ¿Qué grupos tienen mucha fibra? ¿Qué comidas en estos grupos te gustan más?

5. Según la pirámide, ¿qué grupo es el más nutritivo? ¿y el menos nutritivo? Ahora, dibuje una pirámide que refleje su dieta diaria.

En resumen

A. Conversando: Una cena especial

Usted y un amigo o una amiga están haciendo los preparativos para una cena muy especial a la cual desean invitar a sus amigos favoritos. Hablen de:

- ¿Cuándo es la cena? (día, hora)
- ¿Dónde es la cena?
- ¿Qué comidas les gustan o no les gustan a ustedes y a sus amigos?
- ¿Qué postre desean preparar?
- ¿Qué necesitan comprar para la cena?
- ¿Qué bebidas desean servir?

B. De mi escritorio: Una carta personal

Escríbale una carta (*letter*) a su abuela o a otra persona mayor. Incluya lo siguiente.

Querido(a) (*Dear*)...,

Indique:

- si (*if*) le gusta a usted la universidad o no;
- si tiene usted compañero(a) de cuarto, cómo se llama él/ella, y cómo es (descripción);
- dónde usted vive;
- las clases que usted toma y las clases que le gustan más;
- sus actividades diarias (cuándo estudia, dónde come, etc.).

¡Incluya muchos detalles!

Un abrazo fuerte de (*a big hug from*)...

La cultura hispana—parte integral de los Estados Unidos

Reading Strategies

Scan the following reading to locate specific information relevant to various aspects of life in the U.S. where Hispanics play important roles.

1. Try to get the main idea by identifying key words that are easily recognizable, such as **industria, política,** etc., or by key words that can be guessed through context, such as **miembros del Congreso.**
2. Identify Hispanics you recognize in each of these areas.

¿En qué programa de televisión aparece Jimmy Smits?

¡Ay! los negocios y la política

Hay muchos hispanos importantes en la industria y en la política de los Estados Unidos. ¿Sabe usted que el presidente de Coca-Cola es hispano? ¿Sabe que varios miembros del Congreso son hispanos? Algunos de ellos son: E. "Kika" de la Garza, Henry González y Frank Tejeda por el estado de Tejas; Nydia Velázquez y José Serrano por el estado de Nueva York; Luis Gutiérrez por el estado de Illinois; Díaz-Balart por la Florida; Matthew Martínez y Esteban Torres por California. . . . Por fin, ¿sabe usted que el secretario de transportes de los Estados Unidos, Federico Peña, y el secretario de la vivienda[1], Henry Cisneros, son hispanos? ¡Ay! El mundo de los negocios y la política es muy complicado, ¿verdad[2]?

¡Luces, cámara, acción!

Muchos hispanos son famosos en el mundo de la televisión y el cine. El actor de *General Hospital* y cantante[3] Ricki Martin es puertorriqueño y les encanta a las chicas[4] porque es muy guapo. El comediante mexicanoamericano Paul Rodríguez es muy famoso en todo el país. Los actores Jimmy Smits de *NYPD Blue* y Ricardo

---

[1]*housing* [2]*isn't it?* [3]*singer* [4]*the girls love him*

¿De qué país es el famoso actor Antonio Banderas?

¿Le gustan a usted las películas (films) de Rosie Pérez?

Música, música. . .y más música

La música y el ritmo hispanoamericanos invaden cada vez más la radio, las discotecas y los vídeos musicales en los Estados Unidos. Los ritmos latinos ya se mezclan con los ritmos del *rock* y del *house* para formar ritmos ¡verdaderamente calientes! Entre los cantantes más conocidos están Gloria Estefan, Jon Secada, Joan Báez y Linda Ronstadt. Tito Puente, el famoso percusionista puertorriqueño que vive en Nueva York, es el rey[10] del "Jazz latino". Advertencia: ¡Si usted escucha[11] esta música sus pies[12] van a bailar[13] solos!

Montalván, quien hace sus fantasías realidad en su *Fantasy Island*, están entre los actores más famosos en la televisión.

En el cine y en los musicales de Broadway también hay muchos hispanos con mucho talento. Algunas estrellas[5] conocidas[6] son María

Conchita Alonso (*Moscow on the Hudson, Kiss of the Spider Woman*), Anthony Quinn (*Zorba, the Greek*) Emilio Estévez (*The Breakfast Club*) y el guapísimo español Antonio Banderas (*Philadelphia*). Otros artistas hispanos muy famosos son el cubano Andy García (*When a Man Loves a Woman*), Eduard James Olmos (*Stand and Deliver*), el panameño que quiere ser presidente: Rubén Blades (*Milagro Beanfield War*), la simpática Rosie Pérez (*It Can Happen to You*) y, por fin, Rita Moreno y Charlie Sheen, ¡dos actores que parece[7] que nunca se ponen[8] viejos! Todos forman parte de la importante comunidad hispana en la industria cinematográfica de los Estados Unidos. ¿A quiénes de estos actores quiere[9] invitar a cenar a su casa?

---

[5]*stars* [6]*known* [7]*seems* [8]*never get* [9]*do you want*

¿Le gustan a usted las canciones de Gloria Estefan? ¿Con qué grupo canta ella?

¿Quién es esta famosa diseñadora hispana?

¿Le gusta a usted el béisbol? Boby Bonilla, famoso jugador de béisbol.

¡A vestirse[14] bien!

El mundo de la moda[15] cuenta con[16] varios diseñadores hispanos como Carolina Herrera, Oscar de la Renta y Adolfo. Sus prestigiosos diseños visten a celebridades en todas partes del mundo. ¿Quiere usted tener un traje[17] o un vestido[18] de alguno de estos diseñadores para su próxima fiesta? Sólo hay un pequeño problema: ¡cuestan mucho dinero!

¡Mente sana[19] en cuerpo[20] sano!

En el mundo de los deportes[21] en los Estados Unidos hay jugadores[22] estelares hispanos como José Canseco, Mani Ramírez, Tony Fernández, Boby Bonilla y Pedro Guerrero, quienes juegan en las Grandes Ligas de béisbol. La Asociación Nacional de Baloncesto (NBA) cuenta con jugadores hispanos como Carl Herrera y José Ortiz. Uno de los mejores[23] golfistas en los Estados Unidos es el puertorriqueño Chichi Rodríquez y en el deporte del tenis se destacan Mary Jo Fernández y Pancho González. ¿Quiere usted aprender a jugar al golf con Chichi o practicar baloncesto con José? ¡Buena suerte[24]!

---

[10]*king* [11]*listen* [12]*feet* [13]*dance* [14]*to dress* [15]*fashion* [16]*relies on* [17]*suit* [18]*dress* [19]*healthy mind* [20]*body* [21]*sports* [22]*players* [23]*best* [24]*Good luck!*

Actividades

A. *Una competencia* (A competition)

Con un(a) compañero(a) de clase haga una lista de unos 12-15 nombres de hispanos famosos. ¿Pueden otros miembros de la clase identificar el área en que cada persona es famosa? **Areas:** *los negocios, la política, la música, la televisión, el cine, la moda, los deportes.*

> MODELO **¿Jon Secada?**
>   **¡La música!**

B. *¡Esto sí es dinero* (money)!

1. De toda la lista ¿quién gana más dinero?
2. ¿Puede usted identificar qué tipo de artista es cada persona? (cantante, actriz, etc.)
3. ¿Quién gana más dinero? ¿los músicos o los actores?
4. ¿Cuánto gana la pareja Gloria y Emilio Estefan?
5. En su opinión, ¿quién es el artista más famoso o popular del grupo? ¿Cuánto gana ella/él?

¡ESTO SI ES DINERO!

La imagen de los artistas pasando hambre son cosas del pasado. Vean cuántos millones de dólares han ganado algunos artistas hispanos entre 1991-92.

1) Julio Iglesias: 77 millones.
2) Gloria Estefan: 45.6 millones.
3) Mariah Carey: 35.4 millones.
4) Geraldo Rivera: 27 millones.
5) Emilio Estefan: 25.8 millones. Recuerden que Emilio es el esposo de Gloria Estefan. Si sumamos la cifra de ella con la de él, vemos que la pareja ganó 71.4 millones de dólares en un año.
6) Plácido Domingo: 14.6 millones.
7) Andy García: 12 millones.
8) Charlie Sheen: 11.5 millones.
9) Linda Ronstadt: 10.45 millones.
10) Emilio Estevez: 10.25 millones.
11) Jerry García: 8.7 millones.
12) Tito Puente: 8.06 millones.
13) Raul Julia: 8 millones.
14) Edward James Olmos: 7 millones.
15) Steven de Souza: 5.75 millones.

Plácido Domingo y Gloria Estefan: ellos sí ganan.

REPASO DE VOCABULARIO ACTIVO

Adjetivos

caliente
frío(a)
frito(a)
más
menos

mucho(a)
muchos(as)
otro(a)(os)(as)
poco(a)
pocos(as)

Adverbios y expresiones adverbiales

más/menos
mucho/poco
esta mañana/tarde/noche
hoy/mañana
por la mañana/tarde/noche

toda la mañana/tarde/noche
todo el día/todos los días
todas las mañanas/tardes/noches
ahora/más tarde
a tiempo/temprano/tarde

Palabras interrogativas

¿Adónde?
¿Cómo?
¿Cuál?/¿Cuáles?

¿Cuándo?
¿Cuántos(as)?
¿De dónde?

¿De quién?
¿Dónde?
¿Por qué?

¿Qué?
¿Quién(es)?

Preposiciones

con
sin

Sustantivos

Las comidas del día

el almuerzo
la cena

el desayuno
la merienda

Las legumbres y las verduras en el mercado

el arroz
la cebolla
los frijoles

los guisantes
las judías verdes
la lechuga

el maíz
la papa
las papas fritas

la patata
el tomate
la zanahoria

Las frutas

la banana
la cereza
el durazno
la fresa

el limón
la manzana
el melocotón

la naranja
la pera
la piña

el plátano
la sandía
la uva

Las carnes y los mariscos

el bistec
el camarón
la chuleta de cerdo

la hamburguesa
el jamón
la langosta

el pescado
el pollo
la salchicha

la tocineta
el tocino

Las bebidas

el agua	el jugo	el refresco	el vino
el café	la leche	el té	el zumo
la cerveza			

Los postres

la galleta
el helado
el pastel
la torta

Otras comidas y condimentos

el aceite	la crema	la mantequilla	el queso
la aceituna	la ensalada	la mermelada	la sal
el ajo	el hielo	el pan	el sandwich
el azúcar	el huevo	el pan tostado	la sopa
el bocadillo	los huevos revueltos	la pimienta	el vinagre
el cereal			

Verbos y expresiones verbales

aprender	desayunar	hablar	trabajar
asistir (a)	desear	llegar	vender
beber	escribir	necesitar	vivir
cenar	estudiar	preparar	tener (mucha) hambre
comer	gustar	tomar	tener (mucha) sed
comprar			

Otras expresiones

por favor
gracias
de nada

AUTOPRUEBA Y REPASO #3

I. Los verbos -ar, -er, -ir
Sustituya el verbo de cada oración por los verbos en paréntesis.

1. Carmen *compra* frutas todos los días. (necesitar, vender, comer)
2. Mis amigos *desean* comida mexicana. (preparar, comprar, vender)
3. ¿*Trabajas* aquí? (estudiar, desayunar, vivir)
4. *Estudio* la lección. (aprender, escribir, preparar)
5. *Hablamos* mucho en la clase. (estudiar, aprender, escribir)

II. Palabras interrogativas

Haga preguntas para solicitar más información.

> MODELO No comemos en la cafetería.
> **Pues, (*Well*) ¿dónde comen?**

1. No bebo vino.
2. Ana no come en la cafetería.
3. La sandía no es mi fruta favorita.
4. Elena no va al mercado.
5. Alberto no trabaja por la mañana.
6. No soy de Buenos Aires.
7. Eduardo no tiene veinte años.
8. ¡No se llama Lucinda!

III. ¿Le gusta o no le gusta?

Conteste las preguntas. Use la forma correcta del verbo **gustar** y use el pronombre que corresponde.

> MODELO ¿A su hermano le gustan las legumbres?
> **Sí, le gustan las legumbres.**
> **(No, no le gustan. . .)**

1. ¿A sus padres les gusta tomar café?
2. ¿A ustedes les gusta el bistec?
3. ¿A su abuelo le gustan los camarones?
4. ¿A ustedes les gusta tomar el desayuno temprano?
5. ¿A usted le gustan los huevos revueltos?

IV. Repaso general del Capítulo 3

Conteste en oraciones completas.

1. ¿Qué come usted en el desayuno?
2. ¿Cuál es su postre favorito?
3. ¿Cuáles son las frutas que más le gustan a usted?
4. ¿Dc dónde es usted?
5. ¿Dónde vive usted?
6. ¿Adónde va usted esta noche?
7. ¿Cuándo estudia usted?
8. ¿Necesita usted estudiar más?
9. ¿Llega usted a clase a tiempo todos los días?
10. ¿Asisten ustedes a la clase de español todos los días?

RINCÓN° LITERARIO

corner

LOS HISPANOS EN LOS ESTADOS UNIDOS

"Es que duele°"
de Tomás Rivera

hurts

Tomás Rivera es un famoso escritor mexicanoamericano que vive en los Estados Unidos. Un tema frecuente en sus obras° es el de la lucha° por encontrar la identidad mexicanoamericana en una sociedad anglosajona como la nuestra.

works / struggle within

Reading Strategies

Quickly skim the dialog several times. Locate words and phrases in the boy's questions to his father that indicate his concerns and fears about going to school on the first day of classes. Notice that certain words are written as they would be pronounced, indicating the dialect of the region and people, for example, m'ijo = mi hijo *and* N'ombre = No hombre.

—Ándale, mi'ijo, ya vamos llegando a la escuela.

—¿Me va a llevar° usted con la principal?   *take*

—N'ombre, apoco no sabes hablar inglés
todavía. Mira° allí está la puerta de la   *look*
entrada. Nomás pregunta° si no sabes   *ask*
adónde ir. Pregunta, no seas tímido.
No tengas miedo°.   *Don't be afraid*

—¿Por qué no entra conmigo?

—¿Apoco tienes miedo? Mira, ésa debe ser
la entrada.
Ahí viene° un viejo. Bueno, pórtate° bien,   *comes / behave*
¿eh?

—Pero, ¿por qué no me ayuda°?   *help*

—N'ombre, tú puedes° bien, no tengas   *can (do it)*
miedo.

Preguntas

1. ¿Cuántas personas hablan? ¿Quiénes son?
2. ¿Adónde van?
3. ¿Habla inglés el hijo?
4. ¿Cuál es el problema del hijo?
5. ¿Entra el padre en la escuela con su hijo?
6. ¿Confía el padre (*have confidence*) en su hijo?

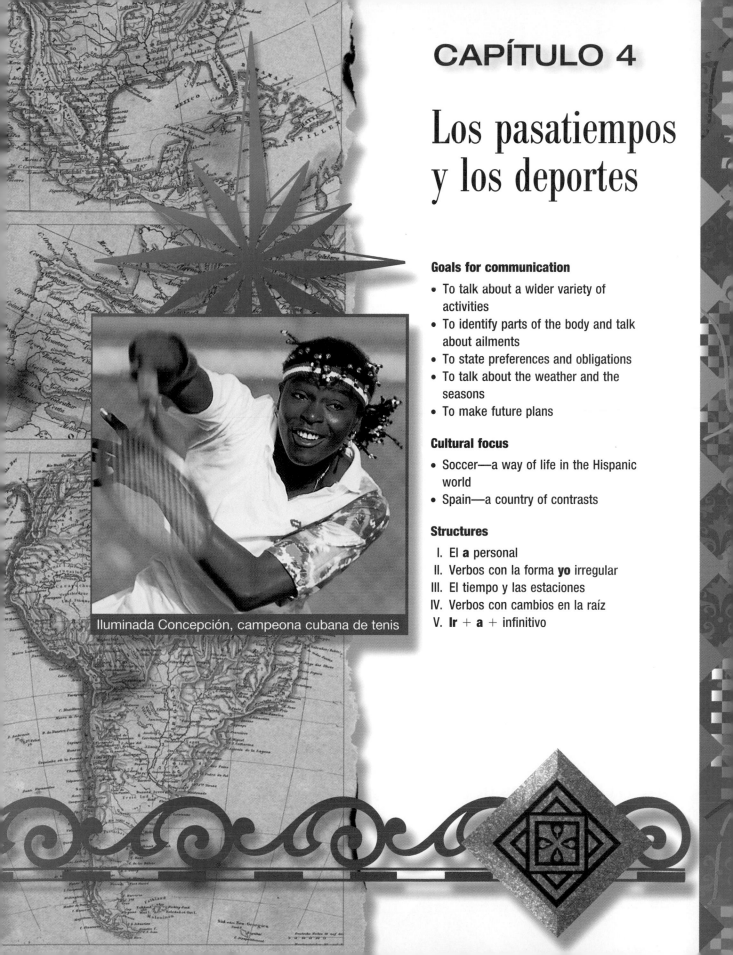

CAPÍTULO 4

Los pasatiempos y los deportes

Goals for communication

- To talk about a wider variety of activities
- To identify parts of the body and talk about ailments
- To state preferences and obligations
- To talk about the weather and the seasons
- To make future plans

Cultural focus

- Soccer—a way of life in the Hispanic world
- Spain—a country of contrasts

Structures

I. El **a** personal
II. Verbos con la forma **yo** irregular
III. El tiempo y las estaciones
IV. Verbos con cambios en la raíz
V. **Ir** + **a** + infinitivo

Iluminada Concepción, campeona cubana de tenis

CAPITULO 4   Los pasatiempos y los deportes

1. to ski   2. to swim   3. to paint   4. to walk   5. to play (instruments)   6. to sing   7. to play soccer   8. the ball

9. jugar al básquetbol/baloncesto

10. escuchar música

11. leer

12. fumar

13. descansar

14. hacer ejercicio

15. levantar pesas

16. correr

17. jugar al tenis

9. to play basketball   10. to listen to music   11. to read   12. to smoke   13. to rest   14. to exercise, do exercises
15. to lift weights   16. to run   17. to play tennis

A. Los sábados en el parque

Indique según los dibujos en las páginas 108–109 las actividades de las personas en el parque.

> MODELO La mujer. . .en el lago (*lake*).
> **La mujer esquía en el lago.**

1. El hombre. . .en el agua.
2. Camila, la artista, . . .
3. Linda y Manuel. . .por el parque.
4. Rubén. . .la guitarra.
5. Rubén. . .una canción (*song*).
6. La niña y el niño no juegan[1] al béisbol. Juegan al. . .
7. El vagabundo. . .un cigarrillo.
8. El vagabundo. . .en el parque.
9. Natalia. . .música.
10. Natalia. . .la novela.
11. Esteban no juega al voleibol. Él. . .
12. Javier. . .al tenis.
13. Alfonso. . .pesas.
14. Octavio. . .ejercicio.
15. Pepita. . .muy rápido.

B. Los gustos de los estudiantes

Conteste las preguntas del profesor/de la profesora levantando la mano. Luego, digan a quién le gusta participar en las actividades.

> MODELO PROFESOR(A): ¿A quiénes les gusta jugar al básquetbol?
> (*Los estudiantes que contestan "sí" levantan la mano.*)
>
> UN(A) ESTUDIANTE: **A Francisco le gusta jugar al básquetbol.** (o)
>
> **A Alicia y a Bárbara les gusta jugar al básquetbol.**

1. ¿A quiénes les gusta jugar al tenis?
2. ¿A quiénes les gusta esquiar?
3. ¿A quiénes les gusta hacer ejercicio?
4. ¿A quiénes les gusta nadar?
5. ¿A quiénes les gusta cantar?
6. ¿A quiénes les gusta levantar pesas?
7. ¿A quiénes les gusta cantar?
8. ¿A quiénes les gusta tocar un instrumento musical?
9. ¿A quiénes les gusta escuchar música?

---

[1]The verb **jugar** changes the **u** to **ue** in the present tense. You will study this and similar verbs on p. 128.

BIEN DICHO   Más actividades y deportes

1. cocinar

2. limpiar

3. mirar la televisión

4. manejar, conducir

5. bailar

6. jugar al... béisbol/voleibol/golf/fútbol americano

el deporte *the sport*   **el equipo** *the team*   **ganar** *to win, earn*

1. to cook   2. to clean   3. to watch (look at) TV   4. to drive   5. to dance
6. to play . . . baseball/volleyball/golf/football

C. Tú y yo

En parejas, hagan preguntas y contéstenlas.

MODELO *¿cocinar* bien o mal?
      ¿Cocinas bien o mal?
      Cocino muy bien (mal).

1. *¿bailar* bien o mal?
2. *¿cantar* bien o mal?
3. *¿mirar* la televisión con frecuencia? (¿Qué programas?)
4. *¿manejar* al centro de la ciudad con frecuencia?
5. *¿limpiar* tu cuarto con frecuencia?
6. *¿correr* casi todos los días?
7. *¿jugar* al golf? **¿Juegas. . . ? Sí, (No, no) juego. . .**
8. *¿jugar* en un equipo de la universidad? (¿Cuál?)
9. *¿jugar* al vóleibol? (¿al béisbol?) (¿al fútbol americano?) (¿y al ping-pong?)
10. *¿tocar* la guitarra? (¿el piano?) (¿el violín?) (¿la trompeta?) (¿el clarinete?)
11. *¿fumar?*

Y, en conclusión, ¿cuáles son tus actividades favoritas? **A mí me gusta. . .**

BIEN DICHO   El cuerpo humano

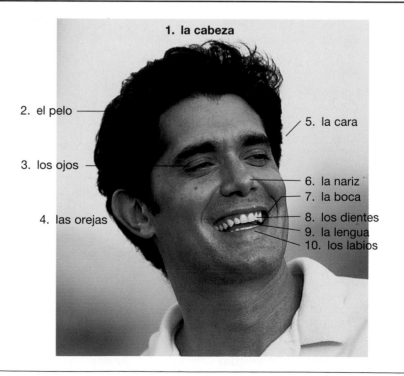

1. la cabeza
2. el pelo
3. los ojos
4. las orejas
5. la cara
6. la nariz
7. la boca
8. los dientes
9. la lengua
10. los labios

1. head 2. hair 3. eyes 4. ears 5. face 6. nose 7. mouth 8. teeth
9. tongue 10. lips

Remember that between vowels **b** and **v** are pronounced with the lips slightly open, allowing air to pass through them. Examples: **la boca, los labios**.

1. el cuerpo

10. las manos

9. los dedos

8. las uñas

7. la espalda

2. los hombros

3. el pecho

4. los brazos

5. las piernas

6. los pies

D. ¿Qué partes del cuerpo se usan?

En parejas, miren los dibujos en las páginas 108–109. Indiquen las partes del cuerpo que cada persona está usando en su actividad.

MODELO **Para esquiar, el muchacho usa los brazos, los hombros y las piernas.**

---

1. body 2. shoulders 3. chest, breast 4. arms 5. legs 6. feet 7. back
8. fingernails 9. fingers 10. hands

E. ¡Soy artista!

Un(a) estudiante artístico(a) va a la pizarra. Los otros estudiantes le indican las partes del cuerpo que él o ella debe dibujar para crear una persona MUY interesante.

MODELO **Tiene pies grandes.**
Tiene mucho pelo.
Tiene tres ojos, etc.

Pues, ¿cómo se llama? En parejas, describan a la persona.

Conversación

Pasatiempos favoritos

Pepita y Linda son compañeras de cuarto y hablan de sus pasatiempos favoritos.

PEPITA: ¿Te gustan los deportes, Linda?

LINDA: Sí, me gustan mucho pero no soy deportista. Me gusta jugar al tenis, pero no soy muy buena. ¿Y a ti? ¿Te gustan los deportes?

PEPITA: Sí, a mí me gusta mucho jugar al tenis, al voleibol y al baloncesto. ¿Quieres jugar al tenis esta tarde? Soy parte del equipo de la universidad.

I know   LINDA: ¡Claro que sí! Sé° que vas a ganar pero necesito el ejercicio, especialmente en los brazos y en las piernas. ¿Adónde vamos a

courts   jugar? ¿Te gustan las canchas° de la universidad?

people   PEPITA: No, no me gustan porque siempre hay mucha gente°.

LINDA: Bueno, podemos ir a las canchas del parque público.

clay   PEPITA: Sí, esas canchas me gustan mucho. Son de barro°.

LINDA: ¡Qué bien! ¿A qué hora quieres ir?

look for   PEPITA: ¡Ahora mismo! Voy a buscar° mi raqueta y las pelotas.

afterwards   LINDA: Podemos jugar por dos horas y después° podemos ir a cenar.

PEPITA: ¡Fantástico! También me gusta comer. Es uno de mis deportes favoritos.

¿Qué pasa?

¿Sí o no?

1. Pepe y Linda son compañeras de cuarto.
2. Pepita es una buena jugadora de tenis.
3. Linda necesita el ejercicio.
4. A Pepita le gustan las canchas de la universidad.
5. Deciden ir a las canchas del parque público.
6. Van a jugar más tarde.

Estructura

I. *Indicating the person that is the object of your attention:* El **a** personal

Note the element in the Spanish sentences that is not found in the English translation.

Amo **a** mi madre.	*I love my mother.*
Manuel busca **a** Linda, y Linda busca un taxi.	*Manuel is looking for Linda, and Linda is looking for a taxi.*

Whenever a person is the direct object of a verb, Spanish uses the "personal **a**" before the person's name (or other noun referring to the person). The "personal **a**" emphasizes that a person, not a thing, receives the action of the verb. It has no equivalent in English.

Note

1. Remember that **a** combined with **el** becomes **al**.

   Camila llama **al** médico cuando está enferma.   *Camila calls the doctor when she is sick.*

2. The "personal **a**" is also used with **quién** or **quiénes** to ask the question *whom?*

   ¿**A quién** amas?   *Whom do you love?*

3. The "personal **a**" is not normally used after **tener**.

   Tengo dos compañeros de cuarto.

"A lot of students have trouble learning how the **a personal** is used. If you don't understand, ask your professor for more examples!"—*J. Rapposelli, Bucks County Community College*

BIEN DICHO   Acciones personales

amar	*to love*
abrazar	*to hug*
besar	*to kiss*
buscar	*to look for*
mirar	*to look (at), watch*
llamar	*to call*

■■■ Práctica y comunicación

F.   Manuel ama a Linda.
Conteste las preguntas según los dibujos.

> MODELO ¿A quién mira Manuel?
> **Mira a Linda.**

¿A quién besa Manuel?

¿A quién abraza Linda?

¿A quién llama Linda?

¿A quién ama Manuel?

¿A quién busca Manuel?   ¿Qué busca Manuel?

G. Preguntas muy personales

En parejas, háganse las preguntas y contéstenlas usando el **a** personal.

1. ¿A quién o a quiénes besas con más frecuencia?
2. ¿A quién o a quiénes abrazas con más frecuencia?
3. ¿A quién o a quiénes amas?
4. ¿A quién llamas por teléfono con frecuencia?
5. ¿A quién escuchas más? ¿a tu madre o a tu padre?
6. ¿A quién miras con mucho interés?

Estructura

II. *Talking about a wider variety of activities (in the present):* **Verbos con la forma yo irregular**

In the present tense, some verbs are irregular only in the **yo** form.
Examples:

salir (*to leave, go out*):	**salgo**, sales, sale, salimos, salís, salen
poner (*to put, place*):	**pongo**, pones, pone, ponemos, ponéis, ponen

Verbs with an irregular **yo** form include:

salir (de)	*to leave, go out*	**Salgo** de la universidad.
poner	*to put, place*	**Pongo** el carro en el garaje.
traer	*to bring*	**Traigo** mis libros a la casa.
hacer	*to do, make*	**Hago** la tarea.
traducir	*to translate*	**Traduzco** los poemas.
conducir	*to drive*	**Conduzco** a la casa de Roberto.
saber	*to know* (facts, information)	**Sé** donde vive.
	to know how to (skills)	**Sé** tocar el piano.
conocer	*to know, be acquainted with* (persons, places, things)	**Conozco** a Roberto. **Conozco** Chicago bien.

Note

Salir is followed by **de** when the subject is leaving a stated place.

Salen **del** gimnasio. (versus) Salen con sus amigos.

The verbs **oír, dar**, and **ver** also have an irregular **yo** form as well as additional minor irregularities.

oír	*to hear:*	**oigo, oyes, oye**, oímos, oís, **oyen** (note the **y**)
dar	*to give:*	**doy**, das, da, damos dais, dan (no accent in **dais**)
ver	*to see:*	**veo**, ves, ve, vemos, veis, ven (no accent in **veis**)

▬▬ Práctica y comunicación

H. Yo no soy como Felipe.

Felipe es un alumno **muy** malo. Usted, un(a) estudiante bueno(a), **no** hace lo que hace él.

MODELO Felipe trae Coca-Cola a la clase.
Yo no traigo Coca-Cola a la clase.

1. Felipe trae comida a la clase.
2. Felipe hace la tarea durante la clase.
3. Felipe da respuestas tontas e incorrectas.
4. Felipe pone los pies en el escritorio del profesor.
5. Felipe sale de la clase temprano.
6. Felipe conduce rápidamente.
7. Felipe da fiestas los lunes por la noche.

I. ¿Qué hace?

En parejas, un(a) estudiante describe lo que hace Pepita y el otro/la otra estudiante indica que él/ella hace lo mismo (*the same thing*).

MODELO
ESTUDIANTE #1: **Pepita conduce a la universidad.**
ESTUDIANTE #2: **Yo también** (*also*) **conduzco a la universidad.**

Pepita/conducir. . .
Yo. . .

Pepita/hacer. . . hace
Yo. . . hago

Pepita/traer. . . trae sus libros.
Yo. . . traigo mis libros.

Pepita/poner. . . pone sus libros.
Yo. . . pongo mis libros.

Pepita/saber. . . sabe
Yo. . . se

Pepita/ver. . .y traducir. . . ve (traduce)
Yo. . . veo

Pepita/salir de. . . sale de
Yo. . . salgo

J. Tú y yo

En parejas, hagan preguntas y contéstenlas. Den (*Give*) varias respuestas cuando sea posible.

> MODELO ¿qué *hacer* los lunes por la noche?
> **¿Qué haces los lunes por la noche?**
> **Hago la tarea.**
> **Miro la televisión**, etc.

1. ¿qué *hacer* normalmente los sábados por la tarde? (¿y por la noche?)
2. ¿con quién *salir* normalmente durante los fines de semana?
3. ¿los días de clase *conducir* a la universidad?
4. ¿qué cosas normalmente *traer* a la clase?
5. ¿en este momento *oír* la voz de la profesora/del profesor?
6. ¿*conocer* a todos los chicos en la clase de español?
7. ¿*conocer* a todas las chicas en la clase de español?
8. ¿a quién *ver* con frecuencia en el centro estudiantil?
9. ¿*conocer* bien esta (*this*) ciudad?
10. ¿*saber* dónde hay canchas de tenis en la ciudad?
11. ¿*saber* jugar al tenis? ¿normalmente, *ganar*?
12. ¿*ir* al gimnasio con frecuencia? ¿*hacer* ejercicios aeróbicos?

K. Dos equipos: ¿saber o conocer?

Vamos a dividirnos en dos equipos. El equipo #1 hace la primera (*first*) pregunta. El equipo #2 responde. Los equipos continúan, alternando preguntas y respuestas. Reciben **un** punto por cada pregunta o respuesta correcta.

> MODELO hablar francés
> ESTUDIANTE DEL EQUIPO #1: **¿Sabes hablar francés?**
> ESTUDIANTE DEL EQUIPO #2: **Sí, sé hablar francés.** (o)
> **No, no sé hablar francés.**

1. todo el vocabulario del capítulo
2. al presidente/a la presidenta de la universidad
3. tocar el clarinete
4. a todos los estudiantes de la clase
5. la ciudad de San Diego
6. donde vive la profesora/el profesor
7. nadar
8. los museos de esta ciudad
9. las novelas de García Márquez
10. hablar alemán
11. los verbos de este capítulo
12. la música de Mozart
13. cocinar bien
14. el número de teléfono del profesor/de la profesora

¿Qué equipo recibió el máximo número de puntos?

EL FÚTBOL: REY° DE LOS DEPORTES

Aunque° el béisbol es el deporte más importante para los dominicanos, los puertorriqueños y los venezolanos, el fútbol es definitivamente el rey de los deportes en el resto del mundo hispano. Si° visita Argentina, Costa Rica o España, por ejemplo, va a ver a niños y jóvenes jugando al fútbol en los parques, en las calles°, en los estacionamientos°. . . ¡en todas partes! Muchos hispanos piensan° que el fútbol es mucho más que un deporte—¡es una forma de vida°! La enorme cantidad de fanáticos del fútbol—pobres, ricos, grandes y chicos°—hace de este deporte casi una religión. Jugadores excelentes como Diego Maradona (Argentina) se consideran auténticos héroes nacionales y mundiales. Varios de los equipos y jugadores hispanos de fútbol están entre los mejores° del mundo. ¿Puede mencionar algunos?

king

although

if

streets / parking lots / think

life

small

best

¡Los mexicanos son muy aficionados al fútbol! En su opinión, ¿por qué están tan contentos estos fanáticos? México

¿Dónde juegan estos niños costarricenses? ¿Ocurre esto (*this*) con frecuencia en los Estados Unidos?

¿Cuánto sabemos?

1. ¿Cuáles son las frases que describen la importancia del fútbol para los hispanoamericanos?
2. ¿Es la afición al fútbol americano en los Estados Unidos tan (*so*) fuerte?
3. ¿Dónde juegan al fútbol los niños y los jóvenes?
4. ¿Quién es Diego Maradona?
5. ¿Sabe usted jugar al fútbol? ¿y al fútbol americano?
6. En su opinión, ¿cuál es el deporte nacional de los Estados Unidos?

GRUPO A

5 de julio Montevideo
| 4 | Uruguay | / | Venezuela | 1 |

6 de julio Maldonado
| 1 | México | / | Paraguay | 2 |

9 de julio Montevideo
| 1 | Uruguay | / | Paraguay | 0 |

9 de julio Maldonado
| 3 | México | / | Venezuela | 1 |

12 de julio Maldonado
| 3 | Paraguay | / | Venezuela | 2 |

12 de julio Montevideo
| 1 | Uruguay | / | México | 1 |

GRUPO B

7 de julio Rivera
| 1 | Colombia | / | Perú | 1 |

7 de julio Rivera
| 1 | Brasil | / | Ecuador | 0 |

10 de julio Rivera
| 1 | Colombia | / | Ecuador | 0 |

10 de julio Rivera
| 2 | Brasil | / | Perú | 0 |

13 de julio Rivera
| 1 | Perú | / | Ecuador | 1 |

13 de julio Rivera
| 3 | Brasil | / | Colombia | 0 |

GRUPO C

8 de julio Paysandú
| 2 | EE. UU. | / | Chile | 1 |

8 de julio Paysandú
| 2 | Argentina | / | Bolivia | 1 |

11 de julio Paysandú
| 0 | EE. UU. | / | Bolivia | 1 |

11 de julio Paysandú
| 4 | Argentina | / | Chile | 0 |

14 de julio Paysandú
| 2 | Chile | / | Bolivia | 2 |

14 de julio Paysandú
| 0 | Argentina | / | EE. UU. | 3 |

¡Fútbol, Fútbol, y más Fútbol! Conteste las preguntas según la información.

1. ¿Cuál es el mejor equipo en el grupo A? ¿y en el grupo B?
2. ¿En qué fecha juegan los Estados Unidos y Argentina? ¿Cuál es el mejor equipo?

Estructura

III. *Talking about the weather and the seasons:* **El tiempo y las estaciones**

A. El tiempo

The verb **hacer** is used in Spanish to express most weather conditions.

¿Qué tiempo hace?	*What's the weather like?*
Hace buen/mal tiempo.	*It's good/bad weather.*
Hace (mucho) frío/calor.	*It's (very) cold/hot.*
Hace fresco.	*It's cool.*
Hace sol/viento.	*It's sunny/windy.*
Llueve.	*It rains, it's raining.*
Está lloviendo.	*It's raining (now).*
la **lluvia**	*rain*
llover (ue)	*to rain*
Nieva.	*It snows, it's snowing.*
Está nevando.	*It's snowing (in the act of).*
la **nieve**	*snow*
nevar (ie)	*to snow*
Está (muy) nublado.	*It's (very) cloudy.*

PRONUNCIATION CHECK

Remember that double **l** approximates the English *y* sound as in *yes*.
Examples:

llueve **lloviendo** **lluvia** **llover**

B. Expresiones personales asociadas con el tiempo.

tener (mucho) frío	*to be (very) cold*	**¿Tienes mucho frío?**
tener (mucho) calor	*to be (very) hot*	**¡No! Tengo calor.**

C. Las estaciones (*seasons*)

el **invierno**	*winter*
la **primavera**	*spring*
el **verano**	*summer*
el **otoño**	*autumn*

Note

The seasons of the year are reversed in the northern and southern hemispheres; for example, when it is winter in Argentina, it is summer in the United States.

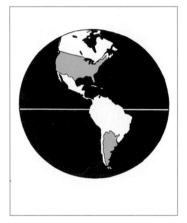

■■■ Práctica y comunicación

L. ¿Qué tiempo hace? ¿Qué estación es?

Indique según los dibujos qué tiempo hace y qué estación es.

MODELO **Hace sol.**
        Es verano.

M. El tiempo y las estaciones

En parejas, háganse las preguntas y contéstenlas.

1. En este momento, ¿tienes frío?
   Cuando tienes frío, ¿qué bebida prefieres tomar?

2. En este momento, ¿tienes calor?
   Cuando tienes calor, ¿qué bebida prefieres tomar?

3. ¿Qué tiempo hace hoy?

4. ¿Qué tiempo hace probablemente en San Francisco? ¿en Miami? ¿en Fairbanks? ¿y en Portland?

5. ¿Qué te gusta hacer cuando llueve?

6. ¿Cuál es tu estación favorita? ¿Por qué?

7. ¿Qué te gusta hacer en el invierno? ¿y en el verano?

> Refranes: **Después de la lluvia sale el sol.**
> **A mal tiempo. . .buena cara.**

¿Qué significan los refranes?

N. El tiempo en España y en Europa

En parejas, estudien el mapa de España y de Europa. Indiquen qué tiempo hace en las ciudades y en las regiones mencionadas.

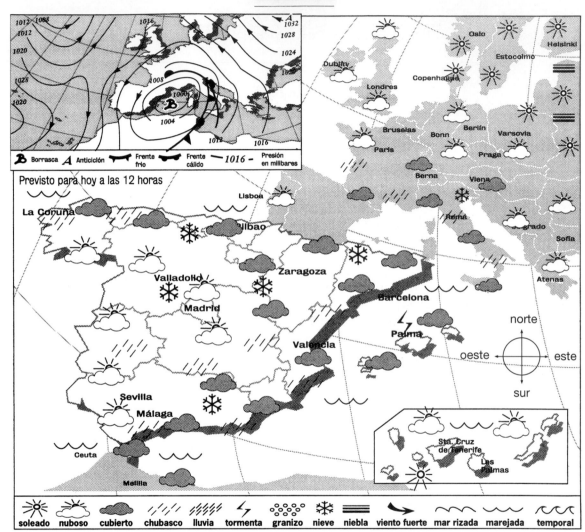

1. ¿Qué tiempo hace en Sevilla? (ciudad situada en el sur de España)
2. ¿Qué tiempo hace en La Coruña? (ciudad situada en el noroeste de España)
3. ¿Qué tiempo hace en las montañas al norte de Barcelona, España?
4. ¿En cuántas regiones de España existe la probabilidad de nieve?
5. Pasando al norte, ¿qué tiempo hace en las ciudades escandinavas de Oslo y Estocolmo?
6. En general, en Europa, ¿hace buen o mal tiempo?

Estructura

IV. _Talking about a wider variety of activities (in the present):_ **Verbos con cambios en la raíz**

A. La formación de verbos con cambios en la raíz

Stem-changing verbs have the same endings as regular **-ar, -er**, and **-ir** verbs. However, they differ from regular verbs in that a change occurs in the stem (**e > ie, o > ue**, or **e > i**) in all persons except **nosotros** and **vosotros**. (The stem is the part of the verb that remains after the **-ar, -er**, or **-ir** ending is removed.) Study the pattern of change in the following model verbs.

querer _to want, love_		**dormir** _to sleep_		**pedir** _to ask for_	
e > ie quer > qui**er**		**o > ue** dorm > d**ue**rm		**e > i** ped > pid	
qu**ie**ro	queremos	d**ue**rmo	dormimos	pido	pedimos
qu**ie**res	queréis	d**ue**rmes	dormís	pides	pedís
qu**ie**re	qu**ie**ren	d**ue**rme	d**ue**rmen	pide	piden

"Remember that the verb **pedir** means _to ask for_. . . It's incorrect to say, for example, **Pedimos para los libros.** You just say, **Pedimos los libros.**"—_C. O'Brien, Southern Connecticut State University_

B. Verbos con cambios en la raíz

e > ie

querer (ie)	_to want, love_	No **quiero** esquiar.
preferir (ie)	_to prefer_	**Prefiero** jugar al golf.
entender (ie)	_to understand_	¿**Entienden** las instrucciones?
pensar (ie)	_to think_	¿**Piensas** que hace frío?

(continuado)

o > ue (u > ue)

almorzar (ue)	*to have lunch*	¿Dónde **almuerzas**?
dormir (ue)	*to sleep*	¿**Duermes** bien normalmente?
poder (ue)	*to be able, can*	¿**Puedes** salir esta noche?
jugar (ue)²	*to play*	Pepita **juega** al tenis

e > i

pedir (i)	*to ask for, request, order*	¿Qué **pide** ella?

Note

Pensar + infinitive = *to intend*

¿**Piensas** jugar al baloncesto esta tarde?	*Do you intend to play basketball this afternoon?*
Pensar en. . . = *to think about* **Pienso en** mi familia con mucha frecuencia.	*I think about my family quite frequently.*

C. Venir, decir y tener

Like **tener**, the verbs **venir** (*to come*) and **decir** (*to say, tell*) have an irregular **yo** form in addition to the stem change:

venir (ie):	**vengo, vienes, viene**, venimos, venís, **vienen**
decir (i):	**digo, dices, dice**, decimos, decís, **dicen**
tener (ie):	**tengo, tienes, tiene**, tenemos, tenéis, **tienen**

▮▮▮ Práctica y comunicación

O. Los hábitos de los estudiantes

Contesten las preguntas, representando la opinión general de todos los estudiantes.

MODELO ¿Dicen ustedes mentiras (*lies*)?
No, no decimos mentiras. (o)
Sí, decimos mentiras.

1. ¿Duermen ustedes nueve horas cada noche?
2. ¿Duermen ustedes durante la clase de español?
3. ¿Almuerzan ustedes en la cafetería?

---

²The verb **jugar** is unique because **u** changes to **ue**.

4. ¿Piden ustedes cervezas en la cafetería?
5. ¿Entienden ustedes todo lo que dice la profesora/el profesor?
6. ¿Quieren ustedes tener más exámenes?
7. ¿Piensan ustedes que la clase de español es divertida?
8. ¿Piensan ustedes estudiar esta noche?
9. ¿Prefieren ustedes salir de clase temprano?

Refranes: **Querer es poder.**
Quien mucho tiene más quiere.
Decir y hacer son dos cosas y la segunda es la dificultosa.

¿Cómo puede usted explicar estos refranes en español?

P. Un sondeo (*opinion poll*) personal
Andando por la clase, hágales cada pregunta del Sondeo Personal a tres estudiantes diferentes. Todos responden en oraciones completas. Escriba las respuestas en el formulario.

SONDEO PERSONAL
▼▼▼▼▼▼▼▼▼▼▼▼▼▼▼▼▼▼

1. ¿Qué día(s) de la semana duermes tarde normalmente?
   Día(s): (a) _____ (b) _____ (c) _____
2. ¿Dónde almuerzas?
   Lugar (*place*): (a) _____ (b) _____ (c) _____
3. ¿Dónde prefieres estudiar?
   Lugar: (a) _____ (b) _____ (c) _____
4. ¿En qué clase *no* entiendes bien la materia?
   Clase: (a) _____ (b) _____ (c) _____
5. ¿Con quién puedes hablar de tus problemas?
   Persona: (a) _____ (b) _____ (c) _____
6. ¿Con quién prefieres salir con mas frecuencia?
   Persona(s): (a) _____ (b) _____ (c) _____
7. ¿En qué piensas con más frecuencia? **Pienso en. . .**
   Tópicos: (a) _____ (b) _____ (c) _____

(continuado)

Ahora, indíquenle a la profesora/al profesor las preferencias generales de los estudiantes.

1. ¿Qué día(s) normalmente duermen tarde los estudiantes?
2. ¿Dónde almuerzan? etc.

Q. Tú y yo

En parejas, hagan preguntas y contéstenlas.

MODELO ¿*preferir* comer en tu casa o en un restaurante?
¿Prefieres comer en tu casa o en un restaurante?
Prefiero comer en mi casa.

1. ¿qué *pedir* en los restaurantes generalmente?
2. ¿qué ingredientes *pedir* en la pizza normalmente?
3. ¿*poder* comer una pizza grande tú solo(a)?
4. ¿qué bebidas *pedir* con la pizza normalmente?
5. ¿cuántas horas *dormir* generalmente?
6. ¿*dormir* con la ventana abierta o cerrada?
7. ¿*poder* estudiar toda la noche sin dormir?
8. ¿*venir* a la clase de español temprano?
9. ¿*venir* a la clase con la tarea hecha (*done*)?
10. ¿qué clases *querer* tomar el próximo semestre?
11. ¿*pensar* estudiar más español?
12. ¿*poder* salir esta noche?
13. ¿con quién o con quiénes *pensar* salir este sábado por la noche?
14. ¿qué *preferir* hacer normalmente los fines de semana?

Estás en el Hotel Flamenco en Acapulco, México. ¿Qué deportes piensas practicar hoy?

BIEN DICHO ¿Está usted enfermo(a)?

tener. . .

dolor (m.) **de garganta**	*sore throat*
dolor de estómago	*stomach ache*
dolor de cabeza	*headache*
un **resfriado**	*cold*
tos (f.)	*cough*
fiebre (f.)	*fever*
gripe (f.)	*flu*

▮▮▮ Práctica y comunicación

R. La salud (*health*)

1. Siete estudiantes, frente a la clase, dramatizan los problemas de salud indicados en el vocabulario. La clase identifica qué problema tiene cada uno(a).

2. Ahora, en parejas, háganse las preguntas y contéstenlas.

   - ¿Tienes dolor de garganta? ¿dolor de estómago? ¿dolor de cabeza? ¿resfriado? ¿tos? ¿fiebre? ¿gripe?

   - Normalmente, ¿qué tomas o qué haces o no haces cuando tienes uno de estos problemas?

     MODELO **Cuando tengo dolor de estómago, tomo Alka Seltzer y sopa de pollo, no como mucho, descanso**, etc.

S. Mini-dramas: En el consultorio del médico o de la médica
En parejas, preparen un diálogo entre un(a) paciente y un(a) médico(a).

Vocabulario adicional: *la diarrea, los problemas digestivos, los problemas (p)sicológicos*

Algunos remedios: *tomar aspirina, los antibióticos, el líquido*, etc.
Incluyan en el diálogo:

- los saludos
- los problemas y los síntomas que tiene el (la) paciente **[¡Ay, doctor(a), tengo. . .]**
- las preguntas del médico o de la médica
- el diagnóstico del médico o de la médica, lo que el (la) paciente necesita hacer para recuperarse
- la despedida

BIEN DICHO Preferencias y obligaciones

tener ganas de + infinitive	*to feel like* . . .
tener que + infinitive	*to have to* . . .
deber. . .	*must, should, ought to* . . .

Práctica y comunicación

T. ¿Preferencias u obligaciones?

Indique si las personas **tienen ganas de** hacer o **tienen que** hacer lo siguiente.

MODELO **Octavio tiene ganas de esquiar.**

Octavio. . .

Manuel y Linda. . .

Inés. . .

Javier. . .

Alfonso. . .

Camila. . .

Esteban. . .

Carmen. . .

Natalia. . .

Rubén. . .

U. Mis preferencias y obligaciones

En parejas, imagínense que están en las siguientes situaciones. ¿Qué tienen ganas de hacer? ¿Qué no tienen ganas de hacer? o ¿Qué deben hacer?

MODELO
ESTUDIANTE #1: Tengo tos. **No tengo ganas de. . .hablar.**
ESTUDIANTE #2: Tengo fiebre. **Tengo ganas de. . .dormir.**

Mis preferencias

1. Tengo dolor de garganta. **No tengo ganas de. . .**
2. Tengo dolor de estómago. **No tengo ganas de. . .**
3. Tengo dolor de cabeza. **No tengo ganas de. . .**
4. Tengo resfriado. **Tengo ganas de. . .**

Mis obligaciones

5. Estoy en la biblioteca. **Debo/Tengo que. . .**
6. Estoy en la clase de español. **Debo/Tengo que. . .**
7. Tengo problemas con mis clases. **Debo/Tengo que. . .**
8. No tengo comida en el apartamento. **Debo/Tengo que. . .**
9. Estoy muy, muy enfermo(a). **Debo/Tengo que. . .**

> "Don't forget to include the **de** in **tener ganas de** and the **que** in **tener que.**"
> —*J. Rapposelli, Bucks County Community College*

V. Preguntas personales

Andando por la clase, háganse las preguntas y contéstenlas.

1. ¿Qué tienes que hacer después de la clase?
2. ¿Qué debes hacer esta noche?
3. ¿Qué tienes ganas de hacer este fin de semana?

Estructura

V. *Making future plans:* **Ir + a + infinitivo**

To talk about plans and actions yet to occur, use a form of the verb **ir** + **a** + infinitive.

¿Qué **van a hacer** este fin de semana?

What are you going to do this weekend?

Vamos a jugar al golf.

We are going to play golf.

> **Note**
> **Vamos a** + infinitive, used affirmatively, can also mean *let's*.
>
> **¡Vamos a comer!** *Let's eat!*

BIEN DICHO   En el futuro

la semana próxima, **la semana que viene**	*next week*
el verano/año próximo, **el verano/año que viene**	*next summer/year*

■■■ Práctica y comunicación

W. ¿Qué vamos a hacer?
En parejas, expresen la intención de las personas indicadas. Tomen turnos.

> MODELO Voy a la oficina del profesor.
> (*posibles actividades*) **Voy a hablar con el profesor y voy a tomar un examen.**

1. Vamos al parque. **Vamos a. . .**
2. . . .y . . .van a la biblioteca.
3. Voy a la residencia.
4. Vamos a la playa.
5. . . .va a su casa.

X. ¿Qué vas a hacer tú?

1. Andando por la clase, hágales las preguntas a cuatro o cinco personas diferentes.

   - ¿Qué vas a hacer este fin de semana?
   - ¿Qué vas a hacer el verano que viene?
   - ¿Qué vas a hacer el año próximo?

2. Después, dígale a la clase cuáles son los planes o las actividades más interesantes de algunos estudiantes.

   MODELO **Este fin de semana. . .va a Vermont a esquiar.**

En resumen

A. Conversando: De vacaciones en las Bahamas

Imagínense que uno(a) dc ustedes está de vacaciones en las Bahamas con sus amigos y el otro o la otra es el papá o la mamá que está en casa en Vermont. Hablen por teléfono haciéndose las preguntas y contestándolas.

> *El teléfono suena y ustedes se saludan.*
>
> MADRE/PADRE A HIJO(A): **¿Cómo te va?. . .**
>
> HIJO(A) A MADRE/PADRE: **¿Cómo estás?. . .**
>
> MADRE/PADRE A HIJO(A): **¿Qué tiempo hace allí?. . .**
>
> HIJO(A) A MADRE/PADRE: **¿Qué tiempo hace en Vermont?. . .**
>
> MADRE/PADRE A HIJO(A): **¿Qué tal las vacaciones?. . .**
>
> *Usted indica lo que usted y sus amigos hacen todos los días (en la playa, deportes que juegan, adónde van por la noche, etc.).*
>
> HIJO(A) A MADRE/PADRE: **¿Cómo está papá/mamá? ¿y el perro? ¿Qué hay de nuevo?. . .**
>
> MADRE/PADRE A HIJO(A): **¿Cuándo vas a llamar otra vez?. . .**
>
> *Ustedes se despiden (**Hasta luego**, etc.).*

B. De mi escritorio: Una descripción de una persona imaginaria

1. Dibuje una caricatura de una persona.
2. Ahora haga una descripción escrita (bien imaginativa) de la caricatura. Indique:

- ¿De dónde es?
- ¿Cómo es? (características) **Es. . . Tiene. . .**
- ¿Tiene familia? (¿Cómo son sus parientes?)
- ¿Cuántos años tiene?
- ¿Qué le gusta hacer?
- ¿Qué no puede hacer?
- ¿Dónde está ahora?
- ¿Qué tiene que hacer?
- ¿Qué tiene ganas de hacer?
- ¿Qué va a hacer en el futuro?

PANORAMA CULTURAL

España—situación geográfica

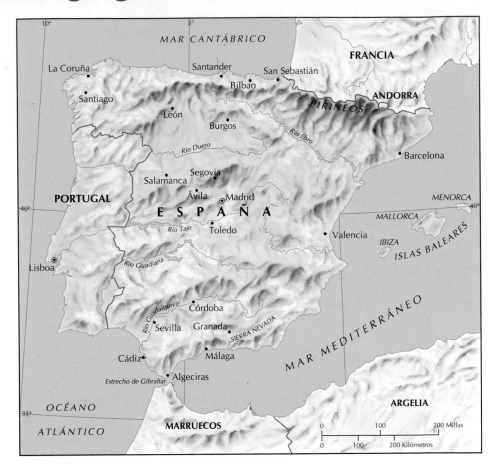

Preguntas basadas en el mapa

1. ¿Cuál es la capital de España?
2. Mencione dos ciudades importantes de la costa este.
3. Mencione tres ciudades importantes en el sur (*south*) de España (no en la costa).
4. ¿Cómo se llaman las montañas que están entre España y Francia?
5. ¿Cómo se llaman las islas que están en el Mar Mediterráneo?
6. ¿Qué otro país forma parte de la península ibérica?

Reading Strategies

Having studied the map of Spain, can you anticipate or predict some possible geographical contrasts? Scan the reading selection.

1. Highlight the contrasts mentioned in the first paragraph.
2. In the second paragraph, highlight the different languages that are spoken in Spain and the regions where they are spoken.
3. Finally, underline the words and phrases that describe Spain's varied economy.

España, país de contrastes

España es un país lleno[1] de contrastes. En España usted puede disfrutar[2] de la playa y del sol, puede escalar una montaña con nieve, puede acampar en un bosque[3] o puede viajar[4] por la zona central, que es muy seca.[5] Todo lo puede encontrar[6] el viajero que recorre[7] las diferentes zonas de España.

Los Pirineos, España

---

[1]*full* [2]*enjoy* [3]*forest* [4]*travel* [5]*dry* [6]*find*
[7]*crosses*

¿Cuál de estas regiones prefiere usted visitar? ¿Por qué?

Molinos de viento (*Windmills*). La Mancha, España

San Sebastián, España

Aunque[8] el español es la lengua que más se habla en España, ¡también se hablan otros idiomas en el país! En el nordeste, se habla el vasco (un idioma misterioso porque nadie conoce su origen). En el noroeste, se habla el gallego, un idioma muy dulce[9] y musical que viene, como el español, del latín. Finalmente, en el este de España, se habla el catalán, una lengua que también viene del latín, pero que tiene más similitudes con el francés. Las varias regiones de España constituyen diferentes zonas culturales con sus bailes, costumbres,[10] comidas, vestidos[11] típicos y forma de hablar.

¿Sabe usted que España es el país de mayor turismo de Europa? Además de la industria turística, la economía española cuenta con otras industrias como la agricultura y la minería. Las aceitunas, el aceite de oliva español y las naranjas de Valencia son famosos en todo el mundo por su extraordinaria calidad.

España hoy es uno de los países más vibrantes de Europa, con una enorme riqueza cultural y artística, con el carácter tan festivo de su gente,[12] y con una economía que crece[13] y crece con su reciente inclusión en la Comunidad Económica Europea.

¡A ver cuánto aprendimos!

Complete las oraciones.

---

[8]*although* [9]*sweet* [10]*customs* [11]*attire*
[12]*people* [13]*grows*

Bailes folclóricos durante la Fiesta Consuegra. Consuegra, España

Baile flamenco. España
¿Hay bailes típicos en la región donde usted vive?

¿Le gustan a usted las aceitunas? El pueblo de Solera y olivas. Andalucía, España

¿Venden naranjas de Valencia en el supermercado donde usted vive? Valencia, España

UNA CENA MUY VIEJA
El restaurante Casa Botín en Madrid es uno de los más antiguos del mundo. ¡Está abierto desde 1725!

1725

1. El viajero que recorre las diferentes zonas de España puede encontrar. . .
2. Además del español, tres lenguas que se hablan en España son. . .
3. La industria principal de España es. . .
4. Productos importantes de España son. . .
5. Un evento importante a la economía de España es. . .

REPASO DE VOCABULARIO ACTIVO

Sustantivos

El cuerpo

la boca	el diente	la lengua	el pelo
el brazo	la espalda	la mano	el pie
la cabeza	el estómago	la nariz	la pierna
la cara	la garganta	el ojo	las uñas
el cuerpo	el hombro	la oreja	
el dedo	el labio	el pecho	

Los deportes

el baloncesto	el ejercicio	el fútbol americano	el tenis
el básquetbol	el equipo	el golf	el voleibol
el béisbol	el fútbol	la pelota	

Las condiciones físicas

el dolor de cabeza	el dolor de garganta	la gripe	la tos
el dolor de estómago	la fiebre	el resfriado	

Verbos y expresiones verbales

abrazar	deber	llamar	salir (de)
almorzar (ue)	decir (i)	manejar	tocar
amar	descansar	mirar	traducir
bailar	dormir (ue)	nadar	traer
besar	entender (ie)	oír	venir (ie)
buscar	escuchar	pedir (i)	ver
caminar	esquiar	pensar (ie)	ir a. . .
cantar	fumar	pintar	jugar al. . . (sport)
cocinar	ganar	poder (ue)	levantar pesas
conducir	hacer	poner	tener calor
conocer	jugar (ue)	preferir (ie)	tener frío
correr	leer	querer (ie)	tener ganas de. . .
dar	limpiar	saber	tener que. . .

Las estaciones

el invierno	el otoño	la primavera	el verano

El tiempo

¿Qué tiempo hace?	Hace fresco.	Está lloviendo.	Está nevando.
Hace buen/mal tiempo.	Hace sol.	la lluvia	la nieve
Hace (mucho) frío.	Hace viento.	llover (ue)	nevar (ie)
Hace (mucho) calor.	Llueve.	Nieva.	Está (muy) nublado.

Expresiones útiles

la semana próxima	la semana que viene	el verano/año próximo	el verano/año que viene

AUTOPRUEBA Y REPASO #4

I. El a personal

¿Cuándo usamos el **a** personal? Escriba oraciones completas usando el **a** personal cuando sea necesario.

1. Veo. . . (mi amigo, la casa, los muchachos)
2. Conozco. . . (la señorita, el señor Lorca, la ciudad de Nueva York)

II. Verbos con la forma yo irregular en el presente

¿Qué hacen los "estudiantes perfectos"?

> MODELO tener interés en la clase (yo, Juan)
> **Tengo interés en la clase. Juan tiene interés en la clase.**

1. venir a la clase todos los días (yo, tú)
2. decir "hola" al entrar en la sala de clase (yo, nosotros)
3. conocer bien al profesor/a la profesora (yo, vosotros)
4. saber todo el vocabulario (yo, nosotros)
5. no hacer errores (yo, ustedes)
6. traducir las oraciones (yo, usted)
7. traer la tarea a clase (yo, ellas)
8. ver a sus compañeros(as) de clase todos los días (yo, nosotros)
9. no salir de clase temprano (yo, tú)

III. ¿Qué tiempo hace?

Indique qué tiempo hace en las siguientes estaciones. Hay más de una respuesta posible.

> MODELO verano/Miami
> **Hace mucho calor. (Hace mucho sol.)**

1. otoño/Washington, D.C.
2. invierno/Alaska
3. primavera/en esta región
4. agosto/Chicago

IV. Los verbos con cambios en la raíz

Escriba preguntas para sus amigos. Luego, escriba sus respuestas. Siga el modelo.

> MODELO entender el ejercicio
> **¿Entienden ustedes el ejercicio?**
> **Sí, entendemos el ejercicio.**
> **(No, no entendemos. . .)**

1. dormir en la clase
2. entender bien lo que dice el profesor/la profesora
3. querer estudiar esta noche
4. venir a mi casa esta noche
5. poder llegar a las ocho
6. preferir cenar en un restaurante o en la cafetería
7. pedir postre en los restaurantes normalmente

V. Ir + a + infinitivo

Indique lo que las personas **van a hacer** esta noche.

1. yo/preparar la comida
2. mi hermano/escuchar música
3. Teresa y Linda/bailar en la discoteca
4. nosotros/buscar a nuestros amigos e ir al centro
5. tú/descansar

VI. Repaso general del Capítulo 4

Conteste en oraciones completas.

1. En la clase de español, ¿a quién conoce usted muy bien?
2. ¿Qué tiene que hacer usted mañana?
3. ¿Qué tiene ganas de hacer ahora?
4. ¿Qué va a hacer usted esta noche?
5. ¿Cuántas horas duerme usted normalmente?
6. ¿Cuál es su estación favorita? ¿Por qué?
7. En el invierno, ¿tiene usted resfriados frecuentemente? ¿Qué síntomas tiene usted cuando tiene un resfriado horrible o la gripe?

CAPÍTULO 5

La ropa

De compras en Barcelona, España

Goals for communication

- To discuss and purchase clothing
- To point out things and people
- To indicate and emphasize possession
- To count from 100
- To indicate dates
- To indicate that an action has been going on for a period of time
- To describe an action in progress

Cultural focus

- Style and clothing in the Hispanic world
- The arts in Spain

Structures

   I. Los demostrativos
  II. Posesión con **de**
 III. Los adjetivos y pronombres posesivos
 IV. Los números de cien a. . .
  V. ¿Cuál es la fecha?
 VI. **Hacer** para expresar tiempo
VII. El presente progresivo

CAPÍTULO 5 La ropa

1. store 2. clothing, clothes 3. cotton blouse 4. belt 5. skirt 6. boots 7. wool sweater 8. underwear
9. stockings, hose 10. purse, bag 11. to wear, carry, take 12. raincoat 13. umbrella 14. to go shopping
15. hat 16. dress 17. shoes 18. sandals 19. bathing suit

EL MODELO
ROPA PARA HOMBRES

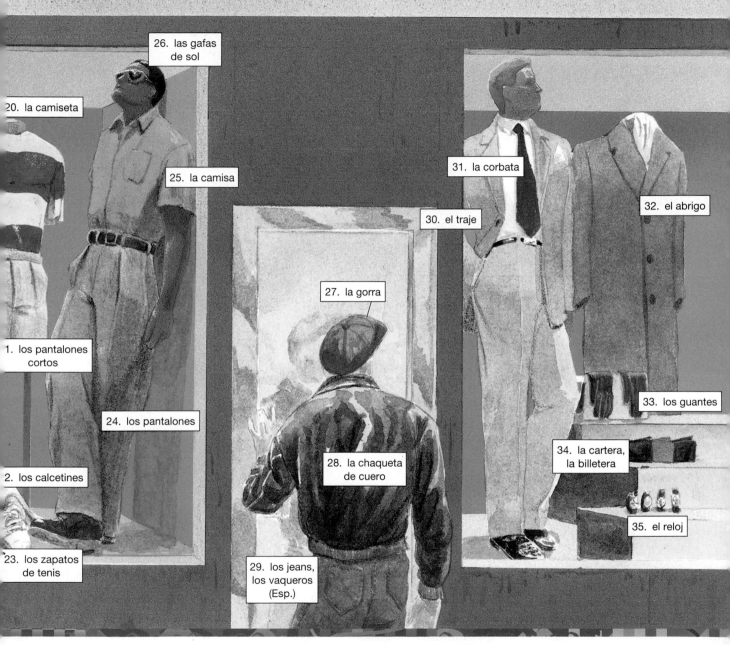

20. la camiseta
26. las gafas de sol
25. la camisa
1. los pantalones cortos
24. los pantalones
2. los calcetines
23. los zapatos de tenis
27. la gorra
28. la chaqueta de cuero
29. los jeans, los vaqueros (Esp.)
31. la corbata
30. el traje
32. el abrigo
33. los guantes
34. la cartera, la billetera
35. el reloj

20. T-shirt, undershirt   21. shorts   22. socks   23. tennis shoes   24. pants   25. shirt   26. sunglasses   27. cap
28. leather jacket   29. jeans   30. suit   31. tie   32. coat   33. gloves   34. wallet   35. watch

Práctica y comunicación

A. En la tienda de ropa

Conteste en español según los dibujos en las páginas 144–145.

1. Linda va de compras en la tienda "La Moda". Está lloviendo. ¿Qué tipo de abrigo lleva ella? ¿Qué más lleva ella?

2. ¿Qué ropa lleva la mujer-maniquí de pelo rubio? ¿Qué lleva en los pies?

3. ¿Le gusta a usted el suéter de lana en la tienda?

4. ¿Qué más hay en el escaparate (*shop window*)?

5. ¿Qué lleva la otra mujer-maniquí?

6. Si Linda quiere ir a la playa, ¿qué puede comprar en la tienda?

7. ¿Qué más hay en ese escaparate?

8. Manuel va de compras en la tienda "El Modelo". ¿Qué tipo de pantalones lleva él? ¿Qué más lleva él?

9. ¿Qué lleva el hombre-maniquí de pelo negro?

10. ¿Qué ropa lleva el otro maniquí?

11. El padre de Manuel va a Buenos Aires en el invierno y hace mucho frío. ¿Qué debe comprar Manuel para su padre?

12. Manuel va a la Florida para las vacaciones de primavera. ¿Qué debe comprar en la tienda?

13. ¿Qué puede comprar Manuel en la tienda para guardar (*keep*) su dinero? ¿y para saber la hora?

B. ¿Casi siempre, a veces o nunca?

En parejas, hagan preguntas para averiguar con qué frecuencia ustedes hacen las siguientes cosas—**casi siempre, a veces** o (casi) **nunca**.

> MODELO *¿llevar* jeans a las fiestas?
> **¿Llevas jeans a las fiestas?**
> **A veces** (etc.) **llevo jeans a las fiestas.**

1. *¿llevar* jeans o vaqueros a las clases?
2. *¿llevar* chaqueta y corbata a la clase?
3. *¿llevar* una gorra en la clase?
4. *¿llevar* un impermeable cuando llueve?
5. *¿llevar* botas cuando llueve?
6. *¿llevar* guantes cuando hace frío?
7. *¿llevar* sandalias cuando hace calor?
8. *¿llevar* calcetines?
9. *¿llevar* gafas de sol cuando *manejar* el coche?
10. *¿tomar* cerveza en las fiestas?
11. *¿manejar* después de tomar bebidas alcohólicas?
12. *¿fumar?*

> Refrán: **¡Más vale tarde que nunca!**

¿Cuál es el refrán equivalente en inglés?

BIEN DICHO
¿Cuándo?

casi siempre	*almost always*
a veces	*sometimes*
nunca	*never*

BIEN DICHO   Otras palabras útiles

las **gafas**, los **anteojos**	*glasses*
las (los)[1] **lentes de contacto**	*contact lenses*
la **talla**	*size*
el **regalo**	*gift*
la **cosa**	*thing*
el **precio**	*price*
costar (ue)	*to cost*
limpio(a)/sucio(a)	*clean/dirty*
corto(a)/largo(a)	*short/long*
barato(a)/caro(a)	*inexpensive/expensive*

---

[1]You will hear **lentes** referred to as both **los** lentes and **las** lentes, depending upon which region of the Hispanic world the speaker is from.

GENERAL OPTICA INTRODUCE EN ESPAÑA
LA CUARTA GENERACION DE LENTES DE CONTACTO

Lentes de contacto "de usar y tirar"

Son las novísimas FREE/LENS, la más avanzada tecnología en lentes de contacto blandas. Se llevan siempre nuevas, pues después de su uso, unas tres semanas, se eliminan y se sustituyen por otras.

C. ¡Mira el precio!

Lea los precios de los siguientes artículos. ¿Son caros o baratos?

> MODELO La camisa cuesta 65 dólares.
> **Es cara.**

1. El impermeable cuesta 30 dólares.
2. La bolsa cuesta 98 dólares.
3. El traje cuesta 59 dólares.
4. La cartera cuesta 80 dólares.
5. Los zapatos cuestan 15 dólares.
6. Los jeans cuestan 100 dólares.
7. La corbata cuesta 5 dólares.

D. Tú y yo

En parejas, hagan preguntas y contéstenlas.

> MODELO *¿llevar* lentes de contacto?
> **¿Llevas lentes de contacto?**
> **Sí, llevo lentes de contacto.** (o) **No, no llevo. . .**

1. *¿llevar* lentes de contacto?
2. *¿preferir* lentes de contacto o gafas?
3. *¿preferir* faldas largas o faldas cortas?
4. *¿preferir* ropa de algodón o de poliéster?
5. *¿preferir* suéteres de lana o de algodón?
6. *¿preferir* llevar zapatos o sandalias o botas?
7. *¿llevar* calcetines limpios o sucios hoy?
8. ¿qué talla (pequeña, mediana, grande o extra grande) de camiseta *comprar* normalmente?
9. *¿comprar* ropa interior en "Victoria's Secret"?
10. *¿comprar* regalos con frecuencia? (¿Para quién?) (¿Qué tipo de regalos?)
11. *¿ir* de compras frecuentemente?
12. ¿adónde *preferir* ir de compras?

> MODELO ¿qué ropa *llevar* cuando *ir* a una fiesta?
> **¿Qué ropa llevas cuando vas a una fiesta?**
> **Llevo. . .**

13. ¿qué ropa *llevar* cuando *ir* a un restaurante elegante?
14. ¿qué ropa *llevar* cuando *ir* a la playa?
15. ¿qué ropa *llevar* cuando *tener* calor?
16. ¿qué ropa *llevar* cuando *tener* frío?

BIEN DICHO Los colores

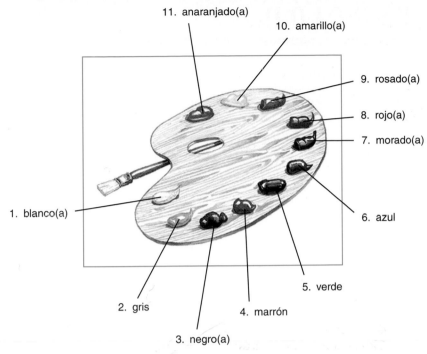

11. anaranjado(a)

10. amarillo(a)

9. rosado(a)

8. rojo(a)

7. morado(a)

1. blanco(a)

6. azul

2. gris

5. verde

4. marrón

3. negro(a)

"Make yourself a color wheel and label it with the name of the color in Spanish. This will help you connect the color with the word. To practice clothing vocabulary, as you go through a magazine or while sitting outside, think about how you would describe what the people are wearing in Spanish."—*A. McMahon, San Bernardino Valley College*

¿Cuáles son sus colores favoritos? ¿Qué colores no le gustan a usted?

PRONUNCIATION CHECK

Remember that initial **r** is like the double **rr** in that it has a trilled sound as in mimicking a motorcycle. Examples: **rojo, rosado**.

The single **r** within a word approximates the sound of *tt* as in *Betty likes butter better*. Examples: **gris, negro, verde, morado, amarillo, anaranjado**.

E. ¿De qué color es?

En parejas, determinen el color de la ropa según los dibujos en las páginas 143–144.

MODELO la blusa
La blusa es blanca.

1. la falda
2. las botas
3. el suéter
4. el paraguas y el impermeable
5. el vestido

6. la camiseta
7. la camisa de mangas (*sleeves*) cortas
8. la corbata
9. el abrigo
10. los vaqueros de Manuel

---

1. white   2. gray   3. black   4. brown   5. green   6. blue   7. purple   8. red   9. pink   10. yellow   11. orange

Conversación

En la tienda de ropa

Natalia y Camila van de compras y pasean por la calle mirando varias tiendas. Natalia quiere comprar un regalo para su novio Andrés.

department store   CAMILA: Ay, Natalia, mira ese almacén°. ¿Por qué no entramos a comprar el regalo para Andrés?

NATALIA: Sí, él va a esquiar en enero y necesita ropa para el frío.

DEPENDIENTE: Buenos días. ¿En qué puedo servirles?

scarf
wool   NATALIA: Necesito un suéter, talla 40, una bufanda°, y. . .ah. . . ¡también una gorra de lana°!

CAMILA: Andrés también va a necesitar unas gafas de sol y unos guantes.

You are right   NATALIA: (*a Camila*) Tienes razón°. (*al dependiente*) Señor, ¿tiene guantes y gafas de sol?

DEPENDIENTE: Sí, pero están en otro departamento. Un secreto: las gafas de sol son muy caras aquí. En la tienda *Solimar* venden gafas muy baratas y hay una mejor selección.

NATALIA: (*al dependiente*) ¡Muchas gracias!

DEPENDIENTE: Aquí tiene, señorita. ¿Necesita algo más?

NATALIA: ¡Sí! ¡Necesito unas vacaciones para ir a esquiar con mi novio!

¿Qué pasa?

1. ¿Qué hacen Natalia y Camila?
2. ¿Qué quiere comprar Natalia?
3. ¿Qué va a hacer el novio de Natalia en enero?
4. ¿Qué artículos de ropa necesita Andrés?
5. Según Camila, ¿qué más necesita Andrés?
6. ¿Dónde venden las gafas de sol más baratas?
7. ¿Qué más desea Natalia?

Estructura

I. _Pointing out things and persons:_ Los demostrativos

A. Adjetivos demostrativos

Demonstrative adjectives are used to point out specific objects or persons. Like all adjectives, demonstrative adjectives agree in gender and number with the word they describe. The demonstrative adjective you use depends upon how close you are to the item you are pointing out.

Here	There	Way over there
this **este** chico	_that_ **ese** chico	_that_ **aquel** chico
esta chica	**esa** chica	**aquella** chica
these **estos** chicos	_those_ **esos** chicos	_those_ **aquellos** chicos
estas chicas	**esas** chicas	**aquellas** chicas

Me gusta **este** suéter.
¿Te gusta **esa** corbata azul?
Vamos a comprar **esos** zapatos.

Aquella tienda tiene lo que buscamos.

I like **this** sweater.
Do you like **that** blue tie?
We are going to buy **those** shoes.

**That** store has what we are looking for.

> "To remember what **este, ese,** and **aquel** mean, put each word on a folded card on your desk. **Este** will be nearest to you, then will come **ese,** and **aquel** will be the farthest away. The position of the words on your desk represent what they mean."
> —A. McMahon, San Bernardino Valley College

B. Pronombres demostrativos

A demonstrative adjective becomes a demonstrative pronoun (this one, that one, those, etc.) with the addition of a written accent over the first **e**. There is no difference in pronunciation. A demonstrative pronoun is used _instead_ of a noun, while the demonstrative adjective is used _with_ the noun. Compare the demonstrative adjectives and pronouns in the sentences that follow.

Voy a comprar **esta camisa** y **ésa**.

¿Te gustan **estos** pantalones?
No. Prefiero **ésos**.

I am going to buy **this shirt** and **that one.**

Do you like **these** pants?
No. I prefer **those.**

Práctica y comunicación

"Try to make up sentences using clothing, weather, and season vocabulary. This is great practice for tests."
—*E. Dearnley-Davison, St. Mary's University*

F. ¿Qué ropa lleva?

Imagínese que usted está haciendo la maleta (*suitcase*) para ir de vacaciones a las montañas. ¿Qué va a llevar?

> MODELO camisa
> **Voy a llevar esta camisa.**

1. suéter
2. pantalones
3. calcetines
4. botas
5. bolsa
6. sombrero
7. guantes
8. chaqueta
9. abrigo
10. zapatos

Ahora, imagine que los artículos de ropa que usted quiere llevar no están aquí sino allí.

> MODELO camisa
> **Voy a llevar esa camisa.**

1. suéter, etc. (*Repita las palabras anteriores.*)

G. ¿Cuánto cuesta?

Imagínese que usted es el/la cliente y su compañero o compañera es el dependiente o la dependienta de una tienda. Pregúntele el precio de los siguientes artículos.

> MODELO camiseta (aquí)
>
> CLIENTE: **¿Cuánto cuesta esta camiseta?**
> DEPENDIENTE(A): **Veinticinco dólares**, etc.
> paraguas (allí)
>
> CLIENTE: **¿Cuánto cuesta ese paraguas?**
> DEPENDIENTE(A): **Quince dólares.**

1. pantalones cortos (aquí)
2. gorra (allí)
3. traje de baño (aquí)
4. sandalias (allí)
5. cinturón (aquí)
6. gafas de sol (allí)
7. mochila (aquí)
8. guantes (allí)

1. el collar

2. la pulsera

3. la cadena
de oro/plata

4. Joyas *La Perla*

5. el anillo

6. los aretes,
pendientes

1. necklace   2. bracelet   3. the gold/silver chain   4. jewelry   5. ring   6. earrings

H. Joyería La Perla

Dos estudiantes van de compras y miran el escaparate de la joyería (en el dibujo). Cada uno(a) indica la joya que le gusta más, identificándola según su localización en el escaparate. (aquí o allí)

MODELO
ESTUDIANTE #1: **Me gusta este (ese) anillo.**
ESTUDIANTE #2: **Pues, prefiero ése** (éste).

1. collar
2. cadena
3. pulsera

4. anillo
5. aretes

En frescos algodones y sedas, en sensacionales estampados y "batiks", con múltiples collares y pulseras, con los aretes largos del momento, que rozan sensualmente los hombros, ¡así es este "look", una fantasía que todas adoramos vivir de vez en cuando!

I. Un "look" deportivo

Usted desea comprar un regalo especial para el cumpleaños de su amiga. Lea el anuncio en la página 154 para ver si este "jumpsuit" es una buena opción.

1. ¿Le gusta a usted el "jumpsuit" que anuncian en la propaganda?
2. ¿De qué color es?
3. ¿Cómo son los algodones y las sedas del "jumpsuit"?
4. ¿Qué accesorios usa la mujer con el "jumpsuit"?
5. ¿Qué tipo de aretes usa la mujer con el "jumpsuit"? ¿Son muy populares o están "de moda" en este momento?
6. En el anuncio, ¿cómo describen este "look"?
7. En su opinión, ¿cuánto cuesta este "jumpsuit"?

NOTICIAS CULTURALES

LA ROPA TRADICIONAL

En muchas regiones de España y de Hispanoamérica se usa todavía la ropa tradicional. Unos ejemplos: en los países que tienen una gran concentración de población indígena, como México, Guatemala, Perú, Bolivia y Ecuador, se ven ponchos y otra ropa típica de colores vivos°. *bright*
El "huipil", por ejemplo, es un vestido blanco con un bordado° de flores *embroidery* de muchos colores de origen maya que se usa en la península de Yucatán, en México. La ropa tradicional de la "otavaleña" (mujer de Otavalo, región andina del Ecuador) se compone de una falda negra con bordados de colores, una blusa blanca con bordados, varios collares y pulseras de cuentas° rojas y doradas° y un turbante en la cabeza. *beads / golden*
¡Cuando el turbante está amarrado° significa que la mujer está casada°¡ *tied / married*
Los hombres de esta región llevan por lo general una camisa y *rope-soled sandal* pantalones blancos con alpargatas° y un sombrero negro.

¿Cuánto sabemos?

1. ¿Qué es un huipil y en qué región se usa?
2. ¿Cómo es la ropa de una otavaleña?
3. ¿Qué significa el turbante amarrado?
4. ¿Qué lleva un otavaleño?
5. ¿Se lleva ropa tradicional hoy en algunas regiones de los Estados Unidos? ¿Dónde?

6. Mirando las fotos, ¿puede usted identificar el huipil? ¿y la ropa tradicional de Guatemala? ¿y la ropa de la otavaleña?

(a)

¿Cómo describe usted la ropa tradicional que se ve en cada foto?

(b)

(c)

Estructura

II. *Indicating possession:* Posesión con de

Where English uses an *'s* with a noun to show possession, Spanish uses **de** plus a noun.

Esa gorra es **de** Esteban.   *That cap is Steven's.*
La chaqueta **del** profesor está   *The professor's jacket is in the*
  en la oficina.   *office.*
  (Remember: **de** + **el** = **del**.)

To express the equivalent of the English *whose?*, Spanish uses **¿de quién?**

¿De quién es este suéter?   *Whose sweater is this?*
Es de Rubén.   *It's Ruben's.*

▬▬ Práctica y comunicación

J.   ¿De quién es?
El profesor/La profesora quiere saber de quién son los artículos que él/ella señala.

MODELO ¿De quién es esta bolsa?
          Es de. . . , etc.

1. ¿De quién es este suéter?
2. ¿De quién es esta mochila?
3. ¿De quién es esta chaqueta?
4. ¿De quién son estos cuadernos?
5. ¿De quién son estos libros?
6. ¿De quién es este bolígrafo?
7. ¿De quién es esta gorra de béisbol?

Estructura

III. *Emphasizing possession:* **Los adjetivos y pronombres posesivos**

You have already learned the possessive adjectives (**mi, tu, su, nuestro, vuestro, su**, etc.). These possessive adjectives, however, have a corresponding form that is used for emphasis.

Es **mi** bolsa.	*It's **my** purse.*
Esa bolsa es **mía**.	*That purse is **mine**.*

The emphatic forms are also adjectives that must agree in gender (masculine and feminine) and number (singular and plural) with the thing possessed. They either follow a form of the verb **ser** to indicate *mine, yours*, etc., or follow a noun to indicate *of mine, of yours*, etc.

Esas botas son **mías**.	*Those boots are **mine**.*
Pero **un amigo mío** dice que son **suyas**.	*But a friend **of mine** says that they are **his**.*

Forms of the emphatic possessive adjectives:

mío(a), míos(as)	*mine*	Esa chaqueta es **mía**.
tuyo(a), tuyos(as)	*yours*	¿Son **tuyos** esos guantes?
suyo(a), suyos(as)	*his; hers; yours; its*	Pepe dice que ese abrigo es **suyo**.
nuestro(a), nuestros(as)	*ours*	Esas cosas no son **nuestras**.
vuestro(a), vuestros(as)	*yours*	¿Son **vuestras**?
suyo(a), suyos(as)	*theirs; yours*	Ana y Tere dicen que los impermeables son **suyos**.

Note

1. If the ownership referred to by **su/sus** or **suyo(a)(os)(as)** is not clear by context, you may use an alternate form for clarity.

Es **su** ropa. (o)   Es la ropa **de**. . . $\begin{cases} \textbf{él} \\ \textbf{ella} \\ \textbf{usted} \\ \textbf{ellos} \\ \textbf{ellas} \\ \textbf{ustedes} \end{cases}$

Esa ropa es **suya**. (o) Esa ropa es **de**. . .

2. With the addition of the definite articles **el, la, los, las**, the emphatic forms of the possessives can be used as pronouns.

Tengo mi suéter.   *I have my sweater.*

¿Tienes **el tuyo**?   *Do you have **yours**?*

■■■ Práctica y comunicación

K. Diferencias de opinión

En parejas, cada estudiante afirma que el objeto es suyo.

MODELO estos libros

ESTUDIANTE #1: **Estos libros son míos.**

ESTUDIANTE #2: **¡No! No son tuyos. ¡Son míos!**

1. ese bolígrafo
2. este lápiz
3. esos cuadernos
4. esta calculadora
5. aquella mochila
6. esas gafas de sol
7. este suéter
8. esa chaqueta
9. aquel paraguas

L. ¡Un ladrón o una ladrona (*thief*) en la clase!

¡Cierren los ojos! [El profesor/La profesora pasa por la clase "robando" cosas de los estudiantes (artículos de clase, mochilas, joyas, etc.) y luego los pone en su escritorio.] Ahora, abran los ojos y contesten las preguntas del profesor/de la profesora.

MODELO

PROFESOR(A): Señor/Señorita, este reloj, ¿es suyo?

ESTUDIANTE: **No, no es mío.**

PROFESOR(A) A OTRO(A) ESTUDIANTE: ¿Es suyo?

ESTUDIANTE: **No, no es mío.**

PROFESOR(A) A LA CLASE: Pues, ¿de quién es?

UN(A) ESTUDIANTE INDICA: **Es suyo.** (o) **Es de. . .**

M. ¿Qué traes a la clase?

En parejas, indiquen lo que traen a clase normalmente.

> MODELO libros de español
> > ESTUDIANTE #1: **Yo traigo mis libros de español.**
> > ESTUDIANTE #2: **Yo también traigo los míos.**

1. bolígrafo
2. chaqueta
3. mochila
4. cuadernos
5. lápices
6. . . . ¿qué más traes?

Estructura

IV. *Counting from 100:* **Los números de cien a. . .**

In order to buy clothing and other items it is necessary to be able to understand and work with numbers over 100. In the Hispanic world it is usual to buy items that cost hundreds and thousands of **pesos, pesetas**, etc.

cien	100	**ochocientos(as)**	800
ciento uno(a)	101	**novecientos(as)**	900
doscientos(as)	200	**mil**	1000
trescientos(as)	300	**dos mil**	2000
cuatrocientos(as)	400	**cien mil**	100.000
quinientos(as)	500	**doscientos mil**	200.000
seiscientos(as)	600	**un millón (de. . .)**	1.000.000
setecientos(as)	700	**dos millones (de. . .)**	2.000.000

STUDY HINT ━━━━━━━━━━━━━━━━━━━━━━━━━━━━

Review the numbers from 0 to 30 and 30–100 found on pages 3 and 44.

> **Note**
> 1. **Cien** is used before a noun or as the number 100 when counting. **Ciento** is used with numbers 101 to 199.
>
>   Hay **cien** estudiantes en la clase.
>   Noventa y nueve, **cien, ciento uno**, etc.
>
> 2. In Spanish there is no **y** between hundreds and a smaller number, although *and* is often used in English.
>
>   205 = **doscientos cinco** (*two hundred and five*)
>
> 3. When the numbers 200–900 modify a noun, they agree in gender with it.
>
>   trescient**os** alumnos y quinient**as** alumnas
>
> 4. In Spanish, numbers above 1000 are never read by hundreds.
>
>   1971 = **mil novecientos setenta y uno** (*nineteen hundred seventy-one*)
>
> 5. In writing numbers, Spanish commonly uses a period where English uses a comma.
>
>   Spanish: 121.250 = English: *121,250*

"Practicing different dates is a good way to learn larger numbers."—*E. Dearnley-Davison, St. Mary's University*

▰▰ Práctica y comunicación

N. ¿Cuánto cuesta?

¿Saben ustedes cuánto cuestan los artículos indicados? ¿Qué dicen los hombres y qué dicen las mujeres? ¿Hay diferencias de opinión?

> MODELO una botella de perfume francés.
>
>   UN ESTUDIANTE: **Cuesta $20.**
>   UNA ESTUDIANTE: **¡No! Cuesta $80.**

1. en Bloomingdale's un suéter hecho a mano
2. una chaqueta de cuero para hombres
3. un abrigo de piel (*fur*) para mujeres
4. un par de jeans de un diseñador muy famoso
5. un collar de perlas auténticas
6. un anillo con un diamante de un quilate (*carat*)
7. una cadena de oro elegante
8. gafas de sol muy de moda
9. un traje elegante para hombres

(continuado)

10. un vestido para una fiesta especial
11. un estéreo que usted espera comprar en el futuro
12. una computadora muy, muy buena
13. un coche usado del año 1991
14. un Rolls Royce
15. una casa de ocho cuartos en San Francisco

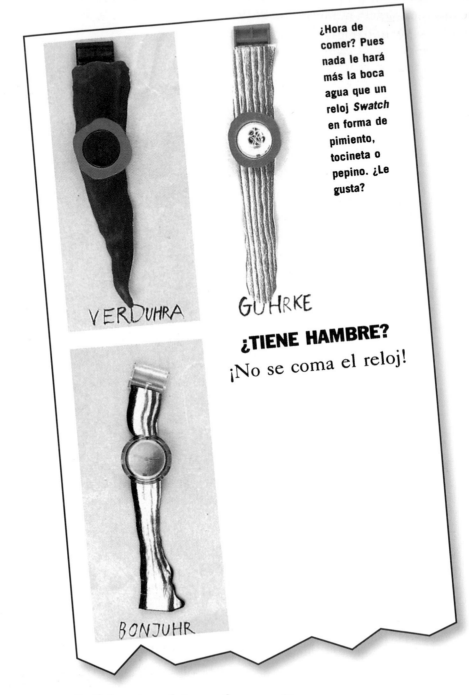

¿Hora de comer? Pues nada le hará más la boca agua que un reloj *Swatch* en forma de pimiento, tocineta o pepino. ¿Le gusta?

VERDUHRA

GUHRKE

¿TIENE HAMBRE?

¡No se coma el reloj!

BONJUHR

¿Cuál de estos relojes prefiere usted?

O. ¿Tienen ustedes hambre?

Usted y un(a) amigo(a) están en San José de Costa Rica. Tienen hambre y deciden pedir pizza. En parejas, estudien el menú y decidan qué tipo de pizzas van a pedir.

1. ¿Desean la pizza EstravaganZZa, la pizza Vegy o la pizza Deluxe?

2. ¿Prefieren una pizza mediana de ocho porciones o una pizza grande de doce porciones?

3. ¿Cuánto cuesta la pizza que quieren pedir? (C = **colón**, la moneda nacional de Costa Rica)

4. Deciden que también quieren una pizza con sus ingredientes favoritos. ¿Van a comprar la pizza mediana o la grande? ¿Cuál es el precio "base"? ¿Qué ingredientes adicionales desean? ¿Cuánto cuesta cada ingrediente? ¿Cuánto va a costar la pizza en total? Hagan la suma.

5. ¿Cuánto cuestan las dos pizzas en total?

6. Tienen sed; por eso, desean medio litro de Coca-Cola. ¿Cuánto cuesta?

7. ¿Cuál es el precio total?

8. ¿Cuál es el número de teléfono?

V. *Indicating dates:* ¿Cuál es la fecha?

To express days of the month in Spanish, use cardinal numbers (**dos, tres, cuatro**, etc.) except to express the first, in which case **el primero** is used. Note the word order for expressing dates in Spanish.

> **Es el cuatro de julio.**
> **Es el primero de abril de mil novecientos noventa y siete.**

To ask for the date, various questions are used:

> **¿Cuál es la fecha de hoy?**
> **¿Qué fecha es hoy?**   } *What's today's date?*
> **¿A qué fecha estamos?**

BIEN DICHO   Los meses y unas fechas importantes

Los **meses** (*months*) son:

enero	mayo	septiembre
febrero	junio	octubre
marzo	julio	noviembre
abril	agosto	diciembre

Unas fechas importantes del año son:

el **cumpleaños**	*birthday*
la **Navidad**	*Christmas*
la **Janucá**	*Hanukkah*
el **Año Nuevo**	*New Year's Day*
la **Semana Santa**	*Easter, Holy Week*

Práctica y comunicación

P. ¿Cuál es el mes?

Identifique el mes o los meses.

1. los meses de la primavera
2. los meses del otoño
3. los meses del invierno
4. los meses del verano
5. el primer mes del año académico
6. los meses en que hay exámenes finales
7. el mes de las vacaciones de primavera
8. el mes del Día de Acción de Gracias
9. el mes del Día de San Valentín
10. el mes del Día de la Madre
11. el mes del Día del Padre
12. los meses de la Janucá
13. el mes de Semana Santa
14. el mes en que hay muchos matrimonios

> "Remember that you don't capitalize the months in Spanish."—*C. O'Brien, Southern Connecticut State University*

Q. ¿Cuál es la fecha?

1. Andando por la clase, pregúnteles a cinco o seis compañeros o compañeras de clase y a la profesora/al profesor cuál es la fecha de su cumpleaños. Escriba los nombres y las fechas en un papel.

    MODELO **¿Cuándo es tu cumpleaños?**
    Mi cumpleaños es el ocho de octubre, etc.

2. Ahora conteste las preguntas de la profesora/del profesor.

    • ¿Cuándo es el cumpleaños de. . . ? ¿y de. . . ?
    • ¿Cuándo es el cumpleaños de la profesora/del profesor?
    • ¿Qué fecha es hoy? (día, mes, año)
    • ¿En qué fecha se celebra la independencia de los Estados Unidos?
    • ¿En qué fecha se celebra la Navidad? ¿y el Año Nuevo?
    • ¿Cuál es la fecha del "Día de los Inocentes" (*April Fool's Day*)?

> "Ask your professor the Spanish words for other holidays. (But, remember: Holidays we celebrate are not the same as holidays celebrated in other countries. Not every country has the same Independence Day, for obvious reasons!)"—*A. McMahon, San Bernardino Valley College*

R. ¿Cuál es el año?

En parejas, decidan qué año corresponde a cada evento histórico.

1. Cristóbal Colón llega al Nuevo Mundo	1776
2. La caída (*fall*) del Muro de Berlín	1865
3. La Declaración de Independencia	1492
4. Fin (*end*) de la Guerra Civil en los EEUU	1963
5. Fin de la Segunda Guerra Mundial	1990
6. La destrucción de la Armada Invencible de España	1588
7. El asesinato del Presidente Kennedy	1945

Ahora el profesor/la profesora quiere saber las fechas.

1. ¿Cuándo llega Cristóbal Colón al Nuevo Mundo? etc.

Estructura

VI. *Indicating that an action has been going on for a period of time:* **Hacer para expresar tiempo.**

Observe the contrasts in meaning in the following pairs of sentences.

Lleva lentes de contacto.	*He wears contact lenses.*
Hace dos años que **lleva** lentes de contacto.	*He has been wearing contact lenses for two years.*
Trabaja en la tienda de ropa.	*She works in the clothing store.*
Hace dos meses que **trabaja** allí.	*She has been working there for two months.*

Spanish has a special construction to indicate that an action or condition *has been going on for a period of time and still is.*

$$\textbf{hace} + \text{time} + \textbf{que} + \text{present tense}$$

In this construction, **hace** never changes.

To ask *how long an action or condition has been going on*, use **¿Cuánto tiempo hace que. . . ?** or **¿Cuánto hace que. . . ?**

> **¿Cuánto tiempo hace que** trabaja en la tienda de ropa?
> **¿Cuánto hace que** trabaja en la tienda de ropa?

███ Práctica y comunicación

S. ¿Quién sabe?

Conteste las preguntas del profesor/de la profesora.

1. ¿Quién sabe qué hora es? ¿Cuánto tiempo hace que estamos aquí?
2. ¿Quién lleva lentes de contacto? ¿Cuántos meses o años hace que usted lleva lentes de contacto?

3. ¿Quién lleva jeans muy viejos hoy? ¿Cuánto tiempo hace que usted tiene esos jeans?

4. ¿Quién tiene un coche? ¿Cuánto tiempo hace que usted tiene ese coche?

5. ¿Quién sabe tocar el piano? ¿Cuánto tiempo hace que usted toca el piano?

6. ¿Quién sabe jugar al básquetbol muy bien? ¿Cuánto tiempo hace que usted juega al básquetbol?

7. ¿Quién tiene novio o novia? ¿Cuánto tiempo hace que usted sale con él/ella?

T. ¿Cuánto tiempo hace?

Estudiante #1 hace la pregunta y estudiante #2 contesta según los dibujos.

MODELO

ESTUDIANTE #1 PREGUNTA:
**¿Cuánto tiempo hace que
Octavio e Inés bailan?**

ESTUDIANTE #2 CONTESTA:
Hace media hora que bailan.

Octavio e Inés/media hora

Octavio/dos horas

Linda/una hora

Javier/tres horas

Inés/quince minutos

Pepita/cuarenta minutos

Alfonso/tres días

U. Lo que hacemos nosotros

1. Haga una lista de tres de sus actividades favoritas. Ejemplos: **Yo juego al fútbol. Yo toco el piano**, etc.

2. Luego, en parejas, hagan preguntas para averiguar cuánto tiempo hace que participan en esas actividades.

   MODELO **¿Cuánto tiempo hace que juegas al fútbol?**
   Hace tres años que juego al fútbol.

Estructura

VII. *Emphasizing that an action is in progress:*
El presente progresivo.

The present progressive stresses that an action is in progress at a given moment.

A. Formación

The present progressive is formed as follows:

> a conjugated form of **estar** + present participle

Están comprando un regalo.   *They are buying a gift.*

Regular present participles are formed as follows:

	infinitive stem	+	ending	=	present participle
-ar verbs	cantar		**-ando**		**cantando**
-er verbs	comer		**-iendo**		**comiendo**
-ir verbs	escribir		**-iendo**		**escribiendo**

The present participle does not change to agree with the subject, and thus always ends in **-o**. **Estar**, however, always agrees with the subject.

¿Están comiendo?   *Are you eating?*
No. Estamos mirando la tele.   *No. We are watching TV.*

Four frequently used irregular present participles are:

decir (i)	**diciendo**
pedir (i)	**pidiendo**
dormir (u)	**durmiendo**
leer	**leyendo**

sirviendo   — sevir

B. Función

While the present tense is used to describe actions that occur in the present or in the immediate future, the present progressive is used only to emphasize that an action is occurring at the very moment the person is speaking.

Trabajo todos los días.   *I work (am working) every day.*
Estoy trabajando ahora.   *I am working (right) now.*

> **Note**
> The verbs **ir** and **venir** are NOT used in the progressive.

▅▅▅ Práctica y comunicación

V. Actores y actrices
Diez estudiantes, frente a la clase, dramatizan las actividades que siguen. La clase indica lo que **están haciendo**.

1. buscar su tarea de español
2. llamar a sus amigos por teléfono
3. caminar
4. descansar
5. manejar
6. tocar la guitarra
7. fumar
8. abrazar a su novio(a) imaginario(a)
9. hacer ejercicio
10. dormir

W. ¿Qué están haciendo?
Indique lo que están haciendo las personas.

MODELO **Inés está cantando.**

Inés

Esteban

Esteban

Natalia

Carmen

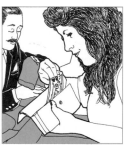
Carmen

Rubén

Manuel

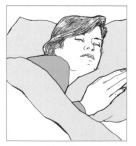
Pepita

Alfonso

X. Probablemente están. . .

Imagine lo que están haciendo las siguientes personas. Hay varias posibilidades. ¡Use la imaginación!

MODELO Esteban está en la tienda de ropa.
Está mirando las corbatas. (o) **Está comprando una camisa.**

1. Los novios están en el restaurante Ritz celebrando una ocasión especial.
2. Mis amigos están en la playa durante las vacaciones de primavera.
3. Mi padre está en casa un viernes por la noche.
4. Mi madre está en casa el día antes de (*before*) una fiesta grande.
5. Los niños están en el parque un domingo por la tarde.
6. Mi compañero(a) de cuarto está en su cuarto y son las diez de la noche.
7. Es el sábado por la noche y mis amigos están en una fiesta.

En resumen

A. Conversando: En la tienda de ropa

Imagínense que uno(a) de o ustedes es el dependiente o la dependienta de un almacén grande. El otro o la otra va de compras y busca dos regalos: uno para el Día de la Madre y otro regalo para el cumpleaños de un amigo especial. El la cliente indica sus preferencias (Prefiero **este, ese**, . . .) y pregunta cuánto cuestan los artículos, etc.

DEPENDIENTE(A): **¿En qué puedo servirle, señor/señora/señorita?**

CLIENTE: **Busco. . .**

B. De mi escritorio: Una carta a un(a) estudiante de España

Un(a) estudiante de intercambio (*exchange*) de España viene a vivir con su familia. Escríbale una carta.

(fecha)

Querido(a). . . ,

- Preséntese (*Introduce yourself*) y brevemente describa a su familia.
- Indique dónde usted vive y cuánto tiempo hace que usted vive allí.
- Describa qué tiempo hace allí durante los meses de. . .
- Describa la ropa que él/ella debe traer.
- Indique las actividades normales de usted y sus amigos (en las cuales él/ella puede participar).

Hasta pronto,
. . .

PANORAMA CULTURAL

Las artes en España

Reading Strategies

As you begin to read selections which deal with more abstract material, it is important to recognize that you do not have to know the meaning of every word to arrive at an accurate interpretation of the idea. You can guess the meaning of a word through its association with words you already know and also through its context, i.e., through the written text that surrounds a word or phrase. Read the first section (*Un héroe muy valiente*) of the Panorama Cultural that follows. In this section the adjective **valiente** in the subtitle refers to a hero and thus can be associated with *valiant* or *brave*. The anonymous poem is described as **antiguo**, which in context can be associated with *antique* or *old*. What does the Cid fight for? Can you guess the meaning of **reconquistar, tierras**, and **restaurar**?

De la pluma[1] española: La literatura en España

Un héroe muy valiente

¿Conoce usted al Cid? Si no lo conoce puede hacerlo en un poema anónimo muy, muy antiguo que se llama *El cantar de Mio Cid*. El Cid es un héroe medieval muy valiente que lucha[2] para reconquistar[3] las tierras españolas ocupadas por los árabes y para restaurar su honor de caballero[4].

Un caballero y un escudero adorables

Otro hijo de las letras españolas es el famoso Don Quijote de la Mancha, creado por Miguel de Cervantes (siglo XVII). Las aventuras de este caballero andante[5] y de su escudero[6] Sancho Panza son muy divertidas. ¡Juntos hacen locuras increíbles!

¿Quién es el Cid?

---

[1]pen [2]fights [3]After the conquest of the Iberian Peninsula by the Moors in 711 A.D., *the Christian kingdoms began their struggle to reconquer the lost territory, a struggle (**la reconquista**) which finally ended in 1492 with the fall of the city of Granada to the Catholic monarchs, Ferdinand and Isabel.* [4]knight [5]errant [6]squire

Don Quijote lucha (*fights*) contra un molino porque cree (*he believes*) que es un gigante. ¿Conoce usted esta escena memorable?

¿Cree usted que Don Juan va a conquistar a esta mujer? ¿Conoce usted a algún "Don Juan" contemporáneo?

Un amante[7] sin escrúpulos

Don Juan Tenorio, creado por Tirso de Molina en el siglo XVII, es otro personaje famoso de la literatura española. Don Juan es un rompecorazones[8] y un sinvergüenza[9] que conquista a las mujeres para después abandonarlas. ¡Don Juan es el arquetipo del hombre seductor! . . . Y la historia continúa. Los personajes y obras literarias creadas en España desde el año 1000 hasta el presente son ¡verdaderos tesoros de las letras mundiales!

La música española: ¡Un lenguaje que todos entienden!

Notas de fuego[10]

Las composiciones para piano y voz de Manuel de Falla (siglos XIX–XX) tienen el poder[11] de conmover[12] a todas las audiencias, jóvenes y adultas. Su composición más conocida es "La danza del fuego". ¡Es impresionante la forma en que representa el carácter de España!

---

[7]*lover* [8]*heartbreaker* [9]*rascal*

[10]*fire* [11]*power* [12]*move*

¿Conoce usted la música de Andrés Segovia? ¿Le gusta a usted la guitarra clásica?

Dedos de oro[13]

Andrés Segovia (siglo XX), famoso en todo el mundo, está considerado como uno de los mejores guitarristas de todos los tiempos. En gran parte gracias a él, la guitarra hoy se considera un instrumento clásico.

Voces fuera[14] de este mundo

Plácido Domingo y José Carreras están entre los mejores tenores del mundo; y Montserrat Caballé, la famosa soprano española, canta en las salas de ópera más prestigiosas del mundo.

---

[13]gold [14]out

En su opinión, ¿qué tipo de canción está cantando Julio Iglesias?

La voz del corazón[15]

Si hablamos de música popular hay que mencionar al famoso baladista Julio Iglesias. Su estilo suave y romántico encanta a millones de personas en todo el mundo. ¡Su voz y sus canciones causan furor hasta[16] en Asia, en África y en los Estados Unidos.

La pintura y los pintores

Figuras que van al cielo[17]

Las pinturas de El Greco (siglos XVI–XVII) captan el espíritu místico español en las caras y en las figuras alargadas. Sus temas religiosos son los más abundantes.

Un genio de lienzo[18] y color

Diego Velázquez (siglo XVII) es famoso por sus numerosas

Uno de los famosos conciertos de los tenores Pavarotti, José Carreras y Plácido Domingo. ¿Quiere usted ir a un concierto en que cantan estos tenores?

---

[15]heart [16]as far as [17]heaven [18]canvas

"El espolio" de El Greco. ¿Quien es la figura central? ¿Cuál es el color predominante?

"Las meninas" de Diego Velázquez.
Diego Velázquez está en este famoso cuadro (*painting*) de la familia real. ¿Puede usted identificarlo?

pinturas de la familia real española, por el realismo de sus cuadros y por el uso de la luz y la perspectiva espacial.

"El sueño[19] de la razón produce monstruos": F. de Goya

Entre los siglos XVIII y XIX vive el famoso pintor Francisco de Goya. Sus pinturas presentan la vida de los madrileños y de la familia real y escenas de los horrores de la guerra. En sus "Caprichos" presenta una crítica de las supersticiones de la sociedad.

---

[19]dream

"El fusilamiento del 2 de mayo" de Francisco de Goya.
¿Qué colores usa Goya para dramatizar la situación trágica de las victimas?

"Dos personajes" de Joan Miró.
¿Cuáles son los colores primarios
que dominan en esta pintura?
¿Cómo interpreta usted la pintura?

¿Amebas multicolores?

Las pinturas de Miró (siglo XX)
son famosas por sus figuras
biomórficas de colores

primarios. ¡Es como mirar unas
bacterias amarillas, azules y
rojas por un microscopio!

La perspectiva de todas las perspectivas

Picasso (siglo XX) se conoce
como el creador del cubismo,
un movimiento artístico que
busca representar las figuras y
objetos en una cuarta
dimensión espacial (que se
pueden ver por todos sus
lados[20] a la vez) y que se
caracteriza por sus formas
geométricas y distorsionadas.

"Femme Assise dans un Fauteuil"
de Pablo Picasso.
¿Qué ve usted en este cuadro?

¿Sueños fotografiados?

El pintor surrealista Dalí (siglo
XX), para muchos un genio
excéntrico, presenta en sus

"Still Life" de Salvador Dali.
¿Qué cosas puede usted identificar?

"Mujeres al borde de un ataque de nervios" de Pedro Almodóvar.

¿Qué cosas indican que esta mujer está al borde de un ataque de nervios?

pinturas imágenes de la subconciencia con mucha precisión y detalle.

¡Vamos al cine!

Tres genios españoles

Entre los pioneros del cine mundial se encuentra **Luis Buñuel** que, junto con Salvador Dalí, produce la primera película surrealista "Un Chien Andalou" (Un perro andaluz). Buñuel tiene una fuerte influencia en los directores españoles posteriores como **Carlos Saura**. Saura es conocido por varias películas como "Carmen" y "¡Ay, Carmela!". En estos momentos el cineasta español de más éxito[21] al nivel mundial es **Pedro Almodóvar**, creador de "Tacones altos" (*"High Heels"*), "Matador", "Átame" ("Tie Me Up, Tie Me Down") y "Mujeres al borde de un ataque de nervios". Usted puede ver cualquiera de estas películas en su casa. ¡Todas están en videocasete!

---

[20]*sides* [21]*success*

¡A ver cuánto aprendimos!

A. *La literatura y la música*

Complete las oraciones.
1. El arquetipo del hombre seductor se llama. . . .
2. Un héroe medieval muy valiente es. . . .
3. El caballero andante más famoso del mundo se llama. . . , y su escudero se llama. . . .
4. Dos cantantes de ópera españoles son. . . .
5. El romántico baladista español se llama. . . .
6. El instrumento musical de Andrés Segovia es. . . .
7. Manuel de Falla es. . . .

B. *El arte y el cine*

Combine cada nombre de la *Columna A* con la referencia apropiada de la *Columna B*.

Columna A
1. El Greco
2. Velázquez
3. Goya
4. Miró
5. Picasso
6. Dalí
7. Almodóvar

Columna B
a) Conocida por su cuadro de la familia real "Las Meninas"
b) Creador del cubismo
c) Pintor surrealista
d) Capta el espíritu místico, religioso en sus cuadros.
e) Famoso cineasta contemporáneo
f) Usa mucho los colores primarios en sus figuras.
g) Pinta escenas de la familia real y de los horrores de la guerra.

177

REPASO DE VOCABULARIO ACTIVO

Adjetivos

barato(a)
caro(a)
corto(a)
largo(a)
limpio(a)

sucio(a)
amarillo(a)
anaranjado(a)
azul

blanco(a)
gris
marrón
morado(a)

negro(a)
rojo(a)
rosado(a)
verde

Adverbios

a veces

casi

nunca

siempre

Sustantivos

La ropa

el abrigo
la blusa
las botas
los calcetines
la camisa
la camiseta
el cinturón
la corbata

la chaqueta
la falda
la gorra
los guantes
el impermeable
los jeans
las medias
los pantalones

los pantalones cortos
la ropa interior
las sandalias
el sombrero
el suéter
el traje
el traje de baño

los vaqueros
el vestido
los zapatos
los zapatos de tenis
algodón
cuero
lana

Las joyas

el anillo
los aretes

la cadena (de oro/plata)
el collar

los pendientes
la pulsera

el reloj

Otras palabras útiles

los anteojos
la bolsa
la cartera

la cosa
las gafas
las gafas de sol

las (los) lentes de
    contacto
el paraguas
el precio

el regalo
la talla
la tienda

Los meses

enero
febrero
marzo

abril
mayo
junio

julio
agosto
septiembre

octubre
noviembre
diciembre

Las fechas importantes del año

el Año Nuevo
el cumpleaños

la Janucá

la Navidad

la Semana Santa

Verbos y expresiones verbales

costar (ue)
llevar
ir de compras

AUTOPRUEBA Y REPASO #5

I. Los demostrativos

A. Indique lo que usted va a comprar. Use los adjetivos demostrativos.

> MODELO Voy a comprar el suéter que está aquí.
> **Voy a comprar este suéter.**

1. Voy a comprar la corbata que está aquí.
2. Voy a comprar los zapatos que están en esa mesa.
3. Voy a comprar las camisetas que están en aquella mesa.
4. Voy a comprar el regalo que está allí.

B. Indique cuánto cuestan las cosas. Use los pronombres demostrativos.

> MODELO los calcetines: $5/$3/$1
> **Estos calcetines cuestan cinco dólares, ésos cuestan tres dólares y aquéllos cuestan un dólar.**

1. las gafas: $38/$22/$19
2. los jeans: $75/$63/$34
3. el traje: $345/$230/$150
4. la casa: $2.000.000/$1.000.000/$500.000

II. Los posesivos

A. Usted y sus amigos tienen su ropa en la residencia estudiantil. Indique de quién es la ropa.

> MODELO yo: calcetines, impermeable
> **Los calcetines son míos. El impermeable es mío.**

1. yo: abrigo, botas, guantes, gorra
2. nosotros: ropa interior, jeans, corbatas
3. tú: blusa, vestido, camiseta, medias
4. Ana y Elena: ropa de verano, faldas, trajes de baño

B. Indique con quiénes van ustedes a la fiesta. Siga el modelo.

> MODELO yo/un amigo
> **Voy con un amigo mío.**

1. mi primo/unos amigos
2. Viviana/un amigo
3. vosotros/unas amigas
4. mi hermana y yo/un amigo
5. yo/unos amigos

III. Los números de cien a. . .

El señor Trompa es muy, muy rico. Le gusta comprar regalos extraordinarios para sus dos hijos. ¿Cuánto dinero necesita para comprar dos de las cosas indicadas?

> MODELO Un abrigo cuesta $200.
> **Dos abrigos cuestan cuatrocientos dólares.**

1. Un reloj cuesta $250.
2. Un anillo cuesta $700.
3. Un coche nuevo cuesta $16.000.
4. Una casa nueva cuesta $125.000.
5. Una mansión cuesta $1.500.000.

IV. Hacer en expresiones de tiempo

Conteste las preguntas según el modelo.

> MODELO ¿Cuánto tiempo hace que vives aquí? (un año)
> **Hace un año que vivo aquí.**

1. ¿Cuánto tiempo hace que trabajas aquí? (dos semanas)
2. ¿Cuánto tiempo hace que juegas al tenis? (media hora)
3. ¿Cuánto tiempo hace que conoces a tu compañero(a) de cuarto? (un año)
4. ¿Cuánto tiempo hace que llevas esas gafas? (dos meses)

V. El presente progresivo

Indique lo que está pasando en este momento. Siga el modelo.

> MODELO Llueve.
> **Está lloviendo.**

1. Nieva.
2. El niño duerme.
3. Leo una novela.
4. Bebemos café con leche.
5. Mis hermanos preparan la cena.

VI. Repaso general del Capítulo 5

Conteste en oraciones completas.

1. ¿Qué ropa llevan las mujeres a un restaurante elegante? ¿y los hombres?
2. ¿Qué ropa debe usted llevar a Alaska? ¿y a la Florida?
3. ¿Qué está haciendo usted en este momento?
4. ¿De quién es el coche que usted maneja?
5. ¿Cuál es la fecha de su cumpleaños?
6. ¿Cuánto tiempo hace que usted asiste a esta universidad?

CAPÍTULO 6

En la ciudad

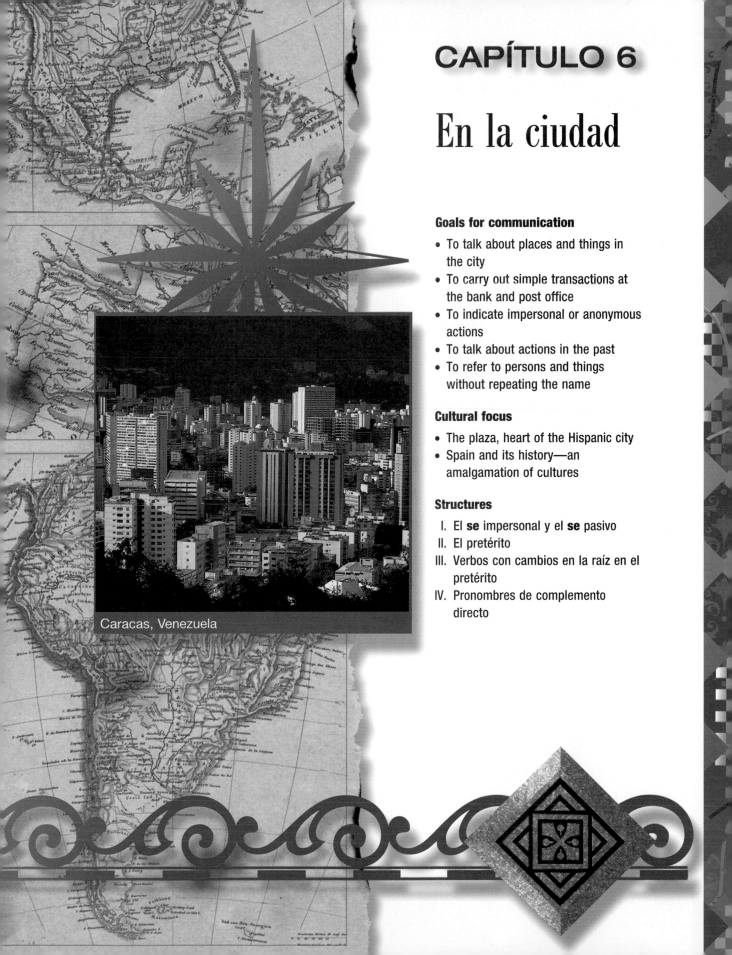

Caracas, Venezuela

Goals for communication

- To talk about places and things in the city
- To carry out simple transactions at the bank and post office
- To indicate impersonal or anonymous actions
- To talk about actions in the past
- To refer to persons and things without repeating the name

Cultural focus

- The plaza, heart of the Hispanic city
- Spain and its history—an amalgamation of cultures

Structures

I. El **se** impersonal y el **se** pasivo
II. El pretérito
III. Verbos con cambios en la raíz en el pretérito
IV. Pronombres de complemento directo

1. el almacén
3. el banco
4. la avenida
14. el restaurante, el café
5. la calle
2. entrar (en)
12. la zapatería
13. la joyería
6. el autobús
10. la parada de autobús
9. esperar
11.
7.
8. la plaza

CAPÍTULO 6   En la ciudad

1. department store 2. to enter, go into 3. bank 4. avenue 5. street 6. bus 7. metro, subway 8. plaza
9. to wait for 10. bus stop 11. taxi, *m.* 12. shoe store 13. jewelry shop 14. restaurant, café

16. el rascacielos

15. los edificios

31. la catedral

AVE. SUR

17. MUSEO DE ARTE COLONIAL

29. OFICINA DE CORREOS

18. CINE COLON

"SUPERHOMBRE" HOY

19. la película

30. el parque

28. el buzón

20. hacer cola

21. la gente

22. la estatua

27. la revista

24. el periódico

26. el quiosco

23. el banco

25. la bicicleta

15. buildings 16. skyscraper 17. museum 18. movies, cinema 19. film 20. to get (stand) in line 21. people
22. statue 23. bench 24. newspaper 25. bicycle 26. newsstand 27. magazine 28. mailbox 29. post office
30. the park 31. cathedral

hacer linear

el puesto de periódico

183

A. En la ciudad

Conteste en español según los dibujos en las páginas 182–183.

1. ¿Qué tipo de tienda es Sears?
   ¿Quiénes entran? ¿Qué van a hacer allí?
   ¿Qué venden allí probablemente?

2. ¿En qué avenida está el almacén?

3. ¿Cómo se llama el banco?

4. ¿Qué tipo de tienda es "Calzados Las Tapias"?

5. ¿Qué tipo de tienda es "La Perla"?

6. ¿En qué calle está el restaurante/café "El Mesón"? ¿Qué están haciendo las personas que están allí?

7. ¿Dónde está la señora que está esperando el autobús?

8. ¿Qué busca el hombre?

9. ¿Cómo se llama la parada del metro?

10. En el cine "Colón", ¿por qué hace cola la gente?

11. ¿Qué tipo de arte podemos ver en el museo?

12. ¿Qué edificio está en la avenida Sur?

13. ¿Qué hay enfrente de la casa de correos?

14. ¿Qué venden en el quiosco?

15. ¿Qué lee el hombre que está sentado en el banco?

16. ¿Qué medio de transporte usa la muchacha?

17. ¿Qué hay en el centro de la plaza?

18. ¿Qué tipo de edificio es el edificio muy, muy alto que se ve a la distancia?

19. ¿Cuál es el edificio al final de la avenida Sur, frente al parque, donde se puede asistir a la misa (*mass*)?

"Be careful! Although it means *people*, which is plural in English, **la gente** is a singular noun. Any verbs you use with it must be in the singular third person form, for example, **La gente va a la playa cuando hace calor.**"—*C. Burgos, City College of New York*

BIEN DICHO   En la ciudad (continuado)

¿Qué más vemos en el **centro** de la ciudad?	*center, downtown*
el **bar**	*bar*
el **centro comercial**	*shopping mall*
el **teatro**	*theater*
la **iglesia**	*church*
la **sinagoga**	*synagogue*
la **mezquita**	*mosque*
el **lugar**	*place*
mejor/peor	*better, best/worse, worst*
empezar (ie)/terminar	*to begin/to finish*
invitar	*to invite*
pasar	*to happen, to pass, spend (time)*
visitar	*to visit*
volver (ue), regresar	*to return, go back*

B. ¿Adónde vamos?
   ¿A qué lugares vamos para. . . ?

1. encontrar gran variedad de tiendas y almacenes
2. tomar cerveza, vino, etc.
3. descansar en el centro de la ciudad
4. ver una obra de Shakespeare
5. participar en ceremonias religiosas
6. ver arte de pintores famosos
7. ver una película
8. comprar revistas y periódicos
9. depositar dinero $
10. comprar estampillas
11. esperar el autobús
12. comprar zapatos
13. comprar joyas
14. comprar libros
15. comprar pasteles

C. Preguntas personales

En parejas, háganse las preguntas y contéstenlas.   <u>visito mi abuela.</u>

1. ¿Vas a la casa de tu familia con frecuencia? ¿A quién visitas allí?
2. Si (*if*) quieres cenar en un restaurante, ¿a quién invitas?
3. En tu opinión, ¿cuáles son los mejores restaurantes en esta ciudad? ¿y los peores?

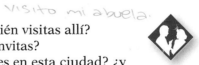

4. Cuando estás en una ciudad grande, ¿qué tipo de lugares te gusta visitar?
5. ¿Prefieres ir a un concierto de "rock" o a un concierto de música clásica?
6. ¿Prefieres ir al cine o ver un vídeo en tu casa?
7. ¿Qué tipo de películas prefieres? ¿de ciencia ficción? ¿románticas? ¿cómicas? ¿de terror?
8. ¿A qué hora empiezan las películas? ¿A qué hora termina la última película?
9. ¿Te gusta pasar la tarde en los centros comerciales? ¿A qué centro comercial vas con más frecuencia? ¿Qué haces allí?
10. ¿En qué lugares te gusta pasar el fin de semana?
11. Cuando estás en una ciudad grande, ¿qué medios de transporte prefieres usar? ¿Por qué?

D. ¡Tenemos ganas de ir al cine!

Usted y su amigo(a) deciden ir al cine. Ahora, tienen que decidir qué película quieren ver. En parejas, contesten las preguntas.

1. ¿Cómo se describe "el cine" en el anuncio?
2. ¿Cuál es la película que mejor representa la aventura? ¿la pasión? ¿el amor y la sorpresa?
3. En su opinión, ¿cuál es la película más espectacular?
4. ¿Qué película desean ver? ¿Por qué? ¿En qué cine se da la película? ¿A qué hora van a ir?

Conversación

En un café

Inés y sus amigos Aurora y Daniel conversan en un café de la Plaza de Cataluña de Barcelona. Hablan de las vacaciones de Inés en los Estados Unidos.

AURORA: Inés, ¿qué tal Nueva York?

INÉS: ¡Fabuloso! Es una ciudad maravillosa, pero un poco diferente de Barcelona o Madrid.

DANIEL: ¿Sí? ¿Por qué?

INÉS: Bueno, allá no hay plazas como ésta, aunque° sí hay parques enormes. También hay diferentes barrios° como el barrio chino, el barrio italiano, el barrio puertorriqueño y el barrio ruso. ¡Es como estar en pequeñas ciudades dentro de una gran ciudad!   *although*
neighborhoods

AURORA: ¡Fascinante!

INÉS: Otra diferencia es que en Manhattan las calles van de este a oeste y las avenidas de sur a norte. ¡Es muy fácil encontrar° cualquier lugar!   *to find*

DANIEL: ¿Fuiste al teatro o algún museo?

INÉS: ¡Claro que sí! Fui a una obra° en Broadway y visité el Museo Metropolitano. Su colección de arte es realmente impresionante. ¿Sabes que tienen una réplica de un templo egipcio? También visité el edificio Empire State y las Torres Gemelas.   *play*

AURORA: ¿Y las tiendas? ¡Para mí son muy importantes las tiendas! ¿Fuiste al famoso almacén Macy's en la calle 34?

DANIEL: ¿Fuiste a alguna discoteca?

INÉS: (*a Daniel y a Aurora*) No fui de compras porque ¡se me terminó el dinero!° ¡Pero sí fui a una discoteca y vi° a las personas más increíbles de mi vida!   *my money ran out / saw*

¿Qué pasa?

1. ¿Por qué dice Inés que visitar la ciudad de Nueva York es como visitar varias ciudades en una?

2. ¿Cuál es una diferencia entre Nueva York y Barcelona o Madrid?

3. ¿Qué lugares famosos visitó Inés?

4. ¿Fue de compras a Macy's?

5. ¿Qué vio Inés en la discoteca?

Ahora, describan ustedes una discoteca en la ciudad de Nueva York.

Estructura

I. *Indicating an impersonal or anonymous action:* El **se** impersonal y el **se** pasivo

To say how things are done in general (i.e., not done by a specifically identified person or persons), English uses an impersonal or anonymous reference such as *one, they, you*, etc., or a simple passive structure.

> *How does **one say** this in Spanish?*
> *How do **they say** this in Spanish?*
> *How do **you say** this in Spanish?*
> *How **is this said** in Spanish?*

In Spanish, you express these impersonal or anonymous references by using **se** with a third person verb.

Se dice que no **se debe** fumar.	*They say that one should not smoke.*
Aquí **se habla** español.	*Spanish is spoken here.*

If the subject being referred to is plural, **se** is used with a third person plural verb.

¿Dónde **se venden** revistas?	*Where do they sell magazines?* *Where are magazines sold?*
¿A qué hora **se abren** las tiendas?	*At what time do the stores open?*

"This is an important concept to remember. You must conjugate "towards" the object, not the subject."
—E. Dearnley-Davison,
St. Mary's University

E. ¿Sabe usted lo que se vende allí?

Indique lo que se vende en los lugares indicados.

> MODELO   en la panadería. . . **Se vende pan.**
>   en la tortillería. . . **Se venden tortillas.**

1. en la pastelería. . .

2. en la carnicería. . .

3. en la joyería. . .

4. en la zapatería. . .

5. en la librería. . .

6. en el almacén o en la boutique. . .

7. en el quiosco. . .

8. en el bar. . .

BIEN DICHO   Se abren y se cierran

abrir	*to open*
cerrar (ie)	*to close*

F. A conocer la ciudad

Un(a) estudiante de México está visitando la ciudad donde usted vive y necesita información sobre (*about*) la ciudad. Trabajando en parejas, el (la) estudiante #1 (de México) hace las preguntas y el (la) estudiante #2 (de los EEUU) contesta, dando la información solicitada.

> MODELO   a qué hora *abrir* los bancos
>   **¿A qué hora se abren los bancos?**
>   **Se abren a las nueve**, etc.

1. ¿a qué hora *abrir* los almacenes?
   ¿a qué hora *cerrar*?

2. ¿a qué hora *abrir* la oficina de correos?
   ¿a qué hora *cerrar*?

3. ¿a qué hora *abrir* los supermercados?
   ¿a qué hora *cerrar*?

4. ¿dónde *comprar* periódicos y revistas?

5. ¿dónde *vender* discos compactos?

6. ¿en qué restaurante *comer* bien?

¡Vamos a la Florida!

Usted y su amigo(a) deciden ir a la Florida durante las vacaciones en diciembre y buscan un hotel. En parejas, lean el anuncio y contesten las preguntas.

1. ¿Cómo se llama el hotel? *Hotel Claremont*
2. ¿En qué ciudad se encuentra (*is it located*)?
3. ¿En qué avenida se encuentra?
4. Del hotel, ¿se puede ir a la playa fácilmente? ¿Por qué? *en el corazón de Miami*
   cerca de centros comerciales
5. ¿Se puede ir de compras fácilmente? ¿Por qué?
6. ¿Qué otros lugares se encuentran cerca (*near*) del hotel?
7. ¿Se puede cocinar en las habitaciones? *Sí se puede cocinar*
8. ¿Cuánto cuesta una habitación para dos personas (en diciembre)? ($ = dólares)
9. ¿Cuál es la diferencia de precio entre la tarifa de verano y la de invierno para dos personas?
10. ¿Tienen interés en hacer una reservación en este hotel? ¿Por qué?

Estructura

II. _Talking about actions in the past:_ El pretérito

The preterit tense in Spanish is used to talk about completed actions in the past. Example of such an action:

> _I slept until 11:00 a.m. last Saturday morning._

A. La formación de verbos regulares en el pretérito

To form the preterit tense of regular **-ar, -er**, and **-ir** verbs, drop the **-ar, -er**, or **-ir** from the infinitive and add the endings indicated below.

	cerrar	_volver_	_abrir_
yo	cerr**é**	volv**í**	abr**í**
tú	cerr**aste**	volv**iste**	abr**iste**
usted, él, ella	cerr**ó**	volv**ió**	abr**ió**
nosotros(as)	cerr**amos**	volv**imos**	abr**imos**
~~vosotros(as)~~	~~cerr**asteis**~~	~~volv**isteis**~~	~~abr**isteis**~~
ustedes, ellos(as)	cerr**aron**	volv**ieron**	abr**ieron**

Verbs ending in **-ar** and **-er** with stem changes in the present tense (for example, **cerrar** and **volver** in the above chart) do _not_ have stem changes in the preterit. (Verbs ending in **-ir** with stem changes in the preterit will be studied on pages 198–199.)

The preterit tense in Spanish corresponds to two English forms, one used with questions and the other with statements.

¿Cuándo **volviste**?	_When **did** you **return**?_
Volví a la una.	_I **returned** at one._

"The preterit is very important. Practice a lot!" —_J. Rapposelli, Bucks County Community College_

"You will use this tense countless number of times!"—_R. Fink, Hardin-Simmons University_

"Notice that **-er** and **-ir** verbs have the same endings in the preterit, just like as in the present tense."—_C. O'Brien, Southern Connecticut State University_

> **Note**
> The preterit forms of **ver**, as well as other single-syllable verbs, do not use a written accent.
>
> ver: **vi, viste, vio, vimos, ~~visteis~~, vieron**

B. Verbos con cambios ortográficos en el presente

1. Verbs ending in **-gar**, **-car**, and **-zar** have spelling changes only in the **yo** form of the preterit.

g > gu	*to play* **jugar**: yo **jugué** sports
	to take **llegar**: yo **llegué**
c > qu	*to play* **tocar**: yo **toqué** instruments
	to find **buscar**: yo **busqué**
z > c	*to hug* **abrazar**: yo **abracé**
	to have **almorzar**: yo **almorcé**
	to think **empezar**: yo **empecé**

2. The verbs **leer** and **oír** change the **i** of the third person singular and plural endings to **y** (**-ió** > **-yo**; **-ieron** > **-yeron**).

leer: leí, leíste, leyó, leímos, ~~leísteis~~, leyeron
oír: oí, oíste, oyó, oímos, ~~oísteis~~, oyeron

C. Los verbos irregulares **ser** e **ir**

The verbs **ser** and **ir** in the preterit have the same irregular set of forms:

to be / to go

ser/ir	
fui	fuimos
fuiste	~~fuisteis~~
fue	fueron

"Remember that **ser** and **ir** are the same in the preterit!"—*J. Rapposelli, Bucks County Community College*

"This was confusing at first, but then I realized there was one less conjugation to remember!"—*E. Dearnley-Davison, St. Mary's University*

Context clarifies which verb is being used.

Fueron a una discoteca muy famosa. **(ir)**
Fue una noche extraordinaria. **(ser)**

Práctica y comunicación

H. ¡Qué coincidencia!

Ayer Linda y Manuel fueron de excursión al centro de la ciudad e hicieron (*did*) muchas cosas divertidas. ¡Qué coincidencia! ¡Usted hizo las mismas (*same*) cosas!

MODELO Linda y Manuel salieron de la universidad a las dos.
¡Yo también salí a las dos!

1. Linda y Manuel manejaron al centro.
2. Fueron al almacén. Fui
3. Compraron unos regalos. compré
4. Visitaron el museo. visité
5. Vieron las obras de Dalí. vi
6. Cenaron en un restaurante. cené
7. Comieron una paella deliciosa. comí
8. Asistieron a un concierto de rock. asistí
9. Escucharon una banda fantástica. escuché
10. A medianoche tomaron un taxi. tomé
11. Volvieron a la universidad. volví

Y ahora, indiquen que ustedes hicieron las mismas cosas.

MODELO Linda y Manuel salieron de la universidad a las dos.
Nosotros también salimos a las dos.

I. Las actividades de Javier

Según los dibujos, describa las actividades en que participó Javier ayer.

MODELO **Javier pintó la casa.**

Javier/la casa

Javier/la puerta

abrió

. . .en la casa

entró

. . .la novela

leyó

. . .la composición

escribió

. . .la manzana

el comió

. . .el refresco

tomó

. . .la televisión

miró

. . .con su amiga

habló

. . .de la casa

salió

BIEN DICHO   ¿Cuándo?

anoche	*last night*
ayer	*yesterday*
anteayer	*the day before yesterday*
la **semana pasada**	*last week*
el **fin de semana pasado**	*last weekend*
el **viernes** (etc.) **pasado**	*last Friday, etc.*
el **mes/año pasado**	*last month/year*

J.   ¿Qué pasó?

¿Qué hizo usted anoche? ¿y el fin de semana pasado? ¿y la semana pasada?

MODELO Anoche. . .
> ¿Comió usted en la cafetería?
> **Sí, comí en la cafetería.**
> **No, no comí en la cafetería.**

Anoche. . .

1. ¿Empezó usted a estudiar temprano?   *empezí*
2. ¿Estudió usted español?   *estudié*

3. ¿Usó usted la computadora? *use*
4. ¿Escuchó usted la radio? *escuche*
5. ¿Miró usted la televisión? *mire*
6. ¿Leyó usted el periódico? *lei*
7. ¿Comió usted una pizza? *comi*
8. ¿Terminó usted la tarea? *termine*

<table>
<tr><td>ar</td><td>er</td><td>ir</td></tr>
<tr><td>e</td><td>i</td><td>i</td></tr>
<tr><td>aste</td><td>iste</td><td>iste</td></tr>
<tr><td>o</td><td>io</td><td>io</td></tr>
<tr><td>amos</td><td>emos</td><td>emos</td></tr>
<tr><td>aron</td><td>ieron</td><td>ieron</td></tr>
</table>

El fin de semana pasado. . .

9. ¿Jugó usted al tenis (al voleibol, al béisbol, etc.)? *jugue*
10. ¿Salió usted con sus amigos? *sali*
11. ¿Fue usted a una fiesta? *fui*
12. ¿Tomó usted cerveza? *tome*
13. ¿Bailó usted? *baile*
14. ¿Comió usted en un restaurante? *comi*
15. ¿Vio usted una película? *vi*

La semana pasada. . .

16. ¿Tomó usted un examen? *tome*
17. ¿Leyó usted un libro interesante? *lei*
18. ¿Escribió usted una composición? *escribi*
19. ¿Limpió usted el cuarto? *limpie*
20. ¿Llamó usted a su familia? *llame*
21. ¿Fué usted al banco? *fui*
22. ¿Compró usted un disco compacto? *compre*

K. Tú y yo

En parejas, hagan preguntas y contéstenlas.

MODELO ¿*almorzar* en la cafetería hoy?
¿Almorzaste en la cafetería hoy?
Sí, almorcé en la cafetería hoy. (o)
No, no almorcé en la cafetería hoy.

1. ¿*desayunar* esta mañana? (¿Dónde?)
2. ¿*asistir* a todas las clases ayer? (¿*llegar* a tiempo?)
3. ¿*hablar* con uno(a) de tus profesores ayer? (¿Con quién?) (¿De qué?)
4. ¿*estudiar* en la biblioteca ayer?
5. ¿*ir* al laboratorio ayer?
6. ¿dónde *cenar* anoche? (¿qué *comer*?) (¿qué *beber*?)
7. ¿a qué hora *terminar* de estudiar anoche?
8. ¿*salir* el fin de semana pasado? (¿adónde *ir*?) (¿con quién?) (¿a qué hora *volver*?)
9. ¿*trabajar* el verano pasado? (¿dónde?)
10. ¿*ir* de vacaciones el verano pasado? (¿adónde?) (¿cuánto tiempo *pasar* allí?)
11. ¿*comprar* un coche el año pasado? (¿qué tipo?)

1. la tarjeta postal   2. la carta   3. la dirección 4. el sobre 5. el sello, la estampilla   6. el paquete

7. El buzón

En la oficina de correos (*continuado*)

echar al correo	*to mail*
mandar	*to send*
recibir	*to receive*

L.   La historia de una carta

En parejas, describan la historia de una carta personal desde que (*from the time*) ustedes la escribieron hasta que (*until*) su amigo(a) la recibió y la leyó. Completen las oraciones. Tomen turnos.

MODELO yo *escribir* una. . .
Escribí una carta.

1. yo *escribir* la dirección en el. . .
2. yo *ir* a la oficina de. . .
3. yo *comprar* un. . .de 45 centavos
4. yo *buscar* el. . .azul
5. yo *echar* la. . .

6. mi amigo(a) *recibir*. . .
7. mi amigo(a) *abrir*. . .
8. mi amigo(a) *leer*. . .
9. . . .él (ella) me *contestar* inmediatamente

M. Preguntas personales

En parejas, háganse las preguntas y contéstenlas.

1. ¿Mandaste muchas cartas a tus amigos el verano pasado? (¿A quiénes?) (¿De dónde?)
2. ¿Mandaste tarjetas postales el verano pasado? (¿A quienes?) (¿De dónde?)
3. ¿Recibiste paquetes la semana pasada? (¿De quién?) (¿De qué?)
4. ¿Recibiste cartas o tarjetas postales la semana pasada? (¿Cuántas?) (¿De quién?)
5. ¿Prefieres mandar cartas o tarjetas postales? ¿Por qué?
6. ¿Tienes una colección de estampillas? (¿De qué países?)

1. postcard 2. letter 3. address 4. envelope 5. stamp 6. package

LA PLAZA

La plaza es el corazón° de las ciudades y los pueblos hispanos. Generalmente la plaza principal es el centro de la parte más vieja de la ciudad. En una plaza típica encontramos una iglesia, edificios públicos, cafés, tiendas y bares. En el centro de muchas plazas también hay monumentos de figuras patrióticas o de santos o santas. Entre las plazas más antiguas y famosas del mundo hispano están la Plaza Mayor en Madrid y la Plaza del Zócalo en México, D. F.

heart

En muchas ciudades hispanas la plaza es un centro de reunión para los jóvenes y los adultos. La plaza es el lugar donde charlan°, leen o juegan cartas o dominó.

chat

En la Plaza de San José ("la placita") en San Juan de Puerto Rico, cientos de jóvenes se reúnen los sábados por la noche para bailar y charlar sobre amor, cine y deportes.

A los jóvenes puertorriqueños, ¿por qué les gusta ir a la "placita"? Plaza San José, San Juan, Puerto Rico

¿Qué se puede hacer en la famosa Plaza Mayor de Madrid?

¿Cuánto sabemos?

1. ¿Qué hay generalmente en una plaza?
2. ¿Qué tipo de monumento se encuentra con frecuencia en el centro de la plaza?
3. ¿Cuáles son dos de las plazas más conocidas de los países hispanos?
4. ¿Qué hacen las personas en la plaza?
5. ¿Cuál es la diferencia entre "la placita" y un parque en los Estados Unidos?
6. ¿Conoce usted otras plazas famosas? (¿Cuáles son?)

Estructura

III. *Expressing additional actions in the past:* **Verbos con cambios en la raíz en el pretérito**

A. Formación

Verbs ending in **-ir** that are stem-changing in the present tense (**o > ue, e > ie, e > i**) also change in the preterit. The change in the preterit (**o > u** and **e > i**) is different from the change in the present and occurs only in the third person singular (**él/ella/usted**) and third person plural (**ellos/ellas/ustedes**) forms. This same change also occurs in the present participle = **-ando/-iendo** form.

Note the pattern of change in the following model verbs.

dormir *o > u*		*preferir* *e > i*		*pedir* *e > i*	
dormí	dormimos	preferí	preferimos	pedí	pedimos
dormiste	~~dormisteis~~	preferiste	~~preferisteis~~	pediste	~~pedisteis~~
durmió	durmieron	prefirió	prefirieron	pidió	pidieron

B. Verbos con cambios en la raíz en el pretérito

dormir (ue, u)	*to sleep*	Ella **durmió** en el hotel.
morir (ue, u)	*to die*	Muchas personas **murieron** en el accidente.
preferir (ie, i)	*to prefer*	Ellos **prefirieron** ir al centro.
pedir (i, i)	*to ask for, request, order*	Él **pidió** un taxi.
repetir (i, i)	*to repeat*	¿**Repitió** usted las direcciones?

Note

In the above verbs the first stem change in parentheses (**ue**, for example) refers to a stem change in the present tense; the second (**u**, for example) refers to a stem change in the preterit tense AND in the *-ing* form.

Observe the change in the *-ing* forms below:

d**u**rmiendo   m**u**riendo   pref**i**riendo   p**i**diendo   rep**i**tiendo

¡Shhhhhh! Los niños están **durmiendo**.

▬ Práctica y comunicación

N. Preguntas personales
La profesora/El profesor solicita información.

1. ¿Durmieron ustedes bien anoche? ¿Durmió usted bien o mal? ¿y usted?

2. ¿Estudiaron ustedes mucho anoche? ¿Repitieron el vocabulario en voz alta? ¿Repitieron los verbos?

3. ¿Quién fue al laboratorio para escuchar el casete de *Dicho y hecho*, Capítulo 5? ¿Repitió usted todas las respuestas correctamente?

4. ¿Quiénes cenaron en un restaurante la semana pasada? ¿Qué comida pidió usted? ¿y usted? ¿Qué bebidas pidieron?

5. ¿Leen ustedes las noticias en el periódico normalmente? ¿Ven las noticias en la televisión? ¿Murieron muchas personas en accidentes el año pasado? ¿Murió una persona famosa? ¿Quién?

O. Opciones

En parejas, hagan preguntas y contéstenlas según los dibujos.

MODELO ESTUDIANTE #1: **¿Qué pidió Carmen en la pastelería?**
ESTUDIANTE #2: **Pidió una torta.**
ESTUDIANTE #1: **¿Y qué pediste tú?**
ESTUDIANTE #2: **Pedí galletas.**

¿qué *pedir* Carmen?
¿y qué *pedir* tú?

¿qué *pedir* Juanito y Elena en la heladería?
¿y qué *pedir* tú?

¿qué *pedir* la madre en la frutería?
¿y qué *pedir* tú?

¿qué marca de zapatos *preferir* Manuel?
¿y cuál *preferir* tú?

¿qué video *preferir* Juanito y Elena?
¿y cuál *preferir* tú?

¿qué palabra *repetir* Camila y Natalia?
¿qué palabra *repetir* Esteban?

¿cómo *dormir* Rubén y Javier anoche?
¿cómo *dormir* Alfonso?
¿y cómo *dormir* tú?

P. Actores y actrices

Diez estudiantes, frente a la clase, dramatizan las actividades que siguen.
La clase indica lo que **están haciendo**.

MODELO **Diego está jugando al tenis.**

Después, la clase indica la actividad que presentó cada
estudiante.

MODELO **Diego jugó al tenis.**

1. bailar
2. beber
3. comer
4. correr
5. entrar/salir
6. escribir
7. leer
8. nadar
9. dormir
10. morir

BIEN DICHO   El dinero y el banco

¿Qué podemos hacer con el **dinero**?	*money*
ganar/gastar	*to earn, win/to spend (money)*
depositar/sacar	*to deposit/to take out, withdraw*
ahorrar	*to save (money)*
cambiar	*to change, exchange*
perder (ie)/encontrar (ue)	*to lose/to find*
contar (ue)	*to count, tell (narrate)*
pagar la **cuenta**	*to pay (for) the bill*

Formas de pago:

el **cheque**	*check*
el **cheque de viajero**	*traveler's check*
firmar (un cheque)	*to sign (a check)*
cobrar	*to cash, charge*
la **tarjeta de crédito**	*credit card*
el **efectivo**	*cash*
el **cambio**	*change, small change, exchange*
la **moneda**	*currency, money, coin*

"Be careful! The word **cuenta** is the third person singular form of the verb **contar**, but it is also a noun meaning *check* or *bill*. **Cuento** is the first person of the same verb, and it is also a noun meaning *story*."—*A. McMahon, San Bernardino Valley College*

 **Práctica y comunicación**

Q. Una visita al banco

Describan la escena y las posibles transacciones que ocurren o van a ocurrir en el banco. Trabajen en grupos de cuatro.

Un(a) estudiante sirve de secretario(a) y anota las ideas. ¿Cuántas cosas pueden describir en seis minutos?

MODELO **El banco se llama Banco Nacional.**

R. Preguntas sobre sus finanzas

A ver cómo gastan ustedes su dinero y controlan sus finanzas personales.

1. ¿Trabajó usted el verano pasado? ¿Dónde?
2. ¿Ganó usted mucho o poco dinero?
3. ¿Ahorró usted un poco para este año académico?
4. ¿Gastó usted mucho dinero el mes pasado? (¿En qué?)
5. ¿Pagó usted su cuenta de teléfono el mes pasado?
6. ¿Cuántas veces por mes saca usted dinero del banco?
7. ¿Recibe usted cheques o dinero de sus padres?
8. ¿Tiene usted una tarjeta de crédito? (¿Qué tipo?) (¿Quién paga la cuenta de su tarjeta de crédito?)
9. Cuando usted va de compras a una tienda de ropa, ¿paga usted con tarjeta de crédito, con cheque o con efectivo?

S. Cambiando dinero

Ustedes salen del aeropuerto de Miami con destino a varios países hispanos. Cada uno(a) debe cambiar unos cheques de viajero a la moneda nacional del país que decide visitar. En parejas, uno(a) hace el papel (*plays the role*) de viajero(a) y el otro/la otra de cajero(a) (*teller*) en una casa de cambio.

MODELO

CAJERO(A): **Buenos días, señor/señorita. . . .**
¿Desea usted cambiar dinero?

VIAJERO(A): **Sí, por favor. . . .**

Hablen de: (a) la moneda nacional que usted necesita, (b) a cuánto está el cambio, y (c) cuánto dinero quiere cambiar.

Cambio/dólar americano	$	Cambio/dólar americano	$
España—peseta	125	Venezuela—bolívar	290
México—peso	7.42	Argentina—peso	.99
Costa Rica—colón	204	Chile—peso	406
Colombia—peso	1036	Perú—sol	2.34

Estructura

IV. *Referring to persons and things without repeating the name:* Pronombres de complemento directo

A direct object identifies the person or thing that directly receives the action of the verb and answers the question *What?* or *Whom?* The direct object pronoun is used to avoid repeating the name of the person or thing.

> Example: *I saw Laurie. I saw her downtown.*
> (Laurie is the direct object; *her* is the direct object pronoun.)

The following are direct object pronouns.

me	*me*	¿Por qué no **me** esperaste?
te	*you*	**Te** esperé media hora.
lo	*him, you (m.), it (m.)*	Aquí viene el autobús. ¿**Lo** ves?
la	*her, you (f.), it (f.)*	Aquí viene Carmen. Debemos esperar**la**.

nos	*us*	Ella **nos** llamó anoche.
os	*you*	¿No **os** llamó?
los	*them (m.), you (m.)*	¿Tienes los cheques? ¿Vas a cambiar**los**?
las	*them (f.), you (f.)*	¿Tienes las direcciones? ¿Estás buscándo**las**?

"These concepts also will allow you to write more sophisticated sentences."
—E. Dearnley-Davison,
St. Mary's University

Direct object pronouns must agree with the nouns they replace or refer to:

¿Compraste **la tarjeta postal**?	*Did you buy the postcard?*
Sí, **la** compré.	*Yes, I bought it.*
¿Perdiste **los sellos**?	*Did you lose the stamps?*
Sí, **los** perdí.	*Yes, I lost them.*

In Spanish, the direct object pronoun is placed immediately before a conjugated verb.

Lo compré.   *I bought it.*

Direct object pronouns may, however, be attached to infinitives and the present participle (*-ing* form).

Voy a invitar**la**. (or) **La** voy a invitar.	*I am going to invite her.*
Estoy llamándo**la**. (or) **La** estoy llamando.	*I am calling her.*

Note

When a pronoun is attached to the present participle, a written accent mark is added to preserve the original stress pattern.

Estoy buscándo**la**.

■■■ Práctica y comunicación

T. Carmen los invitó

Explique que los estudiantes fueron a la fiesta para celebrar el cumpleaños de Carmen porque ella los invitó personalmente. ¿Quién fue a la fiesta?

MODELO Linda fue. . .
Linda fue porque Carmen la invitó.

1. Yo fui. . .
2. Manuel fue. . .
3. Tú fuiste. . .
4. Camila fue. . .
5. Nosotros/Nosotras fuimos. . .
6. Linda y Eva fueron. . .
7. Esteban y Alfonso fueron. . .
8. La profesora Andrade fue. . .
9. Vosotros fuisteis. . .

U. ¿Verdad o no?

Conteste las preguntas para indicar si usted hizo lo siguiente.

MODELO Usted ganó dinero el verano pasado, ¿verdad?
¿Depositó usted el dinero en el banco?
Sí, lo deposité. (o) **No, no lo deposité.**

1. Usted ganó dinero el verano pasado, ¿verdad?
¿Recibió el dinero en efectivo? ¿en cheque?
¿Depositó el dinero en el banco?
¿Gastó todo el dinero? (¿En qué?)
¿Pagó las cuentas?

2. Usted fue a la oficina de correos, ¿verdad? ✻ Sí, fui
   ¿Compró los sellos para las tarjetas postales?
   ¿Encontró el buzón?
   ¿Mandó las tarjetas postales?
   ¿Recibió el paquete de su familia?
   ¿Abrió el paquete?

3. Usted perdió unas cosas el año pasado, ¿verdad?
   ¿Perdió su tarjeta de crédito? (¿La encontró?)
   ¿Perdió su cartera? (¿La encontró?)
   ¿Perdió su bolígrafo? (¿Lo encontró?)
   ¿Perdió sus cuadernos? (¿Los encontró?)
   ¿Perdió su mochila? (¿La encontró?)
   ¿Perdió sus gafas o lentes de contacto? (¿Las/Los encontró?)

4. Usted visitó la ciudad de Nueva York, ¿verdad?
   ¿Vio la Estatua de la Libertad?
   ¿Vio el rascacielos Empire State?
   ¿Visitó el Museo Metropolitano de Arte?
   ¿Visitó el edificio de las Naciones Unidas?
   ¿Visitó la Isla Ellis?
   ¿Visitó el estadio de los Yanquis?
   ¿Usó el metro?

V. ¿Quiere usted conocerlos?

Indique si usted quiere conocer o no quiere conocer a estas personalidades famosas.

> MODELO ¿Quiere usted conocer a. . . ?
> Harrison Ford
> **Sí, quiero conocerlo.**
> ¿Por qué?
> **Porque es muy buen actor.**

¿Quiere usted conocer a. . . ?

1. Michael Jackson
2. Newt Gingrich
3. Madonna
4. Rolling Stones
5. Drácula
6. Bill y Hillary Clinton
7. Brad Pitt
8. Oprah Winfrey
9. Michael Jordan
10. Fidel Castro
11. Mary Poppins

W. Una historia de amor, estilo telenovela

En parejas, inventen la conversación entre "Él" (el héroe) y "Ella" (la heroína) en la dramática y popular telenovela "Una historia de amor".

> MODELO Mi amor. . .
>
> > llamarme esta noche
> > "ÉL" O "ELLA": **Mi amor, ¿me llamas esta noche?**
> > "ÉL" O "ELLA": **Sí, te llamo.**

Mi amor. . .

1. admirarme
2. quererme mucho
3. adorarme
4. necesitarme

5. desearme
6. amarme
7. querer abrazarme
8. querer besarme

¡Amor mío(a), eres. . . !

Luego, algunas parejas presentan su conversación a la clase.

X. El Día de San Valentín

Usted desea mandarle una tarjeta muy especial a su novio(a) real o imaginario(a) para celebrar el Día de San Valentín. Escriba una tarjeta original, con arte si desea, indicando lo que más le gusta, cuánto lo/la ama, etc.

En resumen

A. Conversando: Mi pueblo

Trabajando en parejas, cada estudiante describe el pueblo o la ciudad de dónde es. Hablen de:

- la localización (**cerca de** = *near*)
- la descripción general
- la población
- los lugares históricos y turísticos para visitar
- otros lugares de interés (museos, teatros, restaurantes famosos, etc.)
- los festivales o eventos especiales en la vida del pueblo o de la ciudad
- las mejores estaciones del año para visitar
- el tiempo o el clima

B. De mi escritorio: Una descripción de mi visita a una ciudad

Escriba una breve descripción de su visita a una ciudad interesante. Incluya:

- ¿Cuándo fue? ¿Con quién fue?
- ¿Cuánto tiempo pasó usted allí?
- ¿Qué lugares visitó? ¿Por qué los visitó?
- ¿En qué actividades participó?
- ¿Cuándo volvió a su casa?

España—un mosaico de culturas

Reading Strategies

In the following sentences, taken from the Panorama cultural subsection *¡Oh, Roma!*, underline the words you recognize that might be key to understanding the passage.

Los romanos establecieron su lengua, el latín, que es el origen del español. También ellos establecieron su sistema de gobierno, sus leyes, sus obras de ingeniería y arquitectura, sus carreteras y, finalmente, la religión cristiana.

On the basis of the words you underlined, can you deduce the main contributions to Spanish civilization made by the Romans? Were you able to guess that **leyes**, following **gobierno** or *government*, refers to *laws*? Were you able to guess the meaning of the word **carreteras** on the basis of the word **carro**? It means *road* or *highway*!

Huellas[1] históricas

Los primeros

¿Sabe usted que muchas palabras del español vienen de culturas extranjeras[2] y antiguas? La palabra **biblioteca**, por ejemplo, viene de los griegos; y la palabra **cerveza** viene de los celtas. ¿Cómo es posible esto? Pues, porque en tiempos

---

[1]*footprints, tracks* [2]*foreign*

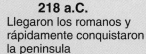

1500		1000		500		◀ a.C.

1100 a.C.
Llegaron los fenicios, los griegos y los cartagineses

218 a.C.
Llegaron los romanos y rápidamente conquistaron la peninsula

Acueducto romano. Las Ferrenas, Espanã

Puente romano. Besalú, Espanã

207

prehistóricos, varias culturas—como, por ejemplo, la celta y la ibera—se establecieron en la Península Ibérica. ¡Después, entre los años 1100 a.C.[3] y 654 a.C. llegaron los fenicios, los griegos y los cartagineses!

¡Oh, Roma!

En el año 218 a.C., llegaron los romanos y rápidamente conquistaron la península. Los romanos establecieron su lengua, el latín, que es el origen del español. También ellos establecieron su sistema de gobierno, sus leyes, sus obras de ingeniería y arquitectura, sus carreteras y, finalmente, la religión cristiana.

Llegan los visigodos

En el año 507, los visigodos, unas tribus cristianas de origen germánico, invadieron la

_____

[3]B.C.

¡¿HABLAMOS ÁRABE?!

¿Sabe usted que aproximadamente 4.000 palabras del español vienen del árabe? Muchas palabras que comienzan con **al-** son de origen árabe, como **álgebra, alcalde** (*mayor*), **almanaque** (*almanac*), **almendra** (*almond*) y otras palabras como **naranja** y **albaricoque** (*apricot*).

península ibérica. Los visigodos dominaron en la península hasta que llegaron los árabes del norte de África en el año 711.

España árabe

Los árabes o moros contribuyeron a la cultura con su conocimiento en las ciencias, la filosofía, el arte y la

literatura. Ellos dejaron en España las más bellas muestras[4] de su arquitectura como el palacio de la Alhambra en Granada.

La reconquista

En este período de dominio árabe (aproximadamente ocho siglos), los reinos[5] cristianos del norte como Castilla, Navarra y Aragón empujaron[6] a los árabes hacia el sur y reconquistaron las tierras. El Cid—¿lo recuerda usted?—ayudó a recobrar tierras árabes para el rey de Castilla. Como el reino de Castilla era el reino más poderoso[7] en la reconquista, hoy hablamos español (castellano) y no aragonés ni otra lengua del norte de la península.

_____

[4]*examples* [5]*kingdoms* [6]*pushed*
[7]*powerful*

d.C. ▶ 500 1000 1500

507 d.C.
Los visigodos invadieron la península ibérica

711
Los árabes del norte de África invadieron la península ibérica

1492
Los reyes Fernando e Isabel conquistaron el último reino moro. España comenzó la exploración del Nuevo Mundo

1519
Carlos I comenzó el gran imperio español

Palacio/fortaleza de la Alhambra, construida por los moros. Granada, España

Vista interior de la Alhambra

Colón con Fernando e Isabel, después de su viaje al Nuevo Mundo

España unida y el imperio español

La unificación y la era de la exploración

España cristiana se unificó con el matrimonio de los reyes[8] católicos Isabel de Castilla y Fernando de Aragón. En 1492 los reyes católicos Fernando e Isabel conquistaron el último reino moro (Granada). Esto

[8]monarchs

terminó con el dominio árabe en España. En ese año España también comenzó la exploración del Nuevo Mundo auspiciando[9] al navegante Cristóbal Colón.

El gran imperio español

Para el año 1519, con el reinado de Carlos I, nieto de Isabel y Fernando, comenzó el gran imperio español con posesiones en Europa, el mar Mediterráneo, África, Filipinas y América. Durante este período, España fue el país más poderoso del mundo.

Comienzo de la caída[10] del imperio español

El período de exploración, colonización y población de las tierras americanas se extendió hasta inicios del siglo XIX cuando comenzaron las primeras luchas de

[9]sponsoring   [10]fall

independencia. El siglo XIX también fue un período turbulento para España peninsular, con una gran inestabilidad en el gobierno y en los asuntos internos del país. En 1898 España perdió las Filipinas, Cuba y Puerto Rico, sus últimas colonias en Asia y América.

El siglo veinte

Una guerra fratricida

El evento más importante de la primera mitad[11] del siglo XX en

[11]half

1600	1700	1800	1900

1898
España pierde sus últimas colonias en Asia y América

1936–39
La guerra civil española

1939–75
La dictadura de Franco

Los horrores de la guerra civil. Guérnica, 1937. Picasso

España fue la guerra civil, una de las guerras más crueles en la historia de la humanidad. La guerra entre nacionalistas (conservadores) y republicanos (liberales) comenzó en 1936 y terminó en 1939 cuando el General Francisco Franco venció[12] a los republicanos.

El gobierno de Franco

Franco pronto se convirtió en el caudillo[13] de España. Su dictadura militar duró desde 1939 hasta su muerte en 1975. La censura y la represión caracterizaron este período y obligaron a muchos intelectuales y artistas a salir del país.

¡Hacia la democracia!

Después de[14] la muerte de Franco, España se convirtió en una monarquía constitucional. El joven rey, Juan Carlos de

_____

[12]defeated [13]dictatorial leader [14]after

Borbón, tomó posesión del gobierno y ayudó a legalizar los partidos políticos y a establecer la democracia y la libertad de expresión en la nación española. En 1978 se celebraron en España elecciones libres. El presidente y el parlamento

fueron elegidos por el pueblo. En 1986 España comenzó el proceso de su entrada a la Comunidad Económica Europea. Hoy España es un ejemplo de tolerancia, democracia y progreso.

¡A ver cuánto aprendimos!

En grupos de tres, contesten las preguntas.
1. ¿Qué civilizaciones se establecieron en la península ibérica antes de la llegada de los romanos?
2. ¿Cuáles fueron las contribuciones más importantes de los romanos al desarrollo de la cultura peninsular?
3. ¿Quiénes fueron los visigodos?
4. ¿Cuáles fueron las contribuciones de los árabes a la cultura de España?
5. Durante la reconquista, ¿quiénes empujaron a los árabes hacia el sur?
6. ¿Qué eventos importantes ocurrieron en 1492?
7. ¿Qué territorios formaron parte del imperio de España durante el reinado de Carlos I?
8. ¿Cuál fue el evento más importante en España durante la primera mitad del siglo XX?
9. ¿Quién fue Franco? ¿Qué palabras describen su gobierno?
10. ¿Cómo es España hoy en términos políticos?

| 1950 | 1960 | 1970 | 1980 | 1990 | 2000 |

1978
Establecimiento de la monarquía; elecciones libres

1986
Proceso de entrada a la Comunidad Económica Europea

Felipe, Sofía y Juan Carlos de la familia real española.

REPASO DE VOCABULARIO ACTIVO

Adverbios y expresiones adverbiales

anoche	la semana pasada	el mes pasado
ayer	el fin de semana pasado	el año pasado
anteayer	el. . .pasado (lunes, martes, etc.)	

Sustantivos

En la ciudad

el almacén	el edificio	la película
el autobús	la estatua	el periódico
la avenida	la gente	la plaza
el banco	la iglesia	el quiosco
el bar	la joyería	el rascacielos
la bicicleta	el lugar	el restaurante
el café	el metro	la revista
la calle	la mezquita	la sinagoga
la catedral	el museo	el taxi
el centro comercial	la parada de autobús	el teatro
el cine	el parque	la zapatería

En el banco

el cambio	el cheque de viajero	la moneda
la cuenta	el dinero	la tarjeta de crédito
el cheque	el efectivo	

En la oficina de correos

el buzón	la estampilla	el sobre
la carta	el sello	la tarjeta postal
la dirección	el paquete	

Verbos y expresiones verbales

abrir	esperar	recibir
ahorrar	firmar	regresar
cambiar	ganar	repetir (i,i)
cerrar (ie)	gastar	sacar
cobrar	invitar (a)	terminar
contar (ue)	mandar	visitar
depositar	morir (ue,u)	volver (ue)
empezar (ie) (a)	pagar	echar al correo
encontrar (ue)	pasar	hacer cola
entrar (en)	perder (ie)	

I. El **se** impersonal

Usted está en una ciudad que no conoce bien. Escriba preguntas para averiguar dónde se hacen las siguientes cosas. Escriba una posible respuesta.

> MODELO encontrar/la oficina de correos
> **¿Dónde se encuentra la oficina de correos? Se encuentra en la avenida. . .**

1. depositar/dinero
2. tomar/autobús
3. comprar/periódicos
4. vender/collares y aretes

II. El pretérito: verbos regulares

Diga usted lo que hicieron las personas ayer en el banco.

> MODELO yo/trabajar todo el mes de octubre
> **Trabajé todo el mes de octubre.**

1. yo/ir al banco ayer
2. yo/empezar a trabajar a las nueve
3. muchas personas/abrir cuentas
4. mi prima/cobrar un cheque
5. tú/cambiar cheques de viajero
6. nosotros/contar nuestro dinero
7. yo/sacar mi tarjeta de crédito
8. ustedes/pagar la cuenta
9. yo/ver a muchos amigos míos allí
10. yo/trabajar en el banco todo el día

III. El pretérito: verbos con cambios en la raíz

Hoy, usted es la profesora/el profesor. Hágale preguntas a Ana, y luego a Carlos y a Felipe.

> MODELO repetir el número
> **Ana, ¿repitió usted el número? Carlos y Felipe, ¿repitieron ustedes el número?**

1. pedir la dirección
2. preferir mandar la carta certificada
3. dormir bien después de volver del centro

IV. Pronombres de complemento directo

A. El tío Antonio va a Cancún de vacaciones. Va a llevar a muchos amigos y parientes. Indique usted a quién va a llevar.

> MODELO Elena quiere ir.
> **Antonio va a llevarla.**

1. Yo quiero ir. **Antonio. . .**
2. Nosotros queremos ir.
3. Ustedes quieren ir.
4. Mis hermanas quieren ir.
5. Mis hermanos quieren ir.
6. Pepita quiere ir.
7. Tú quieres ir.

B. Usted y su hermano van a la oficina de correos. Conteste sus preguntas según el modelo.

> MODELO ¿Encontraste el paquete?
> **Sí, lo encontré.**

1. ¿Encontraste las estampillas?
2. ¿Firmaste las cartas?
3. ¿Cambiaste la dirección?
4. ¿Recibiste los paquetes?

C. Conteste las preguntas con un pronombre de complemento directo.

> MODELO ¿Quiere usted conocer al Presidente?
> **Sí, quiero conocerlo.** (o) **No, no quiero conocerlo.**

1. ¿Quiere usted ver a sus amigos(as) hoy?
2. ¿Va a llamar a sus padres esta noche?
3. ¿Necesita depositar dinero?
4. ¿Desea usted abrir una cuenta bancaria ahora?

V. Repaso general del Capítulo 6

Conteste en oraciones completas.

1. ¿A qué hora se abren los almacenes?
2. ¿Gastó usted mucho dinero en el almacén el mes pasado?
3. Ayer usted fue a un café con sus amigos. ¿Qué pidieron ustedes?
4. ¿Fueron usted y sus amigos al centro el sábado por la noche?
5. ¿Vieron ustedes la película "Lo que el viento se llevó" (*Gone with the Wind*)?
6. ¿Cuántas horas durmieron ustedes anoche?

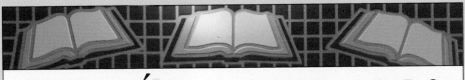

RINCÓN LITERARIO

ESPAÑA

Poemas de Gloria Fuertes

Gloria Fuertes (1918–   ), famosa escritora española, figura en numerosas antologías poéticas. A ella no le interesa la fama y dice: "Mi nombre figura en numerosos corazones° poéticos ¡esto sí que vale°!" A causa de los horrores de la guerra civil española (1936–39), Gloria Fuertes se hizo pacifista y también empezó a escribir literatura para niños. Para ella la poesía es una nueva religión, una fuerza que puede acabar con° la injusticia, el odio° y las guerras. Sus temas más comunes son: (a) la injusticia, la guerra, la tristeza, la angustia°, y (b) la vida, la paz, el amor y el futuro.

hearts / worthwhile

stop / hatred
anguish

Reading Strategies

Quickly read the following selections. Select key words and phrases from each selection that will permit you to identify specific themes from those listed above.

Música celestial

El amor fue mi maestro,
él me enseñó° a poner las manos en tu cuerpo,
y sonabas°, sonabas,
como celestial guitarra.

taught
sounded

¿Con qué asocia ella el amor?

Son celdas de castigo°

Son celdas de castigo.
¿Oyes? ¿Los oyes?
Son salas de hospitales.
¿Oyes? ¿Los oyes?
Son campos de batalla.
¿Oyes? ¿Los oyes?
Son los pobres del mundo.
¿Oyes? ¿Los oyes?
Son los enamorados° abandonados.
¿Oyes? . . . ¿Nos oyes?

solitary confinement

lovers

¿En qué línea del poema demuestra Gloria su compasión por los enfermos? ¿los prisioneros? ¿los que aman pero pierden a su amado(a)? ¿los que tienen que luchar en guerras? ¿los que tienen poco o nada? ¿Con qué grupo se identifica más Gloria Fuertes?

Manos a la obra°

Basta° con una mano para matar°.
Necesitamos dos para acariciar°,
dos para aplaudir,
todas las manos del mundo
para la paz.

Let's get to work
is enough / to kill
caress

¿Qué contraste hace Gloria entre el número de manos necesarias para matar y las que son necesarias para la paz?

Antiguo ejercicio de redacción° de Glorita

Existe un hormiguero°
que tiene cinco mil millones de hormigas.
Este hormiguero se llama Tierra
y sus hormigas se llaman personas.
Muchos de estos seres
no son hormigas,
—y lo que es peor—
no son personas.
En el hormiguero,
la mitad° de las hormigas trabajan
y comen mal,
para que la otra mitad no trabaje
y lo pase bien.

editing
anthill

half

En su opinión, ¿A quiénes critica ella en este poema?

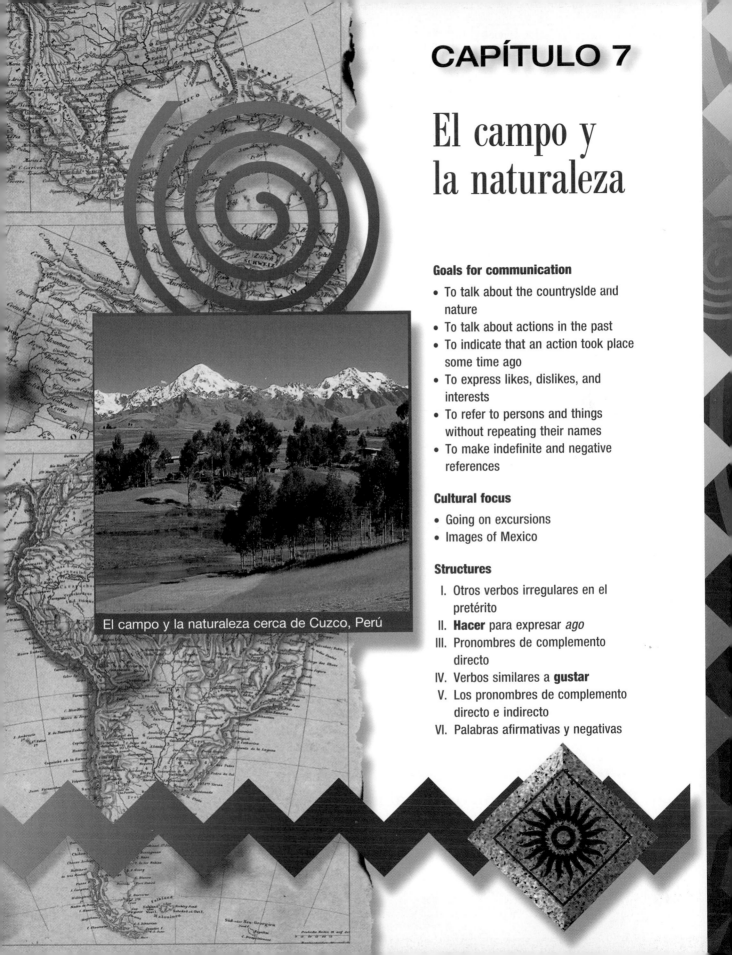

CAPÍTULO 7

El campo y la naturaleza

El campo y la naturaleza cerca de Cuzco, Perú

Goals for communication

- To talk about the countryslde and nature
- To talk about actions in the past
- To indicate that an action took place some time ago
- To express likes, dislikes, and interests
- To refer to persons and things without repeating their names
- To make indefinite and negative references

Cultural focus

- Going on excursions
- Images of Mexico

Structures

I. Otros verbos irregulares en el pretérito
II. **Hacer** para expresar *ago*
III. Pronombres de complemento directo
IV. Verbos similares a **gustar**
V. Los pronombres de complemento directo e indirecto
VI. Palabras afirmativas y negativas

1. el cielo
2. la nube
3. el sol
4. los pájaros
5. el bosque
6. el valle
7. acampar
8. la tienda de campaña, la carpa
9. el fuego
10. el río
11. el caballo
12. montar a caballo
13. la hierba
14. las flores
15. la choza
16. el gato
17. las gallinas
18. el cerdo
19. la serpiente
20. la selva

CAPÍTULO 7   El campo y la naturaleza

1. sky 2. cloud 3. sun 4. birds 5. forest, woods 6. valley 7. to camp 8. tent 9. fire 10. river 11. horse
12. ride horseback 13. grass 14. flowers 15. hut 16. cat 17. chickens 18. pig 19. snake 20. jungle

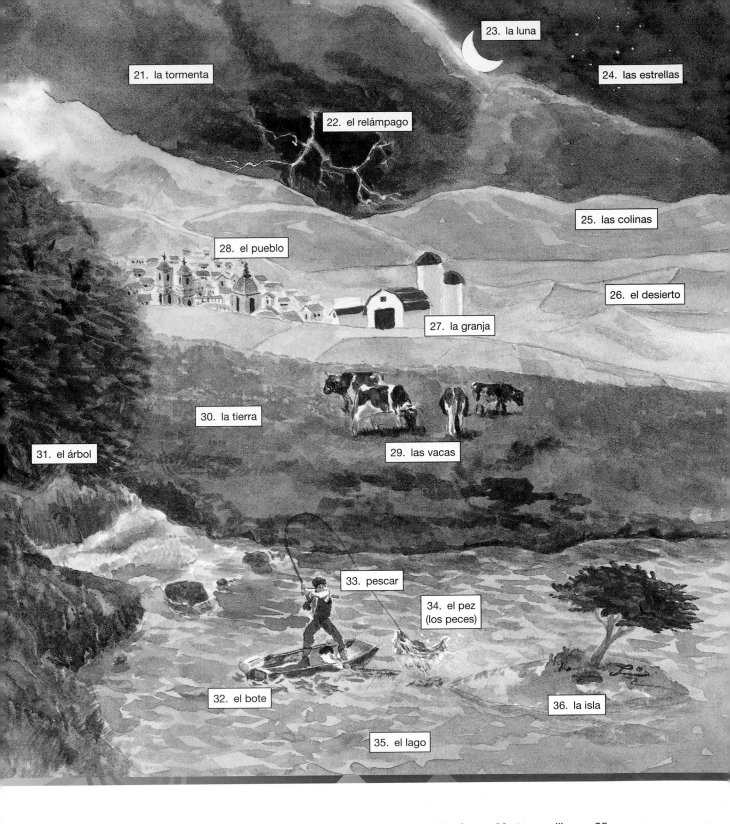

21. la tormenta
22. el relámpago
23. la luna
24. las estrellas
25. las colinas
26. el desierto
27. la granja
28. el pueblo
29. las vacas
30. la tierra
31. el árbol
32. el bote
33. pescar
34. el pez (los peces)
35. el lago
36. la isla

21. storm 22. lightning 23. moon 24. stars 25. hills 26. desert 27. farm 28. town, village 29. cows
30. land, earth 31. tree 32. boat (small) 33. to fish 34. fish 35. lake 36. island

Práctica y comunicación

A. El campo y la naturaleza

Identifique según los dibujos en las páginas 216–217.

1. lo que se ve en el cielo (siete cosas)
2. la tierra que se ve entre las montañas altas
3. el equipo que tienen las personas que están acampando
4. lo que hacen las personas que están acampando para cocinar la comida
5. lo que la mujer hace en el caballo
6. el grupo de árboles que se ve al pie de las montañas
7. el agua que se ve corriendo frente al campamento
8. la casa pequeña que se ve en el campo, con flores, hierba y muchos animales
9. los animales que están cerca de la choza
10. el lugar donde hay mucha vegetación tropical, insectos y serpientes
11. las montañas bajas que se ven a la distancia
12. la tierra donde no llueve mucho y hay cacto
13. la ciudad muy pequeña que se ve al pie de las montañas
14. la casa grande de campo con mucha tierra
15. los animales que están en la granja
16. lo que pescan los hombres en el bote
17. la porción de tierra con una palmera que se ve en el lago

BIEN DICHO La naturaleza y expresiones útiles

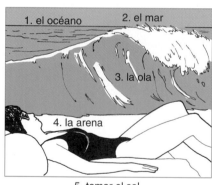

1. el océano 2. el mar 3. la ola 4. la arena 5. tomar el sol

6. tener miedo 7. la araña 8. la mosca 9. el mosquito 10. los insectos 11. el animal

La naturaleza y expresiones útiles (continuado)

la **naturaleza**	*nature*
ir de/estar de vacaciones	*to go on/be on vacation*
hacer un viaje en barco	*to take a trip by boat, ship*
viajar	*to travel*
andar	*to go, travel along, walk*
por	*for, down, by, along, through*

---

1. ocean 2. sea 3. wave 4. sand 5. to sunbathe 6. to be afraid 7. spider 8. fly 9. mosquito 10. insects
11. animal

B. Sus gustos y deseos

En parejas, lean las categorías que siguen e indiquen su gusto personal de manera afirmativa o negativa.

Me gusta. . ./No me gusta. . .

1. pescar
2. nadar en los ríos (¿y en los lagos?) (¿y en el mar?)
3. construir castillos en la arena
4. jugar en las olas
5. navegar en barco
6. tomar el sol
7. contemplar la naturaleza
8. montar a caballo
9. andar por el bosque solo(a)
10. acampar
11. andar por la playa
12. las tormentas grandes con muchos relámpagos
13. las serpientes ¿y las arañas?

Tengo ganas de. . ./No tengo ganas de. . .

14. ir al mar
15. hacer un viaje a las montañas
16. ir de vacaciones a la selva amazónica
17. viajar a la luna
18. ir de vacaciones a una isla tropical

Refranes: **El árbol se conoce por sus frutos.**
Más vale pájaro en mano que cien volando.
En boca cerrada no entran moscas.

¿Cómo puede usted explicar en español estos refranes?

C. ¿Son ustedes artistas?

Vamos a dibujar cuadros espectaculares de la naturaleza.

(a) La profesora/el profesor dibuja cuatro cuadros grandes en la pizarra.
(b) Ocho estudiantes "artísticos" pasan a la pizarra (dos por cuadro).
(c) La clase se divide en cuatro equipos. Cada equipo les da instrucciones a sus dos artistas para que completen el cuadro. Cada equipo tiene cinco minutos para completar su obra de arte.

MODELO
ESTUDIANTE A UNO(A) DE SUS ARTISTAS: **Dibuja el sol en el cielo.**
ESTUDIANTE AL OTRO (A LA OTRA) ARTISTA: **Dibuja un lago**, etc.

(d) La clase decide cuál es el mejor cuadro.
(e) El equipo que ganó pasa a la pizarra y explica lo que hay en el cuadro.

D. La naturaleza y Nutrileche
En parejas, describan la escena. Luego, expliquen por qué Nutrileche usa esta escena para anunciar su producto.

Conversación

Una aventura acampando

Dos amigos, Rubén y Alfonso, están acampando cerca de un lago en las montañas. Una noche conversan sobre una experiencia que tuvo Rubén.

ALFONSO: Tengo ganas de ir a caminar por el bosque. ¿Vienes conmigo?

RUBÉN: ¿Ahora? ¿En la noche? ¡No!

ALFONSO: ¿Por qué no?

RUBÉN: El año pasado estuve acampando aquí con unos amigos. Una noche, decidimos explorar el bosque y escalar° la montaña. ¡Tuvimos una experiencia muy extraña! *climb*

ALFONSO: ¿Qué pasó?

RUBÉN: Primero, comenzó una tormenta con relámpagos. Luego, al bajar° de la montaña, oímos un ruido°. Todos corrimos hacia el lago y un animal muy grande nos siguió° hasta nuestra tienda de campaña. *going down / noise followed*

ALFONSO: ¿Un tigre? ¿Un león?

RUBÉN: No, una vaca.

ALFONSO: ¡Una vaca! ¡Qué miedoso!

RUBÉN: Bueno, entonces si no tienes miedo y quieres ir al bosque ahora, puedes ir solo.

ALFONSO: No gracias, creo que mejor voy a dormir.

Describa la escena. Puyupatamarca, Perú

¿Qué pasa?

¿Cierto o falso?

1. Alfonso quiere andar por el bosque. Sí
2. Rubén y Alfonso conversan durante el día. Sí
3. Rubén tuvo una aventura muy extraña el año pasado. Sí
4. Un león siguió a los muchachos. No una vaca
5. Después de escuchar la historia de Rubén, Alfonso tuvo miedo. Sí

Estructura

I. *Expressing additional actions in the past:* Otros verbos irregulares en el pretérito

¿Tuviste una fiesta anoche?

You learned in Chapter 6 how to form the preterit of regular verbs, of stem-changing verbs (**o** > **u, e** > **i**), and of the irregular verbs **ser** and **ir** in order to talk about completed actions in the past. Following are additional verbs that have irregular stems and endings in the preterit.

STEM + IRREGULAR ENDINGS: **-e, iste, -o, -imos, -isteis, -ieron**

Infinitive	Stem	Preterit Forms
estar	**estuv-**	estuve, estuviste, estuvo, estuvimos, estuvisteis, estuvieron
tener	**tuv-**	tuve, tuviste, . . .
andar	**anduv-**	anduve, anduviste, . . .
poder	**pud-**	pude, pudiste, . . .
poner	**pus-**	puse, pusiste, . . .
saber	**sup-**	supe, supiste, . . .
hacer	**hic-**	hice, hiciste, . . .[1]
venir	**vin-**	vine, viniste, . . .
querer	**quis-**	quise, quisiste, . . .

[1]The **él, ella, usted** form of **hacer** is **hizo**: hice, hiciste, **hizo**. . .

STEM + IRREGULAR ENDINGS: **-e, -iste, -o, -imos, -isteis, -eron**

traer	**traj-**	traje, trajiste, trajo, trajimos, trajisteis, trajeron[1]
decir	**dij-**	dije, dijiste, . . .
traducir	**traduj-**	traduje, tradujiste, . . .
conducir	**conduj-**	conduje, condujiste, . . .

[1]Notice the difference in the **ellos, ellas, ustedes** endings (**-ieron** and **-eron**) in these two groups of verbs. Verbs whose stems end in **j** add **-eron** instead of **-ieron**.

"More verb conjugations to learn! But these are really important too—the verbs **estar, hacer,** and others listed here are some of the most common verbs used. It might help you to keep a separate notebook just for conjugating verbs, so you have all that inforamtion in one spot."—*R. Fink, Hardin-Simmons University*

"Notice that these irregular verbs don't have accents in the preterit tense (shown here). Regular verbs in the preterit do have accents in the **yo** form and the **Ud.** form."—*R. Johnson, San Bernardino Valley College*

Observe the use of the irregular preterit forms in the sample sentences.

¿Qué **hiciste** la semana pasada?	*What **did** you **do** last week?*
Algunos amigos **vinieron** a visitarme.	*Some friends **came** to visit me.*
Trajeron su canoa e **hicimos** un viaje al río.	*They **brought** their canoe and we **took** a trip to the river.*
Estuvimos allí tres días.	*We **were** there for three days.*
Dijeron que la experiencia fue fenomenal.	*They **said** that the experience was awesome.*

¡QUIEN DIJO QUE LOS FANTASMAS NO EXISTEN!

NO SE ACEPTAN PASES DE CORTESIA

CASPER

La Nueva Aventura de Gasparín

Note

In the preterit, the verbs **saber, querer**, and **poder** convey a different meaning than in the present.

conocer	Lo **conocí** ayer.	*I **met** him yesterday.*
saber	**Supe** hacerlo.	*I **found out** how to do it.*
querer	**Quise** hablar con ella.	*I **tried** to speak to her.*
no querer	**Ella no quiso** hablar conmigo.	*She **refused** to speak with me.*
poder	**Pude** escalar la montaña.	*I **succeeded** in climbing the mountain.*
no poder	**No pude** escalarla.	*I **failed** (after trying) to climb it.*

Práctica y comunicación

E. Un viaje a la playa

Linda y Natalia decidieron ir a la playa. Describa lo que pasó según los dibujos.

Natalia y Linda/poner. . .

pusieron (handwritten)

Natalia y Linda/hacer un viaje. . .

hicieron un viaje al playa. (handwritten)

llevar. . .

llevaron (handwritten)

jugar. . .

jugaron en el océano (handwritten)

haber (handwritten, margin)
hubo (handwritten, margin)

andar por. . .

anduvieron por arena (handwritten)

querer. . .

tried but did suceed (handwritten)
quisieron a tomar el sol (handwritten)

no poder. . .

no pudieron a tomar el sol porque una to to leave (handwritten)

tener que. . .

tuvieron que volver regresar (handwritten)

F. Un viaje a las montañas

Usted y su amigo(a) acamparon en las montañas. Narre su experiencia usando la forma **nosotros(as)**.

El verano pasado (conducir) _condujimos_ a las montañas en nuestro Jeep para acampar. (Poner) _Pusimos_ la carpa al lado del río. (Querer) _Quisimos_ pescar pero no (poder) _Pudimos_ porque no (llevar) _llevamos_ las cañas de pescar. (Andar) _Anduvimos_ por el bosque por una hora y luego (volver) _volvimos_ al campamento para cenar. (Hacer) _Hicimos_ un fuego; (preparar) _preparamos_ la comida; y ¡(comer) _Comimos_ bien! (Estar) _Estuvimos_ allí por dos días. (Tener) _Tuvimos_ que volver a la ciudad el domingo por la noche.

G. Tú y yo

En parejas, hagan preguntas y contéstenlas.

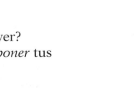

MODELO ¿qué *hacer* anoche?
¿Qué hiciste anoche?
Hice la tarea, miré la televisión, etc.

1. ¿qué *hacer* el fin de semana pasado?
2. ¿qué *tener* que hacer anoche? ¿*querer* estudiar los verbos irregulares?
3. ¿*leer* el Panorama Cultural del Capítulo 6? ¿*traducir*lo?
4. ¿*poder* contestar las preguntas en el cuaderno de ejercicios? ¿*saber* todas las respuestas?
5. ¿*salir* anoche después de estudiar? ¿adónde *ir*?
6. ¿dónde *estar* anoche a medianoche?
7. ¿*conducir* al centro ayer? (¿por qué?)
8. ¿*andar* por la ciudad ayer?
9. ¿a qué hora *volver* a la residencia estudiantil o a tu casa ayer?
10. ¿*venir* a la clase a tiempo hoy? ¿*traer* tu mochila? ¿dónde *poner* tus cosas?

H. RADIO COLONIA: Las noticias (*news*) del día

El profesor/La profesora es locutor/locutora (*talkshow host*) de RADIO COLONIA. Ustedes van a contribuir noticias interesantes.

(a) En parejas, determinen quién en la clase va a ser su "víctima". Inventen una "historia" falsa describiendo cuatro cosas que él o ella hizo la semana pasada.

MODELO **Tom fue a Acapulco con Jim, y. . . ,** etc.

(b) El locutor o la locutora, con su micrófono imaginario, invita a las parejas a presentar sus noticias en RADIO COLONIA.

MODELO
LOCUTOR(A): **Buenos días/Buenas tardes.**
(*a la pareja*) **¿Cómo se llaman ustedes?** . . .
¿De quién tienen noticias? . . .
PAREJA: **Tenemos noticias de. . .**

I. Viajes extraordinarios

Divídanse en seis grupos. Cada grupo selecciona un secretario o una secretaria. Imaginen que hicieron un viaje a uno de los lugares de la lista. Cada grupo describe sus experiencias mientras el secretario o la secretaria las escribe. Tienen cinco minutos para completar la descripción.

Fuimos. . .

1. a la playa en. . .
2. a las montañas en. . .
3. a la selva en. . .
4. al desierto en. . .
5. a una granja en. . .
6. a la ciudad de. . .

¿Cuándo estuvieron allí? ¿Qué vieron? ¿Qué hicieron?
Al concluir, cada secretario(a) puede dar una breve presentación de las aventuras del grupo.

NOTICIAS CULTURALES

IR DE EXCURSIÓN

Salir al campo o ir a la playa los domingos con la familia o con amigos son tradiciones comunes entre los hispanos. La excursión familiar los fines de semana se practica con mucha frecuencia cuando llega la primavera o el verano. A veces son grupos de familiares—tíos, primos, abuelos—que se reúnen en la playa, en el campo o en algún parque. Con frecuencia llevan ingredientes para hacer un picnic. Bocadillos o sandwiches son una comida común pero también se cocina. En España es tradición ir al campo o al río los domingos y preparar un fuego donde se cocina una paella, o se llevan chuletas para hacer una parrillada°.

barbecue

La familia está de excursión. Describa la escena ¿Qué van a comer?

¿Cuánto sabemos?

Complete las siguientes frases.
1. Muchos hispanos salen de excursión durante. . .
2. Generalmente van a. . .y se reúnen con. . .
3. En las excursiones, muchas veces llevan. . .
4. Con frecuencia preparan. . .

Estructura

II. *Indicating an action that took place some time ago:*
Hacer para expresar *ago*

In order to indicate an action that took place some time ago, use **hace** + the amount of time. The verb that indicates the action is most commonly in the preterit tense.

> preterit tense of action + **hace** + amount of time

Fuimos al río **hace dos semanas**.   *We went to the river two weeks ago.*

An alternate word order is:

Hace dos semanas que fuimos al río.

When answering a question, the verb is often omitted.

¿Cuánto tiempo hace que acampaste en las montañas? (o)
¿Cuándo acampaste en las montañas?
Hace dos meses.

"The verb is omitted because the action has already been established in the question and doesn't need to be repeated."—*E. Dearnley-Davison, St. Mary's University*

STUDY HINT

Review in Chapter 5, p. 166, the **hace** + *time* construction used to indicate that an action has been going on for a period of time and still is.

J.   ¿Cuándo fue la última vez (*last time*) que. . . ?
Conteste para indicar cuánto tiempo hace que usted participó en la actividad.

> MODELO   ¿A quién en esta clase le gusta acampar? . . . (*Alguien levanta la mano*.)
>
> ¿Cuándo fue la última vez que usted acampó en las montañas?
>
> **Acampé en las montañas hace dos años**, etc. (o) **Hace dos años.**

1. ¿A quién le gusta viajar? ¿Cuándo fue la última vez que usted hizo un viaje? ¿Adónde fue?

2. ¿A quién le gusta esquiar? ¿Cuándo fue la última vez que usted esquió en las montañas?

3. ¿A quién le gusta montar a caballo? ¿Cuándo fue la última vez que usted montó a caballo?

4. ¿A quién le gusta ir a la playa? ¿Cuándo fue la última vez que usted fue a la playa?

5. Y ahora, unas preguntas muy personales. ¿A quién no le gusta limpiar su cuarto?

¿Cuándo fue la última vez que usted limpió su cuarto? ¿y usted? Entonces, ¿quién tiene el cuarto más sucio?

K.   Actividades memorables

1. Haga una lista de tres cosas interesantes que usted hizo hace tiempo.

> MODELO   **Fui a Disneylandia.**
> **Asistí a un concierto de Jon Secada.**
> **Esquié en las montañas de Colorado.**

2. En parejas, háganse preguntas para averiguar cuánto tiempo hace que hicieron las actividades de la lista.

> MODELO
> ESTUDIANTE #1: **¿Cuándo fuiste a Disneylandia?**
> ESTUDIANTE #2: **Fui hace cinco años.** (o) **Hace cinco años.**

3. Ahora, indíquele a la profesora/al profesor o a la clase cuánto tiempo hace que su compañero o compañera hizo la actividad más interesante de la lista.

> MODELO   **Ana fue a Disneylandia hace cinco años.**

Estructura

III. _Indicating to whom something is done:_ Pronombres de complemento indirecto

An indirect object identifies the person affected indirectly by the action of the verb, thus telling to whom (or, at times, for whom) something is done.

I gave the book to her. (or) _I gave her the book._

In contrast you will remember that the direct object receives the action directly from the verb.

I saw her yesterday.

A. Los pronombres de complemento indirecto

The following forms are used when the indirect object is a pronoun.

me	(to) me	**Me** escribieron ayer.
te	(to) you	¿**Te** mandaron una tarjeta postal?
le	(to) you	Quiero dar**le** un regalo.
	(to) him	
	(to) her	

nos	(to) us	**Nos** trajeron flores.
os	(to) you	¿**Os** trajeron algo?
les	(to) you	¿**Les** dieron todos los chocolates?
	(to) them	
	(to) them	

"You may want to review the information about direct object pronouns on page 203."—C. O'Brien, Southern Connecticut State University

1. The indirect object pronoun, like the direct object pronoun, is placed immediately before a conjugated verb but may be attached to infinitives and the present participle.

> **Me** dijeron que el volcán es muy impresionante.
> Van a traer**me** una foto.
> Están explicánd**ome** cómo llegaron al cráter.

2. It is common to use the forms **a mí, a ti, a usted, a él, a ella, a nosotros(as), a vosotros(as), a ustedes, a ellos, a ellas** to emphasize the identity of the indirect object pronoun. This is especially true when the third-person pronoun is used, as the additional phrase may be needed for clarity.

> **Le** escribí **a ella** anoche.   *I wrote **to her** last night.*
> ¿**Te** escribió **a ti**?   *Did she write **to you**?*

It is also common to use an indirect object *noun in conjunction with* the third person *pronouns* **le** and **les**. Even when the noun is used, however, **le** and **les** cannot be omitted.

> **Les** escribí **a mis primos**.   *I wrote **to my cousins**.*
> **Le** mandé una tarjeta postal **a Susan**.   *I sent a postcard **to Susan**.*

STUDY HINT ━━━━━━━━━━━━━━━━━━━━━━━

Review the direct object pronouns in Chapter 6, pp. 203–204.

B. Verbos que frecuentemente se usan con los pronombres de complemento indirecto

Indirect objects are frequently used with the following verbs, as one generally gives, sends, shows, lends, etc. things TO SOMEONE.

use OI with these   indirect

dar	*to give*
mandar	*to send*
mostrar (ue)	*to show*
prestar	*to lend*
devolver (ue)	*to return* (something)
pedir (i, i)	*to ask for, request*
preguntar/contestar	*to ask, inquire/to answer*
escribir	*to write*
explicar	*to explain*
decir (i)	*to say, tell*
contar (ue)	*to tell, narrate*

▉▉▉ Práctica y comunicación

L. Usted y su mejor amigo o amiga

Vamos a explorar la relación que usted tiene con su mejor amigo o amiga. Conteste para confesar si usted hace las cosas indicadas o si no las hace.

> MODELO ¿Le manda usted tarjetas postales cuando usted viaja?
> **Sí, (siempre) (a veces) le mando tarjetas postales.** (o)
> **No, (nunca) le mando tarjetas postales.**

1. ¿Le escribe usted?
2. ¿Le contesta usted inmediatamente cuando él/ella le escribe a usted?
3. ¿Le pide usted dinero? ¿Le presta usted dinero?
4. ¿Le manda usted regalos de cumpleaños?
5. ¿Le habla usted de sus problemas personales?
6. ¿Le muestra usted sus notas?
7. ¿Le cuenta usted todos los detalles de su vida social?
8. ¿Le dice usted la verdad (*truth*) siempre?
9. ¿Le dice usted mentiras (*lies*) a veces?

M. Preguntas personales

En parejas, háganse las preguntas y contéstenlas, según lo que ocurrió **la semana pasada** o **recientemente**.

1. ¿Les escribiste a tus amigos y amigas la semana pasada? ¿y a tus padres? ¿Los llamaste por teléfono?
2. ¿Le prestaste un casete o un disco compacto (CD), a tu compañero(a) de cuarto? (¿Cuál?)
3. ¿Le diste un poco de dinero a uno(a) de tus amigos(as)? ¿Él/Ella te devolvió el dinero inmediatamente?
4. ¿Le diste un regalo a tu novio(a)? (¿Qué regalo?)
5. ¿Le mostraste la tarea a la profesora/al profesor?
6. ¿Le explicaste la tarea a un(a) amigo(a) en la clase de español?
7. ¿Le preguntaste a la profesora/al profesor si hay tarea para mañana? (¿Qué dijo?)
8. ¿Les preguntaste a tus amigos si hay una fiesta este fin de semana?

Estructura

IV. *Expressing likes, dislikes, and interests:* **Verbos similares a gustar**

You will recall that in Chapter 3 you learned to use **gustar** in order to express likes and dislikes. The following verbs allow you to express additional and varying degrees of likes, dislikes, and interests.

encantar	*to like a lot, to love*	**Me encanta** esquiar en el lago.
fascinar	*to be fascinating to, to fascinate*	**¿Te fascinan** las tormentas?
molestar	*to be annoying to, to bother*	**Le molesta** el calor.
interesar	*to be interesting to, to interest*	**Nos interesan** esos pájaros.
importar	*to be important to, to matter*	No **les importa** si llueve.

All of the previous verbs function like **gustar** in that they are used with indirect object pronouns (**me, te, le, nos, os, les**) and with the third-person singular or plural form of the verb.

STUDY HINT

Review **gustar** on pages 92–94.

Práctica y comunicación

N. Sus gustos

Exprese su reacción a las cosas y actividades indicadas usando una de las tres opciones:

molestar   **fascinar**   **encantar**

> MODELO   las arañas
> (*posibles respuestas*) **Me molestan las arañas.** (o)
> **Me fascinan las arañas.**

1. las serpientes
2. los mosquitos
3. los gatos
4. la idea de vivir en el campo
5. navegar en barco
6. tomar el sol
7. contemplar la naturaleza
8. tener que estudiar para los exámenes
9. hacer ejercicio
10. dormir
11. las películas románticas (¿y de ciencia ficción?) (¿y de terror?)
12. mis compañeros y compañeras de clase

Y ahora. . .hágale las siguientes preguntas a un compañero o a una compañera de la clase de español:

¿Qué cosas te fascinan o te encantan? ¿Qué cosas te molestan?

Luego presenten a la clase información interesante.

> **A Tim le fascinan las arañas**, etc.

O. Sus intereses

Indique si a usted **le interesan** o **no le interesan** las siguientes cosas.

> MODELO   la[1] historia
> (*posibles respuestas*) **Me interesa la historia.** (o)
> **No me interesa la historia.**

1. la religión
2. la filosofía
3. la música clásica ("country") ("rock") ("jazz")
4. las ciencias
5. la psicología
6. las matemáticas
7. el español
8. la idea de viajar a la luna
9. la idea de vivir solo(a) en las montañas
10. la idea de pasar tiempo en la selva
11. la idea de viajar por todo el mundo

Y ahora. . .hágale las siguientes preguntas a un compañero o a una compañera de la clase de español:

¿Qué cosas te interesan? ¿Qué cosas no te interesan?

Luego presenten a la clase información interesante.

> **A Claudia le interesa la astrología.** (etc.)

---

[1]In Spanish, when referring to a general category—for example, "history"—use the definite article: **la historia** = *history* (in general).

P. Sus valores (*values*)

En parejas, indiquen si a ustedes **les importan** o **no les importan** las siguientes cosas. ¡Sean sinceros(as)!

> MODELO la familia
> **Sí, la familia me importa mucho.**
>
> el dinero
> **No, el dinero no me importa nada.**

1. las cosas materiales
2. las notas
3. ganar mucho dinero
4. tener una casa grande
5. tener coche
6. tener un coche caro
7. tener un esposo rico o una esposa rica
8. tener una familia muy unida
9. tener ropa elegante
10. pasar tiempo con amigos
11. ser miembro(a) de una "fraternidad" o "sororidad"
12. tener una buena educación

Ahora la profesora/el profesor solicita información acerca de los estudiantes de la universidad en general.

> **A los estudiantes de esta universidad, ¿les importan las cosas materiales?**, etc.

Estructura

V. *Answering the questions of WHAT? and TO WHOM? without repeating names:* Los pronombres de complemento directo e indirecto

When a verb takes both an indirect and a direct object pronoun, the indirect object pronoun always comes first.

$$\underset{\text{to me it}}{}$$

La profesora **me lo** explicó.   *The professor explained it to me.*

When both the indirect and direct object pronouns refer to the third person, the indirect object pronoun **le** or **les** changes to **se**.

> "I remember this construction by thinking that people come before things: *me* before *it* and also by thinking, *Never lay low.* Don't use **le** and **lo** together!"—*C. O'Brien, Southern Connecticut State University*

$$
\text{le (or) les } +
\begin{cases}
\text{lo = se lo} \\
\text{la = se la} \\
\text{los = se los} \\
\text{las = se las}
\end{cases}
$$

¿**Le** mostraste **la foto** a Esteban?	*Did you show the photo to Steven?*
Sí, **se la** mostré.	*Yes, I showed it to him.*

Direct and indirect object pronouns used in combination follow the same rules for placement as single object pronouns. Remember that the indirect object pronoun always comes first!

Carlos **me lo** explicó.	*Charles explained it to me.*
Carlos va a explicár**melo**.	*Charles is going to explain it to me.*
Carlos está explicándo**melo**.	*Charles is explaining it to me.*

Note

When two pronouns are added to the infinitive or present participle, a written accent is added to preserve the original stress pattern.

Va a **explicármelo**.
Está **explicándomelo**.

▐▌ Práctica y comunicación

Q. Estudiantes generosos

1. En parejas, un(a) estudiante le da a su compañero(a) de clase un artículo (reloj, tarjeta de crédito, cartera, bolígrafo, etc.). Cada estudiante pone el artículo encima de su pupitre. Ahora contesten las preguntas del profesor/de la profesora.

   MODELO   Srta. Miller, ¿quién le dio a usted esa chaqueta?
   Carlos me la dio.   *(continuado)*

2. Ahora, usando los mismos artículos, los estudiantes andan por la clase, haciéndoles preguntas a cinco o seis estudiantes diferentes.

MODELO **Paula, ¿quién te dio ese reloj?**
Tomás me lo dio.

Ahora, ¡devuélvanle los artículos a su compañero o a su compañera, por favor!

R. Buenas amigas/Buenos amigos
En parejas, hagan preguntas y contéstenlas.

MODELO *¿prestarme* tu computadora?
¿Me prestas tu computadora?
Sí, te la presto. (o)
No, no te la presto.

1. *¿prestarme* tu calculadora?

tu tarjeta de crédito	tu bicicleta
tu paraguas	cinco dólares
tu coche	cincuenta dólares

2. *¿explicarme* la tarea?

los verbos irregulares	el ejercicio del cuaderno
la gramática	las palabras que no entiendo

3. *¿mostrarme* tu tarea?

tu reloj	las fotos en tu cartera
tu anillo	la revista que compraste

4. *¿darme* esa chaqueta?

ese reloj (anillo)	tu tarjeta de crédito
esa cadena (pulsera)	diez dólares
ese suéter	

S. El distraído/La distraída (*The forgetful one*)
Imagine que su amiga Carmen es muy generosa y que le ha prestado a usted muchas cosas. Un(a) amigo(a) de Carmen le hace preguntas a usted y usted responde. Trabajen en parejas.

MODELO el libro
ESTUDIANTE #1: **¿Le devolviste el libro a Carmen?**
ESTUDIANTE #2: **¡Ay, no! Tengo que devolvérselo pronto.**

1. los casetes	3. la calculadora	5. las gafas de sol
2. la mochila	4. la bicicleta	6. el dinero

T. Un(a) estudiante desafortunado(a)
Un(a) estudiante se sienta frente a la clase. Aparentemente perdió todas sus posesiones en un robo. Ustedes, siendo generosos, quieren darle algunas cosas. ¿Hay voluntarios? ¿Quién quiere darle algo? Respondan según el modelo.

MODELO
ESTUDIANTE GENEROSO(A): **Quiero darle mi libro de español.**

Ahora, ya que. . .tiene tantas cosas, vamos a ver quiénes se las dieron. Respondan según el modelo.

MODELO ¿Quién le dio el libro de español?
ESTUDIANTE GENEROSO(A): **Yo se lo di.**
¿Verdad, clase?
CLASE: **Sí, . . .se lo dio.**

Estructura

VI. *Making indefinite and negative references:* **Palabras afirmativas y negativas**

You have previously used some affirmative and negative words in Spanish: **siempre, a veces, nunca**. Here are some additional affirmative and negative words.

alguien	*someone, somebody*	**nadie**	*no one, nobody*
algo	*something*	**nada**	*nothing, not anything*
también	*also, too*	**tampoco**	*neither, not either*

Alguien entró en la carpa, pero **nadie** lo vio.
Someone entered the tent, but no one saw him.

Veo **algo** extraño en el lago.
I see something strange in the lake.

Yo **también** lo veo.
I see it also.

Él no ve **nada**. Yo **tampoco**.
He does not see anything. Me either. (Neither do I).

As you already know, in order to express a simple negative idea, **no** is placed before the verb or before a pronoun and verb combination.

No montó a caballo. **No** les explicó por qué.

To express a negative idea involving something that is indefinite, a "double negative" construction is often used.

no + verb + negative word: **No** vi **nada**. *I didn't see anything.*

However, some negative words can precede the verb, thereby eliminating the use of **no**.

negative word + verb: **Nadie** tuvo miedo. *No one was afraid.*

Alguien and **nadie**, when they are objects of the verb, are preceded by the "personal **a**".

Yo vi **a** alguien en el bosque. *I saw someone in the forest.*

■■■ Práctica y comunicación

U. ¿Ves algo?
En parejas, completen la conversación usando **algo, nada, alguien, nadie, también** y **tampoco**. Después, lean la conversación dramáticamente.

Pedro y Pancho están acampando en las montañas. Están pescando en el río cerca de su tienda de campaña.

PEDRO: Pancho, ¡escucha! Oigo a ___alguien___ caminando hacia nuestro campamento.

PANCHO: ¡Estás loco! No hay ___nadie___ aquí. Estamos solos.

PEDRO: Es que no oyes bien. Yo sé que ___alguien___ viene. ¡Ahora lo veo! ¡Allí! Es un cazador (*hunter*).

PANCHO: ¡Cierto! Yo ___también___ lo veo. ¿Qué está haciendo por aquí?

PEDRO: No sé. (*Pedro mira hacia la tienda de campaña.*) ¡Ay de mí! ¡Pancho! ¿Ves ___algo___ extraño cerca de la tienda de campaña?

PANCHO: ¿Dónde? No, no veo ___nada___ .

PEDRO: ¿No lo ves? Mira, hay ___algo___ allí. Es. . .¡es un oso (*bear*) y está comiéndose nuestra comida!

PANCHO: ¡Ay! Pienso que. . .ya no tengo ganas de acampar esta noche.

PEDRO: ___Tampoco___ yo. ¿Qué hacemos?

PANCHO: Pues, . . .no podemos hacer ___nada___ , ¡excepto salir corriendo! (*Desaparecen de la escena rápidamente.*)

V. Buscando información

1. ¿Estudió usted con alguien anoche? (¿Con quién?)
2. ¿Habló usted con alguien por teléfono anoche? (¿Con quién?)
3. Usted y sus amigos, ¿vieron algo divertido en la tele anoche? (¿Qué?)
4. ¿Oyeron ustedes algo interesante en la radio anoche o esta mañana? (¿Qué?)
5. ¿Compró usted algo en la librería la semana pasada? (¿Qué?)
6. Usted y sus amigos, ¿fueron al centro estudiantil ayer? ¿También fueron al gimnasio?
7. ¿Salió usted con alguien interesante el fin de semana pasado? (¿Con quién?)

En resumen

A. Conversando: Contando una historia imaginaria

- Divídanse en grupos de 6–7 estudiantes y formen un círculo.
- El o la estudiante más alto(a) empieza una historia ficticia, usando el pretérito.

    MODELO **Leila hizo un viaje a. . .**

- El o la estudiante le indica a otro(a) estudiante que él o ella debe continuar la historia.
- La historia continúa por cinco minutos.

¿Qué grupo puede inventar el cuento más largo, completo e interesante? . . .

¿Hay voluntarios para contarle la historia a la clase?

B. De mi escritorio: Una descripción de mi aventura

Escriba una descripción de su aventura (real o imaginaria) en el campo, en la selva, en el desierto, en una isla o en las montañas. Incluya:

- adónde fue usted
- cuánto tiempo hace que hizo el viaje
- en qué mes(es)
- por cuánto tiempo estuvo allí
- con quién fue
- por qué fue
- lo que hizo
- lo que vio
- lo que visitó
- las cosas que a usted le encantaron, fascinaron, gustaron y/o molestaron

Imágenes de México

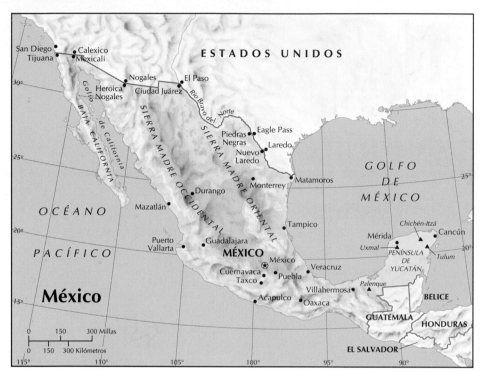

Reading Strategies

Scan each section underlining or highlighting one or two phrases or lines that embody the key idea(s).

¡TAXI!

México, D. F. es la ciudad con más taxis del mundo. ¡Cuenta con una flota de 60,000 taxis!

Un puente[1] entre las Américas

Situado al sur de los Estados Unidos y separado de éstos por el Río Grande, frontera[2] natural, México es un puente entre los países de la América Central y los dos grandes colosos al norte: Canadá y los Estados Unidos.

---

[1]bridge   [2]border

La capital, México, D.F.

¿Sabe usted que México, D. F. es una de las ciudades más grandes del mundo? ¡Tiene una población de casi 24.000.000 de habitantes. Uno de los mayores problemas de esta gran ciudad es la sobrepoblación. La sobrepoblación es causada mayormente por el gran número de mexicanos que emigran a la capital para encontrar trabajo y una vida

mejor. ¡Aproximadamente 2.000 personas de las zonas rurales llegan a México, D. F. cada día! México es una ciudad fascinante donde contrastan la tradición y la modernidad. También es una ciudad donde viven tres culturas: la indígena, la europea y la nueva sociedad

Describa esta vista del Paseo de la Reforma.
México, D.F.

Se puede visitar parte del antiguo sistema de canales de los aztecas en Xochimilco. Describa la escena.
Xochimilco, México

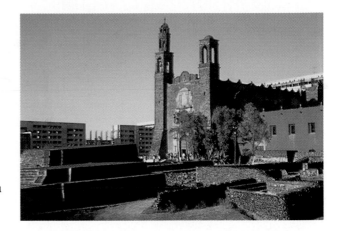

¿Qué contraste de culturas ve usted en esta fotografía de la Plaza de las Tres Culturas?
Tlatelolco, México, D. F.

del futuro. La tradición indígena se nota en el color de las fachadas[3] de las casas, en la ropa del Ballet Folclórico Nacional, en la artesanía[4], los tejidos[5], y en los murales de sus artistas más famosos: Rivera, Orozco y Siqueiros. La modernidad de la capital se manifiesta en los rascacielos, las grandes avenidas, las tiendas y los restaurantes. Por fin, la música de los mariachis, que se puede escuchar en las plazas, en los restaurantes y en el famoso paseo de Xochimilco, crea una atmósfera de alegría y

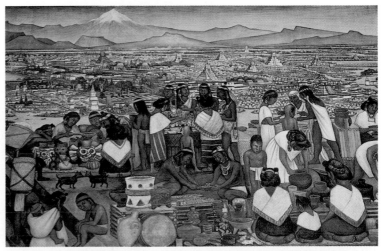

En este mural de Diego Rivera, ¿qué aspectos de la vida azteca puede usted describir? Palacio Nacional. México, D.F.

[3]*facades* [4]*crafts* [5]*weavings*

de romanticismo típicos del pueblo mexicano. ¿Puede usted localizar la ciudad capital en el mapa?

La frontera (norte)

La frontera desde Tijuana hasta Matamoros es patrullada constantemente por la policía estadounidense y mexicana. La mayoría de las personas que vienen aquí quieren pasar la frontera y ganar dinero por un tiempo para mejorar la situación económica de su familia. Algunas ciudades fronterizas son Tijuana, Ciudad Juárez, Nuevo Laredo y Matamoros. ¿Puede usted localizarlas en el mapa?

¿Qué se puede cultivar en esta región fértil de México? El Bajío, México

El Bajío (centro-sur)

En esta región vivieron los aztecas y allí se preparó la guerra de independencia contra España. El Bajío es una región muy rica y muy fértil donde hay una gran producción de cereales, vegetales y frutas. Allí también se crían[6] toros bravos para las corridas de toros, muy populares en México.

---
[6]are raised

PARA ALLÁ Y PARA ACÁ
La frontera más cruzada del mundo es la de México y los Estados Unidos. ¡En 1993 cruzaron 452.657.133 personas!

UN VOLCÁN BEBÉ
Los habitantes de la villa de Paricutín, México, se fascinaban por un lugar cercano donde la tierra siempre estaba caliente y hacía unos sonidos curiosos. Un día de 1943 esta tierra se abrió y comenzó a salir lava. En el primer día creció 35 pies, y continuo creciendo. ¡Nació (*was born*) un volcán!

El Golfo de México (este, sur—área de Tampico, Veracruz, estado de Tabasco)

Ésta fue la primera zona explorada por los españoles. Aquí se producen frutas, cacao, azúcar y otros productos agrícolas. Esta región de costas y montañas tropicales es la más industrializada del país. La industria principal de esta zona es el petróleo y los productos petroquímicos. En el mapa, ¿puede usted localizar dos ciudades importantes en la region del golfo de México?

Esta pareja vuelve a México. En su opinión, ¿por qué visitaron los Estados Unidos? Matamoros, México

¿Cuál es el producto principal de este complejo industrial? Cerca de Villahermosa, México

petroleum

La "nueva Riviera" (oeste — costas del Pacífico)

Las costas montañosas del Pacífico constituyen "la Nueva Riviera". Esta región se conoce por sus lugares de recreo como Mazatlán, Puerto Vallarta y Acapulco. En estas hermosas playas hay hoteles, casinos, discotecas espectaculares, villas, edificios de apartamentos, condominios y bellos campos de golf. Las estructuras modernas y los coches deportivos contrastan con escenas de la vida tradicional como mujeres lavando la ropa en los ríos y pescadores usando medios ancestrales para pescar. Si usted quiere conocer a alguna estrella de cine o televisión, ¡éste es el lugar

para conocerla! ¿Puede usted localizar las ciudades de la "Nueva Rivicra" en el mapa?

Yucatán (península—costas del Golfo de México y del Caribe)

Las costas y las playas de Yucatán (como las de Cancún) son famosas por sus aguas cristalinas del mar Caribe. En las costas y en las selvas del interior están las impresionantes ruinas de los mayas, como Chichén-Itzá,

En su opinión, ¿cuáles son las atracciones de Acapulco? Acapulco, México

las playas

Tulum, Uxmal y Palenque. Los pájaros y las flores de la selva, el mar, la blanca arena y la ropa típica llenan esta región de color y de alegría tropical. Usando el mapa como guía, ¿cuántas ruinas puede usted localizar en la región de la Península de Yucatán?

¿Frente a qué mar aparecen estas ruinas? ¿A qué civilización corresponden? Tulum, Yucatán, México

mayas

¡A ver cuánto aprendimos!

¿Cuál es la región?

1. __E__ Una región turística famosa por sus playas del Pacífico y por el contraste entre la vida moderna y la tradicional
2. __f__ La región más industrializada de México
3. __a__ Una región caribeña llena de color
4. __d__ La zona más cercana a los Estados Unidos
5. __C__ Los aztecas vivieron en esta región
6. __b__ La ciudad más grande del mundo

a) Yucatán
b) México, D.F.
c) El Bajío
d) la frontera
e) la "Nueva Riviera"
f) El Golfo

REPASO DE VOCABULARIO ACTIVO

Sustantivos

El campo, la naturaleza y otras palabras útiles

el árbol	el desierto	la luna	la selva
la arena	la estrella	el mar	el sol
el bote	la flor	la nube	la tienda de campaña
el bosque	el fuego	el océano	la tierra
la carpa	la granja	la ola	la tormenta
la choza	la hierba	el pueblo	el valle
el cielo	la isla	el relámpago	
la colina	el lago	el río	

Los animales y los insectos

la araña	la gallina	el mosquito	la serpiente
el caballo	el gato	el pájaro	la vaca
el cerdo	la mosca	el pez	

Verbos y expresiones verbales

acampar	importar	viajar
andar	interesar	estar de vacaciones
bajar *togodown*	molestar	ir de vacaciones
contestar	mostrar (ue) *to show*	hacer un viaje
devolver	pescar	montar a caballo
encantar	preguntar	tener miedo
explicar	prestar *to lend*	tomar el sol
fascinar	subir *to climb*	

Palabras afirmativas y negativas

algo	nada	también	tampoco
alguien	nadie		

AUTOPRUEBA Y REPASO #7

I. El pretérito: los verbos irregulares
Conteste las preguntas para indicar lo que las personas hicieron en el campamento.

> MODELO ¿Quién estuvo en el campamento por una semana? (yo)
> **Yo estuve en el campamento por una semana.**

1. ¿Quién vino por un mes? (mi primo, nosotros)
2. ¿Quién tuvo que preparar la comida? (yo, usted)
3. ¿Quién no pudo nadar en el río? (ella, nosotros)
4. ¿Quién no quiso montar a caballo? (yo, mis padres)
5. ¿Quién hizo el viaje al pueblo histórico? (tú, vosotros)
6. ¿Quién anduvo por el bosque? (yo, ellos)
7. ¿Quién trajo las carpas? (Carmen, mis amigos)
8. ¿Quién puso la comida en la carpa? (yo, ustedes)

II. Hacer para expresar *ago*

Conteste las preguntas indicando cuánto tiempo hace que usted hizo lo siguiente.

> MODELO ¿Cuánto tiempo hace que viste a tus padres? —una semana
> **Vi a mis padres hace una semana.**

1. ¿Cuánto tiempo hace que fuiste al mar? —cinco años
2. ¿Cuánto tiempo hace que visitaste a tus abuelos? —seis meses
3. ¿Cuánto tiempo hace que hiciste un viaje a Europa? —tres años

III. Pronombres de complemento indirecto

Un tío rico va a darnos todo lo que queremos para la Navidad. Indique usted a quiénes les va a dar las cosas.

> MODELO Yo quiero un gato.
> **Él va a darme un gato para la Navidad.**

1. Nosotros queremos un barco pequeño.
2. Mi hermano quiere una mochila.
3. Mis hermanas quieren un caballo.
4. Mi madre quiere un canario.
5. Yo quiero una tienda de campaña y un saco de dormir.

IV. Verbos similares a gustar

Indique los gustos de las personas.

> MODELO Veo el océano. (encantar)
> **Me encanta el océano.**

1. Vemos los relámpagos. (fascinar)
2. Oyen los mosquitos. (molestar)
3. Está en el bosque. (interesar)
4. Voy a pescar. (encantar)

V. Dos complementos del verbo

Un amigo le hace muchas preguntas. Conteste, usando dos complementos del verbo.

> MODELO ¿Le mostraste los libros a Andrés?
> **Sí, se los mostré.**

1. ¿Le diste las flores a tu madre?
2. ¿Les explicaste la lección a los estudiantes?
3. ¿Le mandaste el periódico a Felipe?
4. ¿Me devolviste el dinero?
5. ¿Nos pagaste los cincuenta dólares?

VI. Palabras afirmativas y negativas

A. Conteste en oraciones negativas.

> MODELO ¿Compró usted algo anteayer?
> **No, no compré nada anteayer.**

1. ¿Ve usted algo en el árbol?
2. ¿Vio usted a alguien en la tienda de campaña?
3. ¿Me pidió usted algo?
4. ¿Hay alguien en la choza?

B. Indique lo que usted **también** hizo o lo que **tampoco** hizo.

1. Ella pescó en el río. **Yo. . .**
2. Ella no montó a caballo.
3. Ella hizo un viaje a la selva.
4. Ella no subió la colina.

VII. Repaso general del Capítulo 7

Conteste en oraciones completas.

1. Cuando usted visitó la granja, ¿qué animales vio usted?
2. Durante la tormenta, ¿qué vio en el cielo?
3. Cuando usted entró en la clase, ¿qué le dijo usted al profesor/a la profesora?
4. ¿Qué trajo usted a clase?
5. ¿Dónde pusieron ustedes sus libros?
6. ¿Le dieron ustedes la tarea al profesor/a la profesora? *Sí, dimos la tarea a la profesora*
7. ¿Cuánto tiempo hace que usted fue de vacaciones? *Hace un mes que fui de vacaciones*
8. ¿Qué cosas le importan a usted mucho?
9. ¿Qué le encanta a usted hacer?

Me importan mi familia, mi colegio, la playa, y futbol

traducir - to translate   *me traje una mochila a clase.*

puse más libros en mi mochila

CAPÍTULO 8

En el hogar

Casas hispanas en Barcelona, España

Goals for communication

- To talk about a house or an apartment and its contents
- To talk about and describe persons, things, and actions in the past
- To point out where persons and things are and when actions take place
- To state destination, purpose, cause, and motive

Cultural focus

- The traditional Hispanic house
- Mexico and its history

Structures

I. El imperfecto
II. El pretérito y el imperfecto
III. Preposiciones de lugar y otras preposiciones útiles
IV. Pronombres preposicionales
V. **Para** y **por**

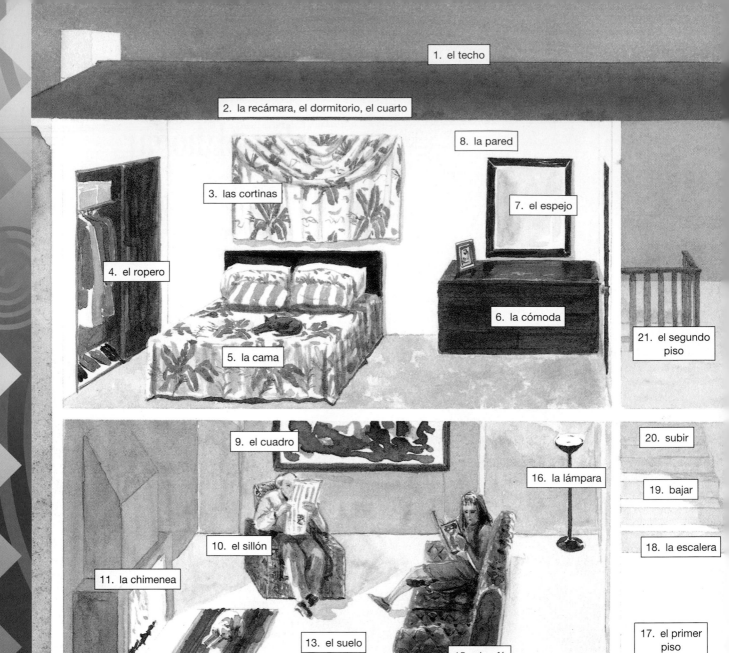

1. el techo
2. la recámara, el dormitorio, el cuarto
3. las cortinas
4. el ropero
5. la cama
6. la cómoda
7. el espejo
8. la pared
9. el cuadro
10. el sillón
11. la chimenea
12. la alfombra
13. el suelo
14. la sala
15. el sofá
16. la lámpara
17. el primer piso
18. la escalera
19. bajar
20. subir
21. el segundo piso

CAPÍTULO 8   En el hogar

1. roof   2. bedroom   3. curtains   4. closet   5. bed   6. bureau   7. mirror   8. wall   9. picture, painting   10. easy chair   11. fireplace, chimney   12. rug   13. floor   14. living room   15. sofa   16. lamp   17. first floor, first story   18. stairs   19. to go down   20. to go up   21. second floor, second story

248

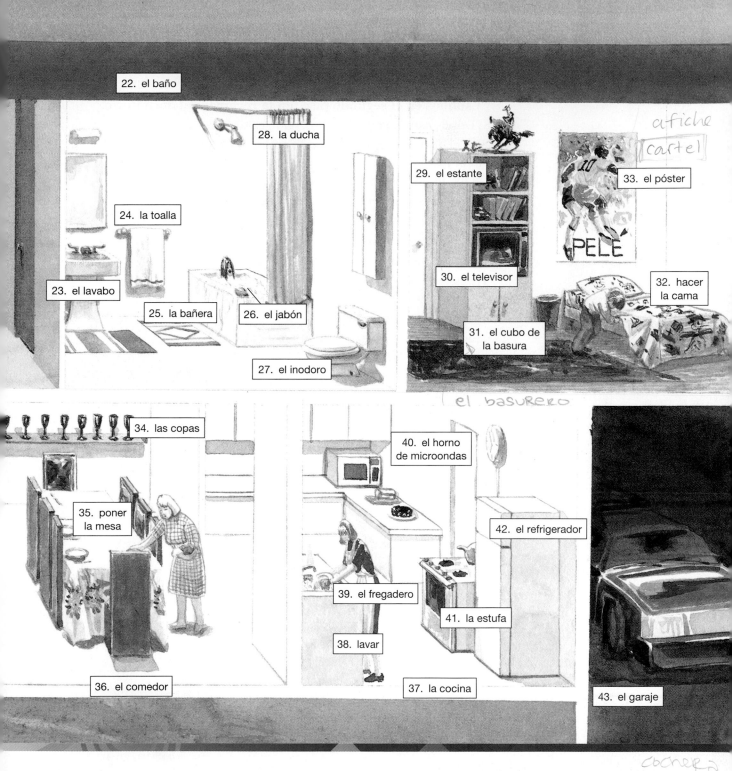

22. el baño

28. la ducha

29. el estante

afiche
cartel

33. el póster

24. la toalla

30. el televisor

32. hacer la cama

23. el lavabo

25. la bañera

26. el jabón

31. el cubo de la basura

27. el inodoro

el basurero

34. las copas

40. el horno de microondas

35. poner la mesa

42. el refrigerador

39. el fregadero

41. la estufa

38. lavar

36. el comedor

37. la cocina

43. el garaje

cochera

22. bathroom 23. sink (bathroom) 24. towel 25. bathtub 26. soap 27. toilet 28. shower 29. bookshelf, shelf 30. television set 31. trash can 32. to make the bed 33. poster 34. goblets 35. to set the table 36. dining room 37. kitchen 38. to wash 39. sink (kitchen) 40. microwave oven 41. stove 42. refrigerator 43. garage

▰▰ Práctica y comunicación

A. En la casa

Conteste según los dibujos en las páginas 248–249.

Estamos en el segundo piso, en la recámara/el dormitorio.

1. ¿Dónde está el gato Rodolfo? ¿Qué está haciendo?
2. En el dormitorio, ¿dónde podemos guardar los trajes y vestidos? ¿Y dónde podemos guardar la ropa interior, los calcetines, etc.?
3. ¿Qué hay en la pared? ¿y en la ventana?

Estamos en el primer piso, en la sala.

4. ¿Dónde está sentado (*seated*) el abuelo? ¿Qué está haciendo?
5. ¿Dónde está sentada la tía?
6. ¿Qué hay en el rincón (*corner*)? ¿y en la pared?
7. El perro no duerme encima del sofá. ¿Dónde duerme? ¿Por qué le gusta estar cerca de (*near*) la chimenea?
8. Para subir al segundo piso, ¿qué usamos?

Estamos en el segundo piso, en el baño. . .

9. ¿Dónde está la niña Elena?
10. ¿Qué otras cosas se ven en el baño?

. . .y en la otra recámara. . .

11. ¿Qué está haciendo Juanito?
12. ¿Qué cosas guarda él en su estante?
13. ¿Dónde pone la basura?
14. ¿Qué tiene en la pared?

Estamos en el primer piso, en el comedor y en la cocina. . .

15. ¿Qué está haciendo la abuela en el comedor?
16. ¿Qué hay en el estante?
17. ¿Dónde lava los platos la madre?
18. ¿Qué aparatos hay en la cocina?

BIEN DICHO   Poner la mesa

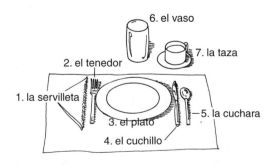

1. napkin   2. fork   3. plate   4. knife   5. spoon   6. glass   7. cup

B. En la mesa

Identifique el artículo.

1. ¿Qué usamos para limpiarnos la boca o las manos después de comer el pollo frito, etc.?

2. ¿Qué utensilio usamos para cortar la carne? ¿y para tomar la sopa? ¿y para comer los guisantes o el arroz?

3. Cuando queremos tomar leche fría o jugo, ¿qué usamos? ¿y para tomar café o té? ¿y vino?

BIEN DICHO   En el hogar (*continuado*)

el **hogar**	*home*
el **apartamento**	*apartment*
el **vecino**, la **vecina**	*neighbor*
la **sala familiar**	*family room*
el **sótano**	*basement*
el **jardín**	*garden, yard*
los **muebles**	*furniture*
el **estéreo**	*stereo*
la **radiograbadora**	*radio/tape recorder*
el **casete**, la **cinta**	*cassette, tape*
el **disco compacto**	*CD*
el **vídeo**	*video*
alquilar	*to rent*
ayudar	*to help*
guardar	*to keep*
sacar	*to take out* (of something)
encender (ie), prender la luz, la radio, etc.	*to turn on the light, radio*, etc.
apagar	*to turn off*

Note

Like **invitar, empezar**, and **aprender**, which you learned earlier, **ayudar** requires the preposition **a** when used with an infinitive.

Mi hermano me **ayudó a** limpiar el cuarto.

C. Preguntas personales

En parejas, háganse las preguntas y contéstenlas.

1. Donde vives, ¿te gustan los vecinos? ¿Quién es tu vecino(a) favorito(a)?

2. ¿Tiene tu casa o apartamento chimenea? ¿sala familiar? ¿garaje? ¿sótano? ¿jardín?

3. ¿Cuántas recámaras hay en tu casa o apartamento? ¿Cuántos baños? ¿Cuántos pisos?

4. En tu casa, ¿cuál es tu cuarto favorito? ¿Por qué?

5. ¿Qué muebles hay en tu recámara? ¿Y qué hay en las paredes?

6. ¿Tienes estéreo? ¿radiograbadora? ¿una colección de casetes? ¿de discos compactos? ¿Qué tipo de música te gusta?

7. Cuando estás en tu recámara solo(a), ¿prendes el estéreo? ¿Pones la música muy alta (con mucho volumen)? (¿Qué dicen tus padres?) ¿Apagas el estéreo al salir de tu cuarto? ¿y las luces?

(*continuado*)

8. ¿Tienes una colección de vídeos? (¿Cuáles son tus vídeos favoritos?)
9. En tu cuarto, ¿tienes un lugar especial para guardar tus cosas "secretas"? (¿Dónde las guardas?) (¿Qué tipo de cosas guardas?)
10. Después de terminar con tus estudios universitarios, ¿piensas alquilar un apartamento o comprar una casa? ¿Dónde?

BIEN DICHO   Los quehaceres domésticos

quitar el polvo de los muebles

pasar la aspiradora

limpiar el baño

hacer la cama

hacer las compras

preparar la comida

poner la mesa

quitar la mesa

lavar los platos

secar los platos

lavar la ropa

planchar la ropa

sacar la basura

cortar el césped[1]

lavar el carro

D. ¿Quién lo hace?
En parejas, identifiquen lo siguiente:

1. quién en su familia normalmente hace cada una de las labores domésticas indicadas en los dibujos;

2. cuáles hacen ustedes con mayor frecuencia;

---

[1]Whereas **hierba** (Chapter 7) refers to *grass* in general, **césped** is often used to refer to *lawn*.

3. en cuáles deben participar más los hombres ¿y las mujeres?;
4. en cuáles deben ayudar los niños.

E. Vamos a mudarnos (*move*)

Imagínense que ustedes son hombres o mujeres de negocios que van a mudarse a la ciudad de Panamá por dos años. Ustedes deciden buscar apartamentos en vez de (*in stead of*) casas. En parejas, hablen de los apartamentos "Golf View" descritos en el periódico "El Panamá América".

- Hagan una lista de los aspectos positivos del diseño del apartamento. ¿Hay algo negativo?
- Evalúen el acceso a los lugares de recreo.
- Discutan el precio [B = balboa = moneda panameña = $1.00]

Conversación

Buscando apartamento

share

Inés y su hermana Sandra van a compartir° un apartamento el próximo año académico. Ahora ellas se encuentran con Octavio en un café después de buscar apartamentos todo el día.

OCTAVIO: ¿Qué tal? ¿Encontraron algún apartamento?

INÉS: Bueno, vimos muchos apartamentos, pero no encontramos exactamente lo que buscábamos.

OCTAVIO: ¿Y qué tal los apartamentos que vieron?

SANDRA: Uno tenía dos cuartos, pero sólo un baño; otro tenía la cocina muy pequeña; uno que vimos cerca del parque tenía sala, comedor, pero no tenía alfombra. . .

INÉS: ¡Ay, Octavio! ¡Nunca vamos a encontrar nuestro apartamento ideal!

OCTAVIO: ¿Y cómo es su apartamento ideal? ¿Qué es lo que buscan?

INÉS: El apartamento que queremos tiene dos recámaras grandes, dos baños completos, una sala y un comedor grandes con muchas ventanas, ¡y con alfombra!, una cocina equipada con horno de microondas, lavaplatos. . . Y sólo queremos pagar $300 dólares mensuales.

I suppose

OCTAVIO: Supongo° que también quieren aire acondicionado central, ¿ah?

INÉS Y SANDRA: ¡Claro que sí!

OCTAVIO: Pues, . . . ¡Buena suerte! Van a necesitarla.

¿Qué pasa?

1. ¿Qué hicieron Inés y Sandra hoy?
2. ¿Por qué no les gustaron los apartamentos que vieron?
3. ¿Cómo es el apartamento que quieren?
4. ¿Cuánto quieren pagar Inés y Sandra?
5. ¿Por qué les dice Octavio a ellas "Buena suerte"?

Actividad: Alquilando un apartamento

Dos estudiantes hacen el papel de una pareja (*couple*) y un(a) estudiante es el (la) agente de bienes raíces (*real estate agent*). La pareja quiere alquilar un apartamento amueblado. ¡El problema es que "él" y "ella" tienen gustos y preferencias MUY diferentes! Los tres conversan en busca del apartamento ideal.

AGENTE: **Buenas tardes. ¿En qué puedo servirles?**

"ÉL": **Buscamos. . .**

"ELLA": **Pues, yo prefiero. . .**

AGENTE: **Pues, tenemos. . .**

Estructura

I. *Describing in the past:* El imperfecto

Era medianoche y hacía mucho viento. Esperábamos el fantasma... Pero Julia, ¿qué pasa?

Spanish has two simple past tenses: the preterit and the imperfect. You have already learned to talk about completed past actions by using the preterit.

The imperfect tense is used to describe things and persons in the past and to indicate that past actions were ongoing or habitual.

A. Formación de los verbos regulares en el imperfecto

To form the imperfect tense of regular **-ar, -er**, and **-ir** verbs, drop the **-ar, -er**, or **-ir** from the infinitive and add the endings indicated below.

study present tense

	-ar *ayudar* to help	*-er* *hacer* to do, make	*-ir* *salir* to leave, go out
yo	ayud**aba**	hac**ía**	sal**ía**
tú	ayud**abas**	hac**ías**	sal**ías**
usted, él, ella	ayud**aba**	hac**ía**	sal**ía**
nosotros(as)	ayud**ábamos**	hac**íamos**	sal**íamos**
vosotros(as)	ayud**abais**	hac**íais**	sal**íais**
ustedes, ellos(as)	ayud**aban**	hac**ían**	sal**ían**

"Note that for **-ar** verbs, the only subjunctive form that has an accent is **nosotros(as)**."
—*C. O'Brien, Southern Connecticut State University*

The imperfect tense corresponds to three English forms:

Mientras ella **lavaba** los platos, su abuela llamó.	*While she was **washing** the dishes, her grandmother called.*
Ella **lavaba** los platos todos los sábados.	*She **used to (would) wash** the dishes every Saturday.*
Su hermano **lavaba** los platos los domingos.	*Her brother **washed** the dishes on Sundays.*

B. Los verbos irregulares en el imperfecto

There are only three irregular verbs in the imperfect tense.

ser *to be*		ir *to go*		ver *to see*	
era	éramos	iba	íbamos	veía	veíamos
eras	erais	ibas	ibais	veías	veíais
era	eran	iba	iban	veía	veían

Note

The past progressive is formed by using the imperfect of **estar** + present participle, and translates like the imperfect tense. It is used to focus on the actual moment that someone *was doing* something.

Manolo **estaba haciendo** la cama cuando su amigo llamó.
*Manolo **was making** the bed when his friend called.*

C. Haber en el imperfecto.

Había (*There was/There were*), like **hay**, denotes existence, but in the past. It is always used in the singular form.

Había tres cuadros grandes
en la sala.
***There were** three large paintings
in the living room.*

▆▆▆ Práctica y comunicación

F. ¿Qué hacían?

Indique lo que Pepita y Linda hacían casi todos los sábados.

MODELO Pepita/*caminar* por el parque con el perro
Pepita caminaba por el parque con el perro.

1. Linda/*hacer* las camas
2. Las dos/*limpiar* el apartamento
3. Pepita/*lavar* la ropa
4. Las dos/*ir* al supermercado
5. Las dos/*ir* de compras en el centro comercial
6. Linda/*preparar* una cena grande
7. Las dos/*invitar* a sus amigos a cenar
8. Todos/*comer, beber, charlar* (*chat*)

Ahora repita 1–8 para indicar que usted y un(a) amigo(a) participaban en las mismas actividades los sábados.

MODELO **Caminábamos por el parque**, etc.

G. El abuelo y la abuela

Describa la fotografía de los abuelos tomada hace dos años.

1. ¿Qué hora era?
2. ¿Qué tiempo hacía?
3. ¿Qué estación del año era?
4. ¿Qué se veía por la ventana?
5. ¿Qué cosas había en la sala?
6. ¿Qué hacía el abuelo?
7. ¿Qué hacía la abuela?
8. ¿Qué ropa llevaba ella?
9. ¿Qué hacía el gato Rodolfo? ¿Dónde estaba?

H. Tú y yo, cuando estábamos en la escuela secundaria. . .

En parejas, hagan preguntas y contéstenlas.

MODELO **En la escuela secundaria. . .**

¿ser un buen (una buena) estudiante?

¿Eras un buen (una buena) estudiante?

Sí, era un buen (una buena) estudiante. (o)

No, no era un buen (una buena) estudiante.

En la escuela secundaria. . .

1. *¿ser* tímido(a)?
2. *¿ser* perezoso(a)? *¿ser* trabajador(a)?
3. *¿ayudar* con los quehaceres domésticos?
4. *¿estudiar* mucho?
5. *¿salir* mucho con tus amigos?
6. *¿ir* a muchas fiestas?
7. *¿fumar*?
8. *¿tener* un(a) novio(a) especial? (¿Cómo se llamaba?)
9. *¿ir* de compras con frecuencia? (¿Adónde?)
10. *¿hablar* mucho por teléfono? (¿Con quién?)

(continuado)

11. *¿mirar* mucho la televisión? (¿Qué programas?)
12. *¿leer* muchas revistas? (¿Cuáles?)
13. *¿escuchar* la radio? (¿Qué tipo de música o programas?)
14. *¿jugar* al tenis? ¿y a otros deportes?
15. *¿tocar* la guitarra? ¿y otros instrumentos musicales?
16. *¿trabajar*? (¿Dónde?)
17. *¿visitar* a los vecinos?

I. Las etapas (*periods*) de la vida
En grupos de 3–4 estudiantes, tomen turnos y describan algunas
actividades que ustedes hacían en las siguientes etapas de sus vidas.

MODELO Cuando era bebé, yo. . .
Dormía mucho; jugaba con los pies; tomaba leche, etc.

1. Cuando tenía 4–6 años. . .
2. Cuando tenía 12–14 años. . .
3. Cuando tenía 16–18 años. . .

J. Antes (*Before*) y ahora
1. Haga una lista de tres cosas que usted hacía antes, pero que ahora ya
no hace.

MODELO **Antes yo fumaba, pero ahora no fumo.**

2. Ahora comparta (*share*) su lista con un(a) compañero(a) de clase o con
toda la clase.

Estructura

**II. *Talking about and describing persons, things, and
actions in the past:* El pretérito y el imperfecto**

Although both the preterit and the imperfect tenses show past times, they
convey very different meanings. Study the contrasts in the chart that
follows.

would do _did once_

The IMPERFECT. . .	The PRETERIT. . .
1. Expresses a past action that was occurring or was in progress, with no emphasis on the beginning or end of the action. El gato **dormía** frente a la chimenea. _The cat was sleeping in front of the fireplace._	1. Expresses a single, past action, generally quickly completed. Juanito **hizo** la cama. _Juanito made the bed._
2. Expresses a past action that was repeated habitually over an indefinite period of time. Mi abuela **siempre preparaba** la comida. _My grandmother **always** prepared the meal._ **Hacía** galletas **todos los sábados**. _She made (used to make) cookies **every Saturday**._	2. Expresses a past action with a specific time limit, a specific beginning and/or end. Mi abuela **preparó** una cena deliciosa **anoche**. _My grandmother prepared a delicious dinner **last night**._ **Empezó** a prepararla **a las 4:00**. _She began to prepare it **at four o'clock**._ Ella **vivió** con nosotros **por diez años**. _She lived with us **for ten years**._
3. Describes physical characteristics or background, often setting the scene for other actions or events to take place. La casa **era** vieja y muy grande. _The house was old and very large._ Esa noche **había** luna y **hacía** frío. _That night the moon was out and it was cold._	3. Indicates an interrupting action or event. Dormíamos profundamente cuando **oímos** algo extraño en el sótano. _We were sleeping peacefully when we heard something strange in the basement._
4. Describes conditions or mental/ emotional states or attitudes in the past. El niño **estaba** contento. _The child was happy._ No **tenía miedo** de las tormentas. _He wasn't afraid of storms._	4. Indicates a sudden, unexpected change of condition or attitude. **Tuve miedo** cuando **vi** los relámpagos. _I got scared when I saw the lightning._
5. Indicates what time it was and indicates dates in the past. **Eran las 12:00 de la noche.** **Era el 31 de octubre.**	

"It would be smart to review the preterit forms at this point (Chapter 6)"—_C. O'Brien, Southern Connecticut State University_

When determining whether to use the preterit or the imperfect, keep in mind the following tips:

1. When expressing past actions or events, the time reference is significant. Examples:

Imperfect: repeated/habitual actions	Preterit: completed actions
muchas veces *many times, often* todos los días **cada** verano *each, every* con frecuencia siempre	**una vez** *once, one time* ayer el verano pasado anoche hace diez años

Cada verano **íbamos** a la playa, pero el verano pasado **fuimos** a las montañas.

*Each summer we **would go** to the beach, but last summer we **went** to the mountains.*

2. Use the imperfect when your focus is on the middle of the action, and the preterit when your focus is on the beginning and/or end.

Los niños **jugaban** en el jardín cuando **empezó** a llover.

*The children **were playing** in the garden when it **began** to rain.*

3. Use the preterit to move the action forward or to convey a series of completed actions.

Juanito **hizo** la cama, **bañó** al perro y después **llamó** a su amigo.

*Juanito **made** the bed, **bathed** the dog, and afterwards **called** his friend.*

4. Use the imperfect for background descriptions, weather, physical characteristics, and physical/mental/emotional conditions.

Hacía mucho frío.

*It **was** very cold.*

El niño **llevaba** un abrigo muy viejo.

*The child **was wearing** a very old coat.*

Tenía hambre y **estaba** preocupado.

*He **was** hungry and **was** worried.*

 STUDY HINT

As you learned in Chapter 7, some verbs have different meanings when used in the preterit (see p. 223). However, in the imperfect, this change in meaning does not occur.

Verbo	Imperfecto	Pretérito
conocer	*to know*	*to meet* (first time)
saber	*to know*	*to find out*
querer	*to want*	*to try* (affirmative) *to refuse* (negative)
poder	*to be able*	*to succeed in* (affirmative) *to fail* (negative)

[handwritten: Imperfect   Preterit / aba   é]

Yo no **conocía** a nadie aquí pero ayer **conocí** a una persona fantástica.

I didn't know anyone here but yesterday I met a fantastic person.

Quería ir a Vermont con mis amigos.

I wanted to go to Vermont with my friends.

Cuando fui, no **quise** esquiar porque hacía mucho frío.

When I went, I refused to ski because it was very cold.

[handwritten: Do this exercise]

Práctica y comunicación

K. **La abuelita necesitaba un cambio de rutina**
Indique lo que la abuelita hacía todos los días y diga lo que hizo un día para cambiar su rutina.

MODELO casi todos los días. . .lavar la ropa
Casi todos los días lavaba la ropa.
Pero un día. . .todas las cortinas.
Un día lavó todas las cortinas.

[handwritten: Imperfecto]   *[handwritten: past]*

Casi todos los días. . .	**pero un día. . .**
1. limpiar la casa	el garaje
2. mirar "Murder, She Wrote"	"Seinfeld"
3. comer en casa	en Pizza Hut
4. preparar comida norteamericana	comida china
5. comer cereal en el desayuno	huevos y salchicha
6. llamar a su hija a las nueve de la mañana	¡a las seis de la mañana!
7. traernos galletas *[handwritten: nos traía]*	una torta de chocolate *[handwritten: nos trajó]*
8. ir a la frutería	a la heladería
9. tomar el autobús	un taxi
10. andar por el parque	por la ciudad

L. ¡Siempre hay interrupciones!

Indique lo que hacían los estudiantes cuando algo o alguien los interrumpió.

MODELO **Linda dormía cuando Natalia la llamó.**

Handwritten annotations:
Interuptions- preterit
pret | Imp | pret | end
beg | on going

Linda/dormir...
Natalia/llamarla

Esteban/mirar...
Rubén/entrar

Alfonso/tocar, cantar
...Inés/salir

Carmen/comer...
Camila/entrar

Javier/limpiar...
Octavio/llamarlo

Handwritten annotation: Descriptions — Imperfect

M. Mi gato Rodolfo

Rodolfo se escapó de la casa y desapareció hace meses. Describa al gato Rodolfo y las cosas que hacía o hizo. Use el pretérito o el imperfecto según las indicaciones.

MODELO *tener* el pelo blanco y negro
Tenía el pelo blanco y negro.

1. *tener* ojos verdes
2. *ser* gordo y bonito
3. *ser* muy especial
4. *poder* entender español
5. normalmente *dormir* en el sótano
6. una noche *dormir* en la cama con nosotros

7. muchas veces se *subir* a los árboles
8. una vez no *poder* bajar
9. con frecuencia *beber* agua de la bañera
10. una vez *tomar* agua del inodoro
11. todas las mañanas *ir* a la cocina
12. todas las mañanas *beber* leche caliente
13. siempre *tomar* la siesta en el sillón
14. un día se *comer* el jamón de nuestros sandwiches *comio*
15. ¡*tener* que salir de la casa corriendo! → *TUVO*
16. en el jardín *ver* un perro enorme y. . .¡*tener* miedo! *vio, tuvo*
17. ¡*volver* a la casa rápidamente! *volvio*
18. ¡Qué gato más divertido! Por quince años *vivir* con nosotros *vivio*

action – preterit

habitual – Imp

was – ing = imper.

N. Un testigo (*A witness*)

Una noche en que usted no dormía bien, oyó un ruido (*noise*) en la casa de su vecino. ¡Usted miró por la ventana y vio un robo! Cuéntele a su profesor(a) el robo que vio. (Cambie los verbos al pretérito o al imperfecto según las indicaciones.)

1. *Son* las dos de la mañana. *Eran*
2. *Hace* viento. *Hacía*
3. *Hay* luna. *había*
4. La casa de los vecinos *es* grande y vieja. *era*
5. El perro viejo *está* durmiendo. *estaba*
6. De repente, un hombre *entra* por la ventana. *entro*
7. El hombre *es* alto y flaco. *era*
8. *Lleva* un sombrero negro. *Llevaba*
9. Inmediatamente yo *llamo* a la policía. *llame*
10. El hombre *pasa* diez minutos en la casa. *paso*
11. Luego, *sale* con una bolsa grande. *salía*
12. El hombre *ve* el auto de los policías. *vio*
13. Los policías, en voz alta, *dicen*, "¡Alto!" (*Stop*) pero. . . *dijieron*
14. . . .el hombre *corre* en la otra dirección y. . . *corrio*
15. . . .*desaparece* en la noche. *desaparece*

time – Imp.

O. Un cuento fantástico

En grupos de cuatro estudiantes, escriban un cuento fantástico narrando una situación extraordinaria en la vida de un(a) estudiante de la clase. Incluyan:

- referencia a la fecha/el día/la hora
- descripción del tiempo, del lugar, de las personas
- decripción de las actividades que ocurrían en ese lugar
- lo que pasó
- final del cuento

BIEN DICHO   Palabras útiles para narrar un incidente

primero	*first*
luego, entonces	*then*
después	*afterwards*
mientras	*while*
por fin	*finally*

LAS CASAS COLONIALES

Hoy en día, en los pueblos y en las ciudades del mundo hispano, se pueden ver rascacielos, edificios de apartamentos, condominios y casas de todo tipo. Sin embargo°, una de las viviendas más bonitas es la tradicional casona colonial española. La típica casona colonial tiene robustas paredes blancas, ventanas con rejas°, techo de tejas° anaranjadas y puerta de madera° grande y pesada°. Muchas veces, estas casas tienen dos pisos y tienen balcones y un patio interior con mosaicos°, plantas y flores.

    Las casonas coloniales más antiguas y más hermosas se encuentran en las viejas ciudades y pueblos de España y en las ciudades latinoamericanas de mayor tradición histórica. También se encuentran en lugares como el sur de la Florida y el suroeste de los Estados Unidos.

nevertheless

grillwork / tiles
wood / heavy

mosaic tiles

¿Quiere usted vivir en esta casa colonial? Descríbala. Caraballede, Venezuela

¿Cuánto sabemos?
1. En la típica casona colonial, ¿cómo son las paredes? ¿y las tejas del techo? ¿y cómo es la puerta?
2. ¿Cuáles son otras características de la casona?
3. ¿Dónde se encuentran las casonas más antiguas?
4. ¿Te gusta este tipo de casa? ¿Por qué?

 Estructura

III. *Indicating where and when:* **Preposiciones de lugar y otras preposiciones útiles**

A. Las preposiciones

Prepositions are words that connect a word or phrase to another element of a sentence. You have already learned some prepositions such as: **a** (*to, at*), **en** (*in, on, at*), **de** (*from, of, about*), **con** (*with*), and **sin** (*without*).

Below you will find additional prepositions which will help you describe location, time, etc.

Preposiciones de lugar	
cerca de/lejos de	*near/far from*
dentro de/fuera de	*inside/outside*
debajo de/encima de	*beneath, under/on top of, above*
detrás de/delante de	*behind/in front of, ahead of*
enfrente de	*in front of, opposite*
frente a	*opposite, facing*
al lado de	*beside*
entre	*between, among*

Otras preposiciones útiles	
acerca de	*about*
antes de/después de	*before/after* (time)
durante	*during*
en vez de	*instead of*
al + *infinitive*	*upon* + (doing something)

"To help you remember these prepositions, use them to describe the position of things in your room."—*A. McMahon, San Bernardino Valley College*

En el hogar **265**

B. Preposiciones con infinitivos

In Spanish, a verb following a preposition is in the infinitive (**-ar, -er, -ir**) form. In contrast, English uses the *-ing* form.

Al entrar en la cocina, vimos los platos sucios.

Upon entering the kitchen, we saw the dirty dishes.

Después de lavar los platos podemos ir al cine.

After washing the dishes we can go to the movies.

Prepositions that are commonly used with infinitives are: **antes de, después de, en vez de, al, para**, and **sin**.

Práctica y comunicación

P. Nuestras fotos del gato Rodolfo

¿Dónde estaba Rodolfo cuando sacamos estas fotos?

MODELO **Rodolfo estaba entre las plantas.**

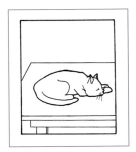

delante de

Q. ¿Dónde está?

Diez estudiantes seleccionan diez preposiciones diferentes de la siguiente lista. Cada estudiante debe situarse en un lugar en la sala de clase que ilustre la preposición que tiene. Luego, la profesora/el profesor pregunta: **¿Dónde está Carlos?** La clase responde indicando donde está.

MODELO
CLASE: **Carlos está debajo de la mesa.**
ESTUDIANTE: **Sí, estoy debajo de la mesa.**

1. cerca de
2. lejos de
3. dentro de
4. fuera de
5. debajo de
6. encima de
7. detrás de
8. delante de
9. al lado de
10. entre

R. Expresión personal

Completen las ideas en parejas indicando **actividades** que para ustedes son apropiadas.

MODELO Fui al examen **sin**. . .
Fui al examen sin estudiar.

1. Ayer, después de clase, fui al gimnasio **para**. . .
2. Generalmente, después de clase, vuelvo a mi cuarto **para**. . .
3. Esta noche voy a estudiar **antes de**. . .
4. Cuando estaba en la escuela secundaria, a veces miraba la televisión **en vez de**. . .
5. Ahora, no puedo vivir **sin**. . .
6. Sé que debo pensar **antes de**. . .
7. Nunca, nunca manejo **después de**. . .

S. Información personal

En parejas, háganse las preguntas y contéstenlas.

1. ¿Qué hiciste al salir de clase ayer? ¿y qué hiciste al volver a la residencia?

2. Cuando estabas en la escuela secundaria, ¿qué hacías al volver de la escuela?

3. Cuando estabas en la escuela secundaria, ¿qué hacías durante las vacaciones de verano? ¿y durante las vacaciones de primavera?

4. Cuando estabas en la escuela secundaria, ¿con frecuencia mirabas la televisión en vez de estudiar? Y ahora, ¿generalmente miras la televisión antes o después de completar la tarea?

5. ¿Vive tu familia lejos de o cerca de la universidad? ¿Dónde vive? ¿Viven tus abuelos lejos de o cerca de tus padres? ¿Dónde viven?

6. ¿Tiene tu familia gato o perro? ¿Pasa más tiempo dentro de la casa o fuera de la casa? ¿Le molesta a tu madre o padre encontrar al gato/perro encima del sofá?

A.C.
(Antes de Cosmopolitan)

D.C.
(Después de Cosmopolitan)

En parejas, describan a la mujer "antes de" y "después de" leer la revista *Cosmopolitan*.

Estructura

IV. To refer to persons without repeating the name: Pronombres preposicionales

Handwritten notes (right margin):
Preterit
① To indicate a event has stoped.
② Interuption
③ limited time action

Imperfect (to provide backround)
① description
② To tell the time in the past
③ habitual action in the past

Object pronouns that follow prepositions are the same as subject pronouns with the exception of **yo** and **tú**, which become **mí** and **ti**.

mí	*me*	**nosotros(as)**	*us*
ti	*you* (fam.)	**vosotros(as)**	*you* (fam. pl.)
usted	*you* (formal)	**ustedes**	*you* (formal pl.)
él	*him*	**ellos**	*them*
ella	*her*	**ellas**	*them*

¿Es este cuadro para **mí**?   *Is this painting for me?*
Sí, es para **ti**.   *Yes, it's for you.*

Notes

1. The combination of **con** + **mí** or **ti** becomes **conmigo** (*with me*) or **contigo** (*with you*).

   ¿Quieres ir **conmigo**?   *Do you want to go with me?*
   ¡Sí! Voy **contigo**.   *Yes, I'll go with you.*

2. A phrase consisting of **a** + *prepositional pronoun* is sometimes used for emphasis or clarification with the indirect object pronoun.

   ¿**Te** dio **a ti** el disco compacto?   *Did he give **you** the CD?*
   A él le gustó mucho ese disco compacto.   *He really liked that CD.*
   A mí no **me** gustó.   ***I** didn't like it.*

T. Aurora y Anselmo

En parejas, lean el diálogo completándolo con los pronombres apropiados.

Aurora está sentada en un sillón grande en la sala de su casa. Habla por teléfono con su novio Anselmo.

ANSELMO: Aurora, ¿quieres salir con _____ esta noche? Me muero por verte.
   (*continuado*)

AURORA: ¡Sí, mi amor! Voy con ___tigo___ adónde quieras.

ANSELMO: Pues, te voy a llevar a un lugar muy especial, y. . . ¡tengo una sorpresa maravillosa para _____ !

AURORA: ¿Para mí? ¡Qué ángel eres, Anselmo! A _____ me encantan las sorpresas y yo también tengo una sorpresa para _____ .

ANSELMO: ¿Ah, sí? ¿Cuál es?

AURORA: Pues, no vamos a estar solos esta noche porque mi hermanito menor tiene que venir con ___nosotros___

ANSELMO: ¿Con _____ ? ¿No pueden tus padres estar con _____ ?

AURORA: Anselmito, sé (*be*) flexible. ¿No quieres hacerlo por ___mí___ ?

ANSELMO: Bueno. Parece (*It seems*) que los tres vamos a salir.

AURORA: ¡Gracias, mi amor!

U. Más información personal

En parejas, háganse las preguntas y contéstenlas.

1. ¿Quieres ir al cine conmigo esta noche? ¿Quieres ir a un concierto de música clásica conmigo este fin de semana? ¿Quieres estudiar conmigo para el próximo examen de español?

2. ¿Estudió tu novio(a) o tu mejor amigo(a) contigo anoche? ¿Comió en la cafetería contigo? ¿Pasó mucho tiempo contigo el fin de semana pasado? ¿Qué hicieron ustedes?

3. Normalmente, en la clase de español, ¿quién se sienta cerca de ti? ¿y detrás de ti? ¿Quién es tu persona favorita de esta clase?

4. A mí me gustan los ejercicios que hacemos en parejas. ¿Te gustan a ti?

5. ¿A ti te importan mucho las notas?

Estructura

V. *Stating purpose, destination, cause, and motive:* Para y por

The prepositions **para** and **por**, although both are often translated as *for* in English, convey different meanings in Spanish.

The charts that follow indicate some of the more frequent uses and meanings of **para** and **por**.

PARA	*POR*
is used to indicate	*is used to indicate*
1. PURPOSE OR GOAL *in order to* + infinitive Elena fue a la tienda **para** comprar un sillón.	1. CAUSE, REASON, MOTIVE *because of, on behalf of, for* ¿**Por qué** no pasó Carlos el examen? **Por** no estudiar suficiente. Su amiga habló con el profesor **por** él.
2. RECIPIENT *for* Compró una lámpara **para** su madre.	2. DURATION OF TIME *for, in, during* Luego Carlos habló con el profesor **por** una hora. Antes, salía con sus amigos **por** la noche. Ahora no.
3. DESTINATION *for* Su madre sale **para** la Florida el sábado.	3. EXCHANGE, PRICE *for* Se compró un diccionario español/inglés **por** diez dólares.
4. DEADLINE *by, for* Tiene que vender el condominio **para** el primero de octubre.	4. GENERAL PHYSICAL MOVEMENT IN AND AROUND A GIVEN PLACE *down, by, along, through* Ahora, siempre anda **por** la universidad con su libro de español.
5. EMPLOYMENT *for* Trabaja **para** una agencia de bienes raíces.	

"Learning when to use **para** and when to use **por** is very important. Read the distinctions and make sure you understand them. If you're still unclear, ask your professor! Eventually you will get a 'feel' for what sounds right."—*A. McMahon, San Bernardino Valley College; K. Jackson, Hampton University*

Refrán: **Más sabe el diablo por viejo que por diablo.**

En su opinión, ¿saben las personas mayores más que los jóvenes?

Práctica y comunicación

V. La historia de Fernando

Narre la historia de Fernando usando **por** o **para**.

1. Fernando trabaja _para_ una compañía de computadoras.
2. Una tarde, _por_ tener un resfriado horrible, tuvo que salir del trabajo temprano.
3. Al salir, su jefe le dijo: "¡Tiene que terminar este proyecto _para_ mañana!"
4. Su secretaria le dijo: "Usted no está bien, don Fernando. Yo puedo terminarlo _por_ usted."
5. ¡Pobre Fernando! Salió de la oficina _para_ su casa.
6. Caminó _por_ la calle Tres y _por_ la avenida Cali.
7. Al llegar al parque Central decidió sentarse en un banco _para_ descansar.
8. Descansó allí _por_ media hora.
9. Después del descanso, fue a la farmacia _para_ comprar antibióticos.
10. Mientras estaba en la farmacia, compró un perfume _para_ su novia.
11. Pagó dos mil pesos _por_ los antibióticos y el perfume.
12. Pero, . . .en vez de volver a casa, Fernando salió _para_ el apartamento de su novia.
13. Al llegar, le dijo a ella: "Mi amor, este perfume es _para_ ti."
14. Ella le dijo: "¡Ay, Fernando! ¡Gracias _por_ el perfume!"
15. Esa noche los dos salieron contentos _para_ cenar en un restaurante, y después, fueron a una discoteca _para_ bailar.

Pero, irónicamente, allí se encontró con su jefe, quien le dijo: "Fernando, para un hombre enfermo, te recuperaste bastante rápido, ¿no?

W. Alfonso y Natalia

No es un secreto que Alfonso quiere mucho a Natalia. Según los dibujos, cuenten lo que Alfonso hizo para ella, lo que él le dijo a ella, lo que ella le dijo a él, etc. Usen **para** y **por**.

Alfonso *ir. . .comprar*

Alfonso *comprar. . .*$20

decir
le dijo

Alfonso *caminar*. . .la calle. . .
por

Alfonso *decirle:* ".....ti."
para

Natalia *decirle:* "Gracias. . ."

X. Una entrevista con "La perfecta pareja profesional"

"La perfecta pareja profesional" aparece en el programa de televisión "Victoria habla". Victoria, como siempre, les hace muchas preguntas personales. Trabajen en grupos de tres. Un(a) estudiante hace el papel de Victoria, y los otros dos son la pareja. Las preguntas de Victoria:

- ¿Para quién trabajan ustedes? ¿Les gusta trabajar allí?
- Perdón por la indiscreción, pero. . .¿cuánto ganan por año?
- Ustedes ahorran mucho dinero, ¿verdad? ¿Para qué?
- ¿Cuánto pagan por mes por la casa bonita en que viven ahora?
- ¿Qué hacen cuando no están trabajando?
- Por supuesto, van a hacer un viaje muy especial este verano. ¿Adónde van para las vacaciones?
- ¿Por cuánto tiempo van a estar allí?
- ¿Para qué van allí?
- ¿Para qué fecha tienen que volver a su trabajo?

En resumen

A. Conversando: La casa de mis sueños

En parejas, describan en detalle la casa de sus sueños. También describan donde (el lugar ideal) quieren construirla.

B. De mi escritorio: Una descripción de un sueño

En un párrafo describa un sueño (real o imaginario) que usted tuvo. Use el imperfecto para la descripción del fondo (*background*) y para las acciones en progreso, y el pretérito para las acciones completadas, etc.

¿Es usted artista? También puede ser un sueño ilustrado.

México en su historia

El fascinante período maya

Los mayas, una civilización muy avanzada en las ciencias, las matemáticas y la escritura, ocuparon la península de Yucatán en México y se extendieron hasta lo que hoy es Guatemala, Belice, Honduras y El Salvador. Vivieron en esta región aproximadamente desde el año 1000 a.C. Los mayas construyeron impresionantes monumentos y edificios ¡sin conocer la rueda! Hoy se pueden ver muestras de esta gran civilización en las misteriosas ruinas de las ciudades de Chichén-Itzá, Tulúm y otras. Muchos descendientes de los mayas todavía viven en estas regiones.

El esplendoroso imperio azteca

Este gran imperio se estableció en el territorio central y sur de México aproximadamente en el año 1325 d.C. Su habilidad militar y política la hizo la civilización más poderosa de Mesoamérica. Los aztecas eran también muy avanzados en el comercio, la artesanía, la administración y la ingeniería. Su capital, Tenochtitlán, era una ciudad esplendorosa con templos, mercados, calles, jardines e impresionantes palacios. . .¡construída sobre un

UN NÚMERO ÚTIL
Muchos historiadores de la ciencia afirman que los mayas inventaron el concept del cero.

PAPÁ, ¡NO LO HAGO MÁS!
Los niños aztecas rebeldes tenían que dormir en la tierra húmeda.

| 1000 | | 500 | | ◀ a.C. d.C. ▶ | | 500 | | 1000 | | 1500 |

1000 a.C.
Los mayas ocuparon la península de Yucatán en México y parte de lo que hoy es Centroamérica

1325 d.C.
El gran imperio azteca se estableció en el territorio central y sur de México

1519
Hernán Cortés llegó a tierras mexicanas

¿Qué civilización indígena representan las ruinas de este templo y observatorio? Chichén-Itzá, México

¿Dónde construyeron los aztecas su esplendorosa capital Tenochtitlán? Museo de Antropología, México, D.F.

lago! Hoy esta ciudad es la ciudad de México, ¡la capital más antigua de Latinoamérica!

Llegaron los españoles: El período colonial

Hernán Cortés llegó a tierras mexicanas en 1519. Los conquistadores españoles se impresionaron con la riqueza del imperio azteca: oro, plata, piedras[1] preciosas, plumas[2] exóticas, exquisitos tejidos[3]. . . y comenzaron la lucha por su conquista que concluyó en 1521. En 1535 la corona[4] española estableció en México el virreinato[5] de La Nueva España. El dominio español continuó hasta 1821.

La nueva nación mexicana

En 1821 México obtuvo su independencia de España. Pero el nuevo país pasó la mayor parte del siglo XIX en conflictos internos y en guerras con el exterior. En 1848, los Estados Unidos reclamaron de México los territorios del Río Grande (actualmente, los estados de Nevada, California, Utah, Arizona, Nuevo México y parte de Colorado). Como consecuencia, México perdió aproximadamente la mitad de su territorio. Este período fue seguido por una guerra civil entre conservadores y liberales, y por una invasión francesa dirigida por Napoleón III. A finales del siglo XIX, durante la dictadura del general Porfirio Díaz, México obtuvo relativa paz y estabilidad.

¡Viva la revolución!

El gobierno de Díaz, aunque estableció orden en el país,

---

[1]stones [2]feathers [3]textiles [4]crown [5]viceroyalty

¿Y AHORA QUIÉN ES EL PRESIDENTE?

¡Durante el período de la revolución, México una vez tuvo tres presidentes en un mismo día!

favorecía a los inversionistas[6] extranjeros y las clases altas del país. Ésta fue una de las causas de la revolución de 1910, la conocida "revolución mexicana". Uno de los propósitos de la revolución fue la redistribución de las tierras, especialmente entre los campesinos. Después de este período de guerra civil, se firmó la constitución mexicana en 1917 y se comenzó la implementación de varias reformas.

---

[6]investors

1600	1700	1800	1900

1535
Los españoles establecieron en México el virreinato de la Nueva España

1821
México obtuvo su independencia de España

1848
Los Estados Unidos reclamaron de México los territorios del Río Grande

1910
La revolución mexicana

El encuentro de dos civilizaciones. ¿Puede usted identificar a Hernán Cortés? ¿y al emperador de los aztecas?

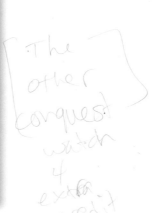

Pancho Villa, héroe de la revolución mexicana. ¿Contra qué gobierno luchó Pancho Villa?

El México de hoy

Los candidatos a la presidencia del PRI (Partido Revolucionario Institucional) han estado en el poder desde 1929. Aunque existen otros partidos políticos, el PRI es el partido político más poderoso. México es hoy un país políticamente estable, aunque en 1994, un grupo guerrillero, el *Ejército Nacional de Liberación Zapatista*, inició una rebelión armada en el estado sureste de Chiapas. Los "zapatistas" quieren reformas para proteger la población maya de Chiapas y mejorar su condición de vida.

Hoy México pasa por una reorganización económica. *El Tratado de Libre Comercio de Norte América* (NAFTA), puesto en efecto en 1994, es una esperanza[7] para los mexicanos. El objetivo principal de este tratado es, básicamente, eliminar todas las barreras para el libre[8] comercio entre México, los Estados Unidos y Canadá. ¿Qué piensa usted sobre este tratado?

[7]*hope*

[8]*free*

¡A ver cuánto aprendimos!

En grupos de tres, contesten las preguntas.

1. ¿Qué parte de México ocuparon los mayas? *Peninsula de Yucatán*
2. ¿Cuál es una de las ciudades antiguas de los mayas?
3. ¿Cuál era la capital de los aztecas? *Tenochtitlán*
4. ¿Qué ciudad moderna ocupa el mismo sitio hoy? *La ciudad de México*
5. ¿Cómo se llama el conquistador español que llegó a México en 1519? *Don Hernan Cortez*
6. ¿Qué pasó en 1821? *Independencia de México*
7. ¿Qué territorios perdió México en 1848? *Utah, Nevada etc*
8. ¿Cuál fue una de las causas de la revolución mexicana de 1910?
9. En México, ¿de qué partido político viene la mayoría de los candidatos a la presidencia?
10. ¿Cómo se llama el tratado que ofrece la oportunidad de libre comercio entre México y los Estados Unidos?

1900			1950			2000

1917
Se firmó la constitución mexicana

1994
Con el Tratado de NAFTA México pasa por una reorganización económica

¿Están estas personas a favor de o en contra de NAFTA? San Francisco, California

REPASO DE VOCABULARIO ACTIVO

Adverbios y expresiones adverbiales

una vez/muchas veces	después	mientras (while)	primero
cada	luego/entonces (then)	por fin	

Preposiciones

acerca de	debajo de	durante	fuera de
al [+ *infinitivo*]	delante de	frente a	lejos de
al lado de	dentro de	en vez de	para
antes de	después de	encima de	por
cerca de	detrás de	entre (between)	

Sustantivos

Las partes de la casa

el baño	la escalera	el primer piso	el segundo piso
la cocina	el garaje	la sala (living room)	el sótano (basement)
el comedor (dinning room)	el jardín	la sala familiar	el techo

Las cosas en la casa/el apartamento

la alfombra	la cortina (curtains)	la lámpara	el ropero
la cama	el cuadro	la luz	el sillón
el casete	el cubo de la basura	los muebles	el sofá
la chimenea	el disco compacto	la pared	el suelo
la cinta	el estante	el póster	el televisor
la cómoda (dresser)	el estéreo	la radiograbadora	el vídeo

En el baño

la bañera (bathtub)	el espejo	el jabón	la toalla
la ducha	el inodoro	el lavabo	

En la mesa/en la cocina

la copa	la estufa	el plato	la taza
la cuchara (spoon)	el fregadero	el refrigerador	el tenedor
el cuchillo (knife)	el horno de microondas	la servilleta	el vaso

Otras palabras útiles

el apartamento	el vecino

Verbos y expresiones verbales

alquilar	guardar	secar	hacer la cama
apagar	lavar	subir (to go up)	pasar la aspiradora
ayudar	planchar	había	poner la mesa
bajar (to go down)	prender (to turn on)	cortar el césped	quitar la mesa
encender (ie)	sacar	hacer las compras	quitar el polvo

I. El imperfecto

Diga usted lo que las personas hacían cuando eran niños(as).

MODELO yo/hacer la cama
Hacía la cama.

1. yo/ayudar a mis padres
2. yo/conversar con mi abuela
3. tú/correr en el parque
4. ella/andar en bicicleta
5. nosotros/querer jugar con nuestros primos
6. nosotros/siempre visitar a nuestros tíos
7. vosotros/caminar en el centro comercial
8. ustedes/comer mucho helado
9. yo/ir al cine
10. yo/ver muchas películas

II. ¿Pretérito o imperfecto?

A. Exprese, según las indicaciones, lo que usted **hizo** o **hacía** en el pasado. Use el pretérito o el imperfecto.

MODELO (hacer un viaje) El verano pasado. . .
El verano pasado hice un viaje.

1. (alquilar un apartamento) El año pasado. . .
2. (invitar a mis amigos al apartamento) Con frecuencia. . .
3. (limpiar la sala) Todos los sábados. . .
4. (lavar las cortinas) Una vez. . .
5. (visitar a mis vecinos) Los fines de semana. . .
6. (abrir las ventanas) Todas las mañanas. . .
7. (bajar al sótano) Ayer. . .
8. (ver un insecto enorme en la cocina) Un día. . .

B. Describa lo que pasó, usando el pretérito o el imperfecto según el contexto.

MODELO (ser) la primavera
Era la primavera.

1. (Ser) las dos de la tarde.
2. (Hacer) sol.
3. Mónica (llevar) vaqueros y un suéter azul.
4. Ella (salir) de su apartamento.
5. (Decidir) ir al parque.
6. Mientras (caminar) por el parque, (ver) un gato hambriento.
7. (Llevarlo) a su apartamento.
8. (Darle) leche caliente y comida.
9. Después, (ir) al veterinario con el gato.

10. El veterinario (examinarlo).
11. El gato (estar) en excelentes condiciones.

III. Preposiciones

A. Para indicar sus preferencias, cambie las oraciones usando la preposición de significado contrario.

MODELO No quiero estar *cerca de* la estufa.
Quiero estar lejos de la estufa.

1. No quiero comer *antes de* ver la película en el vídeo.
2. No quiero poner los libros *debajo de* la mesa.
3. No quiero poner la planta *delante del* sofá.
4. No quiero estar *dentro de* la casa.

B. Complete con una actividad apropiada.

MODELO Fui al cine en vez de _____ .
Fui al cine en vez de estudiar.

1. Al _____ en el teatro, vimos a nuestros amigos.
2. Nunca podemos mirar una película sin _____ palomitas (*popcorn*).
3. Después de la película, fuimos a un restaurante para _____ .
4. Antes de _____ a casa, decidimos ir al centro.

C. **Por** en contraste con **para**. Complete las oraciones para indicar lo que usted hizo.

1. Durante el verano trabajé/el banco.
2. Trabajé/poder ir a México.
3. Salí/México el 6 de agosto.
4. Estuve allí/un mes.
5. Anduve/todo el país.
6. Compré un libro de arte/mi madre.
7. Lo compré/noventa pesos.
8. Mi madre me dijo, "Gracias/el libro."

IV. Repaso general del Capítulo 8

Conteste en oraciones completas.

1. Usted vio un apartamento ayer. ¿Cómo era? (Use la imaginación.)
2. Cuando el inspector entró en el apartamento a las diez de la noche, ¿qué hacían los estudiantes?
3. ¿Qué hizo usted anoche después de comer?
4. ¿Va usted a los centros comerciales con frecuencia? ¿Para qué?

RINCÓN LITERARIO

MÉXICO

"Las sandías"
de Nellie Campobello

Nellie Campobello (1913–   ) es una escritora mexicana. Sus cuentos típicamente evocan situaciones muy humanas, y a veces humorísticas, que ocurrieron durante la revolución mexicana de 1910–1917.

Reading Strategies

Quickly skim the reading several times. As you read, identify and underline key words and phrases that describe the setting and circumstances which help to explain why General Villa's soldiers would attack a train loaded with watermelons.

burn

weather-beaten / broken /
 horsemen / plains
track
is carrying . . . loaded

shout

little watermelon
passengers

tail end
back-and-forth motion /
 would be

   Mamá dijo que aquel día empezó el sol a quemar° desde temprana hora. Ella iba para Juárez. Los soles del Norte son fuertes, lo dicen las caras curtidas° y quebradas° de sus hombres. Una columna de jinetes° avanzaba por aquellos llanos°. Entre Chihuahua y Juárez no había agua; ellos tenían sed, se fueron acercando a la vía°. El tren que viene de México a Juárez carga° sandías en Santa Rosalía; el general Villa lo supo y se lo dijo a sus hombres; iban a detenerlo; tenían sed, necesitaban las sandías. Así fue como llegaron hasta la vía y al grito° de ¡Viva Villa!, detuvieron los convoyes. Villa les gritó a sus muchachos: "Bajen hasta la última sandilla°, y que se vaya el tren." Todo el pasaje° se quedó sorprendido al saber que aquellos hombres no querían otra cosa.
   La marcha siguió, yo creo que la cola° del tren, con sus pequeños balanceos°, se hizo un punto en el desierto. Los villistas se quedarían° muy contentos, cada uno abrazaba su sandía.

1. Según la memoria de la mamá, ¿cómo era aquel día?
2. ¿Quiénes avanzaban por los llanos?
3. ¿De qué problema sufrían los hombres?
4. ¿Qué llevaba el tren que pasaba de México a Juárez?
5. ¿Por qué necesitaban los hombres las sandías?
6. ¿Por qué estuvieron sorprendidos los que viajaban en el tren?
7. ¿Por qué estaban tan contentos los soldados de Villa?

CAPÍTULO 9

La vida diaria y las relaciones humanas

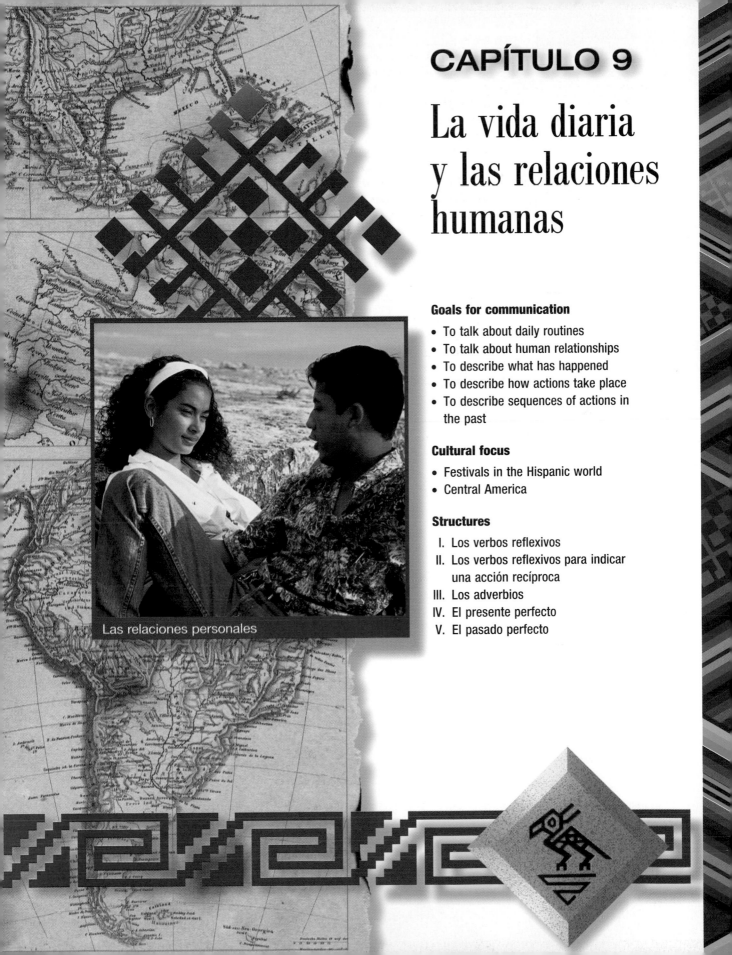

Las relaciones personales

Goals for communication

- To talk about daily routines
- To talk about human relationships
- To describe what has happened
- To describe how actions take place
- To describe sequences of actions in the past

Cultural focus

- Festivals in the Hispanic world
- Central America

Structures

I. Los verbos reflexivos
II. Los verbos reflexivos para indicar una acción recíproca
III. Los adverbios
IV. El presente perfecto
V. El pasado perfecto

CAPÍTULO 9   La vida diaria y las relaciones humanas

1. to take off (clothes, etc.)   2. to be sleepy   3. to go to bed   4. to wake   5. alarm clock   6. to ring, sound   7. to cry   8. to take a bath, bathe   9. hairdryer   10. to dry   11. scissors   12. to cut   13. to wash (oneself)   14. comb   15. to comb   16. brush   17. to brush (hair, teeth)   18. makeup   19. to put on   20. to feel bad   21. to get sick   22. to get angry   23. to have a good time   24. to laugh

25. to worry (about) 26. to get dressed 27. to go to sleep 28. to sit down 29. shampoo 30. to take a shower
31. deodorant 32. toilet paper 33. electric shaver 34. to shave 35. toothpaste 36. toothbrush 37. razor
38. shaving cream 39. noise 40. to complain 41. to get up 42. to say goodbye 43. to go (away)

Práctica y comunicación

A. En la residencia estudiantil

Son las nueve de la noche en la residencia de estudiantes. Indique lo que hacen los estudiantes. Conteste según los dibujos en las páginas 282–283.

> MODELO La chica que está cerca de la ventana tiene sueño y quiere dormir.
> ¿Se quita o se pone el suéter?
> **Se quita el suéter.**

1. La otra chica en el cuarto también tiene sueño. ¿Va a acostarse[1] o va a levantarse?
2. La chica que habla por teléfono está muy triste. ¿Qué hace ella?
3. Su compañera de cuarto toma una siesta. ¿Qué hace el despertador? ¿Debe ella despertarse o debe dormirse?
4. La chica que está en la bañera, ¿se lava el pelo o se baña?
5. Camila se seca el pelo. ¿Qué usa?
6. Natalia se corta el pelo. ¿Qué usa?
7. La chica que está enfrente del lavabo, ¿se lava la cara o se lava las manos?
8. Pepita se peina. ¿Qué usa?
9. La amiga de Pepita se cepilla el pelo. ¿Qué usa?
10. Linda está enfrente del espejo. ¿Qué se pone?
11. El chico en la fiesta acaba de comer demasiada (*too much*) pizza. ¿Cómo se siente? ¿Va a enfermarse?
12. Rubén no está muy contento. ¿Se preocupa por su amigo o se enoja con él?
13. Los jóvenes que están en la fiesta, ¿se quejan o se divierten?
14. Las dos chicas, ¿lloran o se ríen?
15. Esteban está estudiando para su examen de cálculo. ¿Se preocupa mucho por el examen?
16. El compañero de cuarto de Esteban va a salir esta noche. ¿Se quita la ropa o se viste?
17. El chico con el libro sobre el escritorio tiene mucho sueño. ¿Se despierta o se duerme?
18. Alfonso tiene que estudiar mucho esta noche. ¿Dónde se sienta para estudiar?
19. El chico que está en la ducha, ¿qué usa para lavarse el pelo?
20. ¿Qué se pone Manuel?
21. ¿Qué se ve cerca de la ventana?
22. ¿Qué usa uno de los chicos para afeitarse? ¿y el otro?
23. ¿Qué pone el chico en su cepillo de dientes?
24. ¿De qué se queja la chica que está cerca de la banda?
25. Javier le da la mano a la chica. ¿Ella se levanta o se sienta?
26. Una estudiante se va. ¿Saluda a sus amigos o se despide de ellos?

---

[1]Most of the verbs presented thus far in this chapter end with the pronoun **se**. You will formally study these verbs beginning in *Estructura* section I of this chapter. For now, just follow the model and the verb forms in the questions.

B. Nuestras actividades diarias

De las actividades presentadas en los dibujos (páginas 282–283), ¿cuál o cuáles asocia usted con los objetos indicados?

MODELO el despertador
sonar, despertarse, levantarse

1. la cama
2. la bañera
3. el pelo
4. las tijeras
5. el lavabo
6. el peine
7. el cepillo
8. el maquillaje
9. la aspirina
10. la ropa
11. el sillón
12. el jabón
13. el desodorante
14. la navaja

Conversación

La guerra del baño

Ricardo está esperando para usar el cuarto de baño. Como casi todas las mañanas, su hermana Camila está dentro y tarda mucho en salir.

RICARDO: (*¡pon! ¡pon! ¡pon!, dando con la mano en la puerta*) ¿Qué estás haciendo, Camila? Hace media hora que quiero usar el baño. ¿Sabes que entraste a las seis y media y son las ocho menos cuarto? . . . (*silencio*) ¿No me oyes? (*gritando*) ¿Puedes salir del baño y escucharme, por favor?

CAMILA: ¿Qué pasa? ¿Quieres afeitarte?

RICARDO: No. Quiero peinarme.

CAMILA: ¡Peinarte! ¿No tienes un espejo en tu cuarto?

RICARDO: Sí, pero vivo en esta casa y también tengo derecho° a usar el cuarto de baño.   *right*

CAMILA: Voy a salir en un minuto. Solamente tengo que secarme el pelo, cepillarme los dientes, peinarme, ponerme la ropa. . .

RICARDO: ¡Basta!° No tengo tiempo para esperar más. Como todos los días, salgo sin peinarme.   *Enough!*

CAMILA: Lo siento. Cuando te levantes más temprano, vas a poder entrar en el baño antes que yo.

¿Qué pasa?

Completen las siguientes frases.
1. Ricardo está enojado porque. . .
2. Ricardo quiere. . .
3. Camila tiene que. . .
4. Ricardo va a salir sin. . .
5. Cuando Ricardo se levante más temprano. . .

Estructura

I. *Talking about daily routines and emotions or conditions:*
Los verbos reflexivos

Some verbs use the reflexive pronouns (**me, te, se, nos, os, se**) to show
that the doer of the action is also the recipient of the action. Observe the
following pairs of sentences and the change in meaning created by the
addition of the reflexive pronoun.

(Yo) corté la carne.	*I cut the meat.*
(Yo) **me** corté.	*I cut myself.*
(Él) está bañando al perro.	*He is washing the dog.*
(Él) está bañándo**se**.	*He is washing (himself).*
Debemos vestir a los niños.	*We ought to dress the children.*
Debemos vestir**nos**.	*We ought to get dressed.*

Note that in the reflexive construction (the combination of reflexive
pronoun and verb) the reflexive pronoun and the subject of the verb refer
to the same person.

yo	**me visto**	nosotros(as)	**nos vestimos**
tú	**te vistes**	vosotros(as)	**os vestís**
usted, él, ella	**se viste**	ustedes, ellos(as)	**se visten**

As with direct and indirect object pronouns, reflexive pronouns are placed
immediately before the conjugated verb and may be attached to the
infinitive or the present participle.

¿**Te** cortaste las[2] uñas?	*Did you cut your nails?*
Voy a cepillar**me** los dientes.	*I'm going to brush my teeth.*
Linda está lavándo**se** el pelo.	*Linda is washing her hair.*

---

[2]Because the reference to possession is clear through the use of the reflexive verb, use the
definite article, not the possessive adjective, to refer to a part of the body or article of
clothing.

Note

1. You have observed through the chapter opener drawings that verbs which describe daily routine or personal care often use the reflexive construction; that is, the same person both performs and receives the action.

> Esta mañana **me bañé, me lavé** el pelo, **me afeité** y **me cepillé** los dientes.
>
> *This morning I bathed, washed my hair, shaved and brushed my teeth.*

2. Verbs that describe changes in psychological or physical status (**preocuparse, enojarse, enfermarse, sentirse**, etc.) are also often used with reflexive pronouns. In English, these verbs are often rendered as *to become* or *to get* worried, angry, sick, etc.

> Siempre **me preocupo** cuando vuelves a casa tarde.
>
> *I always worry (get worried) when you return home late.*
>
> Anoche **me enfermé** pero hoy **me siento** mejor.
>
> *Last night I got sick but today I feel better.*

▬▬ Práctica y comunicación

C. Lo que hacemos todos los días y lo que hicimos esta mañana
Contesten las preguntas.

Todos los días

1. ¿A qué hora se acuesta usted los viernes por la noche?
2. ¿A qué hora se levanta usted los sábados por la mañana?
3. ¿Se despierta usted inmediatamente cuando suena el despertador?
4. ¿Se baña usted por la mañana o por la noche?
5. ¿Qué marca de pasta de dientes prefiere usted? ¿Cuántas veces al día se cepilla usted los dientes?
6. ¿Se afeita usted con navaja o con máquina de afeitar?

Esta mañana

7. ¿Se levantó cuando sonó el despertador?
8. ¿Se duchó?
9. ¿Se afeitó?
10. ¿Se peinó?
11. ¿Se puso calcetines limpios?
12. Al salir de la residencia estudiantil o de su apartamento, ¿se despidió usted de su compañero(a) de cuarto?

D. Actrices y actores
Siete estudiantes, frente a la clase, dramatizan las actividades que siguen. Luego, la clase determina el orden de las actividades según la rutina normal de cada mañana. ¿Qué hacen primero? ¿y después?

1. bañarse
2. vestirse
3. despertarse
4. peinarse
5. afeitarse
6. cepillarse los dientes
7. secarse

(continuado)

Luego, la clase indica lo que **está haciendo** cada actriz o actor.

MODELO **Joe está despertándose**, etc.

Al final, la clase indica lo que cada actriz o actor **hizo**.

MODELO **Joe se despertó**, etc.

E. La rutina de Manuel

¿Qué hacía Manuel todos los días?

MODELO **Se acostaba a medianoche.**

Manuel/acostarse a. . .

despertarse a las. . .

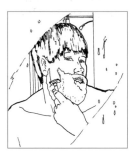

salir corriendo a las. . .

F. Tú y yo: nuestra rutina y nuestros hábitos
En parejas, hagan preguntas y contéstenlas.

> MODELO ¿cómo *sentirte* hoy?
> **¿Cómo te sientes hoy?**
> **Me siento bien/mal.**

1. ¿cómo *sentirte* hoy? ¿*tener* sueño?

2. ¿a qué hora *levantarte* normalmente los días de clase?

3. ¿*lavarte* el pelo todos los días?

4. ¿*secarte* el pelo con toalla? ¿con secador de pelo?

5. ¿cuántas veces por semestre *cortarte* el pelo? ¿*cortarte* las uñas todas las semanas?

6. Aquí en la universidad, ¿*dormirte* en las clases a veces? (¿en cuáles?)

7. ¿*enojarte* frecuentemente? (¿con quién?) ¿*quejarte* frecuentemente? [complain] (¿de qué o de quién?)

8. ¿*preocuparte* mucho? (¿de qué?)

9. durante el invierno, ¿*enfermarte* frecuentemente? *Te ríes*

10. cuando *estar* con tus amigos, ¿*divertirte* mucho? ¿*reírte*[3] mucho? (¿De qué?/¿De quién?)

G. ¿Qué acaba de hacer Rubén?
Indique lo que acaba de hacer Rubén, seleccionando actividades de la lista que sigue: **afeitársela despertarse quitárselos quitárselo cepillárselos cortárselo acostarse ponérselos**

> MODELO No le gusta llevar zapatos en casa.
> **Acaba de quitárselos.**

BIEN DICHO

acabar de + *infinitive*

to have just (completed an action)

1. ¡Ya no tiene pelo! (Le molestaba mucho) **Acaba de. . .**

2. ¡Ya no tiene barba!

3. ¡Qué blancos están sus dientes! *cepillarse los*

4. Tiene calor. Ya no lleva el suéter. *quitarselo*

5. Él ya está en la cama. Sus amigos lo llaman por teléfono.

6. Son las 7:00 de la mañana y ya sonó el despertador.

7. Va a salir de la casa y hace mucho frío afuera. Lleva suéter y chaqueta.

Y ahora, en parejas, háganse la siguiente pregunta: **¿Qué acabas de hacer tú?**

---

[3]The verb **reír** is conjugated as follows:
  Present: **río, ríes, ríe, reímos, reís, ríen**
  Preterit: **reí, reíste, rió, reímos, reísteis, rieron**

BIEN DICHO   Las relaciones humanas

encontrarse (ue) con	*to meet up with* (by chance)
reunirse[4]	*to meet, get together*
salir con	*to go out with, date*
enamorarse (de)/estar enamorado(a) de	*to fall in love (with)/to be in love (with)*
comprometerse (con)/estar comprometido(a)	*to get engaged (to)/to be engaged*
casarse (con)/estar[5] **casado(a)**	*to get married (to)/to be married*
soltero(a)	*single*
ambos(as)/los (las) dos	*both*
juntos(as)	*together*
pelearse	*to fight*
llevarse bien/mal	*to get along well/badly*
separarse	*to separate*
divorciarse	*to get divorced*

▓▓▓▓ Práctica y comunicación

H. Un sondeo (*poll*)

Levante la mano para indicar qué categorías le corresponden a usted en este momento. ¿Cuántas personas hay en cada categoría?

Categoría	Número de personas
hay "alguien especial" en su vida	_____
estar enamorado(a)	_____
estar comprometido(a)	_____
estar casado(a)	_____
tener hijos	_____
querer tener muchos hijos	_____
pensar casarse pronto	_____
pensar casarse en el futuro	_____
preferir ser soltero(a)	_____
Y. . .¿cuál es la edad ideal para casarse?	
de 15 a 20 años	_____
de 20 a 25 años	_____
de 25 a 30 años	_____
de 30 a 35 años	_____
de 35 a 40 años	_____
nunca	_____

---

[4]The verb **reunirse** is conjugated as follows in the present tense. Note the accent.
   me reúno, te reúnes, se reúne, nos reunimos, os reunís, se reúnen
[5]The status **casado(a)**, though commonly used with **estar**, may also be used with **ser** in the present tense. The fluctuation depends upon personal perceptions, for example, emphasis on *married* as part of the person's identity = **ser**.

I. Preguntas personales

En parejas, háganse las preguntas y contéstenlas.

1. Los sábados por la noche, ¿dónde te reúnes con tus amigos?
2. ¿Con quién o con quiénes te encuentras en la cafetería?
3. En la escuela secundaria, ¿te enamoraste de alguien? (¿De quién?)
4. ¿Sales con alguien especial ahora? ¿Estás enamorado(a) de él/ella?
5. ¿Tienes amigos que están comprometidos?
6. ¿Piensas comprometerte dentro de un año? ¿dos años? ¿cinco años?
7. En tu opinión, ¿cuál es la edad ideal para casarse?
8. En tu opinión, ¿ambas personas deben tener más o menos la misma edad? ¿Por qué?
9. En tu opinión, ¿es buena o mala idea casarse inmediatamente después de graduarse? ¿Por qué sí o no?
10. ¿Piensas que los novios deben vivir juntos antes de casarse o no? ¿Por qué sí o no?
11. En general, ¿prefieres la idea de casarte o de ser soltero(a)? ¿Por qué?
12. ¿Siempre se llevan bien tus padres? ¿Se pelean a veces? (¿Te molesta cuando se pelean?)

J. ¿Por qué se divorcian?

A veces las parejas se divorcian o se separan. Las razones del divorcio o de la separación pueden ser diferentes en cada caso.

En grupos de tres, estudien la lista de problemas que sigue y decidan cuáles son los **tres** problemas que ustedes consideran más serios. ¿Por qué?

- problemas de comunicación
- otra persona en la vida de uno(a)
- ya no están enamorados
- problemas económicos
- tensión o estrés del trabajo
- desequilibrio de responsabilidades domésticas
- ¿otros problemas?

Estructura

II. *Talking about each other:* Los verbos reflexivos para indicar una acción recíproca

English uses the phrases *each other* and *one another* to express reciprocal actions: *They love each other.* Spanish uses the reflexive pronouns **nos, os,** and **se,** accompanied by the corresponding verb forms, to express reciprocal or mutual actions.

Claudia y Guillermo **se**
    conocieron ayer.
Ana y yo no **nos** hablamos
    por un mes.

*Claudia and Bill met each
    other yesterday.*
*Ana and I didn't speak to
    each other for a month.*

■■■ Práctica y comunicación

K. Una historia de amor triste
Primero, determinen el orden de las siguientes actividades en la "historia de amor" de "Él" y "Ella", dándole un número a cada actividad.

> MODELO *conocerse* en una fiesta (1)

- *encontrarse* en el parque el próximo día
- una semana más tarde, *comprometerse*
- *conocerse* en una fiesta
- *besarse*
- *enamorarse*
- *abrazarse*

- *mirarse*
- finalmente, desafortunadamente, *divorciarse*
- dos meses más tarde, *casarse*
- *hablarse*
- después, *separarse*
- *pelearse*

Ahora, siguiendo el orden determinado, narren la historia para indicar lo que ocurrió.

> MODELO **Se conocieron en una fiesta**, etc.

En la película *Matrimonio por conveniencia*, ¿qué hicieron primero las dos personas? ¿y después? ¿Es el orden normal? ¿Cuál es el orden normal?

L. Su propia historia de amor
Cuente su propia historia de amor (verdadera o imaginaria). Diga cinco cosas que ocurrieron entre usted y él o ella.

> MODELO **Nos vimos por primera vez en. . .**

Los días festivos

Típicamente, en los días festivos, los hispanos celebran acontecimientos° históricos, aniversarios políticos y festividades religiosas tradicionales y antiguas. Aunque cada país tiene su propio calendario festivo, hay ciertas fiestas que se respetan en todo el mundo hispano por igual.

events

　　Sin duda°, la fiesta religiosa más popular en los países hispanos es la Semana Santa. En la Semana Santa, los hispanos conmemoran el sufrimiento, la muerte y la resurrección de Cristo. En España y en Hispanoamérica se hacen marchas y procesiones por las calles donde participa todo el pueblo. A veces, las procesiones llevan figuras de Cristo en la cruz o de la Virgen María. Otras veces, incluyen cantos, música y dramatizaciones de escenas bíblicas.

doubt

Describa usted esta procesión de la Semana Santa en Sevilla. España

A veces, las festividades religiosas también sirven para celebrar al patrón de una ciudad o de un país. En las Fiestas de San Fermín, por ejemplo, los habitantes de Pamplona, España, celebran al santo patrón de su ciudad de manera muy original. Durante las fiestas, los toros corren libremente° por las calles de la ciudad. ¡Y la gente se divierte corriendo detrás (¡o delante!) de ellos! Y en México, en las Fiestas de la Virgen de Guadalupe (patrona del país), miles de personas caminan por días y días desde sus pueblos hasta el altar de la Virgen en la ciudad de México. Allí, le hacen promesas y le ofrecen regalos a la Virgen a cambio de pedidos° de ayuda personal.

freely

requests

¿Qué están haciendo estos jóvenes durante las fiestas de San Fermín? Pamplona, España

Estas mujeres devotas andan de rodillas hasta el altar de la Virgen de Guadalupe. ¿Es usted tan (*so*) devoto(a)? La Basílica de Guadalupe, México, D.F.

¿Cuánto sabemos?

Indique la fiesta (**Semana Santa, San Fermín, la Virgen de Guadalupe**) que corresponde a la descripción.

1. Los toros y la gente corren por las calles.
2. Las procesiones llevan figuras de Cristo en la cruz.
3. Se celebra al santo patrón de la ciudad.
4. Se celebra a la patrona de México.
5. Algunas personas caminan por días desde sus pueblos hasta la capital.
6. Es la fiesta más popular en los países hispanos.

¿Cuáles son algunas festividades famosas en los Estados Unidos? ¿y en la región donde usted vive?

III. *Describing how actions take place:* Los adverbios

An adverb tells *how, how much, when, why,* or *where* an action takes place. Some adverbs that you already know are: **ahora, hoy, mañana, tarde, bien, mal, aquí, muy, a veces, nunca**, and **siempre**.

A. Formación de los adverbios

You may have observed through usage in this and past chapters that a number of adverbs end in **-mente**; for example, **normalmente, generalmente**, etc. Such adverbs are formed by adding **-mente** (equivalent to the English *-ly*) to the adjective. The suffix **-mente** is added directly to adjectives ending in **-e** or a consonant.

> posible > **posiblemente**
> personal > **personalmente**

The suffix **-mente** is added to the feminine singular form of adjectives that end in **-o/-a**.

> rápido > rápida > **rápidamente**
> tranquilo > tranquila > **tranquilamente**

B. Algunos adverbios comunes son:

rápidamente	*rapidly*	**generalmente**	*generally*
lentamente	*slowly*	**normalmente**	*normally*
fácilmente	*easily*	**comúnmente**	*commonly*
frecuentemente	*frequently*	**posiblemente**	*possibly*
recientemente	*recently*	**probablemente**	*probably*
constantemente	*constantly*	**personalmente**	*personally*
inmediatamente	*immediately*	**desafortunadamente**	*unfortunately*

> **Note**
>
> Adjectives with accents maintain the accent as adverbs:
>
> **rápidamente, fácilmente, comúnmente**

■■■ Práctica y comunicación

M. Una relación apasionada

Dos famosísimos artistas de cine tuvieron una relación amorosa muy apasionada. Lea las declaraciones que siguen. Luego, con los verbos de la Columna A y los adjetivos de la Columna B, haga oraciones apropiadas a cada situación. Siga el modelo. A = use los verbos en el pretérito; B = cambie los adjetivos a adverbios.

> MODELO No se conocían mucho tiempo antes de comprometerse.
> **Sí,. . .**
> **Sí, se comprometieron rápidamente (o) inmediatamente.**

⊷ Declaraciones ⊶

1. ¡Ocurrió tan rápido! ¡Fue amor a primera vista!
   Sí,. . .

2. ¡Qué atracción física tuvieron el uno por el otro!
   Al verse. . .

3. Fueron al cine una noche. La película fue muy cómica.
   Sí,. . .

4. Querían casarse muy, muy pronto.
   Sí,. . .

5. Desafortunadamente, tuvieron que pasar dos meses sin verse.
   Pero, por fin, cuando se vieron. . .

6. El fin de semana pasado no fue nada bueno. ¡Qué tragedia! Lo pasaron muy mal.
   Sí,. . .

7. ¡Qué triste! Ya no están juntos.
   Sí,. . .

Columna A	Columna B
abrazarse	apasionado
besarse	constante
comprometerse	fuerte
enamorarse	horrible
pelearse	inmediato
reírse	rápido
separarse	reciente

N. Lo que hacen normalmente

En grupos de tres, indiquen algunas actividades que hacen las siguientes personas. Cambien los adjetivos a adverbios, y ¡usen la imaginación!

> MODELO los profesores/general
> **Los profesores generalmente hablan mucho y se preocupan por sus estudiantes.**

1. mis padres/probable
2. los estudiantes/frecuente
3. mi compañero(a) de cuarto/desafortunado
4. mi novio(a)/normal
5. mi hermano(a)/constante

Estructura

IV. _Describing what has happened:_ El presente perfecto

The present perfect is, despite its name, a _past_ tense that describes an action that has recently been completed.

A. Formación del presente perfecto
The present perfect is formed with the present tense form of **haber** (_to have_) and the past participle of a verb.

present tense of **haber** + past participle

yo	**he**		_I have_	
tú	**has**		_you have_	
usted, él, ella	**ha**	+ **llamado**	_you/he/she has_	+ _called_
nosotros(as)	**hemos**		_we have_	
vosotros(as)	**habéis**		_you have_	
ustedes, ellos(as)	**han**		_you/they have_	

"Remember, the **h** is silent! Also, you should realize that the past participle in English is the **-ed** form."—_C. O'Brien, Southern Connecticut State University_

Roberto, ¿**has usado** mi champú?	Robert, **have** you **used** my shampoo?
Sí, lo **he usado** varias veces porque me gusta mucho.	Yes, I **have used** it several times because I like it a lot.
Son las ocho. ¿Se **han bañado** ustedes?	It's eight o'clock. Have you bathed?
Sí, y ya nos **hemos vestido**.	Yes, and we have already gotten dressed.

B. Formación de los participios pasados

To form the past participle in Spanish, add **-ado** to the stem of **-ar** verbs, and **-ido** to the stem of **-er** and **-ir** verbs.

llamar > llam- + **ado** > **llamado**	
comer > com- + **ido** > **comido**	
vivir > viv- + **ido** > **vivido**	

The verbs listed below have irregular past participles.

abrir	**abierto**	opened, open
decir	**dicho**	said, told
escribir	**escrito**	written
hacer	**hecho**	done
morir	**muerto**	died, dead
poner	**puesto**	put, placed
romper	**roto**	broken
ver	**visto**	seen
volver	**vuelto**	returned
devolver	**devuelto**	returned

Direct object, indirect object, and reflexive pronouns precede the conjugated form of **haber**.

Juanito, ¿**te** has lavado el pelo?	Juanito, **have** you **washed** your hair?
No, mamá. Todavía no **me lo** he lavado.	No, Mom. I **have** not **washed it** yet.

Refranes:
Sobre gustos° no hay nada escrito.   *tastes*
Del dicho al hecho hay largo trecho°.   *distance*
Dicho° y hecho.   *No sooner said . . .*

¿Cuál de estos refranes se refiere a hacer algo rápidamente?
¿Cuál se refiere a las personas que hablan mucho pero no hacen nada?
¿Cuál se refiere a los gustos individuales?

▬▬ Práctica y comunicación

O. La compañera perfecta o el compañero perfecto.
Usted y su compañero(a) viven juntos(as) en un apartamento. Normalmente él/ella es un poco desordenado(a) (*messy*). Pero hoy, al volver al apartamento, ¡usted se encuentra con una sorpresa! ¿Qué ha hecho su compañero(a)?

MODELO lavar la ropa
Ha lavado la ropa.

1. limpiar el apartamento
2. hacer las camas
3. lavar los platos
4. sacar la basura
5. ir al supermercado
6. comprar los ingredientes para la cena
7. empezar a preparar la comida
8. poner la mesa

"If you haven't already, go back and memorize the irregular past participles! They are important and used often."—*A. McMahon, San Bernardino Valley College*

P. Mi hermana o mi hermano mayor

Imagínese que usted tiene una hermana o un hermano mayor que siempre le hace preguntas para averiguar si usted ha hecho ciertas cosas. Dígale que usted **ya** (*already*) **las ha hecho**.

MODELO ¿Has escrito tu composición?
Sí, ya la he escrito.

1. ¿Has depositado el cheque que recibiste?
2. ¿Has leído la novela para tu clase de inglés?
3. ¿Has devuelto los vídeos a Blockbuster?
4. ¡Vamos a salir! ¿Te has bañado?
5. ¿Te has peinado?
6. ¿Has llamado a tus amigos?

Q. ¿Qué hay de nuevo?

Usted estudió en Costa Rica el semestre pasado y al volver a la universidad, descubre que muchas cosas han ocurrido.

MODELO **Octavio se ha roto la pierna.**

Octavio/romperse

Alfonso/
enamorarse

Linda y Manuel/
comprometerse

La profesora
Linares/casarse

Esteban/recibir

Natalia/cortarse

Rubén/comprarse

Pepita/ganar

Carmen/aprender

Rodolfo/morir
¡Qué triste!

R. ¿Qué has hecho recientemente?
Andando por la clase, hágales preguntas a sus amigos(as) para averiguar lo que **han hecho recientemente**. Escriba al lado de cada número el nombre del estudiante o de la estudiante que responde afirmativamente. ¿Cuántas respuestas afirmativas pueden encontrar? [Incluyan a la profesora/al profesor en la actividad.]

MODELOS *ir* a la biblioteca
USTED: **¿Has ido a la biblioteca recientemente?**

JUAN: **No, no he ido a la biblioteca recientemente.** [*Usted se dirige a otro(a) estudiante.*]

ALICIA: **Sí, he ido a la biblioteca recientemente.** [*Usted escribe "Alicia" en el blanco.*]

cortarte el pelo
USTED: **¿Te has cortado el pelo recientemente?**

ANA: **No, no me lo he cortado.** [*Usted se dirige a otro(a) estudiante.*]

TOM: **Sí, me lo he cortado.** [*Usted escribe "Tom" en el blanco.*]

(*continuado*)

Recientemente. . .

Nombres	[* = participio pasado irregular]
_____	1. *comer* una pizza
_____	2. *beber* cerveza
_____	3. *leer* una novela (¿Cuál?)
_____	4. *ver** una película buena (¿Cuál?)
_____	5. *asistir* a un concierto de rock (¿Cuál?)
_____	6. *recibir* una "A" en un examen
_____	7. *escribir** un ensayo (*paper*) (¿Para qué clase?)
_____	8. *decirle** una mentira (*lie*) a alguien
_____	9. *viajar* fuera del país (¿Adónde?)
_____	10. *limpiar* tu cuarto
_____	11. *quejarte* de algo (¿De qué?)
_____	12. *enamorarte* de alguien (¿De quién?)
_____	13. *divertirte* mucho (¿Dónde?)

BIEN DICHO   ¡Ya no!

dejar de + infinitive	*to stop* (doing something)
demasiado	*too, too much* (adv.)
demasiado(a)/demasiados(as)	*too much/too many* (adj.)

S.   ¡Increíble! ¿Qué han dejado de hacer?
Al volver de su semestre de estudio en Costa Rica,
usted descubre que muchas cosas han cambiado.
Primero, diga lo que hacían las personas
antes (exageradamente). Luego, indique lo que
han dejado de hacer.

MODELO   **Antes el ogro comía
demasiadas papas fritas.
Ahora ha dejado de comerlas.**

el ogro/papas fritas

Carmen/postres

Esteban/cerveza

El vagabundo/
fumar

Y ahora, indique algo que usted **hacía** antes (exageradamente), pero que **ha dejado de hacer**.

> MODELO **Antes yo tomaba demasiado café, pero he dejado de tomarlo.**

Estructura

V. *Describing what had happened:* El pasado perfecto

The past perfect is a past tense that describes an action that had occurred prior to another past event.

The past perfect is formed with the imperfect tense of **haber** and the past participle of a verb. It corresponds to the English *had eaten, had spoken*, etc.

imperfect tense of **haber** + past participle			
yo	**había**		*I had*	
tú	**habías**		*you had*	
usted, él, ella	**había**	+ **llamado**	*you/he/she had*	+ *called*
nosotros(as)	**habíamos**		*we had*	
vosotros(as)	**habíais**		*you had*	
ustedes, ellos(as)	**habían**		*you, they had*	

Cuando llegaron sus padres, él
  ya **había limpiado** su cuarto.
Nosotros **habíamos hecho**
  las camas.

*When his parents arrived, he **had**
  already **cleaned** his room.*
*We **had made** the beds.*

Direct, indirect, or reflexive objects are always placed before the conjugated form of **haber**.

José y Daniel ya **se habían duchado**.   *José and Daniel **had** already **taken a shower**.*

▰▰▰ Práctica y comunicación

T. El sábado por la noche
¿Qué **habían hecho** los estudiantes antes de salir de la residencia estudiantil el sábado por la noche?

> MODELO Pepita/bañarse
> **Se había bañado.**

1. Camila/lavarse el pelo
2. Rubén y Esteban/afeitarse
3. Manuel/cortarse las uñas
4. nosotros/peinarse
5. tú/ponerse el suéter nuevo
6. Alfonso/comprar un ramo de rosas para Natalia
7. Alfonso/escribirle a ella un poema de amor

U. Antes de venir a esta universidad
En parejas, hagan preguntas y contéstenlas para averiguar si lo siguiente **había ocurrido** o **no había ocurrido** antes de su llegada a esta universidad.

> MODELO Antes de venir a esta universidad. . . ¿*tomar* clases en otra universidad?
> **¿Habías tomado clases en otra universidad?**
> **Sí, había tomado clases en otra universidad.** (o) **No, no había tomado clases en otra universidad.**

Antes de venir a esta universidad. . .
1. ¿*tomar* clases de lenguas? (¿Qué clases?) ¿y clases de psicología? ¿y clases de fotografía?
2. ¿*visitar* el campus de esta universidad?
3. ¿*usar* el Internet?
4. ¿*trabajar* de camarero(a) en un restaurante? (¿En qué restaurante?)
5. ¿*ir* a muchas fiestas divertidas?
6. ¿*vivir* solo(a) [separado(a) de tu familia]?

En resumen

A. Conversando: Inventando historias

Pobre Triste Pablo

Lupe Hacelotodo

Felipe Feliz

Nada Pasa Plancha

Formen grupos de 4–5 personas. Cada grupo selecciona un secretario o una secretaria. (El secretario o la secretaria debe escribir las ideas del grupo.)

Cuenten, usando la imaginación, . . .

1. . . .lo que le **pasó** al "Pobre Triste Pablo" el fin de semana pasado;
2. . . .lo que "Lupe Hacelotodo" **hacía** todos los días;
3. . . .lo que "Felipe Feliz" **ha hecho/no ha hecho** recientemente;
4. . . .lo que "Nada Pasa Plancha" **no había hecho** antes de graduarse

El secretario o la secretaria le presenta las historias a la clase.

B. De mi escritorio: Una descripción de un día típico

Un amigo suyo o una amiga suya de El Salvador va a venir a la universidad como estudiante de intercambio el próximo semestre. Él o ella le pregunta a usted cómo es un día típico en su universidad. Escríbale una carta.

(fecha)

Querido(a). . . ,

1. Primero, descríbale cómo es un típico día de semana desde que se despierta hasta que se acuesta.

2. Segundo, descríbale cómo son los fines de semana.

Cariñosamente, Affectionately

La América Central

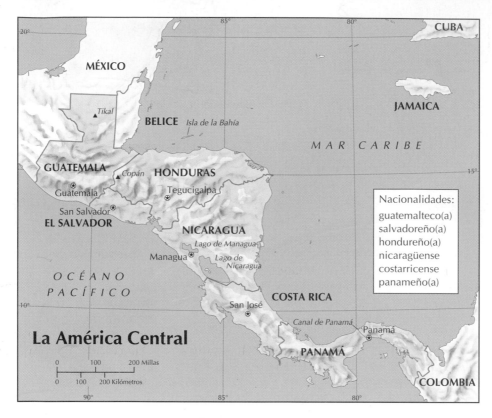

La América Central

Nacionalidades:

guatemalteco(a)
salvadoreño(a)
hondureño(a)
nicaragüense
costarricense
panameño(a)

Preguntas basadas en el mapa

1. ¿En qué país se encuentra Tikal, la famosa ciudad de los mayas? ¿y los templos y pirámides de Copán?
2. ¿Qué cuatro países son vecinos de Guatemala?
3. ¿Qué país tiene un lago interior muy grande?
4. ¿Qué países son vecinos de Panamá?
5. Al cruzar del Mar Caribe al Océano Pacífico por el Canal de Panamá, ¿en qué dirección se va? ¿del este al oeste o del norte al sur?
6. ¿Cuáles son las capitales de los seis países hispanos en la América Central?

Los siete países de la América Central

Los siete países que están entre México y Colombia constituyen la América Central. Seis de estos países son hispanos: Guatemala, Honduras, El Salvador, Nicaragua, Costa Rica y Panamá. Belice también es un país centroamericano, pero como fue una colonia británica, allí se habla inglés.

Los países hispanos de la América Central tienen un

¡SILENCIO, POR FAVOR!
El animal que produce el sonido (*sound*) más alto y horrible es el mono (*monkey*) **alouatta** de la América Central. El ruido que produce este mono se puede oír a 10 millas de distancia y se dice que es como los sonidos que producen un perro y un burro amplificados mil veces.

Describa esta escena en Patzún, Guatemala.

¿Qué civilización indígena representa este templo en Tikal? Guatemala

clima y una vegetación muy parecidos, con montañas, tierras costeras y selvas tropicales. Todos estos países, menos Honduras, tienen volcanes; por esta razón las tierras son muy fértiles y buenas para cultivar.

Guatemala

Guatemala fue el foco cultural más importante de la civilización maya. Aún hoy se pueden ver las ruinas mayas de la ciudad de Tikal en medio de la selva tropical. La mitad de la población de Guatemala es descendiente de los mayas. La tradición y la cultura indígena se mantiene más viva en Guatemala que en cualquier otro país de la América Central. Guatemala es un país de volcanes, montañas y bellísimos paisajes.[1] Su clima es muy agradable, por esta razón se conoce a Guatemala como el país de la eterna primavera. Sus

[1]landscapes

principales productos son el café y el algodón.

Honduras

Los mayas también vivieron en Honduras, pero abandonaron inexplicablemente sus ciudades hacia el año 800 d.C. Cuando llegaron los españoles, sólo encontraron ruinas. Las ruinas de Copán, una gran ciudad de

templos y pirámides, son muy famosas. Los hondureños están haciendo un esfuerzo[2] para preservar la belleza natural de su país, sobre todo los "bosques de nubes" en las regiones montañosas. La economía hondureña depende mayormente del cultivo y la exportación de la banana.

[2]effort

¿Qué aspectos de esta escena le fascinan a usted más? Bosque de nubes, Honduras

Marcha de la Frente Sandinista de Liberación Nacional. Nicaragua ¿Contra qué dictadura lucharon los sandinistas?

Costa Rica

La imagen de Costa Rica es la de playas bonitas, ríos, cascadas y montañas con abundante vegetación tropical. Costa Rica es una democracia pacífica; el país ni siquiera tiene un ejército nacional. La economía y el nivel de vida de Costa Rica están entre los mejores de la América Central. La paz, la educación y el bienestar social de la población es una prioridad para los costarricenses.

¿PARA JUGAR PELOTA?

En diferentes partes de Costa Rica se encuentran unas bolas de granito, algunas de 8 pies de diámetro, hechas hace más de 1.600 años. Estas esferas son casi proporcionalmente perfectas y algunas pesan 16 toneladas. ¿Quiénes y para qué hicieron estas bolas de piedra (*stone*)?

Nicaragua

Es el país más grande de la América Central y tiene volcanes importantes, tierras fértiles y hermosos paisajes. La larga dictadura de Anastasio Somoza provocó la revolución sandinista (de orientación marxista) en 1979. Los "sandinistas" tomaron posesión del gobierno pero los "contras", un grupo apoyado[3] por el gobierno de los Estados Unidos, lucharon contra el gobierno sandinista. Después de unas elecciones, se estableció la democracia en Nicaragua, aunque el ejército[4] todavía tiene mucho poder. Hoy, el país sigue recuperándose de sus conflictos internos y problemas económicos.

El Salvador

El Salvador es una tierra de paisajes montañosos, con impresionantes volcanes y lagos. Es el país más poblado y más pequeño de la América Central. La lucha entre la guerrilla y las fuerzas militares del gobierno (1982 hasta el presente) ha causado cierta inquietud[5] en el país. El Salvador es el único país centroamericano que no tiene costas sobre el mar Caribe. La economía salvadoreña depende del desarrollo agrícola e industrial del páis.

[3]*supported*

¿EL "CANAL DE NICARAGUA"?

¿Sabía usted que el plan original para el canal que iba a unir los dos océanos escogió (*chose*) a Nicaragua como el país ideal donde construirlo? ¿La razón? Nicaragua tiene un gran lago en su centro. Luego, por razones políticas, se escogió a Panamá.

[4]*army* [5]*unrest*

¿Qué le impresiona a usted más de este paisaje de El Salvador?

¿Por qué es esta vista típica de Costa Rica?

Panamá

Con su canal que une el Atlántico con el Pacífico, Panamá es un puente entre la América del Norte y la del Sur. Debido al tránsito de barcos (15.000 al año) por el canal, Panamá es un centro de comercio mundial y de la banca internacional. Esta zona es libre de impuestos[6] y por esta razón es un paraíso para las transacciones comerciales. La parte occidental[7] de Panamá es la región más desarrollada y poblada del país. La región oriental es una densa selva donde las comunicaciones son extremadamente difíciles.

---

[6]taxes [7]western

¿Cuál es la importancia del Canal de Panamá?

¡A ver cuánto aprendimos!

Identifique la descripción que corresponde a cada país.

1. _e_ Guatemala
2. _a_ El Salvador
3. _d_ Costa Rica
4. _c_ Nicaragua
5. _f_ Panamá
6. _b_ Honduras

(a) el país más pequeño de la América Central
(b) su industria principal es la banana
(c) el país más grande de la América Central
(d) el modelo de la democracia en Centroamérica
(e) 50% de la población es descendiente de los mayas
(f) tiene muchos bancos internacionales

Actividad

Divídanse en 6 grupos. Cada grupo investiga uno de los siguientes países centroamericanos. Seleccionen las palabras o frases del Panorama cultural que mejor representen el país. Tienen 5 minutos.

1. Guatemala 3. Nicaragua 5. Costa Rica
2. Honduras 4. El Salvador 6. Panamá

Para describir el país, cada grupo presenta sus palabras/frases a la clase. Los otros estudiantes identifican el país.

¡NADAR ES MÁS BARATO!

El precio más alto pagado por cruzar el canal de Panamá fue de $141.244,97 por el crucero *Crown Princess*. El más bajo lo pagó Richard Halliburton, un hombre que cruzó el canal nadando en 1928 y sólo pagó 36 centavos.

REPASO DE VOCABULARIO ACTIVO

Adjetivos

ambos(as)

casado(a)

comprometido(a)

demasiado(a)

demasiados(as)

enamorado(a)

juntos(as)

soltero(a)

Adverbios

constantemente

comúnmente

desafortunadamente

fácilmente

frecuentemente

generalmente

inmediatamente

lentamente

normalmente

personalmente

posiblemente

probablemente

rápidamente

recientemente

demasiado

Sustantivos

La vida diaria

el cepillo

el cepillo de dientes

la crema de afeitar

el champú

el desodorante

el despertador

el maquillaje

la máquina de afeitar

la navaja

el papel higiénico

la pasta de dientes

el peine

el ruido

el secador de pelo

las tijeras

Verbos y expresiones verbales

Verbos reflexivos

acostarse (ue)

afeitarse

bañarse

casarse (con)

cepillarse

comprometerse (con)

cortarse

despedirse (i) (de)

despertarse (ie)

divertirse (ie, i)

divorciarse

dormirse (ue, u)

ducharse

enamorarse (de)

encontrarse (ue) con

enfermarse

enojarse (con)

irse

lavarse

levantarse

peinarse

pelearse

ponerse

preocuparse (por, de)

quedarse

quejarse (de)

quitarse

reírse (i, i)

reunirse

secarse

sentarse (ie)

separarse

vestirse (i)

Otros verbos

haber

llorar

sonar (ue)

Expresiones verbales

acabar de

dejar de

llevarse bien/mal

sentirse (ie, i) bien/mal

tener sueño

tomar una ducha

AUTOPRUEBA Y REPASO #9

I. Pronombres y verbos reflexivos

A. Son las ocho de la mañana en la residencia de estudiantes. Indique las actividades de las personas.

> MODELO Linda/levantarse
> **Linda se levanta.**

1. mi compañero(a) de cuarto/despertarse
2. yo/levantarse
3. tú/quitarse la camiseta
4. vosotros/vestirse
5. nosotros/preocuparse por el examen
6. Ana y Susana/irse a clase

B. Ahora son las ocho y media de la mañana. Indique las actividades que acaban de hacer estas personas.

> MODELO Diego/levantarse
> **Diego acaba de levantarse.**

1. yo/bañarse
2. Felipe/peinarse
3. tú/lavarse la cara
4. nosotros/afeitarse
5. ellos/cepillarse los dientes

C. Son las diez de la noche en la residencia estudiantil. Usted está contándoles a sus amigos anécdotas de su familia. Indique qué hicieron usted y sus parientes.

> MODELO Mis padres/casarse/hace veinticinco años
> **Mis padres se casaron hace veinticinco años.**

1. Mi hermano/comprometerse con su novia/el año pasado
2. Mis hermanas/enamorarse de dos jóvenes simpáticos/cuando fuimos a la playa
3. Mis tíos/divorciarse/recientemente
4. Yo/despedirme de mi familia/al venir a la universidad
5. Nosotros/divertirse mucho/en el viaje que hicimos a España

II. El presente perfecto

Ustedes han pasado un mes en la América Central. ¿Qué han hecho?

> MODELO yo/caminar por la ciudad de Tegucigalpa
> **He caminado por la ciudad de Tegucigalpa.**

1. nosotros/visitar las pirámides de Copán
2. tú/sacar fotos de los templos
3. Inés/ir al mercado público
4. vosotros/comprar muchas flores
5. mis amigos/escribir muchas tarjetas postales
6. usted/viajar por la costa del Mar Caribe
7. tú/ver la selva
8. yo/hacer muchas cosas interesantes
9. yo/divertirse mucho

III. El pasado perfecto

Una noche, hubo una tormenta muy grande. Afortunadamente, habíamos hecho muchas cosas antes del corte de luz. ¿Qué **habíamos hecho**?

> MODELO nosotros/terminar nuestro proyecto
> **Habíamos terminado nuestro proyecto.**

1. yo/apagar la computadora
2. mi compañero(a) de cuarto/ducharse
3. tú/escribir tu composición
4. nosotros/hacer la tarea para la clase de español
5. Linda y Teresa/leer la novela para la clase de inglés

IV. Repaso general del Capítulo 9

Conteste en oraciones completas.

1. ¿Qué hace usted normalmente por la mañana después de levantarse? (verbos reflexivos)
2. ¿Qué hizo su compañero(a) de cuarto al levantarse? (verbos reflexivos)
3. ¿Qué hicieron el novio y la novia? (verbos reflexivos)
4. Usted y su novio(a), ¿se quieren mucho?
5. ¿Qué ha hecho usted hoy?
6. Usted y sus amigos, ¿se han divertido mucho recientemente? ¿Qué han hecho?

RINCÓN LITERARIO

LA AMÉRICA CENTRAL—NICARAGUA

"Las loras°"
de Ernesto Cardenal

parrots

Ernesto Cardenal (1925–   ) es una persona muy importante en la política de Nicaragua y en la literatura de Hispanoamérica. Como político, fue portavoz° de los sandinistas[1] en su lucha contra la dictadura de Somoza (1937–1979). Como pensador, siempre ha defendido los derechos° de los pobres y los oprimidos. Finalmente, como escritor, Cardenal usa la literatura para denunciar las injusticias de la sociedad y anunciar un futuro más optimista y libre para Nicaragua y Latinoamérica en general.

spokesman

rights

Reading Strategies:

First, skim the poem several times highlighting the key lines that tell you what happened to the parrots. Second, locate those lines which compare the plight of the parrots to the poet's Nicaraguan compatriots.

leader

Mi amigo Michel es responsable° militar en Somoto,
   allá por la frontera con Honduras,
y me contó que descubrió un contrabando de loras
que iban a ser exportadas a EE.UU.
   para que allí aprendieran a hablar inglés.
Eran 186 loras, y ya habían muerto 47 en sus jaulas°.
Y él las regresó al lugar de donde las habían traído,
y cuando el camión estaba llegando a un lugar
   que llaman Los Llanos
cerca de las montañas de donde eran esas loras
   (las montañas se veían grandes
   detrás de esos llanos°)

cages

plains

---

[1]The Sandinistas were a revolutionary movement inspired by General Augusto César Sandino who initiated the struggle against the Somoza dictatorship that had lasted for 42 years.

las loras comenzaron a agitarse y a batir sus alas°
    y a apretujarse° contra las paredes de sus jaulas.
Y cuando les abrieron las jaulas
todas volaron° como flechas° en la misma dirección
    a sus montañas.
Eso mismo hizo la Revolución con nosotros, pienso yo:
nos sacó de las jaulas
    en las que nos llevaban a hablar inglés.
Nos devolvió la patria de la que nos habían arrancado°.
Los compas° verdes como loras
    dieron a las loras sus montañas verdes.
    Pero hubo 47 que murieron.

wings
jam themselves

flew / arrows

had uprooted
comrades

1. ¿Adónde iban a ser exportadas las loras?
2. ¿Cómo reaccionaron las loras al llegar a sus montañas verdes?
3. Según el poeta, ¿qué les hizo la Revolución a los nicaragüenses?
4. En su opinión, ¿es Ernesto Cardenal un crítico de la intervención de los Estados Unidos de América en los asuntos políticos y militares de Centroamérica? ¿Qué versos revelan esta posibilidad?

CAPÍTULO 10

Coches y carreteras

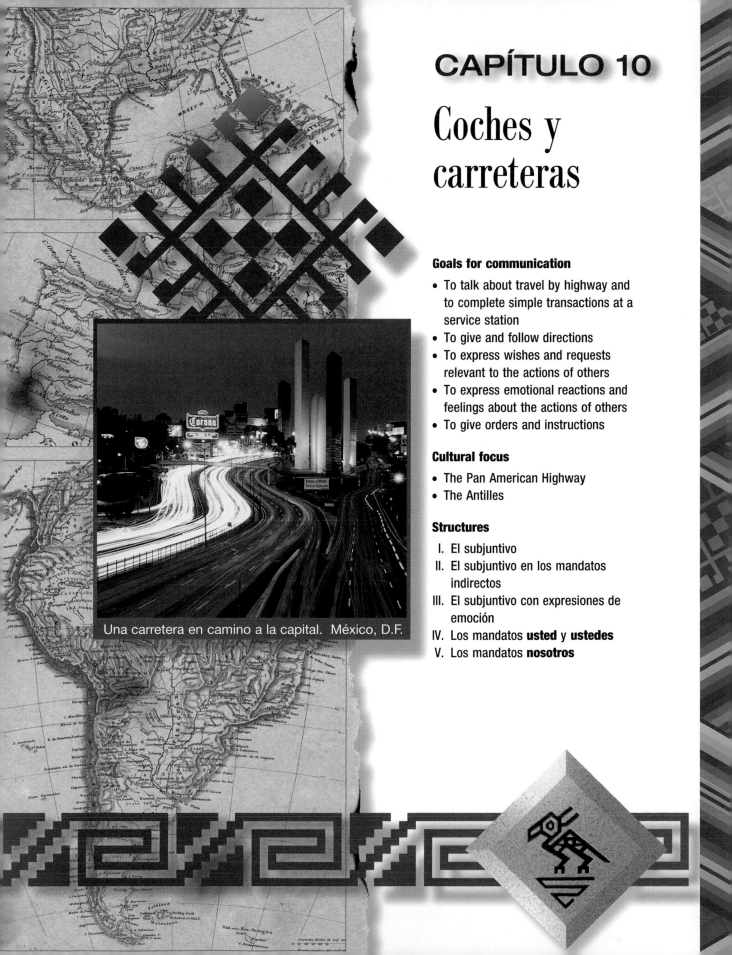

Una carretera en camino a la capital. México, D.F.

Goals for communication

- To talk about travel by highway and to complete simple transactions at a service station
- To give and follow directions
- To express wishes and requests relevant to the actions of others
- To express emotional reactions and feelings about the actions of others
- To give orders and instructions

Cultural focus

- The Pan American Highway
- The Antilles

Structures

I. El subjuntivo
II. El subjuntivo en los mandatos indirectos
III. El subjuntivo con expresiones de emoción
IV. Los mandatos **usted** y **ustedes**
V. Los mandatos **nosotros**

PEMEX

1. la estación de servicio/gasolina

13. la velocidad

14. el kilómetro

10. arreglar, reparar

11. el motor

12. el camino

2.

AIRE

7. revisar (el aceite)

8. la llanta

9. desinflada

3. la gasolina

6. el parabrisas

4. llenar

5. el tanque

CAPÍTULO 10   Coches y carreteras

1. service/gas station   2. air, *m.*   3. gasoline   4. to fill   5. tank   6. windshield   7. to check (the oil)   8. tire
9. flat (tire)   10. to fix, repair   11. motor   12. road   13. speed   14. kilometer

31. el semáforo

20. seguir (i, i)

18. doblar

21. derecho, recto

19. a la izquierda

23. la carretera, la autopista

22. a la derecha

LEÓN 67 RIOS

TAOS

67

15. el camión

16. el puente

17. cruzar

33. parar

24. el accidente

27. el carnet/ la licencia de conducir

28. la multa

32. la mujer policia

25. el choque

26. chocar

29. el policía

30. la motocicleta

15. truck   16. bridge   17. to cross   18. to turn   19. to the left   20. to continue, follow   21. straight, straight ahead   22. to the right   23. highway   24. accident   25. crash   26. to crash   27. driver's license   28. fine, ticket   29. policeman   30. motorcycle   31. traffic light   32. policewoman   33. to stop (movement)

■■ Práctica y comunicación

A. Coches y carreteras
Conteste las preguntas según los dibujos en las páginas 316–317.

1. ¿Dónde está el coche VW?

2. ¿Qué pone el empleado en el tanque? ¿Qué más hace?

3. ¿Qué revisa el otro empleado?

4. El otro coche no funciona. ¿Qué está haciendo el mecánico?

5. ¿En qué condición está una de las llantas del coche? ¿Qué va a hacer el hombre que lleva la llanta nueva?

6. En el camino que está cerca de la estación de servicio, ¿a qué velocidad se puede manejar?

7. En la carretera que está a la distancia hay un camión. ¿Qué está cruzando el camión?

8. Para ir a León por la carretera sesenta y siete, ¿en qué dirección se debe doblar? ¿y para ir a Ríos? Para ir a Taos, ¿se debe doblar o seguir recto?

9. ¿Qué ha ocurrido en la intersección cerca del semáforo? ¿Piensa usted que el coche rojo paró o no paró al llegar al semáforo?

10. El hombre que está en el coche rojo no está muy contento. ¿Qué le muestra al policía? ¿Y qué va a tener que pagar?

11. Según las señales (*signals*) que da la mujer policía, ¿qué tiene que hacer el coche que viene por el camino?

12. Rubén está viajando por México en su motocicleta. ¿Puede seguir adelante o tiene que esperar? ¿Por qué? ¿Qué tipo de chaqueta lleva?

B. Juego de palabras
¿Qué asocia usted con las siguientes palabras?

MODELO llenar
el tanque, la gasolina, etc.

1. revisar
2. cambiar
3. arreglar o reparar
4. limpiar
5. cruzar
6. doblar
7. el accidente
8. el policía/la mujer policía
9. el semáforo

BIEN DICHO Coches y carreteras (cont.)

los **frenos**	*brakes*
el **limpiaparabrisas**	*windshield wiper*
el **tráfico, tránsito**	*traffic*
la **milla**[1]	*mile*
la **frontera**	*border*
funcionar	*to work* (machine)
estacionar	*to park*
el **estacionamiento**	*parking place, space*
abrocharse el cinturón	*to fasten your seatbelt*
acordarse de (ue), recordar (ue)	*to remember*
olvidarse de, olvidar	*to forget (about* or *to)/to forget*
tener cuidado	*to be careful*
tener prisa	*to be in a hurry*
ponerse impaciente	*to get* (become) *impatient*
tratar de + infinitive	*to try to* (do something)
despacio	*slowly*

C. Preguntas personales

En parejas, háganse las siguientes preguntas y contéstenlas.

1. ¿Tienes coche? ¿Tienes motocicleta?

2. ¿Te gusta la idea de viajar por todo el país en coche? ¿y en motocicleta?

3. ¿Has cruzado la frontera entre los Estados Unidos y México? (¿Dónde?) ¿Entre los Estados Unidos y Canadá? (¿Dónde?)

4. ¿Has tenido un choque? (¿Dónde?) (¿Cuándo?) (¿Qué pasó?)

5. ¿Has recibido una multa? (¿Por qué?) (¿De cuánto?)

6. Cuando empezaste a conducir, ¿al principio manejabas con mucho cuidado? ¿Manejabas despacio? Y ahora, ¿tienes cuidado cuando manejas? ¿Debes manejar más despacio?

7. En tu familia, ¿quién maneja más despacio? ¿y más rápido?

8. Cuando tu coche tiene una llanta desinflada, ¿tratas de inflarla? Si tienes que cambiarla, ¿puedes hacerlo?

9. Cuando tu coche no funciona, ¿tratas de arreglarlo? Generalmente, ¿puedes arreglarlo? ¿Tratas de reparar los frenos? ¿y el limpiaparabrisas?

(continuado)

---

[1]One mile = 1.60 kilometers.

10. Cuando vas a la estación de servicio, ¿qué haces tú normalmente? ¿y qué hace el empleado o la empleada?

11. A veces, ¿te olvidas de llenar el tanque? ¿Te olvidas de revisar el aceite? ¿Te olvidas de revisar las llantas?

12. ¿Te acuerdas siempre de abrocharte el cinturón? ¿Por qué es importante abrocharse el cinturón?

13. En un semáforo, ¿te acuerdas siempre de parar antes de doblar a la derecha?

14. Al manejar, ¿cuándo te pones impaciente?

15. Cuando estás manejando por la carretera y tienes prisa, ¿a qué velocidad manejas (millas/kilómetros por hora)?

16. En la universidad, ¿es fácil o difícil encontrar estacionamiento? ¿A veces estacionas donde no debes? ¿Cuánto cuesta el estacionamiento? ¿Recibiste una multa el año pasado? ¿Por qué? ¿Cuánto tuviste que pagar?

BIEN DICHO ¡Reacciones!

¡Caramba!	*Oh, my gosh!*
¡Claro!, ¡Por supuesto!	*Of course!*
¡Socorro!	*Help!*
Lo siento mucho.	*I'm so sorry.*
¡Qué barbaridad!	*How awful!*
¡Qué lástima!	*What a shame!*
¡Qué lío!	*What a mess!*
¡Ay de mí!	*Poor me! (What am I going to do?)*
¡Qué suerte!	*What luck!, How lucky!*

D. ¡Caramba!
¿Qué dice usted en las siguientes situaciones? Use todas las "reacciones":

¿Qué dice usted cuando. . . ?

1. Un amigo de su compañero(a) de cuarto ha tenido un accidente horrible y está en el hospital.

2. Usted está en el centro de la ciudad de Nueva York y. . . ¡su coche tiene una llanta desinflada!

3. Llueve mucho y. . . ¡su limpiaparabrisas no funciona!

4. Usted está manejando **muy** rápidamente por las calles de San Francisco y descubre que. . . ¡sus frenos no funcionan!

5. Le cuentan a usted que alguien robó el coche nuevo de su amiga.

6. El policía le pide a usted su licencia de conducir y usted no la tiene.

7. Usted abre la puerta de su coche y ve que todo adentro está **muy, muy** sucio. Hay papeles, comida vieja, ropa sucia y vieja, etc., por todas partes.

8. Una tía rica le pregunta a usted si quiere un coche nuevo de regalo.

RÁPIDO...
¡RAPIDÍSIMO!

El 3000 VR-4 *Spyder* de Mitsubishi es el primer convertible en el mundo con techo controlado por un sistema computarizado. Este sistema permite bajar o cerrar el techo y asegurar las puertas y las ventanas en sólo 30 segundos. Su potente motor de 320 caballos de fuerza le permite acelerar de 0 a 96 kilómetros en 6 segundos y desarrollar una velocidad máxima de 248 kilómetros por hora. Su precio es de 62.000 dólares en Estados Unidos.

¿Qué aspecto del Spyder le *interesa* a usted más?

Conversación

Un viaje en coche

Pepita y Maite viajan en coche hacia San Juan para pasar el fin de semana con sus amigas en la playa. Maite conduce y Pepita está un poco nerviosa.

PEPITA: Maite, vas muy rápido y casi no tenemos gasolina.

MAITE: ¡Ay, Pepita! ¡Cálmate! Todo va a estar bien. Tengo prisa por llegar a San Juan.

PEPITA: ¿Qué es ese ruido? ¿No lo oyes, Maite? Hay un ruido en la llanta.

MAITE: ¡Pepita! Es tu imaginación. Es mejor que te duermas.

PEPITA: Maite, por favor, párate en esa estación de servicio para que revisen el coche. Si no lo haces, voy a tomar el autobús a San Juan.

MAITE: Bueno, bueno. . .está bien. Voy a parar sólo para que te calles.

(Entran en la estación de gasolina.)

MAITE: *(al empleado)* Buenas tardes, ¿puede llenar el tanque y revisar las llantas, por favor?

EMPLEADO: Sí, inmediatamente.

(continuado)

(*El empleado echa gasolina y revisa las llantas*)

¿Quiere que revise el motor y los frenos?

MAITE: No, no es necesario.

PEPITA: ¡Sí!, ¡Sí es necesario!

(*El empleado revisa el motor y los frenos*)

right

EMPLEADO: (*a Maite*) Señorita, la llanta delantera derecha° de su coche está en muy malas condiciones y necesita cambiarse; el coche casi no tiene aceite; los frenos están muy malos. . . Necesito por lo menos cuatro horas para repararlo todo. Lo siento mucho.

PEPITA: (*a Maite*) ¿Qué dices ahora, Maite?

MAITE: ¡Caramba!

¿Qué pasa?

1. ¿Adónde van Maite y Pepita?
2. ¿Quién está conduciendo el coche?
3. ¿Por qué está nerviosa Pepita?
4. ¿En dónde se detienen?
5. ¿Qué revisa el empleado?
6. ¿Qué le pasa al coche?

Estructura

I. *Expressing subjective reactions to the actions of others:* El subjuntivo

All the tenses you have studied to this point (such as the present, the preterit, and the imperfect) are indicative tenses. The indicative is an objective mood for stating facts or communicating specific knowledge.

The subjunctive, in contrast, is a subjective way of conveying a speaker's wishes and expressing a speaker's attitudes, hopes, fears, doubts, uncertainties, and other emotional reactions to events and to the actions of others.

In this and subsequent chapters you will be introduced to various uses of the subjunctive and to the forms for its four tenses (present, present perfect, imperfect, and past perfect). The formation of the present subjunctive follows.

A. Verbos regulares en el presente de subjuntivo

The present subjunctive of regular **-ar, -er**, or **-ir** verbs is formed by dropping the **-o** from the **yo** form of the present indicative and adding the endings indicated. Note that **-er** and **-ir** verbs have the same endings.

- **yo** form of the present indicative, minus the **"o"**
- plus endings: -ar: **e, es, e, emos, éis, en**
  -er, -ir: **a, as, a, amos, áis, an**

	-ar verbs **ayudar** > *ayudo*	*-er* verbs **tener** > *tengo*	*-ir* verbs **salir** > *salgo*
yo	ayud**e**	teng**a**	salg**a**
tú	ayud**es**	teng**as**	salg**as**
usted, él, ella	ayud**e**	teng**a**	salg**a**
nosotros(as)	ayud**emos**	teng**amos**	salg**amos**
vosotros(as)	ayud**éis**	teng**áis**	salg**áis**
ustedes, ellos(as)	ayud**en**	teng**an**	salg**an**

The present subjunctive is usually translated like the present indicative, although it can also have the meaning of *may* or *will*.

B. Verbos con cambios ortográficos

Verbs ending in **-gar, -car**, and **-zar** have spelling changes in all persons in the present subjunctive.

-gar (g > gu)	lle**gar** > lle**gue**, lle**gues**, . . . etc.
-car (c > qu)	to**car** > to**que**, to**ques**, . . . etc.
-zar (z > c)	cru**zar** > cru**ce**, cru**ces**, . . . etc.

C. Verbos con cambios en la raíz

Stem-changing **-ar** and **-er** verbs follow the same pattern in the present subjunctive as in the present indicative—stem-changes occur in all forms except **nosotros** and **vosotros**.

pensar *e > ie* **to think**		*volver* *o > ue* **to return**	
piense	pensemos	vuelva	volvamos
pienses	penséis	vuelvas	volváis
piense	piensen	vuelva	vuelvan

Stem-changing **-ir** verbs follow the pattern of the present indicative, but also have an additional stem-change (**e > i** and **o > u**) in the **nosotros** and **vosotros** forms.[2]

divertirse *e > ie, i* *to have a good time*		*seguir e > i, i* *to continue, follow*		*dormir o > ue, u* *to sleep*	
me divierta	nos divirtamos	siga	sigamos	duerma	durmamos
te diviertas	os divirtáis	sigas	sigáis	duermas	durmáis
se divierta	se diviertan	siga	sigan	duerma	duerman

D. Verbos irregulares

The following verbs have irregular forms in the present subjunctive.

dar:	**dé, des, dé, demos, deis, den**
estar:	**esté, estés, esté, estemos, estéis, estén**
ir:	**vaya, vayas, vaya, vayamos, vayáis, vayan**
saber:	**sepa, sepas, sepa, sepamos, sepáis, sepan**
ser:	**sea, seas, sea, seamos, seáis, sean**
haber:	**haya, hayas, haya, hayamos, hayáis, hayan**

Note

Haya is the subjunctive form of **hay** (*there is, there are*).

> Espero que **haya** otra solución.   *I hope that **there is** another solution.*

The present subjunctive forms of **haber** are used to form the present perfect subjunctive (which you will study in Chapter 11).

---

[2]The **e > i** and **o > u** additional stem-change is the same stem-change that occurs in the preterit: **pedir** > pidió/pidieron; **dormir** > durmió/durmieron.

Review in Chapter 4 verbs with irregular **yo** forms and stem-changes in the present tense.

Práctica y comunicación

E. En la estación de servicio

Cuando usted va a una estación de servicio, ¿qué quiere usted que el empleado o la empleada haga? Use el subjuntivo según el modelo.

> MODELO llenar el tanque
> **Quiero que llene el tanque.**

Quiero que. . .

1. revisar el aceite
2. limpiar el parabrisas
3. cambiar la llanta
4. tener cuidado al examinar el motor
5. reparar los frenos
6. arreglar el limpiaparabrisas
7. darme un mapa de la ciudad
8. devolverme la tarjeta de crédito

F. ¿Qué les recomienda el director o la directora?

Imagínese que usted y su compañero(a) de cuarto viven en una residencia estudiantil y que el director o la directora de la residencia tiene muchas recomendaciones para ustedes. ¿Qué les recomienda?

> MODELO pagar la cuenta de teléfono a tiempo
> **Nos recomienda que paguemos la cuenta de teléfono a tiempo.**

Nos recomienda que. . .

1. asistir a todas nuestras clases
2. llegar a las clases a tiempo
3. ir a la biblioteca con frecuencia
4. hacer la tarea todos los días
5. limpiar el cuarto más frecuentemente
6. lavar la ropa sucia
7. no fumar
8. no salir tanto (*so much*) por la noche
9. estacionar en los lugares permitidos
10. volver a la residencia más temprano
11. acostarnos más temprano
12. apagar el televisor antes de dormirnos

"Remember: The subjunctive is not a tense, but a mood. The subjunctive mood has several tenses. Every tense you have studied so far in Spanish has been indicative. Throughout this chapter, look very carefully at how the subjunctive is used in Spanish, since it isn't used as much in English as it is in Spanish. One of the few uses of the subjunctive in English is *I wish I were* . . . (not 'I wish I was,' as a lot of people say incorrectly)."—*C. O'Brien, Southern Connecticut State University*

Estructura

II. *Expressing wishes and requests that affect the actions of others:* **El subjuntivo en los mandatos indirectos**

An indirect or implied command expresses the speaker's personal wish, desire, preference, recommendation, request, or suggestion that someone else do something.

Ellos **prefieren** que
   paguemos en efectivo.
Recomendamos que **tomen**
   la carretera 67.

They **prefer** *that we* **pay** *in cash.*
We **recommend** *that you* **take** *highway 67.*

Notice that the verb in the main clause (**Ellos prefieren. . .**) is in the indicative; the verb in the secondary clause, which expresses the speaker's wish (**. . .que paguemos en efectivo**), is in the subjunctive.

"You can remember this concept by thinking that *I* (indicative) comes before *S* (subjunctive) alphabetically."—*C. O'Brien, Southern Connecticut State University*

Subject #1 influences:		Subject #2 influenced:
expression of wish to influence + **que** + action influenced		
indicative		*subjunctive*

If the sentence has no change of subject, use the infinitive, not **que** + subjunctive.

One subject   *vs.*   *Change of subject*
Quiero **ir**.   Quiero que **él vaya**.
I want to go.   *I want* **him** *to go.*

Verbs which express indirect or implied commands (the wish to influence) include:

querer (ie)	*to want*	**Quiero** que me **ayudes**.
preferir (ie, i)	*to prefer*	**Prefieren** que **manejemos** el Honda.
recomendar (ie)	*to recommend*	**Recomiendo** que te **abroches** el cinturón.
sugerir (ie, i)	*to suggest*	**Sugieren** que **cambiemos** la llanta.
insistir (en)	*to insist (on)*	**Insisten** en que **lleguemos** a tiempo.
pedir (i, i)	*to request*	Les **pedimos** que **revisen** el aceite.
decir (i)	*to tell*	¡Te **digo** que no **cruces** la calle!

▬▬ Práctica y comunicación

G. La influencia de mamá

Indique lo que tiene que hacer Juanito (y el perro) según los deseos de la madre.

> MODELO **La madre quiere que Juanito se acueste.**

la madre/querer. . .

la madre/querer. . .

la madre/decirle. . .

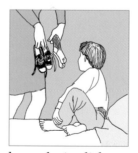

la madre/pedirle. . .

la madre/sugerir. . .

la madre/insistir. . .

la madre/decirle al perro. . .

(continuado)

la madre/querer. . .

la madre/
recomendar. . .

la madre/sugerir. . .
. . .tener cuidado al. . .

H. Las preferencias de sus personas favoritas

¿Quién tiene mucha influencia en su vida? Indique las preferencias de sus amigos o amigas y familia. Haga oraciones completas combinando los elementos de las Columnas A y B. Las oraciones pueden ser **afirmativas** o **negativas**.

MODELO **Mi mejor amiga sugiere que no me corte el pelo.**

	Columna A	Columna B
Mi mejor amigo(a). . . **Mi padre. . .** **Mi madre. . . etc.**	recomendar querer sugerir insistir (en) preferir pedirme decirme	llenar el tanque después de usar su carro usar su tarjeta de crédito comprometerme pronto tratar de estudiar más fumar bajar la música de mi estéreo manejar más rápido/despacio cortarme el pelo pedir bebidas alcohólicas en los restaurantes limpiar mi cuarto con más frecuencia

I. ¿Qué recomienda?

Imagine que algunas personas de la clase se encuentran en las situaciones indicadas. ¿Qué les recomienda usted?

MODELO Julia no ha limpiado su cuarto en todo el semestre.
¡Recomiendo que lo limpie inmediatamente!

1. . . .ha recibido cinco multas porque no estaciona en los lugares indicados.
2. . . .ha tenido tres accidentes en el coche nuevo de su padre.
3. . . .tiene una clase de historia a las ocho de la mañana. No ha asistido a la clase en dos semanas.
4. . . .no se ha peinado ni se ha cambiado de ropa en tres días por estar trabajando en un proyecto muy importante. ¡Su novio(a) llega de Boston en diez minutos!
5. . . .y su novio(a) están **muy, muy** enamorados.

J. Prevenir el cáncer

La Asociación Liga Costarricense Contra el Cáncer nos da varias instrucciones para ayudar a prevenir el cáncer.

MAS VALE...

Mantenga un comportamiento sexual sano y una adecuada higiene.

Evite un exceso de peso y coma frecuentemente fruta, cereales y legumbres.

No consuma tabaco y respete al no fumador.

Modere su consumo de bebidas alcohólicas.

Consulte al médico en caso de: Aparición de un bulto, llaga o herida que no cicatriza y cambio de color de un lunar o verruga.

Más del 75% de los diferentes tipos de CANCER son potencialmente evitables si nos alejamos de sus agentes causantes.

Protéjase durante la exposición al sol.

PREVENIR
QUE LAMENTAR...

1. ¿Qué recomienda la Liga que hagamos o no hagamos para prevenir el cáncer?
   Recomienda que mantengamos. . .
2. En parejas, decidan cuáles de las recomendaciones son más importantes para ustedes.

K. ¿Qué desean estas personas?

Indiquen los deseos de las siguientes personas. En grupos de cuatro, completen cada oración con varias actividades. Un(a) secretario(a) escribe las oraciones y al concluir puede compartirlas con la clase.

1. La profesora/El profesor de español recomienda que nosotros. . .
2. Quiero que mis amigos. . .
3. Sugerimos que (*nombre de estudiante de la clase*). . .
4. Mi compañero(a) de cuarto insiste que yo. . .
5. Prefiero que mi novio(a). . .
6. Les pido a mis hermanos(as) menores que. . .

Estructura

III. *Expressing emotional reactions and feelings about the actions of others:* **El subjuntivo con expresiones de emoción**

The subjunctive is also used when a speaker expresses emotional reactions and feelings (glad, hopeful, sorry, etc.) about the actions or condition of another subject (whether person or thing).

Me alegro de que un policía **esté** aquí.	*I'm glad that a policeman is here.*
Esperamos que la ambulancia **llegue** pronto.	*We hope that the ambulance arrives soon.*

The first clause, expressing the speaker's emotion/feelings, is in the indicative; the second clause is in the subjunctive.

expression of emotion +	**que** +	action or condition of another subject
indicative		subjunctive

Some verbs expressing emotion are:

alegrarse (de)	to be glad (about)	**Me alegro de que** la estación **esté** abierta.
esperar	to hope, expect	**Espero que puedan** ayudarnos.
sentir (ie, i)	to be sorry, regret	**Siento que tengamos** que esperar dos horas.
temer/tener miedo (de)	to fear, be afraid	**Tememos que** la batería no **funcione** bien.

If there is no change of subject after the expression of emotion, the infinitive is used, not **que** + subjunctive.

One subject	vs.	Change of subject
Yo siento no **poder** ir a la estación.		Siento que ellos no **puedan** ir a la estación.
I regret not being able to go to the station.		*I regret that they cannot go to the station.*

▬▬▬ Práctica y comunicación

L. Reacciones favorables o desfavorables
Según cada situación, indique su reacción favorable o desfavorable. Use **Me alegro de que. . .** o **Siento que. . .**

MODELO No hay examen hoy.
   Me alegro de que no haya examen hoy.

1. Hace buen tiempo hoy.
2. . . .y. . .están muy cansados(as) hoy.
3. . . .tiene un resfriado horrible.

(continuado)

4. No hay clase mañana.
5. ¡El examen final es muy largo y difícil!
6. ¡Vamos a Puerto Rico para las vacaciones de primavera!
7. Hay una fiesta muy grande esta noche en el apartamento de. . . .
8. Sus compañeros(as) de cuarto fuman mucho.

M. Las reacciones
Describa las reacciones o emociones de las personas según las situaciones.

MODELO **Esteban teme que
su carro no funcione.**

Esteban *temer*. . .no *funcionar*

Los estudiantes *alegrarse*. . .no
haber. . .
Ellos *sentir*. . .la profesora no
estar. . .

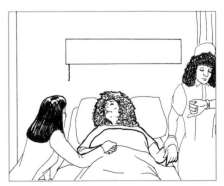

Natalia *sentir*. . .Camila *estar*. . .

Ella *esperar*. . .Camila no
tener. . .

Alfonso *esperar*. . .Natalia *llamarlo*

Pepita *sentir*. . .*llover*.

Pepita *alegrarse*. . .*hacer*. . .

Linda y Manuel *esperar* . . .Pepita *ganar*.

N. El viaje en "camper"

Unos amigos suyos o unas amigas suyas están de viaje en México. Están explorando todo el país en su "camper" anaranjado VW. En parejas, escriban por lo menos seis oraciones indicando sus sentimientos acerca del viaje de sus amigos(as). Usen la información que sigue.

MODELO **Esperamos que no se olviden de comprarnos regalos.**

Nosotros {
esperar
alegrarse de
sentir
preocuparnos de
temer/tener miedo de
}
que ellos {
(no) acordarse de. . .
(no) revisar. . .
(no) olvidarse de. . .
(no) poder. . .
(no) divertirse en. . .
(no) tener problemas con. . .
(no) tratar de. . .
(no) estar. . .
(no) tener la oportunidad. . .
}

LA CARRETERA PANAMERICANA

¿Desea viajar en coche por toda Hispanoamérica? ¡Pues, no lo piense más! ¡Súbase al auto y tome la Carretera Panamericana hacia el sur!

La Panamericana es una larguísima carretera que conecta a todos los países de Hispanoamérica desde México hasta el extremo sur de la América del Sur—Chile y Argentina. En Panamá, sin embargo, la carretera se interrumpe por la densa selva. Para continuar el viaje, los viajeros deben transportar sus vehículos en barco hasta Venezuela o Colombia. Allí, pueden retomar la Carretera Panamericana y continuar su viaje hacia el sur para visitar países como Ecuador, Perú, Bolivia y Paraguay.

La Carretera Panamericana pasa por muchas ciudades y pueblos de Hispanoamérica, cruzando la selva y las montañas más importantes del continente. A veces es una autopista. Otras veces es un camino de dos carriles°. Pero siempre, la Panamericana es una gran vía que conecta las culturas y los paisajes de las tres Américas.

lanes

En su opinión, ¿es esta porción de la Carretera Panamericana autopista o camino tortuoso? Las Playitas, Venezuela

¿Cuánto sabemos?
1. ¿Por dónde pasa la Carretera Panamericana?
2. ¿En dónde se interrumpe la Carretera Panamericana? ¿A causa de qué?
3. ¿Dónde se encuentra la carretera otra vez? ¿Cómo se llega allí?
4. ¿Cómo es la Carretera Panamericana?

Estructura

IV. *Giving direct orders and instructions to others:*
Los mandatos usted y ustedes

In Spanish there are both formal and informal command forms. You will study the informal **tú** commands in Chapter 11. You have been hearing and using the formal **usted** and **ustedes** command forms since Chapter 1 (**Escriba el ejercicio, Contesten las preguntas**, etc.). These command forms, whether affirmative or negative, are identical to the **usted** and **ustedes** subjunctive forms which you have just learned.

Doble a la derecha.	***Turn*** *to the right.*
Sigan derecho, por favor.	***Continue*** *straight ahead, please.*

In all affirmative commands, the object and reflexive pronouns are attached to the end of the command form. A written accent is necessary on the syllable of the command form that is normally stressed.

Ayúde**me** a cambiar la llanta, por favor.	***Help me*** *change the tire, please.*
Antes de salir de viaje, acuérden**se** de revisar el aceite.	*Before leaving on the trip,* ***remember*** *to check the oil.*

In all negative commands, the object and reflexive pronouns precede the verb.

Hay algo en esa silla. **No se** siente allí.	*There is something in that chair.* ***Don't sit*** *there.*
No **se lo preste** a él, porque nunca devuelve las cosas.	***Don't loan it to him***, *because he never returns things.*

■ Práctica y comunicación

O. Señales de tránsito
En parejas, lean las instrucciones y encuentren la señal de tránsito que corresponde a la instrucción.

1. __e__ No doble a la izquierda.
2. __f__ Semáforo adelante—reduzca la velocidad y prepárese a parar.
3. __c__ Cruce de carreteras—mire a la izquierda y a la derecha.
4. __b__ Límite de velocidad es 25 mph—esté atento a los niños.
5. __d__ Cuesta abajo—revise sus frenos y cambie a una velocidad más baja.
6. __a__ Carretera sinuosa—hay una serie de curvas; reduzca la velocidad.

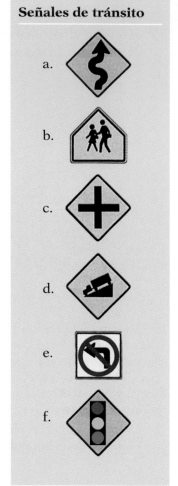

Señales de tránsito

a.

b.

c.

d.

e.

f.

"You can review page 18, and see how much you already know about commands!"
—C. O'Brien, Southern Connecticut State University

P. ¡Sigan las instrucciones!
Sigan las instrucciones del profesor/de la profesora.

1. Levántense.
2. Hagan ejercicios.
3. Abrace a la persona que está al lado de usted.
4. Siéntense.
5. Lávense la cara.
6. Péinense.
7. Cepíllense los dientes.
8. Manejen al centro de la ciudad. Doblen a la derecha. . .y doblen a la izquierda. Paren.
9. Ahora están en casa. Tomen una siesta.
10. Despiértense.

Q. ¡Háganlo!

Indique lo que las personas deben hacer. Use el mandato **ustedes**.

MODELO **¡Laven el coche!**

lavar. . .

comer. . .

abrir. . .

gastar/ahorrar. . .

comprar. . ./no comprarlo

afeitarse. . .

peinarse/cortarse. . .

R. ¿Qué debo hacer?

El profesor/La profesora no ha viajado mucho y, por eso, no sabe qué debe hacer antes de un viaje largo. Les hace muchas preguntas a ustedes, que tienen más experiencia de viaje.

MODELO

PROFESOR(A): ¿Debo revisar los frenos del carro? (Sí)
ESTUDIANTE: **Sí. Revíselos.**
PROFESOR(A): ¿Debo llamar a todos los vecinos? (No)
ESTUDIANTE: **No. No los llame.**

1. ¿Debo revisar el aceite? (Sí)
2. ¿Debo cambiar la llanta vieja? (Sí)
3. ¿Debo cambiar la batería? (No)
4. ¿Debo vender este carro viejo? (No)
5. ¿Debo poner las bicicletas en el garaje? (Sí)
6. ¿Debo cortar la electricidad de la casa? (No)
7. ¿Debo prender una luz en la sala? (Sí)
8. ¿Debo apagar el aire acondicionado? (Sí)
9. ¿Debo desconectar el refrigerador? (No)
10. ¿Debo abrir las ventanas de la casa? (No)
11. ¿Debo cerrar las cortinas? (Sí)
12. ¿Debo cerrar bien todas las puertas? (Sí)

S. Consejos (*Advice*) para la profesora/el profesor.

Dígale a la profesora/al profesor lo que debe o no debe hacer según cada situación.

MODELO

PROFESOR(A): Tengo mucha sed.
ESTUDIANTE: **¡Beba un refresco!**

1. No me siento bien hoy.
2. Tengo un dolor de cabeza horrible.
3. Estoy muy cansado(a). He trabajado demasiado esta semana.
4. Tengo mucho frío.
5. Tengo hambre.
6. ¡Ay de mí! Necesito dinero.
7. ¡Acabo de recibir un cheque de $10.000!
8. Estoy caminando por el parque y hay nieve y hielo por todas partes.
9. ¡Ay! Veo un criminal corriendo por la calle.

T. ¿Cuántos mandatos pueden inventar? ¡Una competencia!

La clase debe dividirse en cinco grupos diferentes. Cada grupo toma uno de los siguientes temas e inventa varios mandatos. (Tienen cinco minutos.) Un(a) secretario(a) escribe los mandatos y al final los comparte con la clase. ¿Qué grupo tiene el mayor número de mandatos? Temas:

1. profesor(a) a estudiantes
2. estudiantes a profesor(a)
3. estudiantes al presidente/a la presidente
4. usted al profesor/a la profesora que va a hacer un viaje largo en su coche
5. el policía a usted en su coche

Review the vocabulary relevant to giving directions (**doblar a la izquierda**, etc.) found in the chapter opener drawing on p. 317.

U. ¿Cuál es su destino?

Usted está en la esquina de las calles 19 y 20. Siga las instrucciones del profesor/de la profesora para llegar a su misterioso destino.

BIEN DICHO
En la ciudad

la **cuadra,**	*(city)*
manzana	*block*
la **esquina**	*corner*

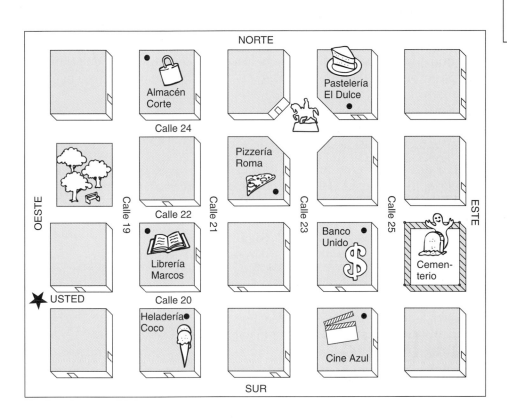

1. Camine dos cuadras por la Calle 20.
2. Cómprese un helado en la Heladería Coco que está en la esquina.
3. Doble a la izquierda en la Calle 21 y siga recto dos cuadras hasta llegar al semáforo.
4. Pare en el semáforo.
5. Doble a la derecha en la Calle 24 y siga recto una cuadra hasta llegar a la estatua.
6. Doble a la derecha en la Calle 23 y siga recto una cuadra.
7. Cómprese una pizza en la Pizzería Roma que está en la esquina.
8. Cruce la Calle 22.
9. Doble a la izquierda en la Calle 22 y siga recto dos cuadras hasta llegar a su destino. ¿Dónde está usted?

(continuado)

Ahora, en parejas, un(a) estudiante le pide direcciones al otro o a la otra estudiante para llegar a los siguientes lugares. Tomen turnos.

1. Tengo que ir de compras. ¿Cómo se llega del cementerio al Almacén Corte?

2. Tengo ganas de ver una película. ¿En qué esquina está el Cine Azul? ¿Cómo se llega del Almacén Corte al Cine Azul?

3. Quiero comprarme un libro. ¿En qué esquina está la Librería Marcos? ¿Cómo se llega del Cine Azul a la Librería Marcos?

4. Voy a comprar pasteles para mi profesor(a) de español. ¿En qué calle está la Pastelería El Dulce? ¿Cómo se llega de la Librería Marcos a la Pastelería El Dulce?

V. Viajando por el laberinto

Imagine que un/una estudiante de la clase es viajero o viajera que tiene que pasar por un laberinto para llegar a su destino final. El otro o la otra es su guía.

1. Dos estudiantes—guía y viajero(a)—salen de la clase.

2. Los otros estudiantes cambian la posición de las sillas y de los pupitres, etc. formando un laberinto.

3. Los dos estudiantes, uno con los ojos cubiertos (*covered*), vuelven a la clase. El viajero o la viajera, con los ojos cubiertos, pasa por el laberinto siguiendo las direcciones de su guía. ¿Tal vez una sorpresa lo/la espera al final?

Expresiones útiles: **Doble. . .   Siga. . .   Pare. . .   Tenga cuidado. . .   Despacio. . .   Un poco. . .   Más/menos. . .**

Estructura

V. *Giving orders and suggestions to a group in which you are included:* **Los mandatos nosotros (*Let's*)**

To express the *let's* command, Spanish uses a form identical to the **nosotros** form of the present subjunctive.

> **Revisemos** la batería.   *Let's check the battery.*
> No **esperemos** más.   *Let's not wait any longer.*

To form the affirmative *let's* command of reflexive verbs, the final **-s** is dropped before adding the pronoun **nos**.

> levantemos > levantemo + nos = **¡Levantémonos!**   *Let's get up!*
> But the negative is: **¡No nos levantemos!**   *Let's not get up.*

The verbs **ir** and **irse** have irregular affirmative *let's* commands.

> **¡Vamos!** or **¡Vámonos!**   *Let's go!*

But the negative is once again the same as the subjunctive form.

> **¡No vayamos!** or **¡No nos vayamos!**

Note

The affirmative *let's* command can also be formed by using **vamos a** + *infinitive*.

> **¡Vamos a** parar aquí!   *Let's stop here!*

However, the negative *let's* command has to return to the subjunctive form.

> ¡No **paremos** aquí!   *Let's not stop here!*

■■■■ Práctica y comunicación

W. ¡Sí! ¡Hagámoslo con entusiasmo!
Es sábado. Indique que usted y sus amigos quieren hacer las cosas indicadas.

> MODELO   ¿Quieren tomar el desayuno?
> **Sí, ¡tomemos el desayuno!**

1. ¿Quieren levantarse tarde?   *sí levantémonos*
2. ¿Quieren peinarse y vestirse?   *peinémonos y vistámonos*
3. ¿Quieren almorzar en un restaurante?   *almorcemos*
4. ¿Quieren llenar el tanque del carro?   *llenemos*
5. ¿Quieren manejar por toda la ciudad?   *manejemos*
6. ¿Quieren hacer ejercicio en el gimnasio?   *hagamos*
7. ¿Quieren jugar al voleibol en el parque?   *juguemos*
8. ¿Quieren ver una película en el centro?   *veamos*
9. ¿Quieren volver a la universidad?   *volvamos*
10. ¿Quieren pedir una pizza?   *pidamos la*
11. ¿Quieren divertirse toda la noche?   *divertámonos*
12. ¿Quieren acostarse muy tarde?   *acostémonos*

X. Un día loco

Imagine que todos los estudiantes de la universidad se vuelven "locos" por un día (resultado de demasiado estrés académico). En grupos de cuatro, inventen una lista de mandatos (**nosotros**) indicando las locuras que quieren hacer. Luego presenten algunas de las más interesantes a la clase.

MODELO ¡**Pintemos las paredes de la sala de clase!**

En resumen

A. Conversando: Un viaje en automóvil

1. Divídanse en grupos de cuatro estudiantes. Luego, coloquen (*place*) cuatro pupitres de manera que puedan imaginar un coche.
2. Adelante se sientan el conductor o la conductora y su amigo(a) o esposo(a), y atrás los pasajeros, quienes posiblemente son amigos o niños.
3. Los cuatro hablan espontáneamente de problemas con el auto, de la carretera, del viaje, etc.
4. Llegan a una estación de servicio y dos empleados los atienden. (Los dos pasajeros de atrás se convierten en los empleados de la estación de servicio.)

Al final, el mejor grupo representa su "viaje" ante la clase.

B. De mi escritorio: Cartas a los "desesperados"

Imagínese que usted es "Victoria", periodista que responde a los problemas de los lectores del periódico "El investigador". Escríbale una carta breve a tres de las cuatro personas que siguen, indicando sus reacciones o recomendaciones. (**Recomiendo. . ./Sugiero**. . .etc. **que. . .**)

Querida Victoria,

Acabo de recibir un coche nuevo de mi abuelo, pero imagínate, ¡mis padres no me permiten usarlo por un mes! (Causé algunos problemitas recientemente y me están castigando.) Esto significa que no puedo salir con mi novia, y que todos mis amigos me van a abandonar. ¡Ay de mí! ¿Qué debo hacer?

"El desesperado de San Juan"

Querida Victoria,

Tengo un novio magnífico. Se llama Luis y es el hombre más simpático y cariñoso° del mundo. ¡Y siempre me trae flores y dulces! Hace dos años que salimos juntos. El problema es que conocí a Ronaldo el fin de semana pasado. ¡Qué guapo es! ¡Qué ojos tiene! Salimos a cenar, pero todavía no le he dicho nada a Luis. ¿Qué debo hacer?

"Confundida de La Habana"

affectionate

Querida Victoria,

¡A mi madre no le gusta mi novio! Critica el tatuaje de serpiente que tiene en el brazo, los aretes que lleva en la nariz y en la oreja, su pelo largo, ¡y su motocicleta! Él se siente muy incómodo° en nuestra casa a causa de mamá. Pero lo adoro. ¿Cómo puedo resolver esta situación?

"La enamorada de Santo Domingo"

uncomfortable

Querida Victoria,

Salgo para la universidad en un mes. No te puedes imaginar cuántas ganas tengo de comprarme una motocicleta. ¡Me encanta manejar rápidamente con el viento en la cara! Pero mis padres quieren que compre un Volvo usado del año '83. ¡Qué aburrido! Pero dicen que es más seguro°. ¿Qué debo hacer?

"El Frustrado de Santiago"

safe

Las Antillas Mayores

La América Central y Las Antillas

Nacionalidades:
cubano(a)
dominicano(a)
puertorriqueño(a)

Según el mapa, identifique las capitales de los países de las Antillas Mayores.

El archipiélago que conocemos como las Antillas Mayores es un grupo de islas de las cuales tres son de habla hispana: Cuba, Puerto Rico y la República Dominicana. La República Dominicana ocupa dos tercios de la isla "La Española", nombrada así por Cristóbal Colón en su primer viaje a América.

Desde la época de la conquista, Las Antillas han sido codiciadas[1] por muchos países debido a su posición estratégica como "puertas" a la América

---

[1]*coveted*

continental. La caña de azúcar, el tabaco, las frutas tropicales y el ron han sido las principales industrias de estas islas durante siglos. Hoy, por su clima y su belleza natural, Cuba, la República Dominicana y Puerto Rico son de mucha atracción turística.

Cuba

Durante muchos años, Cuba fue una colonia española. Luego, como resultado de la guerra entre los Estados Unidos y España, Cuba pasó a ser un "protectorado" de los Estados Unidos. Por fin, aunque su economía continuó dependiendo de los Estados Unidos, Cuba se convirtió en una república independiente. Con la revolución de 1959, después de la dictadura de Fulgencio Batista, Fidel Castro pasó a ser comandante y jefe del país. Desde entonces el

¿Qué producto se hace de la caña que corta este hombre? Cuba

gobierno cubano ha sido una dictadura marxista. Durante el gobierno de Castro, Cuba empezó a depender económicamente de la Unión Soviética. Su producto principal ha sido siempre la caña de azúcar, que le dio cierta prosperidad al país durante los años 70. Hoy en día, con la democratización de los países del este de Europa y la disolución de la Unión Soviética, Cuba pasa por una seria crisis económica. Para mejorar la situación, Castro decidió crear una industria turística y un mercado de bienes raíces[2] para inversionistas extranjeros.

La República Dominicana

En 1496 los colonizadores españoles fundaron la ciudad de Santo Domingo en "La Española", haciéndola la primera ciudad de origen europeo en América. En esa época, el este de la isla era una colonia española y el oeste una colonia francesa. Después de años de lucha—¡contra los españoles, los franceses y los haitianos!—la República Dominicana obtuvo su independencia en 1865.

¿Cuál es la capital de Cuba? Descríbala.

---
[2]real estate

345

¿Qué le impresiona a usted de esta escena tomada en las aguas de la República Dominicana?

¿En qué ciudad capital está situada esta catedral, la más antigua del Nuevo Mundo?

Después de varios gobiernos y de una ocupación estadounidense, el General Rafael Trujillo tomó el poder (1927). Su dictadura, que duró muchos años, fue totalitaria y, para muchos, tiránica. Trujillo fue asesinado en 1965. Desde la muerte de Trujillo hasta el presente el país ha mejorado notablemente. Hoy la República Dominicana es una democracia y, aunque existe mucha pobreza en las áreas rurales, es un país mucho más desarollado[3] que su vecino del oeste, Haití.

Puerto Rico

Colón descubrió Puerto Rico durante su segundo viaje a América. La isla estaba habitada por los *taínos*, indios pacíficos y hospitalarios quienes llamaban a la isla "Borinquén". La colonización española de la isla, dirigida por Juan Ponce de León, comenzó en 1508. La población indígena rápidamente desapareció debido a su explotación y a enfermedades que trajeron los españoles. A fines del siglo XIX, cuando estalló[4] la guerra hispanoamericana, Puerto Rico pasó a ser una colonia estadounidense (1898). Desde entonces la isla depende culturalmente del mundo hispano, pero económica y políticamente de los Estados Unidos.

El nombre oficial de Puerto Rico es "El Estado Libre Asociado de Puerto Rico", lo cual implica que los

> **¡A ESTUDIAR!**
> ¿Sabía usted que la primera universidad del continente americano se estableció en Santo Domingo en 1538?

> **UN "ROCKY" PUERTORRIQUEÑO**
> El campeón de boxeo más joven del mundo es Wilfredo Benitez. ¡Cuando sólo tenia 17 años ganó el título de *Peso Welter* versión WBA en mayo de 1976!

---

[3] developed [4] broke out

La fortaleza El Morro fue construida para defender San Juan de los piratas, de los ingleses y de los franceses. ¿Por quiénes fue construida? San Juan, Puerto Rico.

¿Le gusta a usted bailar el merengue y la salsa?

¿Por qué es tan pintoresca esta calle del "Viejo San Juan"? San Juan, Puerto Rico

puertorriqueños son ciudadanos estadounidenses, su moneda es el dólar, y están sujetos a las mismas leyes federales que el resto de los estadounidenses. Pero el idioma oficial es el español. Los puertorriqueños no pueden votar por el presidente de los Estados Unidos, tienen dos himnos nacionales, dos banderas[5], y los días festivos estadounidenses y puertorriqueños.

---
[5]flags

¡A ver cuánto aprendimos!

Identifique el país de las Antillas Mayores que corresponde a la descripción.

1. Comparte la isla con otra nación.
2. Está relacionado políticamente con los Estados Unidos.
3. Su gobierno no es democrático.
4. Nunca ha sido un país independiente.
5. La universidad más antigua del continente está en su capital.

Actividad

Divídanse en parejas. Seleccionen un país y busquen las frases que mejor describan su historia, etc.

1. Cuba
2. la República Dominicana
3. Puerto Rico

Ahora, algunas parejas presentan sus frases a la clase. Las otras parejas escuchan y luego identifican el país.

REPASO DE VOCABULARIO ACTIVO

Adjetivo

desinflado(a)

Adverbios y frases adverbiales

derecho	despacio	recto	a la derecha
a la izquierda			

Expresiones útiles

¡Ay de mí!	Lo siento mucho.	¡Qué lástima!	¡Qué suerte!
¡Caramba!	¡Por supuesto!	¡Qué lío!	¡Socorro!
¡Claro!	¡Qué barbaridad!		

Sustantivos

En la carretera

el accidente	la estación de gasolina	la milla
la autopista	la estación de servicio	la moto(cicleta)
el camino	el estacionamiento	el puente
el camión	la frontera	el semáforo
la carretera	el kilómetro	el tráfico
la cuadra	la manzana	el tránsito
la esquina		

Las partes del automóvil

el freno	la llanta	el parabrisas
el limpiaparabrisas	el motor	el tanque

Otras palabras útiles

el aire	la licencia de conducir	el policía
el carnet	la mujer policía	la velocidad
la gasolina	la multa	

Verbos y expresiones verbales

acordarse (ue) (de)	llenar	sentir (ie, i)
alegrarse (de)	olvidar	sugerir (ie, i)
arreglar	olvidarse (de)	temer
cruzar	parar	abrocharse el cinturón
doblar	recomendar (ie)	ponerse impaciente
esperar	recordar (ue)	tener prisa
estacionar	reparar	tener cuidado
funcionar	revisar	tener miedo (de)
haber	seguir (i, i)	tratar de
insistir (en)		

AUTOPRUEBA Y REPASO #10

I. El subjuntivo—en mandatos indirectos
Indique lo que usted desea o recomienda que hagan las personas.

> MODELO querer/que/Juanita/ir de vacaciones a las Antillas
> **Quiero que Juanita vaya de vacaciones a las Antillas.**

1. sugerir/que/tú/ir a Puerto Rico durante el invierno
2. querer/que/mis amigos/divertirse mucho durante su visita a San Juan
3. preferir/que/nosotros/viajar en un barco grande
4. pedirle a José/que/comprarme un regalo en Santo Domingo
5. querer/que/nosotros/visitar el bosque nuboso
6. recomendar/que/mis amigos/volver a casa en dos semanas

II. El subjuntivo—con expresiones de emoción
Sus amigos van de viaje a Sudamérica. Indique lo que usted siente acerca del viaje.

> MODELO alegrarse de/que/mis amigos/ir a Sudamérica
> **Me alegro de que mis amigos vayan a Sudamérica.**

1. esperar/que/ellos/hacer el viaje por la Carretera Panamericana
2. esperar/que/Linda/mandarme fotos de todos los países
3. sentir/que/mis amigos/salir mañana sin mí
4. temer/que/ellos/olvidarse de mí
5. alegrarse de/que/tú/poder hacer el viaje
6. esperar/que/todos nosotros(as)/poder hacer otro viaje en el futuro

III. Los mandatos usted y ustedes
A. En la estación de servicio, indique lo que usted necesita que haga el empleado.

> MODELO arreglar la llanta
> **Arregle la llanta, por favor.**

1. llenar el tanque
2. cambiar el aceite
3. limpiar el parabrisas
4. poner agua en la batería
5. no olvidarse del aire para las llantas
6. darse prisa, por favor

B. Usted invita a sus amigos a visitarle en su casa. Dígales cómo llegar.

> MODELO doblar a la derecha en la Calle Pinos
> **Doblen a la derecha en la Calle Pinos.**

1. venir el lunes por la tarde
2. tomar la Carretera Panamericana sur
3. ir a la salida número 10
4. doblar a la izquierda en el segundo semáforo
5. cruzar la Avenida Juárez
6. parar en la esquina porque siempre hay un policía allí
7. seguir derecho cinco cuadras
8. buscar la casa número 117
9. estacionar enfrente de mi casa

IV. Los mandatos nosotros
Contradicciones. ¿Hacerlo o no hacerlo? Escriban la forma afirmativa y la negativa de los mandatos.

> MODELO llamarlo
> **Llamémoslo. No, no lo llamemos.**

1. dormir mañana por la mañana
2. levantarnos a las diez
3. salir para el centro
4. ir por este camino
5. parar aquí
6. cruzar el puente
7. seguir esta ruta

V. Repaso general del Capítulo 10
Conteste en oraciones completas.

1. Cuando usted está de viaje, ¿qué quiere usted que haga el empleado o la empleada de la estación de servicio?
2. ¿Qué dice usted cuando está en el centro de la ciudad de Nueva York y descubre que su coche no funciona?
3. ¿Qué recomiendan los policías que nosotros hagamos o no hagamos?
4. ¿Qué espera usted que hagan sus amigos?

RINCÓN LITERARIO

LAS ANTILLAS—CUBA

"Versos sencillos"

de José Martí

José Martí (1853–1895), escritor y pensador cubano, es un gran héroe en Cuba. Luchó y murió heroicamente por obtener la independencia cubana de España. Para Martí, escribir era un modo de servir no sólo a los cubanos sino a la humanidad en general. Escribía con la intención de mejorar la sociedad; por eso, su trabajo casi siempre tiene sobretonos morales. Los temas típicos de Martí son la libertad, la sinceridad y el respeto, la compasión por los pobres, etc.

Reading Strategies

Quickly skim the following verses two to three times. First, highlight the key words and phrases that provide insight into what kind of man José Martí was. Second, identify those stanzas that reflect (1) his sense of universality, i.e., of being a part of all things, (2) his purpose in writing, (3) his love for his child, (4) his sense of compassion for the poor, and (5) his loss of loved ones.

#1

   Yo soy un hombre sincero
grows   de donde crece° la palma,
y antes de morirme quiero
cast / soul echar° mis versos del alma°.

#2
Yo vengo de todas partes,
y hacia todas partes voy;
arte soy entre las artes
en los montes°, monte soy.

mountains or *woodlands*

#3
Rápida, como un reflejo,
dos veces vi el alma, dos:
cuando murió el pobre viejo,
cuando ella me dijo adiós.

#4
Oigo un suspiro°, a través
de las tierras y la mar,
y no es un suspiro,—es
que mi hijo va a despertar.

sigh

#5
Con los pobres de la tierra
quiero yo mi suerte° echar:
el arroyo° de la sierra
me complace° más que el mar.

luck, fortune
stream
pleases

1. ¿Qué tipo de hombre es?
2. ¿De dónde viene y adónde va?
3. ¿Cuántas veces ha visto el alma y bajo qué circunstancias?
4. ¿Cómo sabía que su hijo iba a despertar?
5. ¿Prefiere estar con los ricos o con los pobres?
6. En su opinión, ¿por qué le gusta más el arroyo de la sierra que el mar?

CAPÍTULO 11

En el aeropuerto

Goals for communication

- To carry out simple transactions relevant to travel by air and train
- To give orders and advice to family and friends
- To express doubt, uncertainty, and disbelief
- To state recommendations, emotional reactions, and doubts
- To express reactions to recent events

Cultural focus

- Hispanic airlines
- Colombia and Venezuela

Structures

I. Los mandatos **tú** afírmativos
II. Los mandatos **tú** negativos
III. El subjuntivo con expresiones de duda e incredulidad
IV. El subjuntivo con expresiones impersonales
V. El presente perfecto de subjuntivo

Aeropuerto en Providencia, Colombia

CAPÍTULO 11   En el aeropuerto

1. airport 2. airline 3. schedule 4. flight 5. departure 6. arrival 7. ticket 8. to check (baggage) 9. luggage
10. suitcase 11. passenger 12. roll of film 13. camera 14. waiting room 15. to land 16. airplane 17. to
take off (airplane)

18. **ADUANA**

19. el pasaporte

26. la puerta

25. la tarjeta de embarque

20. el piloto

24. recoger

23. la sala de reclamación de equipaje

22. el auxiliar de vuelo

21. la azafata

18. customs   19. passport   20. pilot (la **pilota**, *f*.)   21. flight attendant, *f*.   22. flight attendant, *m*.   23. baggage claim room   24. to pick up, gather   25. boarding pass   26. gate

Práctica y comunicación

A. En el aeropuerto
Conteste las preguntas según los dibujos en las páginas 354–355.

1. ¿Dónde están las personas?
2. ¿Cómo se llama la línea aérea?
3. ¿Cuál es el número del vuelo a Caracas? ¿y del vuelo a Bogotá? ¿Qué otra información hay en el horario?
4. La profesora Linares está hablando con la empleada de la línea aérea *Tame*. ¿Qué tiene la profesora en la mano?
5. ¿Qué hace el hombre con el equipaje de la profesora?
6. Carmen está detrás de la profesora. ¿Cuántas maletas lleva ella?
7. Por la ventana se ven dos aviones. ¿Qué hace uno de los aviones? ¿y el otro?
8. Hay varias personas en la sala de espera. ¿Qué lee la mujer? ¿Qué lee el hombre? ¿Qué asiento va a pedir ese hombre? ¿un asiento en la sección de fumar o en la sección de no fumar del avión?
9. Alfonso está en la sala de espera. A él le gusta sacar fotografías. ¿Qué tiene en la mano? ¿Qué está haciendo?
10. ¿Qué ropa llevan los dos hombres de negocios? ¿Tienen prisa?
11. En su opinión, ¿cuál es la profesión de la mujer que lleva el maletín (*briefcase*)?
12. Una mujer está hablando con el oficial que está en la aduana. ¿Qué documento le muestra al oficial? ¿Qué está haciendo el otro oficial?
13. Natalia está en la puerta número uno. ¿Qué hace ella?
14. En la puerta número dos, ¿qué le muestra Rubén a la señorita? ¿Qué tipo de equipaje lleva Rubén?
15. ¿Quiénes son las personas que llevan uniforme?
16. ¿Adónde debemos ir para reclamar el equipaje? ¿Qué hace la abuela?

BIEN DICHO   Más vocabulario para viajar

la **agencia de viajes**	*travel agency*
la **reservación**, la **reserva**	*reservation*
el **asiento**	*seat*
la **demora**	*delay*
el **país**	*country*
el **mundo**	*world*
volar (ue)	*to fly*
confirmar	*to confirm*
conseguir (i, i)	*to get, obtain*
servir (i, i)	*to serve*
subir a. . ./bajar de. . .	*to get on. . ./to get off. . .*
hacer la maleta	*to pack*
sacar/tomar fotos	*to take photos*

B. Preguntas personales

En parejas, háganse las preguntas y contéstense.

1. ¿Te gusta volar? ¿A veces tienes miedo de volar?

2. ¿Qué línea aérea prefieres?

3. ¿Qué aeropuerto te gusta menos? ¿Por qué?

4. ¿Has volado mucho? ¿A qué ciudades?

5. ¿Tienes pasaporte? ¿A cuántos países has viajado? ¿Cuál es tu país favorito? ¿Por qué?

6. En los vuelos internacionales, ¿prefieres un asiento en la sección de fumar o en la sección de no fumar? ¿Se permite fumar en los vuelos en los Estados Unidos?

7. ¿Te gusta la comida de los aviones? ¿Qué refresco tomas normalmente en los vuelos? ¿Quién sirve la comida y los refrescos?

8. ¿Has tenido una demora larga en algún viaje? ¿Cuánto tiempo tuviste que esperar? ¿Te quejaste? ¿Qué hiciste?

9. En el futuro, ¿qué países del mundo o qué continentes quieres visitar? ¿el Japón o China? ¿África? ¿Europa? ¿Sudamérica?

10. ¿Tienes interés en ser azafata o auxiliar de vuelo? ¿piloto(a)? ¿agente de viajes?

11. Al viajar, ¿te gusta sacar fotos? (¿De qué?) ¿Te gusta mandar tarjetas postales? Generalmente, ¿a quién se las mandas?

12. ¿Prefieres viajar en avión, en tren o en autobús? ¿Por qué?

C. Un viaje en avión a Colombia

Imagínense que ustedes volaron de Miami a Bogotá, Colombia. En grupos de tres, hagan una lista (en orden cronológico) de las cosas que hicieron desde conseguir sus pasaportes hasta recoger el equipaje en Bogotá al final del viaje. (Tienen cinco minutos.) ¿Qué grupo tiene la lista más larga? Léansela a la clase.

1. **Conseguimos los pasaportes.**
2. . . .

Conversación

¡El vuelo está para salir!

La profesora Linares está en el mostrador de VIASA del Aeropuerto Internacional de Maiquetía, Caracas. Ella se dirige a Miami para asistir a una convención de profesores de idiomas. Llega tarde al aeropuerto debido al congestionado tráfico de Caracas.

PROFESORA LINARES: Perdón, señor. Sé que llego un poco tarde pero, ¿puedo facturar mi equipaje?   (*continuado*)

AGENTE:	¿Cuál es su vuelo?
PROFESORA LINARES:	Es el vuelo 501 que va para Miami y sale a las 8:15.
AGENTE:	Son las 8:05. Lo siento, señora, pero ese vuelo está para salir. Todo el equipaje está abordo del avión. Es mejor que usted espere el vuelo de la tarde que sale a las 5:30.
PROFESORA LINARES:	¡Imposible! ¡Tengo que llegar a Miami en este vuelo! ¡Esta misma noche tengo que dar una conferencia!
AGENTE:	La única solución es que usted salga ahora y su equipaje vaya después en el vuelo de la tarde.
PROFESORA LINARES:	Pero necesito cambiarme de ropa. . .y. . . mis libros están en esas maletas. . .
AGENTE:	Es todo lo que puedo hacer. Si se da prisa, puedo llamar a la puerta 17 para decirles que la esperen.
PROFESORA LINARES:	Bueno. . . Si no hay otra solución. . . Pero las maletas van a llegar, ¿verdad?
AGENTE:	No se preocupe, señora.

¿Qué pasa?

1. La profesora Linares sale de (a) Venezuela (b) los Estados Unidos.
2. La profesora Linares llega al aeropuerto (a) demasiado temprano (b) demasiado tarde.
3. El agente no permite que la profesora Linares (a) vaya en el vuelo 501 (b) facture su equipaje.
4. El equipaje de la profesora Linares va (a) en el vuelo de la mañana (b) en el vuelo de la tarde.

Estructura

I. *Giving orders and advice to family and friends:*
Los mandatos tú afirmativos

To give orders or advice to persons whom you address informally as **tú** (friends, children, etc.), informal **tú** commands are used. In the **tú** commands, the affirmative and negative forms differ from each other.

STUDY HINT ——————————————————————

Review the **usted** and **ustedes** command forms found in Chapter 10.

El mandato **tú** afirmativo

1. The regular affirmative **tú** command forms are identical to the third person singular (**él, ella, usted**) form of the present tense indicative.

Present tense		*Affirmative **tú** command*	
(Él mira.)	>	**¡Mira!**	*Look!*
(Ella espera.)	>	**¡Espera!**	*Wait!*
(Usted vuelve.)	>	**¡Vuelve!**	*Come back!*
(Él lo abre.)	>	**¡Ábrelo!**	*Open it!*
(Ella me lo muestra.)	>	**¡Muéstramelo!**	*Show it to me!*

2. The irregular **tú** affirmative commands are:

poner	**pon**	**Pon** el boleto en tu bolsa. *no pongas*
salir	**sal**	**Sal** para el aeropuerto a las ocho. *no salgas*
tener	**ten**	**Ten** cuidado al revisar los documentos. *no tengas*
venir	**ven**	**Ven** a la sala de espera. *no vengas*
hacer	**haz**	**Haz** la maleta. *no hagas*
ser	**sé**	**Sé** bueno, por favor. *no seas*
decir	**di**	**Di**me lo que piensas de la línea aérea. *no digas*
ir	**ve**	**Ve** al quiosco y cómprame una revista. *no vayas*

3. In all affirmative **tú** commands, the object and reflexive pronouns are attached to the end of the command form. In these cases, a written accent is added except when there is a combination of a one-syllable command form with one pronoun.

    Cómpralo. *Buy it.*   **Póntelo.** *Put it on.*

      but

    Hazlo. *Do it.* (no accent)

■■■ Práctica y comunicación

D. Arriba con usted

En su propaganda, TACA, una de las líneas aéreas centroamericanas, nos pide que hagamos ciertas cosas. Trabajando en parejas, (1) identifiquen lo que TACA quiere que hagamos (forma de mandato **usted**), y (2) cambien los mandatos (hay 8) a la forma familiar **tú** para hacer la propaganda más informal.

MODELO   Cruce con nosotros. . .
Cruza con nosotros. . .

EL SALVADOR
GUATEMALA
TEGUCIGALPA
SAN PEDRO SULA
LA CEIBA
ROATAN
BELIZE
MÉXICO D.F.
MANAGUA
SAN JOSE
PANAMA
MIAMI
NEW ORLEANS
HOUSTON
LOS ANGELES
SAN FRANCISCO
WASHINGTON D.C.
NEW YORK

alzar vuelo = *take flight*

saborear = *savor*

disfrutar = *enjoy*

Cruce con nosotros las fronteras de toda Centroamérica, México y 7 importantes ciudades de los Estados Unidos. Alce vuelo° con

y sienta el aire tropical de nuestras atenciones. Una moderna flota de aviones Boeing está a sus órdenes para transportarlo cómoda y rápidamente.

Saboree° un delicioso aperitivo, bébase un buen vino, coma de lo mejor y en la mayoría de nuestros aviones, disfrute° de cine y música a su gusto.

¡Extienda sus horizontes volando por TACA!

E. El primer viaje de Ana

El padre tiene el placer (*pleasure*) de hacer un viaje por avión con su hijita Ana. En el avión, ¿qué mandatos le da el padre a ella?

> MODELO ¿Qué le dice el padre a Ana?
> **Siéntate.**

sentarte

abrocharte. . .

abrochate (lo)

mirar. . .

mira afuera

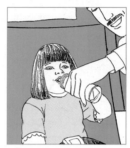

tomar. . .

tomala

comer. . .

comelo

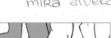
ponerte. . .

pontela

dormirte

duermite

F. Soy un poco mandón/mandona (*bossy*)

Usted es un poco mandón(a). Un amigo suyo/Una amiga suya, que es un poco desorganizado(a), va a hacer un viaje muy importante. Antes del viaje, usted le da muchas instrucciones.
(* = mandato **tú** afirmativo irregular)

> MODELO *venir** aquí
> **Ven aquí.**

1. *llamar* a la agente de viajes
2. *decirle** lo que piensas hacer
3. *ir** a la agencia el lunes

(*continuado*)

4. *conseguir* los boletos
5. *confirmar* el vuelo
6. *poner** el pasaporte en la mochila ahora para no olvidártelo
7. *hacer** la maleta el día antes de salir
8. *salir** para el aeropuerto dos horas antes de la salida del vuelo
9. *tener** paciencia si hay demoras
10. *sacar* muchas fotos
11. *mandarme* una tarjeta postal
12. *comprarme* un regalo grande

G. La tía Sonia

Imagine que la tía Sonia es su tía favorita. Ella es rica, extravagante, muy generosa y lo/la adora a usted. Un fin de semana, ella llega a la universidad de visita, y le dice a usted: "Estoy aquí para servirte." ¿Qué deseos le indica usted a la tía Sonia? Escriba por lo menos cinco y luego compártalos con un(a) compañero(a) de la clase.

MODELO **Por favor, llévame a Nueva York.**

Estructura

II. *Giving orders and advice to family and friends (continued):* Los mandatos **tú** negativos

El mandato **tú** negativo

The **tú** negative command forms are equivalent to the **tú** form of the present subjunctive.

present subjunctive (**tú**)		negative **tú** command
esperes	>	**No** la **esperes**. *Don't wait for her.*
conduzcas	>	**No conduzcas** tan rápido. *Don't drive so fast.*
vuelvas	>	**No vuelvas** tarde. *Don't return late.*

No manejes

Contrast the forms of the **tú** negative commands with the **tú** affirmative in the examples below.

Negative	*Affirmative*
¡**No** lo **comas**!	¡**Cóme**lo!
¡**No** los **compres**!	¡**Cómpra**los!
¡**No salgas**!	¡**Sal**!
¡**No** lo **hagas**!	¡**Haz**lo!
¡**No** te **vayas**!	¡**Ve**te!

In all negative commands, the object pronouns are placed before the verb.

Note

Vosotros commands (the familiar plural equivalent of **tú** commands) are frequently used in Spain. The affirmative **vosotros** command is formed by changing the final **r** of the infinitive to **d**: ¡**Comed**!, ¡**Esperad**!, ¡**Volved**! If the affirmative command form is reflexive, the **d** is dropped and the reflexive pronoun **os** is added: ¡**Acostaos**! The negative command form uses the equivalent subjunctive form: ¡**No comáis**!; ¡**No esperéis**!; ¡**No volváis**!; ¡**No os acostéis**!

■■■ Práctica y comunicación

H. Mi hermano menor en el avión

Su hermano menor, quien tiene seis años, no tiene mucha experiencia "en el aire" y a veces no se porta (*behave*) bien en el avión. Dígale lo que no debe hacer, usando el mandato **tú**.

MODELO *levantarte* cada cinco minutos
No te levantes cada cinco minutos.

1. *hablar* con el pasajero que está durmiendo   no hables
2. *ir* al baño cada cinco minutos   no vayas
3. *beber* mi jugo   no bebas
4. *comer* mis galletas   no comas
5. *cortar* la revista   no cortes
6. *reírte* del pelo de la azafata   no te ria
7. *llorar*   no llores
8. *tener* miedo   no tengas
9. *ponerte* impaciente   no te pongas
10. *hacer* locuras   no hagas

Refranes: **No digas en secreto lo que no quieres oír en público.**
No les hagas a otros lo que no quieres que te hagan.

Refiriéndose al primer refrán, ¿qué puede ocurrir si usted le dice algo en secreto a otra persona? Refiriéndose al segundo refrán, ¿cuál es el equivalente en inglés?

I. El diablo y el ángel

Hay un conflicto en su conciencia entre lo que dice "el diablo" (**¡Hazlo!**) y lo que dice "el ángel" (**¡No lo hagas!**). ¿Qué dicen estas dos voces de su conciencia acerca de las siguientes cosas?

MODELO *salir* todas las noches
"EL DIABLO": **Sí. ¡Sal todas las noches!**
"EL ÁNGEL": **No. ¡No salgas todas las noches!**

1. *beber* muchas margaritas
2. *comerte*[1] toda la torta de chocolate
3. *fumar* el cigarro
4. *comprar* seis discos compactos caros
5. *gastar* todo lo que ganas
6. *mirar* las telenovelas todas las tardes
7. *leer* las revistas pornográficas
8. *repetir* los rumores escandalosos
9. *decirles* mentiras (*lies*) a tus padres
10. *ir* al casino

J. Consejos (*advice*)

Cada grupo de cuatro personas recibe uno de los siguientes temas y formula tantos mandatos **tú** (afirmativos y negativos) como sea posible. Una persona en el grupo sirve de secretario(a). Tienen seis minutos para completar su lista.

1. a un compañero o a una compañera de cuarto que a veces causa muchos problemas
2. a un(a) estudiante español(a) que acaba de llegar a la universidad
3. a un(a) estudiante que va a su primera entrevista de trabajo
4. a su hermano(a) menor, quien siempre es una gran molestia
5. a un chico tímido que está muy enamorado de una chica que no le presta atención
6. a un chico que va a visitar a los padres de su novia por primera vez

---

[1]The use of the reflexive pronoun with **comer** conveys the meaning of *to eat up the whole thing.*

NOTICIAS CULTURALES

COMPAÑÍAS AÉREAS HISPANAS

¿Sueña usted con° volar a lugares exóticos? Le interesa visitar las grandes capitales de Hispanoamérica? Pues, prepare su equipaje porque los países hispanoamericanos cuentan con excelentes compañías aéreas que viajan continuamente de continente a continente, de país a país, o de ciudad a ciudad. Muchas de estas compañías hispanas son famosas por sus excelentes servicios de abordo. ¡Las bebidas y la comida que sirven son verdaderamente deliciosas!

dream about

Además de las líneas para pasajeros, en los países hispanos también hay aerolíneas de carga. Gracias a estas últimas, el comercio de los Estados Unidos con Hispanoamérica está aumentando a un ritmo cada vez más acelerado. Por ejemplo, muchas flores que se venden en los Estados Unidos vienen en estos aviones del Ecuador, de Colombia y de Costa Rica. Frutas frescas y vinos de gran calidad vienen de Chile. Y las exquisitas carnes y artículos de cuero vienen directamente de la Argentina.

¿Cuánto sabemos?

Completen las frases.

1. Los países hispanoamericanos y España cuentan con. . .
2. Abordo, muchas líneas aéreas son famosas por. . .
3. Además de las líneas para pasajeros, también hay aerolíneas de. . .
4. Algunos productos que vienen a los Estados Unidos en estos aviones son. . .

Actividad

¿Puede usted identificar algunas de las líneas aéreas del mundo hispano? Relacione los símbolos de la Columna B con los nombres de la Columna A.

Columna A

1. Primeras Líneas Uruguayas de Navegación Aérea
2. Líneas Aéreas Costarricense S.A.
3. Venezolana Internacional de Aviación
4. Compañía Mexicana de Aviación
5. Compañía Panameña de Aviación
6. Aerolíneas Argentinas
7. Aerolíneas Peruanas
8. Línea Aérea Nacional de Chile
9. Aerolíneas Nicaragüenses
10. Empresa Consolidada Cubana de Aviación
11. Lloyd Aéreo Boliviano
12. Líneas Aéreas de España

Columna B

a. mexicana
b. PLUNA
c. Lacsa
d. AEROLINEAS ARGENTINAS
e. COPA COMPAÑIA PANAMEÑA DE AVIACION
f. VIASA VENEZUELAN INTERNATIONAL AIRWAYS
g. AeroPeru
h. IBERIA
i. LanChile
j. CUBANA
k. aeronica
l. LAB LLOYD AEREO BOLIVIANO

Estructura

III. *Expressing doubt, uncertainty, or disbelief:* El subjuntivo con expresiones de duda e incredulidad

When a speaker expresses doubt, uncertainty, or disbelief relevant to an action or condition, the subjunctive is used.

Dudo que el avión **llegue** a tiempo.	*I doubt that the plane will arrive on time.*
No puedo creer que las maletas no **estén** aquí.	*I can't believe that the suitcases aren't here.*

The first clause, expressing the speaker's doubt, uncertainty or disbelief, is in the indicative; the second clause is in the subjunctive.

expression of doubt/uncertainty/disbelief + **que** + action or condition
indicative   *subjunctive*

Some verbs and expressions of doubt, uncertainty, or disbelief are:

"Don't forget *DISHES!* **Dar, ir, ser, hacer, estar,** and **saber** are all irregular in the subjunctive."—*M. Wink, Angelo State University*

dudar	*to doubt*	**Dudo** que **haya** demora.
no estar seguro(a) (de)	*not to be sure*	**No estamos seguros de** que **sirvan** comida en el vuelo.
no creer	*not to believe*	**No creen** que **podamos** aterrizar ahora.

Creer and **estar seguro** may express the speaker's doubt or uncertainty when used to ask a question. When they do, the subjunctive is used in the second clause.

¿Estás seguro(a) de/Crees que **puedan** encontrar el equipaje?	*Are you sure/Do you think that they will be able to find the luggage?*

When certainty is expressed, the indicative is used in the second clause.

El piloto **está seguro de/cree** que **podemos** aterrizar ahora.

The pilot is sure/believes that we can land now.

◼◼◼ Práctica y comunicación

K. Opiniones y estereotipos

En nuestra sociedad siempre se oyen generalizaciones. Indique si usted **cree** o **duda** de las generalizaciones que siguen.

MODELO Las líneas aéreas americanas son superiores a las de Europa.
Yo creo que son superiores. (o)
Yo dudo que sean superiores.

Generalizaciones: referencias nacionales

1. Los coches americanos son inferiores a los coches japoneses.
2. Las cámaras japonesas son excelentes.
3. El vino de California es superior al vino francés.
4. La comida mexicana es superior a la comida francesa.
5. Las películas europeas son superiores a las americanas.
6. Las líneas aéreas americanas son muy eficientes.

Generalizaciones: los sexos

7. Las mujeres son más inteligentes que los hombres.
8. Los hombres prefieren a las mujeres inteligentes.
9. Las mujeres prefieren a los hombres ricos.
10. Los hombres son más sentimentales que las mujeres.
11. Las mujeres tienen más paciencia que los hombres.
12. Los hombres de esta clase son muy machos.
13. Las mujeres de esta clase son extraordinarias.

"Remember: When in *doubt*, use the subjunctive! The subjunctive is used when there is doubt, uncertainty, or disbelief."—*C. O'Brien, Southern Connecticut State University*

L. ¿Me crees o no?

En parejas, lean las declaraciones y respondan usando las palabras que siguen. Tomen turnos.

Dudo que. . .
No estoy seguro(a) de que. . .
No creo que. . . (o)

Creo que. . . (¡No se usa el subjuntivo!)

MODELO

ESTUDIANTE #1: Soy muy generoso(a).
ESTUDIANTE #2: **No creo (etc.) que seas muy generoso(a).** (o)
Creo que eres muy generoso(a).

1. Soy muy inteligente
2. Sé todas las respuestas
3. Tengo un BMW.

(continuado)

4. Tengo un novio fantástico/una novia fantástica.
5. Me gusta el español.
6. Me gusta el profesor/la profesora de español.
7. Me gustan las matemáticas.
8. Fumo tres paquetes de cigarrillos por día.
9. No me importa el dinero.
10. Me encanta hacer ejercicio en el gimnasio.
11. (otras declaraciones originales). . .

M. En el viaje
En parejas, completen las oraciones usando el subjuntivo o el indicativo según las referencias.

1. Creemos que el (la) agente de viajes. . .
2. Dudamos que nuestro vuelo. . .
3. No estamos seguros de que nuestro equipaje. . .
4. No creemos que los pasajeros. . .
5. Esperamos que el piloto. . .
6. Nos alegramos de que la azafata. . .
7. No creemos que el auxiliar de vuelo. . .
8. Estamos seguros que el avión. . .

Estructura

IV. *Using impersonal expressions to state recommendations, emotional reactions, and doubts:* **El subjuntivo con expresiones impersonales**

In addition to other uses previously studied, the subjunctive may be used with impersonal expressions (such as *It's important . . .*, *It's necessary . . .*, etc.) to express:

(1) the desire or need to influence the actions of someone else;

Es importante que **llames** a tus padres.   *It's important for you to call your parents.*

(2) emotional reactions to the actions or conditions of another person or thing;

Es una lástima que **tengas** que irte tan temprano.

It's a shame that you have to go so early.

(3) doubts and uncertainties.

Es posible que **perdamos** la conexión en Miami.

It's possible that we'll miss the connection in Miami.

impersonal expression + **que** + subjunctive

Some frequently used impersonal expressions are:

desire/need to influence	es bueno	it's good
	es mejor	it's better
	es necesario	it's necessary
	es importante	it's important
	es urgente	it's urgent
emotional reactions	es una lástima	it's a shame
	es extraño	it's strange
	es ridículo	it's ridiculous
	es horrible	it's horrible
doubt and uncertainty	es posible	it's possible
	es imposible	it's impossible
	es probable	it's probable
	es improbable	it's improbable

"Notice that these words express either imposition of will, necessity, emotion, or doubt."—*M. Wink, Angelo State University*

If there is no change of subject after the impersonal expression, the infinitive is used, not **que** + subjunctive.

Es necesario salir para el aeropuerto ahora.
It's necessary to leave for the airport now.
>   but
Es necesario que **salgamos** para el aeropuerto ahora.
It's necessary for us to leave for the airport now.

■■■ ■ **Práctica y comunicación**

N. Un vuelo en la línea aérea "Buena Suerte" (*Good Luck*)
Indique su reacción a lo que pasa en el vuelo 13 con destino a "La isla de paraíso." Use las expresiones impersonales presentadas en esta página.

MODELO No hay asientos reservados.
Es una lástima/Es extraño, etc. **que no haya asientos reservados**.

1. Las azafatas no dan instrucciones.
2. Las azafatas no traen comida.
3. Muchas personas no pueden ver la película.

(*continuado*)

4. Hay mucha turbulencia.
5. Dos pasajeros no quieren abrocharse el cinturón.
6. Frecuentemente se apagan las luces.
7. Varios pasajeros duermen profundamente.
8. Una pasajera está fumando un cigarro.
9. Un bebé está llorando.
10. Un niño tiene que vomitar.
11. El piloto pide un coctel.
12. Uno de los motores no funciona bien.
13. El piloto trata de llamar al aeropuerto.
14. Nadie contesta.
15. ¡El avión no puede aterrizar!

O. ¿Es posible?
Indique si, en su opinión, **es posible/imposible** o es **probable/ improbable** que le ocurran a usted las siguientes cosas.

> MODELO recibir una "C" en español
> **Es imposible** (etc.) **que yo reciba una "C" en español.**

1. recibir una "A" en español
2. recibir una "F" en español
3. ganar la lotería
4. volar a la luna
5. casarse este año
6. comprometerse este año
7. recibir un cheque de su tía rica
8. hacer un viaje a Sudamérica este verano
9. comprar un coche nuevo este año
10. ser profesor/profesora de español

P. Lo que debe hacer Esteban
Indique lo que debe hacer Esteban. Use las expresiones impersonales indicadas.

> MODELO **Es urgente que Esteban se despierte.**

Es urgente. . .

Es mejor. . .

Es importante. . .

Es urgente. . .

Es bueno. . .

Es mejor. . .

Es mejor. . .

Q. Situaciones

En grupos de tres, completen las oraciones que siguen. Escriban dos posibilidades para cada oración. Luego compartan sus oraciones con la clase.

1. Mi amigo recibió una "D−" en su examen. **Es mejor que. . .**
2. Mi amigo ha bebido demasiada cerveza. **Es mejor que. . .**
3. Voy a salir con mi novio(a) dentro de media hora. **Es necesario que. . .**
4. Mi coche no funciona y me encuentro abandonado(a) en la carretera. **Es urgente que. . .**
5. He tenido un accidente serio en el coche nuevo de mi mejor amigo(a). **Es mejor que. . .**
6. Estoy en el aeropuerto y anuncian que han cancelado mi vuelo. **Es importante que. . .**
7. Estoy en el avión y el piloto anuncia que vamos a pasar por una tormenta grande. **Es urgente que. . .**
8. El avión tiene problemas mecánicos y un motor no funciona. **Es urgente que. . .**

BIEN DICHO   La estación del ferrocarril

estación del ferrocarril	*railroad station*
el **tren**	*train*
perder el tren	*to miss the train*
la **taquilla**	*ticket window*
el **boleto/billete de ida y vuelta**	*round-trip ticket*
de primera clase	*first class*
de segunda clase	*second class*
el **andén**	*platform*
el **maletero**	*porter*
la **propina**	*tip*
el **aseo** (Esp.), **servicio**	*restroom*
próximo(a)	*next*

Práctica y comunicación

R. En la estación del ferrocarril

En grupos de cuatro estudiantes, describan la escena en la estación del ferrocarril. Un(a) estudiante de cada grupo sirve de secretario(a). Usen las siguientes expresiones impersonales cuando sea posible.

> **Es probable/improbable que. . .**
> **Es posible/imposible que. . .**
> **Es bueno/malo/mejor que. . .**
> **Es urgente/extraño que. . .**

¿Qué grupo puede dar la descripción más completa de la situación? (Tienen cinco minutos.)

S. Transacciones en la estación del ferrocarril

Trabajando en parejas, hagan las transacciones que siguen. Un(a) estudiante hace el papel de boletero o de boletera y el otro/la otra hace el papel del pasajero o de la pasajera.

Transacciones
1. comprar un boleto (tipo y destino)
2. pedir información (de horario, equipaje, lugar del aseo o del quiosco, etc.)
3. hablar de la demora del tren y. . .
4. tratar de resolver los problemas que pueden causar la demora.
   BOLETERO(A): **Buenos días, señor/señorita. ¿En qué puedo servirle?**
   PASAJERO(A): **Deseo comprar. . .**

Al final, algunas parejas presentan su "conversación" ante la clase.

Estructura

V. *Expressing reactions to recent events:* **El presente perfecto de subjuntivo**

Es posible que hayamos llegado un poco tarde.

SALIDA
VUELO 523
BOGOTA

The present perfect subjunctive is used to express reactions to events that have occurred in the past but are closely tied to the present. Its form is very similar to the present perfect indicative.

Espero que todavía no **hayan salido** del aeropuerto.	*I hope that they have not left the airport yet.*
Es posible que **hayan ido** a buscar un teléfono.	*It's possible that they have gone to look for a phone.*

The present perfect subjunctive is formed by using the present subjunctive of **haber** plus the past participle.

present subjunctive of **haber** + past participle

perder *to lose*

Es improbable que. . .	*It is improbable that . . .*
(yo) **haya perdido** el boleto.	*I have lost the ticket.*
(tú) lo **hayas perdido**.	*you have lost it.*
(Ud./él/ella) lo **haya perdido**.	*you have/he, she has lost it.*
(nosotros/as) lo **hayamos perdido**.	*we have lost it.*
(vosotros/as) lo **hayáis perdido**.	*you have lost it.*
(Uds./ellos/ellas) lo **hayan perdido**.	*you/they have lost it.*

"Remember: The past participles of the following verbs are irregular: **abrir, ver, romper, morir, poner, hacer, decir, volver, devolver, escribir.** I use this device to remember which verbs have irregular past participles: *A very rude man parked his dirty van in downtown Eden.* (Notice that the first letter of each word in this sentence is the first letter of each verb.)"—*M. Wink, Angelo State University*

Review the present perfect indicative studied in Chapter 9. Focus on the irregular past participles.

▪ Práctica y comunicación

T. "El desorganizado"

"El desorganizado" va a pasar un semestre estudiando en Caracas, Venezuela. Él nunca está bien preparado. Indique que **es improbable que haya hecho** las siguientes cosas.

> MODELO conseguir el pasaporte
> **Es improbable que haya conseguido el pasaporte.**

> **Es improbable que. . .**

1. escribirle a la familia en Venezuela
2. hacer las reservaciones en el hotel
3. comprar los cheques de viajero
4. encontrar su cámara
5. comprar rollos de película
6. llamar a la agencia de viajes
7. recoger los boletos
8. despedirse de sus abuelos
9. acordarse de confirmar el vuelo

U. ¿Cómo reacciona usted?

Según los dibujos, indique su reacción a las siguientes cosas. Use **siento que** o **me alegro de que**.

> MODELO **Siento que Octavio se haya roto la pierna.**

Octavio

Alfonso

Linda y Manuel

Camila

Esteban

Pepita

Rodolfo
¡Qué lástima!
¡Pobrecito!

V. ¿Lo has hecho?

Un(a) estudiante hace declaraciones usando la información que sigue. Su compañero(a) reacciona usando: **Es bueno que. . . , Me alegro que. . . , Es una lástima que. . . , Siento que. . . , Es improbable que. . . , Dudo que. . . .** Tomen turnos y sigan el modelo.

> MODELO ganar la lotería
> > ESTUDIANTE #1: **He ganado** la lotería.
> > ESTUDIANTE #2: Dudo que/Me alegro que **hayas ganado** la lotería.

1. recibir una "D" en mi examen de cálculo
2. recibir una "A" en mi examen de español
3. limpiar mi cuarto muy, muy bien
4. romper una ventana en la residencia de estudiantes
5. escribirle cartas de amor a un actor famoso/una actriz famosa
6. comprometerme
7. correr seis millas hoy
8. tener un accidente en el coche nuevo de mi mejor amigo(a).
9. olvidar el cumpleaños de mi hermano o hermana menor
10. acampar en el Amazonas
11. ver un OVNI (*UFO*)
12. (otras declaraciones originales). . .

W. Situaciones

En grupos de cuatro, completen las oraciones. Escriban por lo menos TRES opciones para cada situación, indicando lo que posiblemente **haya ocurrido** en cada caso.

1. Una amiga mía está organizando un viaje por avión a Caracas, Venezuela para nosotros. **Espero que. . .**

2. Mi amigo dijo que iba a pasar por aquí en su coche a las ocho. Ya son las diez y todavía no ha llegado. **Es posible/imposible que. . .**

3. Vuelvo a la casa de mi familia y encuentro las puertas abiertas, pero, ¡NADIE está allí! **Es probable/improbable/extraño**, etc. **que** (mi padre/madre/hermano(a)/perro/gato). . .

En resumen

A. Conversando: Un viaje por avión

¡Problemas, problemas, problemas! ¡Hay que resolverlos! La clase se divide en grupos de tres. Cada grupo selecciona uno de los siguientes "problemas" y trata de resolverlo.

En el aeropuerto

Personajes: un(a) agente de la línea aérea "Buena Suerte" y dos pasajeros(as) que viajan juntos(as)

Problema #1: Dos pasajeros(as) quieren llevar seis maletas bastante grandes a bordo del avión. Sólo se permite que lleven dos por persona. Además, quieren facturar otras seis maletas extra grandes y dos pares de esquíes. Hablan con el/la agente para resolver el problema.

> AGENTE: **Lo siento, pero sólo se permite que lleven dos maletas pequeñas por persona en el avión, y que facturen otras dos.**
>
> PASAJERO(A) #1: **. . .**

Problema #2: Dos pasajeros(as) llegan muy tarde al aeropuerto. Van a una conferencia de negocios importantísima en Chicago. Descubren que la línea aérea "Buena Suerte" ha vendido sus asientos (los últimos dos asientos del avión) a dos millonarios(as). Hablan con el/la agente.

> PASAJERO(A) #1: **Pero, señor/señorita. . .**
>
> AGENTE: **. . .**

En el avión

Personajes: dos pasajeros(as) y una azafata o un auxiliar de vuelo

Problema #3: El pasajero/La pasajera #1 está sentado(a) en el asiento al lado de la ventana, pero no es su asiento. Es el asiento reservado del pasajero/de la pasajera #2, quien quiere su asiento. Ellos hablan con la azafata/el auxiliar de vuelo.

> PASAJERO(A) #1: (*al auxiliar/a la azafata*) **¡Señor!/¡Señorita! Tenemos un pequeño problema. . .**
>
> AZAFATA/AUXILIAR: **. . .**

Problema #4: Los pasajeros/Las pasajeras han recibido su comida. El pasajero/La pasajera #1 se queja mucho de la comida. El pasajero/La pasajera #2 es vegetariano(a) y pide que le cambien la comida. Los dos piden bebidas constantemente.

> PASAJERO(A) #1: (*al auxiliar/a la azafata*) **¡Señor!/¡Señorita!**
> AUXILIAR/AZAFATA: . . .

En la aduana

Personajes: Dos pasajeros(as) y el inspector/la inspectora de aduanas

Problema #5: Dos pasajeros(as) jóvenes llegan a la aduana del aeropuerto de Miami. El inspector/La inspectora de aduanas sospecha que hay algún problema.

> INSPECTOR(A): (*a los pasajeros*) **Abran las maletas, por favor. . .**
> PASAJERO(A) #1: . . .

Al final, cinco grupos pueden representar los cinco "problemas" ante la clase.

B. De mi escritorio: Una carta de consejos a mi hermano(a)

Imagine que su hermano(a) menor, quien lo admira mucho a usted, empieza sus estudios en otra universidad. Escríbale una carta dándole consejos (*advice*).

(fecha)

Querido(a). . .

- Primero, indique lo que usted espera que él/ella haga.
- Luego, indique lo que usted duda o no duda que él/ella haga o lo que usted cree que él/ella va a hacer.
- Y después, indique lo que, en su opinion, es importante/mejor/necesario/posible, etc. que él/ella haga en su primer semestre en la universidad.

Con carino,
. . .

Colombia y Venezuela

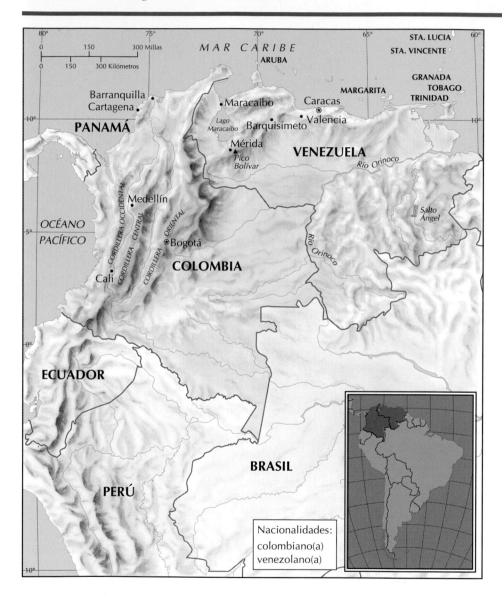

Nacionalidades:
colombiano(a)
venezolano(a)

Colombia y Venezuela son los únicos países hispanos que están al norte de Sudamérica y que tienen costas al Atlántico.

Puesto que una vez fueron parte de un mismo virreinato[1], y por su proximidad geográfica, estos

países vecinos tienen muchos rasgos en común; pero su historia, folclor y forma de hablar son diferentes.

_____
[1]_viceroyalty_

¿Cuáles son algunas características impresionantes de Bogotá, capital de Colombia?

¿Qué producto recoge la joven colombiana?

Colombia

Los españoles llegaron a Colombia en busca del Dorado. Según la leyenda del Dorado, en esta región existían grandes cantidades dc oro. En la época colonial, Colombia era parte de la Nueva Granada, que incluía también lo que es hoy Panamá, el Ecuador y Venezuela. Cuando la Nueva Granada ganó su independencia de España, Simón Bolívar, el líder de la independencia, le cambió el nombre a La Federación de la Gran Colombia. Pronto después

UNA IGLESIA SALADA
En Colombia hay una catedral de sal.

Estos jóvenes bailan la cumbia, baile folclórico de Colombia. ¿Conoce usted los ritmos caribeños?

UNA PIRAÑA VEGETARIANA
¡En el río Amazonas hay un tipo de piraña que sólo come vegetales!

se separaron de ésta el Ecuador y Venezuela. Unos años más tarde Panamá, con la ayuda de los Estados Unidos, se separó también de La Gran Colombia.

Colombia tiene grandes contrastes en su paisaje y clima. En Colombia hay bellas playas, con un clima siempre cálido². Sus regiones costeras más famosas son Cartagena y Barranquilla, que también son importantes ciudades. Hacia el

---
²*warm*

sur se encuentran planicies secas y calurosas. Más hacia el este, está la selva del Amazonas, muy bella por su exuberante vegetación. Esta región es calurosa y muy húmeda.

En Colombia hay también bellas montañas. Entre las zonas montañosas está la región andina, en donde muchas de sus montañas están cubiertas de nieve y el clima es mucho más frío que en las otras regiones. Bogotá, la capital colombiana, está en un valle de

Dé sus impresiones de esta sección de Caracas, Venezuela.

¿Por qué es tan famoso el Lago Maracaibo en Venezuela?

¿Cómo describe usted estos tepuyes de Venezuela?

esta región. Bogotá es una ciudad moderna, llena de rascacielos, tiendas de moda y grandes avenidas por donde transitan diariamente miles de automóviles. Pero en esta ciudad también se ven zonas muy pobres que contrastan con el lujo[3] de muchos de sus edificios.

La economía colombiana es una de las más sólidas de Hispanoamérica, ya que Colombia es el segundo exportador de café del mundo y cuenta también con minerales, industrias de agricultura y de textiles, y una reserva substancial de petróleo.

Venezuela

El nombre de este país, Venezuela, significa "pequeña Venecia".[4] Alonso de Ojeda, el primer español que llegó a Venezuela llamó así al país porque encontró en el lago Maracaibo pequeñas isletas con chozas en donde vivían los indios goajiros. Estos indios se transportaban en canoas para ir de una isleta a otra. En Venezuela los españoles encontraron grandes riquezas: oro, plata y perlas con las cuales adornaron la corona de los reyes de España.

Venezuela se fue poblando por españoles y sus descendientes. En 1811 el general Bolívar consiguió la independencia de España, y en 1821 Venezuela se independizó de la Gran Colombia. Aquí nació lo que hoy conocemos como Venezuela.

Cuando se descubrió petróleo a principios del siglo XX, la población de Venezuela se multiplicó cuatro veces. La

[3]luxury

[4]Venice

¿Por qué es muy famoso el Salto Ángel en Venezuela?

Describa esta escena de la región amazónica de Venezuela. Indios Hoti, Estado Bolívar, Venezuela.

industria petrolífera significó para el país una enorme prosperidad económica. Venezuela es una de las democracias más sólidas del continente y el nivel de vida de Venezuela es más alto que el de muchos países hispanoamericanos debido[5] en gran parte a la industria del petróleo y a la exportación de minerales, pescado y frutas tropicales.

En Venezuela hay bellas playas del Mar Caribe, esplendorosas montañas e impresionantes llanos. En los llanos del sur están los "tepuyes", misteriosas elevaciones en forma de mesa. En uno de los tepuyes está el Salto del Ángel, ¡la cascada más alta del mundo! También en Venezuela hay una región amazónica, donde todavía se encuentran tribus de indios en estado natural. Venezuela también tiene una región andina, en donde está la pintoresca ciudad de Mérida y el famoso pico Bolívar cubierto de nieve.

Las ciudades principales de Venezuela son Maracaibo, Valencia, Barquisimeto y por supuesto su capital, Caracas. Caracas, que está situada en la costa, es un centro vibrante y espléndido. Es una ciudad de grandes rascacielos y una de las más modernas del continente. Cuenta con uno de los servicios de metro más sofisticados del mundo.

___
[5]*due*

¡A ver cuánto aprendimos!

En parejas, completen las oraciones.
1. En los tiempos de la colonia la zona que hoy es Colombia se llamaba. . . .
2. Dos ciudades costeras importantes son. . . .
3. Hacia el este dc Colombia está. . . .
4. La capital de Colombia se llama. . .y está en. . . .
5. Los productos principales colombianos son. . . .
6. El nombre "Venezuela" significa. . . .
7. El líder de la independencia venezolana fue. . . .
8. El descubrimiento de. . . trajo más personas a vivir en Venezuela.
9. El Salto de Ángel es. . . .
10. Algunas de las ciudades más importantes de Venezuela son. . . .

Actividad

Divídanse en parejas. Seleccionen una categoría y busquen las frases que mejor describan la historia o la geografía del país indicado.
1. la historia de Colombia
2. la geografía de Colombia
3. la historia de Venezuela
4. la geografía de Venezuela

Ahora, algunas parejas presentan sus frases a la clase. Las otras parejas escuchan y luego identifican el país.

REPASO DE VOCABULARIO ACTIVO

Sustantivos

En el aeropuerto

la aduana	el equipaje	la pilota
el asiento	el horario	la puerta
el auxiliar de vuelo	la línea aérea	la sala de espera
el avión	la llegada	la sala de reclamación
la azafata	la maleta	la salida
el billete	el pasajero	la tarjeta de embarque
el boleto	el pasaporte	el vuelo
la demora	el piloto	

En la estación del ferrocarril

el andén	el maletero	la taquilla
el aseo	la propina	el tren
el boleto/billete de ida y vuelta	el servicio	
de primera clase		
de segunda clase		

Otras palabras útiles

la agencia de viajes	el mundo	el rollo de película
la cámara	el país	próximo(a)
la foto	la reservación	

Verbos y expresiones verbales

aterrizar	facturar	estar seguro(a)
confirmar	recoger	perder el tren
conseguir (i, i)	servir (i, i)	sacar/tomar fotos
creer	volar (ue)	subir a. . .
despegar	bajar de. . .	
dudar	hacer la maleta	

AUTOPRUEBA Y REPASO #11

I. Los mandatos tú, afirmativos y negativos

A. La persona con quien usted vive le dice a usted que debe hacer las siguientes cosas.

   MODELO *volver* a casa pronto
       Vuelve a casa pronto.

1. *limpiar* la cocina
2. *apagar* la radio
3. *hacer* la cama
4. *poner* la mesa
5. *devolver* los vídeos a la tienda
6. *ser* más optimista
7. *cortarte* el pelo
8. *acostarte* más temprano

B. La persona con quien usted vive le dice a usted que NO debe hacer las siguientes cosas.

   MODELO *acostarte* tan tarde
       No te acuestes tan tarde.

1. *comerte* toda la comida del refrigerador
2. *gastar* tanto dinero
3. *ir* a tantas fiestas
4. *salir* todas las noches
5. *ser* insolente
6. *levantarte* tan tarde
7. *preocuparte*
8. *ponerte* impaciente

II. El subjuntivo—expresiones de duda e incredulidad

A. Escriba sus reacciones a las actividades de sus amigos.

MODELO dudar/que/Juan/pasar por la aduana fácilmente

Dudo que Juan pase por la aduana fácilmente.

1. no creer/que/ustedes/encontrar sus asientos rápidamente
2. no estar seguro(a) de/que/el auxiliar de vuelo/ saber hablar español
3. dudar/que/el avión/despegar a tiempo
4. no estar seguro(a) de/que/nosotros/llegar a tiempo
5. no creer/que/tú/poder ir con nosotros

B. Usted está en un avión, cerca de dos pasajeros que nunca están de acuerdo (*never agree*). Alguien les hace preguntas a ellos. Indique las respuestas afirmativas y negativas de los pasajeros. Use el subjuntivo para expresar duda.

MODELO ¿Tiene la azafata la revista *Sports illustrated*? (creer)

PASAJERO #1: **Sí, creo que la tiene.**
PASAJERO #2: **No, no creo que la tenga.**

1. ¿Cuesta el boleto más de mil doscientos dólares? (creer)
2. ¿Hay un problema serio? (dudar)
3. ¿Llega nuestro equipaje con nosotros? (estar seguro/a)
4. ¿Es esta línea aérea muy eficiente? (creer)

III. Expresiones impersonales

Complete las oraciones combinando la información de las declaraciones con la expresión impersonal indicada.

MODELO No llevo estas revistas al avión.
Es mejor. . .
Es mejor que no lleve estas revistas al avión.

1. El avión llega tarde. **Es una lástima. . .**
2. Tengo todo el equipaje. **Es bueno. . .**
3. Vamos a la aduana. **Es urgente. . .**
4. No puedo encontrar el boleto. **No es posible. . .**
5. No hay azafatas. **Es extraño. . .**

IV. El presente perfecto de subjuntivo

¿**Sientes que** o **te alegras de que** las cosas siguientes hayan ocurrido?

MODELO mi mejor amiga/irse de la universidad
Siento que (Me alegro de que) mi mejor amiga se haya ido de la universidad.

1. mis amigos/perder el tren
2. mi mejor amiga/traerme un regalo
3. tú/encontrar tu cámara
4. mis amigos/no llamarme
5. tú/tener un accidente
6. Elena y yo/conseguir nuestros pasaportes

V. Repaso general del Capítulo 11

Conteste en oraciones completas.

1. En el aeropuerto, ¿qué información encontramos en el horario?
2. Al llegar al aeropuerto, ¿qué hacen los pasajeros generalmente?
3. ¿Cree usted que los aviones generalmente llegan a tiempo?
4. ¿Qué tipos de boletos de tren se venden? ¿Dónde se consiguen?
5. ¿Ha viajado mucho su familia? ¿Siente usted que no hayan viajado más?

RINCÓN LITERARIO

LA AMÉRICA DEL SUR—COLOMBIA
"¡Me habían visto!"
de Gabriel García Márquez

Gabriel García Márquez (1928–), famoso escritor colombiano y ganador del Premio Nobel de Literatura (1982), es más conocido por su novela *Cien años de soledad*. A García Márquez le encanta explorar los grandes mitos y misterios de la vida. Sus obras muchas veces combinan elementos mágicos, fantásticos y realistas en escenas de la vida cotidiana°. Por eso, su estilo se llama "realismo mágico".

daily
person lost at sea
rescued
raft

La siguiente selección, tomada de la novela *Relato de un náufrago*°, describe las experiencias de un hombre que, antes de ser rescatado°, estuvo diez días en una balsa° en alta mar sin comer ni beber.

Reading Strategies

Skim the selection several times. First, highlight the references which indicate the man's awareness of the passage of time; then, signal those references which illustrate his gradual shift in attitude and emotions.

altitude
wing

wave

Antes de cinco minutos, el mismo avión negro volvió a pasar en la dirección contraria, a igual altura° que la primera vez. Volaba inclinado sobre el ala° izquierda y en la ventanilla de ese lado vi de nuevo, perfectamente, al hombre que examinaba el mar con los binóculos. Volví a agitar° la camisa. . . .

A medida que avanzaba me pareció que iba perdiendo altura. Por un momento estuvo volando en línea recta, casi al nivel del agua.

Pensé que estaba acuatizando° y me preparé a remar° hacia el lugar en que descendiera. Pero un instante después volvió a tomar altura, dio la vuelta y pasó por tercera vez sobre mi cabeza. . . . Le hice una breve señal° y esperé que pasara de nuevo, cada vez más bajo. Pero ocurrió todo lo contrario: tomó altura rápidamente y se perdió por donde había aparecido. Sin embargo, no tenía por qué preocuparme. Estaba seguro de que me habían visto. . . .

Había calculado que en una hora estarían rescatándome. Pero la hora pasó sin que nada ocurriera en el mar azul, limpio y perfectamente tranquilo. Pasaron dos horas más. Y otra y otra, durante las cuales no me moví un segundo de la borda°. Estuve tenso, escrutando el horizonte sin pestañear°. El sol empezó a descender a las cinco de la tarde. Aún no perdía las esperanzas, pero comencé a sentirme intranquilo. Estaba seguro de que me habían visto desde el avión negro, pero no me explicaba cómo había transcurrido tanto tiempo sin que vinieran a rescatarme. Sentía la garganta seca°. Cada vez me resultaba más difícil respirar°. Estaba distraído, mirando el horizonte, cuando, sin saber por qué, di un salto° y caí° en el centro de la balsa. Lentamente, como cazando una presa°, la aleta° de un tiburón° se deslizaba° a lo largo de la borda.

landing on water / row

signal

gunwale, rail
blinking

dry
breathe
jump / fell
prey / fin
shark / slid

1. ¿Qué hacía el náufrago para llamar la atención del piloto en el avión?
2. Después de pasar tres veces sobre él, ¿qué hizo el avión que le sorprendió al náufrago?
3. ¿Cómo se sintió él cuando el avión no volvió?
4. Después de caer en el centro de la balsa, ¿qué vio?
5. En su opinión, ¿representa el tiburón su salvación o un presentimiento de la muerte?

CAPÍTULO 12

En el hotel

Goals for communication

- To perform simple transactions at a hotel
- To refer to unspecified and non-existent persons and things
- To compare qualities and quantities
- To talk about what might or would happen in certain circumstances

Cultural focus

- Lodging in the Hispanic world
- The Andean countries—Perú, Bolivia, and Ecuador

Structures

- I. Más palabras afirmativas y negativas
- II. El subjuntivo con referencias a lo indefinido o inexistente
- III. Comparaciones de igualdad
- IV. Comparaciones de desigualdad y los superlativos
- V. El condicional

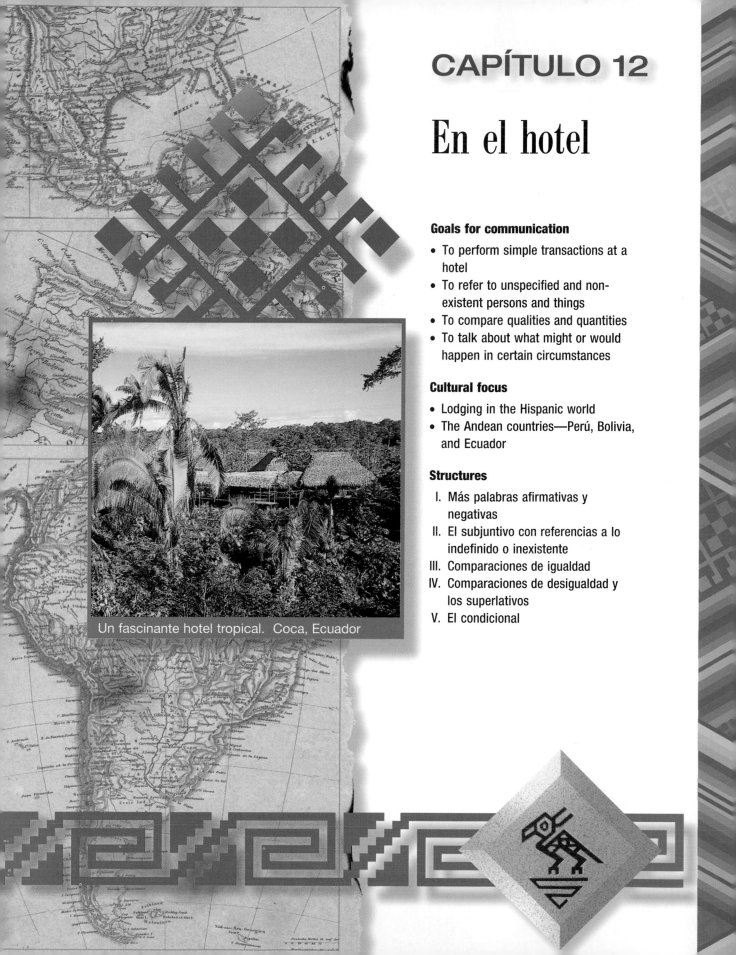

Un fascinante hotel tropical. Coca, Ecuador

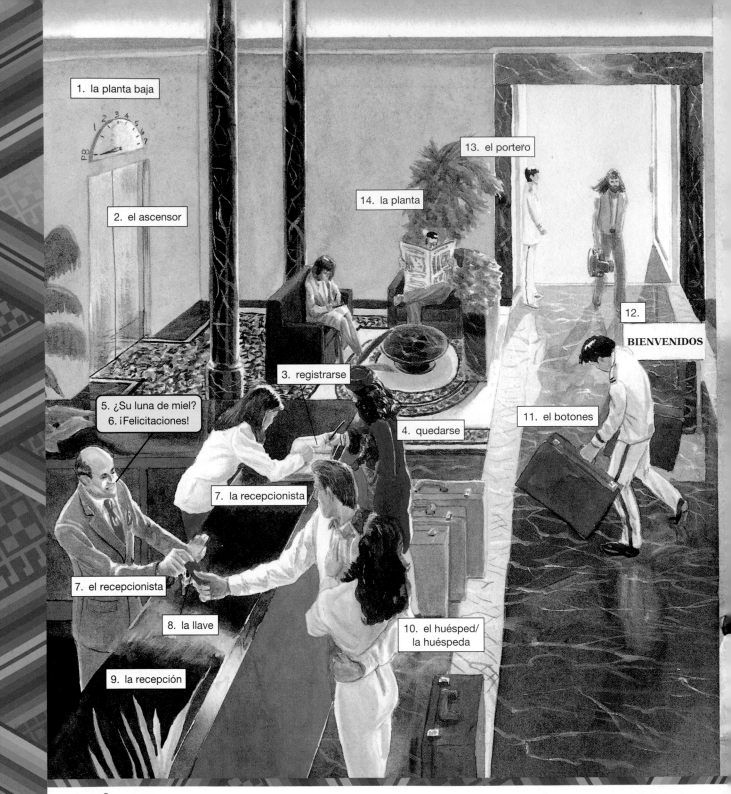

CAPÍTULO 12   En el hotel

1. main floor 2. elevator 3. to register 4. to stay 5. honeymoon 6. congratulations 7. receptionist 8. key
9. front desk 10. guest 11. bellboy 12. welcome 13. doorman 14. plant

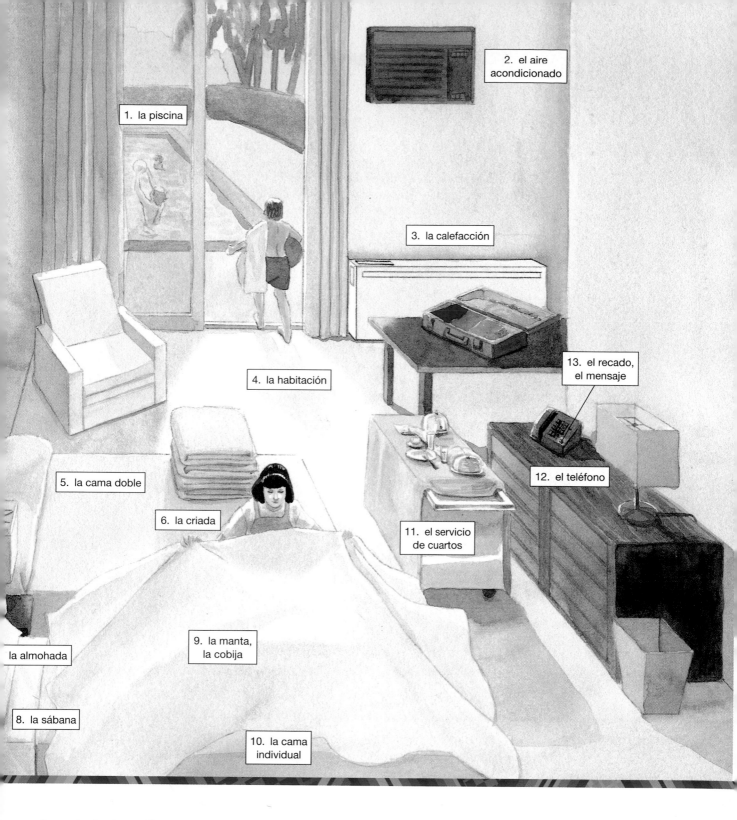

1. la piscina
2. el aire acondicionado
3. la calefacción
4. la habitación
5. la cama doble
6. la criada
la almohada
8. la sábana
9. la manta, la cobija
10. la cama individual
11. el servicio de cuartos
12. el teléfono
13. el recado, el mensaje

1. pool 2. air conditioning 3. heating 4. room 5. double bed 6. maid 7. pillow 8. sheet 9. blanket 10. single bed 11. room service 12. phone 13. message

■■ Práctica y comunicación

A. En el hotel
Conteste las preguntas según los dibujos en las páginas 388–389.

Estamos en la planta baja del hotel.

1. ¿Quiénes son las personas que trabajan en la recepción?
2. La mujer elegante que lleva el sombrero va a quedarse en el hotel por varios días. ¿Qué está haciendo?
3. ¿Cuántas maletas tiene la mujer? ¿Quién va a llevar su equipaje a la habitación? ¿Debe ella darle una buena propina?
4. La pareja está de luna de miel. ¿Qué les dice el recepcionista? ¿Qué les da?
5. ¿Quién abre la puerta del hotel? Describa al huésped que entra.
6. ¿Qué dice el letrero (sign) que está cerca de la entrada?
7. Un hombre y una mujer están sentados cerca del ascensor. ¿Qué está haciendo la mujer? ¿y el hombre?
8. En este hotel, ¿cómo podemos subir de la planta baja al tercer piso?

Y en la habitación. . .

9. ¿Quién es la persona que está trabajando en la habitación? ¿Qué hace ella? ¿Qué cosas hay en la cama?
10. ¿Qué tipo de cama es la cama grande? ¿y la cama pequeña?
11. Los huéspedes de esta habitación no querían cenar en el restaurante del hotel anoche. ¿Qué pidieron?
12. Cuando los huéspedes tienen basura, ¿dónde deben ponerla?
13. Cuando los huéspedes tienen frío, ¿qué tienen que prender? ¿y cuando tienen calor?
14. ¿Qué puso la criada encima de la cama doble? ¿Qué hay encima de la mesa? ¿y encima del armario?
15. Hay una luz roja en el teléfono. ¿Qué indica?
16. ¿Adónde va el niño? ¿Qué lleva? ¿Qué va a hacer allí?

B. Juego de palabras
¿Qué asocia usted con las siguientes palabras?

MODELO la propina
el botones, el camarero, etc.

1. el recepcionista
2. el portero
3. la criada
4. el ascensor
5. la piscina
6. la calefacción
7. el aire acondicionado
8. la sábana
9. la llave
10. el recado
11. la luna de miel

BIEN DICHO   En el hotel (continuado)

la **habitación doble**	*double room*
la **habitación sencilla**	*single room*
el **baño privado**	*private bath*
la **llamada**	*call* (telephone)
dejar	*to leave* (object) *behind; to let, allow*

> **Note**
>
> Study the difference between **salir** (*to leave, go out*) and **dejar** (*to leave* [object] *behind*)
>
> | | |
> |---|---|
> | **Salí** del hotel para cenar. | *I left the hotel to have dinner.* |
> | **Dejé** mi chaqueta en el vestíbulo. | *I left my jacket in the lobby.* |
>
> Remember that **dejar de** + *infinitive* means *to stop doing something.*
>
> **Dejé de fumar.** *I stopped smoking.*

C. ¿Qué dejaron en la habitación?

Las siguientes personas están en un hotel. Indique lo que dejaron en sus habitaciones. Siga el modelo.

MODELO **Alfonso salió de su habitación y dejó su cámara.**

Alfonso

Camila

Rubén

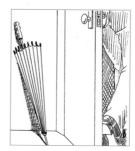

Juanito y Elena

Yo

D. En el hotel

Usted y su amigo(a) acaban de llegar al Hotel Quito en Ecuador y hablan con el recepcionista o la recepcionista sobre los servicios del hotel. El problema es que ustedes han olvidado algunas palabras de español. En parejas, tomen turnos explicándole al (a la) recepcionista lo que desean sin usar la palabra entre paréntesis.

MODELO Deseamos (una habitación doble).
   Deseamos una habitación para dos personas.

Deseamos. . .

1. (una habitación sencilla)
2. (un baño privado)
3. (la llave)
4. (un botones)
5. (otra almohada)
6. (otra toalla)
7. (otra cobija)
8. (hacer una llamada)

E. ¿Qué tipo de hotel es?

En grupos de cuatro estudiantes, describan las características de (a) un hotel de lujo (*luxury*) y (b) un hotel muy económico. Un secretario o una secretaria escribe las descripciones. Luego, presenten sus descripciones a la clase o a otro grupo de estudiantes.

Conversación

Un inconveniente en el hotel

Manuel y Esteban viajan juntos al Uruguay para asistir a los partidos de la Copa Mundial de Fútbol. Ya hicieron reservaciones en un hotel muy económico en el centro de Montevideo.

ESTEBAN: Buenos días. Queremos una habitación.
RECEPCIONISTA: Buenos días. ¿Tienen reservaciones?
MANUEL: ¡Claro que sí! A nombre de Manuel Contreras.

(El recepcionista busca en un libro)

RECEPCIONISTA: Lo siento. No aparece su nombre aquí.
ESTEBAN: ¿Cómo puede ser eso?
MANUEL: Hace tres meses que hicimos reservaciones para un cuarto doble, con baño privado y vista al parque. Pensamos quedarnos dos semanas.
RECEPCIONISTA: Lo siento mucho, señores, pero el hotel está totalmente lleno.
ESTEBAN: ¡Esto es imposible! ¿Qué hacemos ahora?
RECEPCIONISTA: Bueno, pueden buscar otro hotel, . . . o llamar más tarde para ver si alguien canceló sus reservaciones. No hay garantía pero. . .
MANUEL: *(muy enojado)* ¿Y qué vamos a hacer con el equipaje?
RECEPCIONISTA: El botones lo puede guardar por unas horas. . . Oh, esperen un momento. . . *(el recepcionista entra en una oficina y sale con una llave.)* ¡Tienen suerte°! Recordé que tenemos una habitación desocupada. Espero que no les molesten ciertos inconvenientes. . .
ESTEBAN: ¿Qué inconvenientes?
RECEPCIONISTA: Bueno, el cuarto no tiene baño, ni vista, ni aire acondicionado, ni televisor pero sí tiene dos camitas muy cómodas°. Está en el piso 13.
ESTEBAN: Bueno, ¡eso es mejor que dormir en el parque! ¿No?

You're lucky

comfortable

¿Qué pasa?

Cierto o falso.
1. Esteban y Manuel viajan a Montevideo.
2. Los muchachos no hicieron reservaciones.
3. Piensan quedarse en un hotel de lujo.
4. Quieren habitaciones separadas.
5. El recepcionista no encuentra sus reservaciones.
6. El recepcionista les ofrece un cuarto mejor que el que ellos querían.

Estructura

I. *Making indefinite and negative references:* Más palabras afirmativas y negativas

Bueno... aquí estamos en Nueva York y no hemos visto ninguna Estatua de la Libertad.

You have already studied some affirmative and negative words (**alguien/ nadie, algo/nada, también/tampoco, siempre, a veces/nunca**). Additional affirmative and negative words are:

algo (something)   *nada (nothing)*
alguien (someone)   *nadie (nobody)*

también (also)   tampoco (neither)
siempre   nunca

Affirmative	Negative
algún	**ningún**
alguno(a) *some* mas	**ninguno(a)** *none, not one*
algunos(as) fem.	
o. . .o *either. . .or*	**ni. . .ni** *neither. . .nor*

Algunos de los cuartos en ese hotel son enormes.	***Some*** *of the rooms in that hotel are enormous.*
Ninguno de ellos cuesta menos de $200.	***None*** *of them costs less than $200.*
O pagamos $200 **o** buscamos un hotel más económico.	***Either*** *we pay $200* ***or*** *we look for a cheaper hotel.*
Ni tú **ni** yo podemos gastar tanto dinero.	***Neither*** *you* ***nor*** *I can spend so much money.*

En el hotel   **393**

1. Just as **uno** shortens to **un** before a masculine singular noun, **alguno** and **ninguno** become **algún** and **ningún** respectively.

   Algún día vamos a conseguir una habitación allí.
   No hay habitación en **ningún** hotel.

2. The plural forms **ningunos(as)** are very seldom used.

   ¿Vinieron **algunas** amigas tuyas? No, **no** vino **ninguna**.

Remember that to express a negative idea involving a negative reference, a "double negative" construction is often used. At times the negative word can precede the verb, thereby eliminating the **no**.

No vimos a **nadie** en la recepción.	*We didn't see anybody at the front desk.*
Ninguno de los empleados estuvo en el hotel.	*Not one of the employees was in the hotel.*

■■■■ Práctica y comunicación

F. ¡El hotel no tiene nada!

Haga oraciones con las palabras que siguen según el modelo. Incluya una idea original en cada oración.

MODELO el hotel/baños privados/. . .

El hotel *no tiene ni* baños privados *ni agua caliente*.

1. el hotel/portero/. . .
2. el hotel/restaurante/. . .
3. las habitaciones/ calefacción/. . .
4. las habitaciones/cortinas/. . .
5. las habitaciones/teléfonos/. . .
6. las camas/almohadas/. . .
7. los baños/bañera/. . .
8. los baños/jabón/. . .

G. El "Hotel Buena Suerte"

Un huésped o una huéspeda entra en el "Hotel Buena Suerte" y le hace muchas preguntas al recepcionista o a la recepcionista. Quiere saber si el hotel tiene algunas de las cosas indicadas. Desafortunadamente, el/la recepcionista siempre contesta negativamente. En parejas, hagan las preguntas y contéstenlas, usando **ningún** o **ninguna**. Tomen turnos.

MODELO
HUÉSPED(A): ¿Tienen algunas habitaciones con televisor?
RECEPCIONISTA: **No. Lo siento, pero no tenemos ninguna habitación con televisor.**
(o)
No. Lo siento, pero no tenemos ninguna.

1. ¿Tienen algunos cuartos con vista al mar? *No tiene ningún*
2. ¿Tienen algunas habitaciones con aire acondicionado? *ninguna*
3. ¿Tienen algunas habitaciones con baño privado? *ninguna*
4. ¿Tienen algunos baños con bañera?
5. ¿Tienen algunos baños con jacuzzi?
6. ¿Tienen algunas salas para reuniones?

Pues, es obvio que no tienen lo que necesitamos. Hasta luego.

H. ¿Lo has hecho?

En parejas, hagan las preguntas y contéstenlas.

1. ¿Has visto alguna película divertida recientemente? (¿Cuál?)
2. ¿Has comido algunos platos típicos del mundo hispano? (¿Cuáles?)
3. ¿Has pasado la noche en algún hotel de lujo? (¿Dónde?)
4. ¿Has comprado algo muy especial recientemente? (¿Qué?)
5. ¿Has salido con alguien interesante recientemente? (¿Con quién?)
6. ¿Has hecho algo extraordinario recientemente? (¿Qué?)
7. ¿Has dejado de hacer algo recientemente? (por ejemplo: fumar, tomar café, comer postres, etc.)
8. ¿Has estudiado el portugués o el japonés?
9. ¿Has visitado México o el Canadá?

Estructura

II. *Ways to talk about unspecified or non-existent persons or things:* El subjuntivo con referencia a lo indefinido o inexistente.

In Spanish, when a speaker refers to a person or thing that he or she regards as either unspecified (unidentified, hypothetical, unknown) or non-existent, the subjunctive is used in the clause following **que**.

REFERENCE TO WHAT IS INDEFINITE OR NON-EXISTENT + **que** + SUBJUNCTIVE	
¿Hay alguien aquí que **pueda** ayudarme con las maletas? *indefinite/unidentified > subjunctive*	*Is there someone here that can help me with the suitcases?*
Preferimos una habitación que **tenga** aire acondicionado. *indefinite/hypothetical > subjunctive*	*We prefer a room that has air conditioning.*
No queda ninguna habitación que **tenga** baño privado. *non-existent > subjunctive*	*There aren't any rooms left that have a private bath.*

However, if the person or thing is known, identified, or definitely exists in the mind of the speaker, the indicative is used in the clause following **que**.

REFERENCE TO WHAT IS DEFINITE, KNOWN, EXISTS + QUE + INDICATIVE	
Sí, aquí **hay un botones** que **puede** ayudarle. *identified/exists > indicative*	*Yes, there is a bellboy here that can help you.*
Encontramos un hotel que **tiene** aire acondicionado. *identified/exists > indicative*	*We found a hotel that has air conditioning.*

■■■■ Práctica y comunicación

I. Un sondeo (*poll*) de la clase

Escuche las preguntas del profesor/de la profesora. Levante la mano para contestar afirmativamente. La clase cuenta las respuestas afirmativas para cada pregunta y escribe el total en la columna de la derecha.

En esta clase, ¿hay alguien. . .	*Número*
(a) . . .que sea de Vermont?	_____
(b) . . .que hable ruso?	_____
(c) . . .que sepa manejar un avión?	_____
(d) . . .que sepa tocar el violín?	_____
(e) . . .que sea vegetariano(a)?	_____
(f) . . .que tenga ocho hermanos?	_____
(g) . . .que fume?	_____
(h) . . .que tenga su cumpleaños este mes?	_____
(i) . . .que haya visitado México?	_____
(j) . . .que haya ganado la lotería?	_____
(k) . . .que haya dejado de fumar?	_____

"Remember: if the person or thing is indefinite or non-existent, use the subjunctive. If the person or thing is definite or known to exist, use the indicative."—*M. Wink, Angelo State University*

Ahora, en parejas, repasen los totales de cada pregunta. Hagan oraciones según el modelo.

MODELO **En esta clase, hay dos personas que son de Vermont.** (o)
 No hay nadie (ninguna persona) que sea de Vermont.

J. Preguntas personales

En parejas, hagan las preguntas y contéstenlas.

MODELO ¿Hay alguien en tu familia que. . .*saber* leer chino?
¿Hay alguien en tu familia que sepa leer chino?
Sí, mi tía sabe leer chino. (o) **No, no hay nadie en mi**
familia que sepa leer chino.

1. ¿Hay alguien en tu familia que. . .
   . . .*tener* más de ochenta años? (¿Quién?) *tenga*
   . . .*saber* tocar el piano? (¿Quién?) *sepa*
   . . .*tener* más de un millón de dólares? (¿Quién?)
   . . .se *haber* graduado de esta universidad? (¿Quién?) *haya*

2. ¿Conoces a algún estudiante que. . .
   . . .*haber* recibido la nota "D" en todas sus clases?
   . . .nunca *haber* estado en la biblioteca?
   . . .no *saber* manejar un coche con transmisión manual?
   . . .*haber* dejado de tomar bebidas alcohólicas?

3. ¿Tienes una clase que. . .
   . . .*ser* muy fácil? (¿Cuál?)
   . . .*ser* muy difícil? (¿Cuál?)
   . . .*ser* muy interesante? (¿Cuál?)
   . . .*ser* un poco aburrida? (¿Cuál?)
   . . .*tener* más de cien estudiantes? (¿Cuál?)
   . . .*tener* menos de diez estudiantes? (¿Cuál?)

K. Un mundo ideal

Divídanse en seis grupos. Cada grupo toma una oración y la completa con cinco o seis posibilidades diferentes. En cada grupo, un secretario o una secretaria escribe las oraciones. Al concluir, él o ella las comparte con la clase.

1. Queremos un(a) profesor(a) que. . . *tiene*

2. Necesitamos encontrar un(a) compañero(a) de cuarto/apartamento que. . .*tenga*

3. Nosotras (las mujeres de la clase) estamos buscando un hombre que. . . *sea interesante*

4. Nosotros (los hombres de la clase) estamos buscando una mujer que. . . *tenga*

5. Buscamos un lugar de vacaciones (que) (donde). . . *vaya*

6. Vamos a conseguir un trabajo o empleo (que) (donde). . .

L. Planes para una conferencia

Usted y el/la vice-presidente de su compañía están investigando sitios y hoteles donde puedan tener una gran conferencia en el futuro. Lean este anuncio del Hotel y Marina Miramar. Comparen las ventajas del hotel con su lista de requisitos para ver si es una buena opción. En parejas, completen el formulario que sigue.

MIRAMAR HOTEL & MARINA

El hotel más lujoso y espectacular de Panamá.

Donde se hospedará la excelencia!

- Ubicado en la Avenida Balboa, a orillas de la Bahía de Panamá, en plena área comercial, bancaria y financiera, cerca de los centros nocturnos, teatros y demás sitios de interés turístico.
- 185 Suites y lujosas habitaciones.
- Restaurante Gourmet.
- Pub.
- Snackbar.
- Salones para eventos.
- Exclusivo y elegante centro de negocios.
- Dos espectaculares piscinas.
- Cancha de tenis.
- Fitness Center.
- La más moderna Marina y Club de Yates para pesca y deportes acuáticos.

APERTURA Junio 1996

La compañía necesita un hotel que. . .

1.	. . .tenga más de 150 habitaciones.	¿Cuántas tiene? _____
2.	. . .esté en una ciudad grande.	¿Dónde está? _____
3.	. . .esté bien ubicado (*situated*).	¿Cerca de qué? _____
4.	. . .tenga espacio para reuniones, banquetes, etc.	¿Qué ofrecen? _____
5.	. . .ofrezca oportunidades para divertirse, hacer ejercicio, etc.	¿Qué ofrecen? _____

¿Creen ustedes que este hotel sea una buena opción? ¿Piensan ustedes hacer la reserva inmediatamente? ¿Por qué?

BIEN DICHO   Los números ordinales

primer(o)(a)	*first*	**sexto(a)**	*sixth*
segundo(a)	*second*	**séptimo(a)**	*seventh*
tercer(o)(a)	*third*	**octavo(a)**	*eighth*
cuarto(a)	*fourth*	**noveno(a)**	*ninth*
quinto(a)	*fifth*	**décimo(a)**	*tenth*

Note

Primero and **tercero** become **primer** and **tercer** before a masculine, singular noun.

El ascensor está en el **tercer** piso.   *The elevator is on the third floor.*

M. ¿Hay alguien aquí que pueda ayudarme?

Usted se está quedando en el Hotel Laguna Azul, un hotel muy grande. Va a la recepción para averiguar dónde se encuentran varios lugares en el hotel. En parejas, hagan las declaraciones y las preguntas que siguen. Contesten las preguntas según la información.

MODELO

HUÉSPED(A):   **Perdón, ¿hay alguien aquí que pueda ayudarme? Necesito cortarme el pelo. ¿En qué piso está la peluquería?**

RECEPCIONISTA: **La peluquería está en el primer piso.**

HOTEL LAGUNA AZUL
Guia para los huespedes

Servicios	Piso
Recepción	**Planta baja**
Restaurante	**2**
Bar	**2**
Piscina	**9**
Gimnasio	**9**
Sala de conferencias	**3, 7**
Balcón—vista panorámica	**10**
Peluquería	**5**
Boutique	**1**
Garaje	**Sótano**
Refrescos y hielo	**4, 6, 8**

Perdón, ¿hay alguien aquí que pueda ayudarme?. . .

1. Quiero hablar personalmente con el/la recepcionista. ¿Dónde está la recepción?

2. Quiero tomar una bebida y cenar. ¿En qué piso hay un bar? ¿y un restaurante?

3. Quiero nadar y hacer ejercicio. ¿En qué piso están la piscina y el gimnasio?

(continuado)

4. Quiero comprar un regalo para mi novio(a). ¿En qué piso está la boutique?

5. Quiero asistir a una reunión que da la compañía de mi padre. ¿En qué piso está la sala de conferencias?

6. Quiero unos refrescos y hielo para la habitación. ¿En qué pisos se encuentran las máquinas?

7. Quiero sacar fotos de la laguna y de la ciudad. ¿A qué piso voy?

8. Quiero buscar algo que está en el coche. ¿Dónde está el garaje?

NOTICIAS CULTURALES

ACOMODACIONES EN EL MUNDO HISPANO

¿Qué tipo de viajero es usted? ¿Un clásico turista de verano? ¿Un empresario o una empresaria° en viaje de negocios? ¿Un trotamundos°? Pues, el mundo hispano le ofrece acomodaciones ideales sea el viajero que sea.

businessman / woman / globe-trotter

En el mundo hispano hay cadenas° de hoteles lujosos, hostelerías, paradores° y pensiones (hoteles modestos). Para los empresarios o los turistas exigentes°, hay hoteles grandes como el Meliá o el Hilton en casi todas las grandes ciudades. Para los trotamundos o los viajeros menos exigentes hay hostelerías y pensiones que son más "caseras"° y económicas.

chains
inns
demanding

homey

Pero los hospedajes° más bellos y pintorescos del mundo hispano son los paradores nacionales o históricos. En Venezuela, por ejemplo, uno de estos paradores es *Los Frailes*, que era un monasterio en lo alto de los Andes. En España, algunos de los paradores nacionales son antiguos monasterios, castillos, conventos o palacios. *El Hostal Reyes Católicos* en Santiago de Compostela es un ejemplo de este tipo de hospedaje.

lodging

Hotel Los Frailes en los Andes, Venezuela

Una habitación en el Hostal Reyes Católicos. Santiago de Compostela, España

¿En cuál de estos hoteles históricos tiene usted interés en pasar algunas noches? ¿Por qué?

¿Cuánto sabemos?

1. ¿Qué tipo de viajero(a) es usted?
2. ¿Qué tipo de acomodaciones normalmente prefiere el empresario o la empresaria? ¿y el trotamundos?
3. ¿Qué tipo de acomodaciones son probablemente las más caras? ¿y las más económicas?
4. ¿Cuáles son dos ejemplos de paradores nacionales o históricos?
5. ¿Qué tipo de edificios se han convertido en paradores en España?
6. En los Estados Unidos, ¿qué tipo de acomodaciones prefiere usted?

Estructura

III. *Comparing people or things that have the same qualities or quantities:* **Comparaciones de igualdad**

The following constructions are used to make comparisons of equal quality and quantity.

> **tan** + quality (adjective or adverb) + **como** *as. . .as*

> **tanto(-a, -os, -as)** + quantity of things/persons (noun) + **como** = *as much (many). . .as*

Este hotel es **tan** bueno **como** ése.	*This hotel is **as** good **as** that one.*
Las playas allí son **tan** bonitas **como** las de Cancún.	*The beaches there are **as** pretty **as** those in Cancún.*
Ese hotel tiene **tantas** habitaciones **como** el Hilton.	*That hotel has **as many** rooms **as** the Hilton.*
Hay **tanta** gente allí en el invierno **como** en el verano.	*There are **as many** people there in the winter **as** in the summer.*

When equal actions are compared, **tanto como** is used.

> action compared + **tanto como** = *as much as*

Pagaron **tanto como** nosotros.   *They paid **as much as** we did.*

Note

Tanto (-a, -os, -as) has the additional meaning of *so much* or *so many*.

¡Tiene **tantas** maletas! *He has **so many** suitcases!*

███ Práctica y comunicación

N. Son muy similares

Haga comparaciones de igualdad, refiriéndose a los dibujos.

> MODELO **Octavio es tan inteligente como Javier.**

Octavio/Javier
inteligente

Javier/su hermano
alto

Camila/su hermana
delgada

el ogro/su amigo
gordo

Linda/Manuel
tener regalos

la profesora
Linares/Alfonso
tener galletas

Inés/Natalia
tener helado

Carmen/su amiga
reírse

Esteban/Pepita
comer

O. Mis compañeros o compañeras de clase y yo
Haga comparaciones de igualdad entre usted y otros(as) estudiantes de la clase. Incluya:

1. características personales (3 comparaciones) **Yo soy tan. . .**
2. cosas que tienen (2 comparaciones) **Yo tengo tanto/a/os/as. . .**
3. actividades en que participan (2 comparaciones) **Yo estudio**, etc. . .

Luego, presente sus comparaciones a la clase o a un(a) compañero(a).

Estructura

IV. *Comparing unequal qualities or quantities:*
Comparaciones de desigualdad y los superlativos

A. Las comparaciones de desigualdad
The following constructions are used to compare the qualities or quantities of persons or things that are not equal.

más (*more*)	
menos (*less*)	+ adjective/adverb/noun + **que** (*than*)

Esta playa es **más** limpia **que** ésa.	*This beach is cleaner than that one.*
Ella nada **más** rápidamente **que** él.	*She swims faster than he does.*
Hay **menos** personas en esta sección de la playa **que** en ésa.	*There are less people in this section of the beach than in that one.*

To compare unequal actions, use the following construction:

verb + **más/menos que**

Ella come **más que** tú.	*She eats more than you do.*

Note

Than is translated as **que** except before a number; in such a case, **de** is used.

Cobraron **más de** cien dólares.	*They charged more than one hundred dollars.*
Llegaron **menos de** mil turistas.	*Less than a thousand tourists arrived.*

Some Spanish adjectives and adverbs have irregular comparative forms. These forms do not use **más** or **menos**.

Adjective		Adverb		Comparative	
bueno(a)	*good*	**bien**	*well*	**mejor**	*better*
malo(a)	*bad*	**mal**	*badly*	**peor**	*worse*
joven	*young*			**menor**	*younger*
viejo(a)	*old*			**mayor**	*older* (age referring to a person)

El servicio en este hotel es **mejor que** en el otro.	*The service in this hotel is better than in the other one.*
El problema es que las habitaciones son **peores**.	*The problem is that the rooms are worse.*

B. Los superlativos

The superlative form of the adjective is used when, in making comparisons, persons or things are singled out as being the *most...*, *least...*, *best...*, or *worst...*
The superlative is formed by using:

> **el, la, los, las** + noun + **más/menos** + adjective + **de** (*in*)

Linda es **la estudiante más inteligente de** la clase.	*Linda is the most intelligent student in the class.*
Javier es **el jugador más alto del** equipo.	*Javier is the tallest player on the team.*

The superlative of the irregular comparatives **mejor/peor/mayor/menor** is formed by using:

> **el, la, los, las** + { **mejor(es)/peor(es)** / **mayor(es)/menor(es)** } + noun + **de** (*in*)

Linda y Natalia son **las mejores estudiantes de** la clase.	*Linda and Natalia are the best students in the class.*
Esteban era **el peor estudiante** pero ahora es uno de **los mejores**.	*Esteban was the worst student but now he is one of the best.*

Práctica y comunicación

P. ¿De acuerdo (*In agreement*)?

Indique si usted está de acuerdo con las siguientes declaraciones. Usen los comparativos regulares e irregulares.

MODELO El español es más difícil que el inglés.
  ¡Sí! El español es más difícil que el inglés. (o)
  ¡No! El español es menos difícil que el inglés.

1. Su profesor(a) de español es más simpático(a) que su profesor(a) de matemáticas. *menos*
2. Las mujeres son más inteligentes que los hombres. *menos*
3. Los hombres son menos perezosos que las mujeres. *más*
4. Los coches americanos son mejores que los japoneses. *peores*
5. Los coches Ford son peores que los Chevrolet. *mejores*
6. Con respecto a la economía, este año es peor que el año pasado. *mejor*
7. Los políticos de hoy son más honestos que los políticos de antes. *menos*
8. Jim Carrey es más divertido que Robin Williams. *menos*
9. Roseanne Barr es más exótica que Madonna.
10. El golf es más aburrido que el béisbol.
11. El dinero es más importante que el amor.

Q. ¡No son iguales!

Mire los dibujos y haga comparaciones usando los comparativos de desigualdad y los superlativos.

MODELO **El Hotel Mar es caro.**
El Hotel Rey es más caro que el Hotel Mar.
El Hotel Oro es el más caro de los tres.

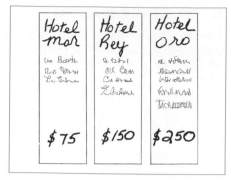

caro

mejor/peor

pequeño

alta

maleta/grande

R. ¿Cuál es el mejor?

La clase selecciona tres nombres famosos para cada una de las categorías que siguen. Después, hace comparaciones entre los tres usando los comparativos de igualdad y de desigualdad, y los superlativos.

MODELO coches

el Ford, el Honda, el Mercedes-Benz
El Ford es (mejor/peor) que el Honda. (o) **El Ford es tan bueno como el Honda.**

El Mercedes es (el mejor/el más caro) de los tres, etc.

1. revistas nacionales
2. películas recientes
3. programas de televisión
4. actores/actrices
5. hoteles en la ciudad
6. restaurantes en la ciudad
7. equipos de fútbol profesional
8. ¿otros?

S. Un anuncio comercial

En parejas, preparen un anuncio comercial para la televisión. El anuncio debe comparar dos productos. Usen los comparativos de igualdad, de desigualdad y los superlativos. Presenten los anuncios comerciales a la clase. ¿Quién presentó el mejor?

Estructura

V. *Talking about what might or would happen in certain circumstances:* El condicional

The conditional tells what *would* happen in certain circumstances. The conditional of all regular **-ar, -er,** or **-ir** verbs is formed by adding the following endings to the complete infinitive. Note that the conditional endings are identical to the imperfect tense endings of **-er** and **-ir** verbs.

infinitive + **-ía, -ías, -ía, -íamos, -íais, -ían**			
	llamar	*volver*	*ir*
yo	llamar**ía**	volver**ía**	ir**ía**
tú	llamar**ías**	volver**ías**	ir**ías**
usted, él, ella	llamar**ía**	volver**ía**	ir**ía**
nosotros(as)	llamar**íamos**	volver**íamos**	ir**íamos**
vosotros(as)	llamar**íais**	volver**íais**	ir**íais**
ustedes, ellos(as)	llamar**ían**	volver**ían**	ir**ían**

¿Te **quedarías** en ese hotel?   ***Would*** you ***stay*** at that hotel?
Yo **iría** a ése.   *I **would go** to that one.*

The following verbs add regular conditional endings to irregular stems (not to the complete infinitive).

Infinitive	Stem	Conditional Forms
hacer	**har-**	haría, harías, haría, haríamos, haríais, harían
decir	**dir-**	diría, dirías, . . .
poder	**podr-**	podría, podrías, . . .
poner	**pondr-**	pondría, pondrías, . . .
querer	**querr-**	querría, querrías, . . .
saber	**sabr-**	sabría, sabrías, . . .
salir	**saldr-**	saldría, saldrías, . . .
tener	**tendr-**	tendría, tendrías, . . .
venir	**vendr-**	vendría, vendrías, . . .

¿**Podrías** cenar con nosotros esta noche?

Would you be able to have dinner with us tonight?

Ella dijo que **haría** las reservaciones.

She said that she would make the reservations.

Note

The conditional of **hay** (*there is, there are*) is **habría** (*there would be*).

Dijo que no **habría** ningún problema.
He said that there would be no problem.

■ Práctica y comunicación

T. El Hotel al Revés

En su mundo de fantasía, usted decide crear un hotel muy diferente, el Hotel al Revés (*inside out, upside down*). Indique las cosas extrañas que occurrirían en su hotel. Siga el modelo.

MODELO el portero/*cerrar* todas las puertas con llave
El portero cerraría todas las puertas con llave.

1. los huéspedes/nunca *registrarse*   se registrarían
2. los huéspedes/*limpiar* los baños   limpiarían
3. los cocineros/*comerse* todos los postres   se comerían
4. el botones/*perder* todas las maletas   perdería
5. las criadas/*encender* la calefacción durante el verano   encenderían
6. las criadas/*tener* fiestas en las habitaciones   tendrían
7. las criadas/*hacer* las camas una vez por mes   harían
8. el recepcionista/*poner* pirañas y cocodrilos en la piscina   pondría
9. los huéspedes/*salir* por las ventanas   saldrían
10. . . .y nosotros/¡no *ir* a ese hotel!   iríamos

U. ¿Eres atrevido o atrevida (*daring*)?

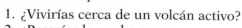

¿Lo harías o no? En parejas, háganse las preguntas y contesten con oraciones completas.

1. ¿Vivirías cerca de un volcán activo?
2. ¿Pasarías la noche en una casa encantada (*haunted*)? ¿Tendrías miedo de los fantasmas?
3. ¿Saldrías con el novio(a) de tu compañero(a) de cuarto?
4. ¿Vendrías a la clase sin zapatos?
5. ¿Le dirías una mentira (*lie*) pequeña a tu profesor(a)?

6. ¿Podrías hacer un salto "bungee"?
7. ¿Harías algo peligroso como saltar de un avión en un paracaídas (*parachute*)?
8. ¿Comerías carne de serpiente para sobrevivir en el desierto?

V. Personalmente

En grupos de tres, den varias respuestas a las siguientes preguntas.

1. ¿Qué harías con un millón de dólares?
2. ¿Qué harías por tu mejor amigo(a)?
3. ¿Qué NO harías por nada ni por nadie en el mundo?

En resumen

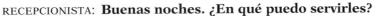

A. Conversando: En el hotel Mil Estrellas

La clase se divide en grupos de tres. Algunos grupos trabajan con la situación #1. Los otros, con #2. Cada grupo completa su diálogo de manera creativa.

Personajes: Aurora, Anselmo y el/la recepcionista.

Situación #1: **En la recepción, al llegar al hotel**
Aurora y Anselmo hacen un viaje. (Están de luna de miel). Han decidido que su viaje va a ser una aventura, como su amor. Por eso, no han reservado habitación en ningún hotel. Llegan al hotel Mil Estrellas y hablan con el/la recepcionista para averiguar si el hotel tiene todo lo que desean.

RECEPCIONISTA: **Buenas noches. ¿En qué puedo servirles?**
AURORA: **Estamos de luna de miel. Buscamos un hotel que. . .**
RECEPCIONISTA: **¡Felicitaciones! Pues, en este hotel. . .**
ANSELMO: **Deseamos una habitación que. . .**
. . .

Situación #2: En la recepción, media hora más tarde
Aurora y Anselmo están un poco desilusionados con el hotel. Su habitación, las condiciones del baño, etc. no son muy buenas. Hablan con el/la recepcionista para tratar de resolver los problemas.

AURORA: **Perdón, señor/señorita, pero tenemos algunos problemas con nuestra habitación.**
RECEPCIONISTA: **¿Sí? ¿Qué tipo de problemas?**
. . .

Al final, dos grupos pueden representar sus situaciones ante la clase.

B. De mi escritorio: Una tarjeta postal a mi mejor amigo(a).

Imagínese que usted está en el Perú (o en otro lugar de interés) y le escribe una tarjeta postal a su mejor amigo(a). Describa brevemente:

- dónde está y cómo es el hotel
- lo que vio o hizo la semana pasada
- su impresión del lugar (en comparación con otros)
- cuándo vuelve a los Estados Unidos

Los países andinos: el Perú, Bolivia y el Ecuador

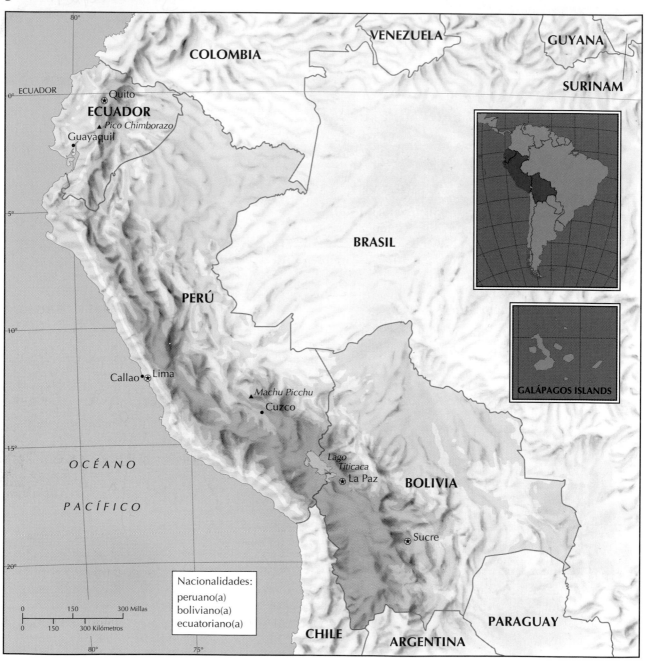

COLOMBIA

VENEZUELA

GUYANA

SURINAM

ECUADOR

⊛ Quito

ECUADOR

▲ *Pico Chimborazo*

Guayaquil

BRASIL

PERÚ

Callao • ⊛ Lima

▲ *Machu Picchu*
Cuzco

*Lago
Titicaca*
⊛ La Paz

BOLIVIA

OCÉANO

PACÍFICO

⊛ Sucre

GALÁPAGOS ISLANDS

Nacionalidades:
peruano(a)
boliviano(a)
ecuatoriano(a)

| 0 | 150 | 300 Millas |
| 0 | 150 | 300 Kilómetros |

CHILE

ARGENTINA

PARAGUAY

El Perú, el Ecuador y Bolivia son los tres países sudamericanos donde se situó el gran imperio inca, el cual cubría una extensión de tres mil millas. Estos países están en el corazón[1] de los Andes. Su vasta extensión cubre regiones de gran belleza: espectaculares picos nevados, impresionantes volcanes y el inmenso lago Titicaca, donde los incas se establecieron hace cientos de años.

¿Dónde construyeron los incas la famosa ciudad de Machu Picchu? ¿A qué altura? Machu Picchu, Perú

El gran imperio inca

El legado[2] inca es lo más importante de la historia de estos tres países. Cerca de Cuzco, Perú, a más de ocho mil pies de altura, los incas construyeron la antigua ciudad de Machu Picchu. Esta ciudad perdida por siglos, demuestra el conocimiento y los adelantos[3] de la civilización incaica que contaba con diez millones de habitantes cuando empezó la conquista.

Además de sus adelantos en la arquitectura, la ingeniería y la medicina, los incas dejaron a las nuevas generaciones el cultivo de la patata y el cuidado del ganado[4] de los Andes como las llamas, alpacas o vicuñas.

¿Quiénes construyeron estos antiguos muros de piedra (*walls of stone*) en Cuzco, Perú? Describa la escena.

¿Qué le impresiona a usted de esta escena de las montañas del Perú? Cordillera Blanca, Perú

---

[1]heart [2]legacy [3]advances [4]livestock

DICTADURAS GENEROSAS

Los emperadores incas eran dictadores benevolentes. Bajo su gobierno nadie podía tener hambre o estar sin ropa.

La población indígena de hoy es muy numerosa en los tres países. Los indígenas se distinguen claramente por llevar el traje típico de los indios andinos: sarapes, ponchos y sombreros, todos tejidos con la lana de llamas, vicuña y alpacas.

El Perú

En 1532 Francisco Pizarro y sus soldados llegaron al Perú y descubrieron ricas artesanías labradas por la mano de los incas. Los españoles empezaron a saquear las tumbas de los indígenas buscando oro. En este período establecieron un virreinato de España y Lima se convirtió en el foco colonial más importante de Sudamérica. Después de su independencia en 1824, la nueva nación peruana preservó muchas de las instituciones españolas y pronto se vio envuelta en conflictos internos y con sus países vecinos. Hoy el Perú es un país democrático que lucha por resolver sus problemas económicos y por detener la violencia guerrillera.

Perú es el tercer país más grande de Sudamérica. Este país cuenta con tres zonas geográficas: la costa al Pacífico que es en su mayoría árida, la región andina con montañas muy elevadas, y la selva amazónica al este. La región más dinámica del Perú es la zona costera, donde se encuentra su capital Lima y su puerto principal, el Callao. Lima es una ciudad fascinante en la que se encuentra una de las colecciones más valiosas de arte y arquitectura colonial. La influencia indígena es muy marcada en el Perú. Las dos lenguas oficiales son el español y el quechua, idioma indígena.

Bolivia

El nombre de este país es un homenaje a Simón Bolívar, el héroe sudamericano de las luchas de independencia.

Bolivia fue parte del Perú durante casi toda la época colonial. Sus minas de plata cerca de la ciudad de Potosí fueron la atracción principal de los españoles. ¡En tiempos coloniales, Potosí era la ciudad más poblada del Nuevo Mundo!

Bolivia obtuvo su independencia en 1825, pero poco después, Bolivia se vio envuelta en varias guerras con sus países vecinos. En una guerra con Chile perdió su única salida al mar. Hoy Bolivia no tiene costas, pero los bolivianos no pierden las esperanzas de recuperar su acceso al mar.

En Bolivia hay dos zonas geográficas principales: los Andes bolivianos pasan por el oeste del país, mientras que al este del país están las tierras bajas. La gran mayoría de los bolivianos viven en la región andina.

¿Cómo cruzan estos indios bolivianos el Lago Titicaca? Bolivia

¿Por qué no hay evidencia de vegetación en La Paz, Bolivia? ¿A qué altura está situada la ciudad?

Describa usted la Plaza de Independencia de Quito, Ecuador.

En esta zona, el lago Titicaca, a 12.506 pies de altura, todavía hoy es un misterio para los científicos. Aquí se estableció originalmente la civilización inca. Situado en la frontera entre Bolivia y el Perú, en la zona del altiplano, este lago navegable de 122 millas de extensión es un recurso natural de gran belleza y es el origen de muchas leyendas indias. ¿Sabe usted que el Titicaca es el lago más grande de Sudamérica y el lago navegable más alto del mundo?

Sucre es la capital oficial de Bolivia, pero La Paz es el centro administrativo, sede[5] del

gobierno y también famosa por ser la ciudad capital más alta del mundo (altitud de 12.725 pies).

El Ecuador

El nombre de este país se lo da el hecho de que por el norte de Quito, su capital, pasa la línea ecuatorial terrestre. El Ecuador es un país de grandes contrastes geográficos. Si vamos desde la costa en el oeste, donde el clima es cálido, hacia el este donde está la región andina, encontramos un clima seco y frío. Más hacia el este está la zona amazónica, donde el clima es caluroso y húmedo.

El Ecuador cuenta con bellas playas que dan al Pacífico, volcanes espectaculares cubiertos de nieve, y la exuberante vegetación y fauna de la selva. Las islas Galápagos, a 960 millas de la costa occidental

---

[5] *seat*

¿Tiene usted interés en subir al volcán El Chimborazo, el pico más alto del Ecuador? ¿Por qué?

¿Tiene usted interés en navegar por este río de la selva amazónica ecuatoriana? ¿Por qué?

Una iguana tomando el sol en una de las islas Galápagos. ¿Por qué sería fascinante visitar las islas Galápagos? ¿Dónde están situadas?

ecuatoriana, son un verdadero tesoro ecológico, donde coexisten especies de reptiles, aves y plantas que sólo pueden verse allí.

Quito, la capital, es una ciudad antigua y moderna de gran belleza. Por esta razón muchos la llaman "la cara de Dios[6]". Esta ciudad está situada en un valle andino y contempla desde su altura horizontes increíblemente bellos. En la parte más antigua de la ciudad hay docenas de iglesias en las que se puede apreciar el arte y la arquitectura coloniales.

Guayaquil, la ciudad más grande y dinámica del Ecuador, es su puerto principal de donde se exportan los productos del país: frutas, petróleo y minerales.

_____

[6]God

SUPER TORTUGAS

Las tortugas de Galápagos, Ecuador, pueden vivir un año sin comer y pueden pesar (*weigh*) 500 libras y vivir por 100 años.

¡QUÉ DELICIOSO!

En la zona amazónica del Ecuador se comen termitas y hormigas (*ants*). ¡Los nutricionistas aseguran que contienen mucha proteína!

¡A ver cuándo aprendimos!

Seleccione el país correcto:
(a) Bolivia (b) el Perú (c) el Ecuador

1. _____ Este país no tiene costas.
2. _____ Las Islas Galápagos forman parte de este país.
3. _____ En este país está el lago Titicaca.
4. _____ Francisco Pizarro y sus soldados llegaron a este país.
5. _____ Este país tiene dos capitales.
6. _____ En este país está Machu Picchu
7. _____ Mucha gente le llama a la capital de este país "la cara de Dios".

Actividad

Divídanse en parejas. Seleccionen una categoría y busquen las frases que mejor describan el período o el país indicado:

1. el gran imperio Inca
2. el Perú
3. Bolivia
4. el Ecuador.

Ahora, algunas parejas presentan sus frases a la clase. Las otras parejas escuchan y luego identifican el período o el país.

REPASO DE VOCABULARIO ACTIVO

Expresiones útiles

bienvenido(a)
felicitaciones

Sustantivos

En el hotel y en la habitación

el aire acondicionado *aire con.*
la almohada *pillow*
el ascensor
el baño privado *bathroom*
la calefacción *heater*
la cama doble *double bed*
la cama individual *single bed*
la cobija

la habitación doble *double room*
la habitación sencilla
la luna de miel
la llamada
la llave *key*
la manta
el mensaje
la piscina *pool*

la planta
la planta baja
el recado
la recepción
la sábana
el servicio de cuarto *room service*
el teléfono *phone*

Las personas en el hotel

el botones *bellboy*
la criada *housekeeping*

el huésped *guest*
la huéspeda *guest*

el portero *doorman*
el/la recepcionista *recp.*

Verbos

dejar
to leave behind

quedarse
to checkout

registrarse
to register

AUTOPRUEBA Y REPASO #12

I. Palabras afirmativas y negativas

Conteste con oraciones negativas.

MODELO ¿Hay algunos hoteles buenos en esta ciudad?
No, no hay ningún hotel bueno. (o) **No, no hay ninguno.**

1. ¿Ha recibido el recepcionista algún recado para nosotros?
2. ¿Salieron del hotel algunas de las criadas?
3. ¿Han pagado los huéspedes la cuenta del restaurante o el servicio de cuartos?
4. Este hotel no tiene ni aire acondicionado ni calefacción. ¿Tiene habitaciones con baño privado?

II. El subjuntivo—con referencia a lo que es indefinido o inexistente

A. Usted está en el aeropuerto hablando con los representantes de dos hoteles famosos. Usted les dice qué tipo de habitación busca. Un(a) representante responde que no tiene lo que usted busca y el (la) otro(a) responde que sí. Escriba las tres oraciones según el modelo.

MODELO tener vista al mar
USTED: **Busco una habitación que tenga vista al mar.**
REP. #1: **No tenemos ninguna habitación que tenga vista al mar.**

(continuado)

REP. #2: **Sí, tenemos una habitación que tiene vista al mar.**

1. estar cerca de la piscina
2. ser muy grande
3. tener baño privado
4. no costar mucho

B. Usted está en un hotel y pide varias cosas. Escriba oraciones con las palabras indicadas.

MODELO necesitar una habitación/no costar mucho
Necesito una habitación que no cueste mucho.

1. necesitar una habitación/estar en la planta baja
2. preferir un cuarto/tener camas individuales
3. querer un baño/ser más grande
4. necesitar una llave/abrir el mini-bar

III. Las comparaciones de igualdad

Haga comparaciones de igualdad según los modelos.

MODELO la clase de inglés/la clase de español (difícil)
La clase de inglés es tan difícil como la clase de español.

1. los hombres/las mujeres (inteligentes)
2. mis tíos/mis abuelos (generosos)
3. mi hermana/mi hermano (simpática)

MODELO los Gutiérrez/los Gómez (hijas)
Los Gutiérrez tienen tantas hijas como los Gómez.

4. los Gutiérrez/los Gómez (dinero)
5. los Gutiérrez/los Gómez (coches)
6. los Gutiérrez/los Gómez (ropa)

IV. Las comparaciones de desigualdad y los superlativos

Haga comparaciones de desigualdad según el modelo.

MODELO Rodolfo es simpático.
(Felipe) **Felipe es más simpático que Rodolfo.**
(Alberto) **Alberto es el más simpático de los tres.**

1. El Hotel Tres Estrellas es económico. (el Hotel Dos Estrellas) (el Hotel Una Estrella)
2. La piscina en el Hotel Luna es grande. (en el Hotel Sol) (en el Hotel Mar)
3. El restaurante El Jardín es bueno. (el restaurante El Patio) (el restaurante El Capitán)
4. El servicio en el Hotel Ritz es malo. (en el Hotel Playa Linda) (en el Hotel Buen Descanso)

V. El condicional

Diga lo que las personas harían con un millón de dólares.

MODELO Carlos/comprar una casa
Carlos compraría una casa.

1. yo/viajar a muchos países
2. Pepe/poner el dinero en el banco
3. Tú/darles dinero a los pobres
4. Vosotros/gastar todo el dinero
5. Nosotros/hacer un viaje a la Patagonia
6. Mis amigas/ir a Chile a esquiar

VI. Repaso general del Capítulo 12

Conteste en oraciones completas.

1. ¿Es usted tan generoso(a) como sus amigos(as)? ¿Quién es la persona más generosa de su grupo de amigos(as)?
2. ¿Tiene usted tantas clases como su compañero(a) de cuarto? ¿Son tan difíciles como las de él/ella?
3. En su clase, ¿quién es el/la estudiante más inteligente?
4. ¿Cuál de sus clases es la más difícil? ¿Cuál es la más interesante?
5. Usted es el/la presidente(a) de una compañía. ¿Qué tipo de empleados busca usted?
6. Usted y su nuevo(a) esposo(a) quieren ir a un hotel de lujo para su luna de miel. ¿Qué quieren que tenga el hotel?
7. ¿Qué harían usted y sus amigos durante una semana de vacaciones?

RINCÓN LITERARIO

LA AMÉRICA DEL SUR—EL PERÚ

"Masa"
de César Vallejo

César Vallejo (1892–1938) es un famoso escritor peruano.
Los temas típicos de Vallejo son la vida y la muerte, el destino,
y la compasión por los pobres. En el poema "Masa",
Vallejo nos da una visión optimista de la sociedad.

Reading Strategies

*Quickly skim each stanza several times. First, highlight in each stanza
the expressions of love and concern for the dying man. Second, focus on
the numerical progression of those expressing that concern.*

Al fin de la batalla,
y muerto el combatiente, vino hacia él un hombre
y le dijo: "¡No mueras, te amo tanto!"
Pero el cadáver ¡ay! siguió muriendo.

Se le acercaron° dos y repitiéronle:
"¡No nos dejes! ¡Valor!° ¡Vuelve a la vida!"
Pero el cadáver ¡ay! siguió muriendo.

approached
courage

came to his aid

surrounded
plea

got up
began

Acudieron° a él veinte, cien, mil, quinientos mil,
clamando: "¡Tanto amor y no poder nada contra la muerte!"
Pero el cadáver ¡ay! siguió muriendo.

Le rodearon° millones de individuos,
con un ruego° común: "¡Quédate hermano!"
Pero el cadáver ¡ay! siguió muriendo.

Entonces todos los hombres de la tierra
le rodearon; les vio el cadáver triste, emocionado;
incorporóse° lentamente,
abrazó al primer hombre; echóse a° andar. . .

1. ¿Cuándo encontraron al combatiente muerto?
2. Al principio, ¿cuántos hombres lo rodearon? ¿y al final?
3. ¿Cómo se sintió el cadáver cuando vio a todos los hombres? ¿Qué hizo?
4. Al final del episodio, ¿triunfó la muerte o triunfó el amor?
5. ¿Por qué se llama el poema "Masa"?
6. ¿Es el tono del poema optimista o pesimista? ¿Por qué?
7. ¿Cuál es el mensaje (*message*) del poema?

CAPÍTULO 13

El mundo de hoy

Goals for communication

- To talk about problems relevant to today's society and world
- To react to past actions or events
- To pose hypothetical situations
- To express hope or uncertainty

Cultural focus

- University student involvement in social and political issues
- Countries of the Southern Cone—Chile, Argentina, Uruguay, Paraguay

Structures

- I. El imperfecto de subjuntivo
- II. El pluscuamperfecto de subjuntivo
- III. Cláusulas con **si**
- IV. El subjuntivo con **ojalá**

A veces una capa de contaminación cubre la belleza de Santiago, capital de Chile.

1. EL MEDIO AMBIENTE

2. la contaminación
3. la fábrica
PROHIBIDO NADAR
4. contaminar
5. NO DESPERDICIAR
6. conservar
7. reciclar
ALUMINIO · PLÁSTICO · PAPEL
8. la capa de ozono
9. destruir
10. la destrucción
11. el planeta
12. plantar
13. la desforestación
14. proteger
15. protestar

CAPÍTULO 13   El mundo de hoy

1. environment   2. contamination, pollution   3. factory   4. to contaminate   5. to waste   6. to save   7. to recycle
8. ozone layer   9. to destroy   10. destruction   11. planet   12. to plant   13. deforestation   14. to protect   15. to protest

16.

17. REFUGIO EL AMOR
COMIDA ALOJAMIENTO

18. sufrir

21. la pobreza

22. la solución

23. resolver (ue)

24. el voluntario

9. el hambre

20. la persona sin hogar

29. las drogas

28. el tabaco

25. proponer

27. el alcohol

26. prevenir

PROYECTO HÁBITAT

30. construir

31. el crimen

35. atacar

32. el criminal

36. la violencia

33. robar

34. la víctima

37. el peligro

38. peligroso(a)

39. AGENCIA DE EMPLEO

40. el desempleo

16. problem   17. society   18. to suffer   19. hunger   20. homeless person   21. poverty   22. solution   23. to resolve   24. volunteer (la **voluntaria**, *f.*)   25. to propose   26. to prevent   27. alcohol   28. tobacco   29. drugs   30. to construct   31. crime   32. criminal   33. to rob, steal   34. victim   35. to attack   36. violence   37. danger   38. dangerous   39. employment   40. unemployment

A. El mundo de hoy

Conteste las siguientes preguntas según los dibujos en las páginas 420–421.

El medio ambiente. . .

1. ¿Por qué está prohibido nadar en el río? ¿Qué cosas están causando la contaminación del aire?

2. ¿Qué destruyen[1] los gases producidos por el aire acondicionado, etc.?

3. ¿Qué está causando los problemas de erosión y la destrucción del hábitat de los animales?

4. ¿Qué productos reciclan Esteban, Inés y Octavio? ¿Qué productos recicla usted? Además de la electricidad, ¿qué NO debemos desperdiciar?

5. ¿Qué están haciendo los jóvenes con los árboles pequeños? ¿Por qué es bueno que lo hagan?

6. ¿Qué está tratando de hacer el joven con los brazos extendidos?

Los problemas de la sociedad. . .

7. ¿De qué sufre el niño? ¿Por qué está el hombre durmiendo en la caja de cartón (*cardboard box*)?

8. Según los dibujos, ¿cómo se puede resolver (en parte) el problema de las personas que sufren de hambre? ¿y de las personas sin hogar?

9. ¿Qué buscan las personas que hablan con la señorita en la agencia? ¿Cuál es una de las causas más grandes de la pobreza?

10. ¿Cuáles son algunos de los productos que causan drogadicción? ¿Qué propone[2] Pepita con respecto a la drogadicción?

11. ¿Qué ha hecho el criminal? ¿Por qué es peligrosa la situación en la calle?

B. Preguntas para conversar

En parejas, contesten las preguntas. Den sus opiniones personales.

El medio ambiente. . .

1. ¿Qué productos reciclas? ¿Hay en esta universidad un movimiento a favor del reciclaje?

2. En tu opinión, ¿cómo podemos conservar nuestros recursos (*resources*) naturales y el medio ambiente?

3. Donde tú vives, ¿hay una fábrica o compañía que contamine el aire y/o el agua? (¿Cuál es?) (¿Protestan las personas que viven cerca de ella?)

4. ¿Crees tú que este planeta esté en gran peligro? (¿A causa de qué?)

---

[1]**Destruir** like **construir** changes the **i** to **y** in all forms of the present tense except **nosotros** and **vosotros** (destruyo, destruyes, destruye, destruímos, destruís, destruyen). In the preterit, the **i** changes to **y** only in the third person singular and plural forms (destruyó, destruyeron).

[2]**Proponer** follows all changes found in **poner** (yo **propongo**, yo **propuse**, etc.). In like manner, **prevenir** (chapter-opener drawing vocabulary) follows all changes found in **venir**.

La sociedad. . .

5. Donde tú vives, ¿hay personas que sufran de hambre o de pobreza? Explica. ¿de desempleo? ¿Hay mucho crimen? Explica.

6. ¿En qué partes de los Estados Unidos hay muchas personas sin hogar? En tu opinión, ¿por qué hay tantas personas sin hogar en este país?

7. En la ciudad o en el área donde vive tu familia, ¿hay problemas con las drogas? Explica. ¿Crees que hay un problema con las drogas en esta universidad? Explica. ¿Hay un problema con el alcoholismo? Explica.

NO DESTRUYA NUESTROS BOSQUES

En la opinión de algunos científicos, ¿qué va a pasar si seguimos destruyendo nuestros bosques?

el **gobierno**	*government*
la **ley**	*law*
los **derechos humanos**	*human rights*
la **discriminación**	*discrimination*
el **prejuicio**	*prejudice*
la **enfermedad/**la **cura**	*sickness/cure*
el **SIDA**	*AIDS*
el **cáncer**	*cancer*
el **aborto**	*abortion*
la **vida/**la **muerte**	*life/death*
la **paz/**la **guerra**	*peace/war*
luchar (por)	*to fight (for)*
apoyar	*to support* (cause)
eliminar	*to eliminate*
escoger[3]	*to choose*
enseñar	*to teach, show*
matar	*to kill*
votar	*to vote*
a causa de	*because of*
estar a favor de/en contra de	*to be in favor of/against*

Recicle... ¡ Es la Ley!

Ayude a reducir la basura de Nueva York. Reduzca, Reuse, Recicle.

¿Cree usted que debemos tener más leyes para tratar de reducir la basura en nuestra sociedad? ¿Por qué?

---

[3]**Escoger**, like **proteger** (chapter-opener drawing vocabulary), changes the **g** to **j** in the **yo** form of the present tense, and consequently, in all forms of the present subjunctive (yo pro**tejo**, . . .que yo pro**teja**, que tú pro**tejas**, . . .).

C. Un sondeo de la clase

- ¿Están ustedes a favor de o en contra de las ideas y causas incluídas en el formulario?

	a favor de	en contra de
1. gastar mucho más para encontrar una cura para el SIDA	_____	_____
2. gastar mucho más para ayudar a las personas sin hogar	_____	_____
3. gastar mucho más para la exploración del espacio	_____	_____
4. bajar la edad en que se permite tomar bebidas alcohólicas	_____	_____
5. eliminar la edad en que se permite tomar bebidas alcohólicas	_____	_____
6. subir la edad en que se permite conducir un coche	_____	_____
7. legalizar la marijuana	_____	_____
8. enseñarles a los niños el peligro de las drogas	_____	_____
9. la pena de muerte para los que matan a otras personas	_____	_____
10. el derecho de la mujer a escoger el aborto	_____	_____
11. el derecho a llevar armas muy peligrosas	_____	_____
12. más leyes para la protección del medio ambiente	_____	_____

- En cada categoría, ¿cómo votó la mayoría de la clase? ¿En qué categorías hay mucha diferencia de opinión? En su opinión, ¿es la clase más conservadora que liberal? ¿más liberal que conservadora?

D. Organizaciones

¿Qué causas apoyan las organizaciones de la columna A? Escoja la descripción correcta en la columna B.

A: *Organización*

1. Hábitat para la Humanidad
2. Asociación Americana para el Cáncer
3. Amnistía Internacional
4. SPCA
5. UNICEF
6. Green Peace
7. Ejército de Salvación (*Salvation Army*)
8. La Cruz Roja

B: *Causa*(s)

a. Apoya los derechos humanos en todo el mundo, especialmente los de los prisioneros políticos.
b. Protege los mares, los animales en peligro de extinción, el medio ambiente, etc.
c. Ayuda a los que sufren catástrofes naturales, guerra, etc.
d. Construye casas para las personas sin hogar.
e. Ayuda a los pobres, a las personas sin hogar, a los alcohólicos, etc.
f. Apoya los derechos de los animales.
g. Investiga curas para una enfermedad muy seria.
h. Apoya los derechos de los niños en todo el mundo.

E. ¿Qué opina usted?

En grupos de tres, completen las oraciones de una manera creativa. Piensen en varias posibilidades para cada oración.

1. A causa del prejuicio en el mundo, . . .
2. A causa del desempleo, . . .
3. A causa de la desforestación, . . .
4. A causa de la contaminación del agua, . . .
5. A causa de la destrucción de la capa de ozono, . . .
6. A causa de las guerras, . . .
7. A causa de los conflictos entre los liberales y los conservadores en nuestro gobierno. . .

F. El delfín

En grupos de tres, lean la propaganda que sigue y contesten las preguntas.

- ¿Cuáles son los dos peces mencionados en la propaganda?
- En la propaganda, ¿por qué es importante el programa DOLPHIN SAFE?
- ¿Qué garantiza Atún SPLASH?
- ¿Conoce usted compañías estadounidenses que den la misma garantía? ¿Compra usted sólo las marcas que dan esta garantía?

Conversación

El medio ambiente

En la cafetería de una universidad hispana.

CAMILA: ¡Hola! ¿Qué hay de nuevo?

RUBÉN: ¿Qué tal, Camila? ¿Has oído las noticias de esta mañana?

CAMILA: No. ¿Qué pasa?

NATALIA: Un barco que cargaba petróleo chocó con otro barco y ahora las costas del norte de California están contaminadas.

CAMILA: ¡Qué lástima!

RUBÉN: A veces nosotros mismos somos los peores enemigos de la naturaleza.

CAMILA: ¿Nosotros mismos?

NATALIA: Sí, Camila. Si no hacemos nada para proteger el medio ambiente es como ayudar a destruirlo.

CAMILA: ¿Qué podemos hacer?

RUBÉN: Podemos empezar por reciclar el plástico, el papel y el aluminio.

NATALIA: También podemos conservar el agua y no desperdiciar la energía.

CAMILA: Me molesta mucho que las industrias en esta ciudad sigan destruyendo los recursos naturales. ¿Creen que sería una buena idea mandarle una carta al periódico?

RUBÉN: Me parece una excelente idea, pero antes, ¡debes dejar de fumar porque estás contribuyendo a la contaminación del aire!

CAMILA: ¡Ay! No sé; a veces pienso que hablo demasiado.

Describa las escenas que usted ve en estas fotos. ¿Qué se debe hacer para conservar regiones como éstas?

¿Qué pasa?

1. ¿De qué noticias hablan los estudiantes?
2. ¿Qué pueden hacer los estudiantes para ayudar a proteger el medio ambiente?
3. ¿Qué recomienda Camila que hagan para evitar que las industrias en su ciudad sigan destruyendo los recursos naturales?
4. ¿Qué debe hacer Camila para no contribuir a la contaminación del aire?

Estructura

I. *Reacting to past actions or events:* **El imperfecto de subjuntivo**

You have studied many different concepts and uses of the subjunctive and practiced the present subjunctive (relating actions that take place in the present or in the future) and the present perfect subjunctive (relating actions and events that have taken place in the immediate past).

PRESENT SUBJUNCTIVE:
Espero que **ayuden** a los pobres.

I hope that they (will) help the poor.

PRESENT PERFECT SUBJUNCTIVE:
Me alegro de que los **hayan ayudado**.

I am glad that they have helped them.

The above examples reflect a commonly used sequence of tenses:

main clause	secondary clause
present tense	present subjunctive (or) present perfect subjunctive

The imperfect (past) subjunctive is used in the same kinds of situations as the present subjunctive, but relates actions or events that took place in the past. When the verb in the main clause is in a past tense, the imperfect subjunctive is used in the secondary clause.

main clause	secondary clause
past tense (most commonly preterit or imperfect)	imperfect subjunctive

El presidente nos **pidió** que **recicláramos** todos los periódicos.

(past)   (imperfect subjunctive)

The president asked us to recycle all newspapers.

Esperaban que me **quedara** en casa.

(past)   (imperfect subjunctive)

They were hoping that I would stay at home.

The imperfect subjunctive of **-ar, -er**, or **-ir** verbs is formed by using the **ellos** form of the preterit tense indicative minus the **-ron** and adding the following endings. The imperfect subjunctive thus automatically reflects all irregularities of the preterit.

1. **ellos** form of the preterit indicative: **apoyaron, escogieron, sufrieron**, etc.
2. minus **-ron**
3. plus endings **-ra, -ras, -ra, -ramos, -rais, ran**[4]

	-ar verbs **apoyar:** *apoyaron*	**-er** verbs **escoger:** *escogieron*	**-ir** verbs **sufrir:** *sufrieron*
yo	apoya**ra**	escogie**ra**	sufrie**ra**
tú	apoya**ras**	escogie**ras**	sufrie**ras**
usted, él, ella	apoya**ra**	escogie**ra**	sufrie**ra**
nosotros(as)	apoyá**ramos**	escogié**ramos**	sufrié**ramos**
vosotros(as)	apoya**rais**	escogie**rais**	sufrie**rais**
ustedes, ellos(as)	apoya**ran**	escogie**ran**	sufrie**ran**

---

[4]The imperfect subjunctive is also formed with an alternate set of endings: **-se, -ses, -se, -semos, -seis, -sen**. These forms are frequently seen in reading selections.

Otros verbos:

dormir: durmieron > **durmiera, durmieras**, etc.
pedir: pidieron > **pidiera, pidieras**, etc.
ir/ser: fueron > **fuera, fueras**, etc.
tener: tuvieron > **tuviera, tuvieras**, etc.
estar: estuvieron > **estuviera, estuvieras**, etc.
construir: construyeron > **construyera, construyeras**, etc.

Note

Hubiera is the imperfect subjunctive form of **había** (*there was, there were*).

Sentía que **hubiera** tanta pobreza en el mundo.
*I was sorry that **there was** so much poverty in the world.*

Práctica y comunicación

G. Voluntarios

Diga lo que las personas indicadas hicieron en las siguientes situaciones. Use el imperfecto de subjuntivo.

En la casa de ancianos (*elderly*)

1. Durante mi primer año en la universidad algunos amigos míos me pidieron que **yo**. . .

. . .*ir* con ellos a una casa de ancianos
. . .*ayudar* a los ancianos
. . .*pasar* tiempo con ellos

. . .*leerles* periódicos
. . .*llevarles* regalos
. . .*volver* a visitarlos frecuentemente

En un orfanato (*orphanage*)

2. En nuestro trabajo de verano, en un orfanato situado en Asunción, Paraguay, los niños querían que **nosotros**. . .

. . .*jugar* con ellos
. . .*hacerles* galletas
. . .*llevarles* regalos

. . .*enseñarles* inglés
. . .*contarles* cuentos
. . .*abrazarlos* mucho

En un refugio para las personas sin hogar

3. Algunos miembros del "Cuerpo de Paz" buscaban voluntarios que pudieran ayudarles en el refugio. Querían que **algunos voluntarios**. . .

. . .*recoger* ropa para el refugio
. . .*ir* al refugio los sábados
. . .*preparar* la comida

. . .*poner* las mesas
. . .*servir* la comida
. . .*limpiar* la cocina

H. La misión de Natalia en los Andes

Natalia trabajaba de voluntaria en un hospital en el Perú. Una amiga le dijo que Los Nevados, un pueblo remoto situado en los Andes, necesitaba medicina. Decidió ir al pueblo para llevar medicina. ¿Qué le recomendó su amiga?

MODELO Le recomendó que. . .

Le recomendó que llevara una mochila y comida.

Le recomendó que . . .

llevar

despertarse. . .

ponerse. . .

escoger la ruta. . .

subir. . .despacio

cruzar. . .con cuidado

tomar mucha. . .
comer. . .

darle la
medicina. . .

despedirse. . .
volver ese mismo día

I.   Hablando de mi vida personal

Trabajando en parejas, describan su vida durante los períodos indicados. Completen las oraciones para indicar las cosas que hacían en esos períodos. Tomen turnos.

1. Cuando tenía diez años,
    (a) yo esperaba que mis padres. . .
    (b) quería que mis hermanos(as). . .

2. Cuando estaba en la escuela secundaria,
    (a) yo buscaba un(a) novio(a) que. . .
    (b) mis padres querían que yo. . .
    (c) mis maestros recomendaban que yo. . .

3. Cuando salí para la universidad,
   (a) yo temía que mi nuevo compañero(a) de cuarto. . .
   (b) yo esperaba que los profesores. . .
   (c) yo esperaba que los otros estudiantes. . .

Estructura

II. *Expressing reactions to past events:* El pluscuamperfecto de subjuntivo

The pluperfect subjunctive (past perfect subjunctive) is used in the same kinds of situations as the present perfect subjunctive but expresses reactions to events that *had occurred* prior to another past event.

Contrast the uses of the present perfect subjunctive and pluperfect subjunctive in the following sample sentences.

Siento que ella **se haya ido**.　　*I am sorry that she **has gone**.*
Sentía que ella **se hubiera ido**.　　*I was sorry that she **had gone**.*

The pluperfect subjunctive is formed by using the imperfect subjunctive of **haber** plus the past participle.

hacer *to do, make*	
El jefe dudaba que. . .	*The boss doubted that. . .*
(yo) lo **hubiera hecho**.	*I had done it.*
(tú) lo **hubieras hecho**.	*you had done it.*
(usted, él, ella) lo **hubiera hecho**.	*she, etc. had done it.*
(nosotros/as) lo **hubiéramos hecho**.	*we had done it.*
(vosotros/as) lo **hubierais hecho**.	*you had done it.*
(ustedes, ellos/as) lo **hubieran hecho**.	*they, etc. had done it.*

Práctica y comunicación

J. ¡Se alegró mucho!
Nuestra tía Sonia se alegró mucho de que hubiéramos hecho las siguientes cosas.

> MODELO *plantar* esos árboles (nosotros)
> **Se alegró de que hubiéramos plantado esos árboles.**

1. *trabajar* de voluntarios(as) en un hospital (nosotros)
2. *construir* una casa para *Hábitat para la Humanidad* (nosotros)
3. *reciclar* los periódicos (tú)
4. *recoger* ropa para el refugio (tú)
5. *visitar* a los pacientes en el hospital (mis amigas)
6. *dejar* regalos para los niños (mis amigos)
7. *donar* sangre (yo)
8. *comprar* comida para las personas sin hogar (yo)

K. Mis reacciones
Ayer usted leyó los siguientes titulares en el periódico. Diga qué reacción tuvo al leer cada titular. Use el pasado perfecto de subjuntivo.

> MODELO ¡Los astronautas llegaron al planeta Venus!
> Me alegré de que. . .
> **Me alegré de que los astronautas hubieran llegado al planeta Venus.**

Posibles reacciones: **Me alegré de que. . . Lamenté que. . . Fue una tragedia que. . . Fue una lástima que. . .**

1. ¡La policía encontró al narcotraficante!
2. ¡Se escaparon dos prisioneros!
3. ¡Destruyeron cien millones de metros cuadrados en el bosque tropical del Amazonas!
4. ¡El petróleo contaminó el río Tibes!
5. ¡Firmaron el acuerdo de paz!
6. ¡Decidieron a favor del desarme!
7. ¡Las personas sin hogar sufrieron en el frío!
8. ¡Actores apoyaron la causa para prevenir y curar el SIDA!
9. ¡La famosa Victoria murió de cáncer!

MANIFESTACIONES° ESTUDIANTILES

demonstrations

En los países hispanos, los jóvenes (y sobre todo los estudiantes universitarios) participan activamente en la vida política del país. Las universidades hispanas muchas veces son centros de estudio y también focos° de actividad política. Por ejemplo, no es extraño encontrar a grupos de estudiantes en una manifestación callejera° protestando contra las injusticias sociales, los gobiernos represivos o la contaminación ambiental. Otras veces los estudiantes protestan dentro de la universidad contra las condiciones educativas o contra el aumento en el costo de la matrícula.

focal points
street

Para los estudiantes del mundo hispano, la expresión política es parte de la experiencia cotidiana°. Es una forma de educarse y de participar activamente en la vida de la sociedad.

daily

Estos jóvenes chilenos protestan contra el gobierno de Pinochet. ¿Ha participado usted en alguna manifestación? ¿Contra qué?

¿Cuánto sabemos?
1. En los países hispanos, ¿en qué lugares hay mucha actividad política?
2. En las universidades hispanas ¿contra qué protestan los estudiantes?
3. ¿Ha participado usted en alguna protesta estudiantil? ¿Contra qué protestaba?
4. ¿Contra qué protestarían los estudiantes en una universidad americana como la suya?

Estructura

III. _Posing hypothetical situations:_ Cláusulas con si

The past subjunctive may be used to pose what would happen in a situation that is very hypothetical, contrary-to-fact, or very unlikely to occur. The hypothetical situation is always introduced by the **si** (_if_) clause. The conditional is used to express the result, i.e., what _would occur_ as a consequence.

(hypothetical situation)   (result/outcome)

Si **ganara** la loteria, les **donaría** $10,000 a los pobres.
If I were to win the lottery, I would donate $10,000 to the poor.

(result/outcome)   (situation contrary to fact)

Participaría en la manifestación si **viviera** en Washington.
I would participate in the demonstration if I lived in Washington.

si + imperfect subjunctive + conditional

or

conditional + **si** + imperfect subjunctive

When an _if_ clause poses a situation that is likely to occur, i.e., not obviously contrary-to-fact, the present indicative is used.

Si nos **piden** ayuda, **vamos a ayudar**.
If they ask us for help, we'll help.

STUDY HINT

Review the conditional tense presented in Chapter 12 (pp. 407–408).

Práctica y comunicación

L. Tu punto de vista—¿Lo harías o no?
Trabajando en parejas, háganse las preguntas y contesten según su punto de vista.

1. Si hubiera una manifestación en Washington contra la discriminación sexual, ¿participarías o no? ¿Por qué?

2. Si hubiera una manifestación en la universidad que propusiera eliminar las "fraternidades" y "sororidades", ¿participarías o no? ¿y en una manifestación que propusiera eliminar los exámenes finales?

3. Si un candidato político o una candidata política apoyara el aborto, ¿votarías por él/ella o no?

4. Si un partido político decidiera apoyar a una compañía grande e ignorar el medio ambiente, ¿lo apoyarías o no?

5. Si ahora hubiera una guerra como la de Vietnam, ¿lucharías o no?

6. Si el presidente de la universidad recomendara fines de semana de tres días, ¿estarías a favor de la idea o no?

7. Si todos tus amigos decidieran robar una tienda, ¿lo harías o no?

M. Fantasías
En parejas, expresen lo que ustedes harían si estuvieran en los lugares indicados. Den varias actividades.

> MODELO Si estuviéramos en Panamá. . .
> **. . .visitaríamos el canal**, etc.

1. Si estuviéramos en España. . .

2. Si estuviéramos en México. . .

3. Si estuviéramos en Puerto Rico. . .

4. Si estuviéramos en el Perú. . .

N. Emociones
Exprese la posible causa de sus sentimientos.

1. Estaría muy triste si. . .

2. Estaría muy preocupado(a) si. . .

3. Estaría muy enojado(a) si. . .

4. Estaría muy sorprendido(a) (*surprised*) si. . .

5. Estaría muy contento(a) si. . .

O. La imaginación

Mire los dibujos e indique lo que usted haría en esas circunstancias. Sea creativo(a).

MODELO **Si estuviera en la selva, observaría la naturaleza, me escaparía de las serpientes, exploraría el río**, etc.

Si *estar*. . .

Si *ser*. . .

Si *ser*. . .

Si *vivir*. . .

Si *vivir* en una casa encantada. . .

Si *estar* en la prisión. . .

Si *ver* un extraterrestre. . .

Si *ser*. . .

Si *ser* invisible. . .

P. Una cadena (*chain*) de posibilidades

La clase se divide en siete grupos. Cada grupo toma uno de los siguientes temas. En cinco minutos cada grupo debe construir una cadena larguísima (muy, muy larga) según el modelo. Después lean sus "creaciones" a la clase.

MODELO Si tuviera mil dólares. . .

Si tuviera mil dólares, haría un viaje.
Si hiciera un viaje, iría a México.
Si fuera a México, comería muchas tortillas.
Si comiera muchas tortillas, . . . etc.

1. Si tuviera un coche nuevo. . .
2. Si tuviera tiempo. . .
3. Si tuviera un novio (una novia) muy especial. . .
4. Si no estuviera aquí. . .
5. Si pudiera hablar japonés. . .
6. Si viviera en un castillo (*castle*). . .
7. Si me quedara sólo un año de vida. . .

Estructura

IV. *Expressing hopes, both real and unreal:* **El subjuntivo con ojalá**

Ojalá que no destruyan nuestro bosque.

Ojalá. . . or **ojalá que. . .** (I *hope that/wish that/if only*) translates literally as "May Allah (God) grant . . .". The expression was introduced into the Spanish language during the Arab occupation of Spain (711–1492 A.D.). **Ojalá** or **ojalá que** is followed by the subjunctive. When used with the present subjunctive, **ojalá** and **ojalá que** indicate that there is a good possibility the situation will occur.

PRESENT SUBJUNCTIVE:
Ojalá (que) mi candidato **gane** la elección. *I hope that my candidate wins the election*.

When used with the imperfect subjunctive, **ojalá (que)** indicates that the situation is not likely to occur or is impossible.

IMPERFECT SUBJUNCTIVE:
Ojalá (que) pudiéramos   *I wish we could take the trip to*
hacer el viaje a Washington.   *Washington*. (but we can't)

■■■ Práctica y comunicación

Q. Ojalá que los políticos. . .
Indique lo que usted espera que los políticos hagan en el futuro. Use **ojalá (que)**.

MODELO ¿Van a eliminar las escuelas rurales?
Ojalá (que) (no) eliminen las escuelas rurales.

1. ¿Van a proponer más leyes?
2. ¿Van a subir los impuestos (*taxes*)?
3. ¿Van a reducir el déficit fiscal?
4. ¿Van a apoyar a las compañías que practican discriminación?
5. ¿Van a olvidarse de las minorías?

(*continuado*)

6. ¿Van a ser honestos?
7. ¿Van a escucharnos?
8. ¿Van a controlar el consumo de tabaco entre los jóvenes?

R. Sueños (*Dreams*) imposibles

En parejas, completen las siguientes oraciones en forma escrita. Usen el imperfecto de subjuntivo para indicar que las acciones son improbables.

MODELO Ojalá que mi novio(a). . .
¡Ojalá que mi novio(a) pudiera estar aquí conmigo ahora!

1. Ojalá que mi novio(a). . .
2. Ojalá que mis amigos(as) y yo. . .
3. Ojalá que mi profesor(a) de español. . .
4. Ojalá que los políticos. . .

Ahora, compartan sus oraciones más originales con la clase.

En resumen

A. Conversando: Los representantes del Congreso

Reúnanse en grupos de 4 o 5 estudiantes. Imagínense que son representantes en el Congreso de los Estados Unidos.

1. Primero, decidan cuáles son los dos problemas más serios de la sociedad de hoy.
2. Luego, hablen de cómo resolverían ustedes estos problemas.

Algunos grupos pueden presentar sus ideas ante la clase.

B. De mi escritorio: Una carta a mi representante en el Congreso

Escríbale una carta a su representante en el Congreso de los Estados Unidos.

(fecha)

Estimado(a) Representante (*nombre*):

Incluya lo siguiente:
1. Una lista de sus preocupaciones con respecto al mundo de hoy;
2. Indicaciones de cómo la situación en nuestro país **podría** ser mejor **si** el Congreso de los Estados Unidos **hiciera** algo para mejorar los problemas.
3. Lo que usted espera que el Congreso haga (**Ojalá que**. . .)

Atentamente, (su *firma*)
. . .

Los países del Cono Sur: Chile, la Argentina, el Uruguay y el Paraguay

PERÚ

BOLIVIA

BRASIL

0   150   300 Millas
0   150   300 Kilómetros

Desierto de Atacama

PARAGUAY

Concepción

Asunción

CHILE

San Miguel de Tucumán

OCÉANO

Río Paraná

PACÍFICO

Córdoba

Lago Rincón del Bonete

Valparaíso

Pico Aconcagua

Santiago

Buenos Aires

URUGUAY

La Plata

Montevideo

OCÉANO

ARGENTINA

Concepción

ATLÁNTICO

DE LOS ANDES

CORDILLERA

ANDES DE PATAGONIA

ISLAS MALVINAS

Nacionalidades:
chileno(a)
argentino(a)
uruguayo(a)
paraguayo(a)

La gran cordillera de los Andes es la frontera natural entre Chile y la Argentina. Estos dos países, junto con el Uruguay y el Paraguay, forman el llamado "Cono Sur" del continente sudamericano.

Chile

Los indios araucanos combatieron ferozmente contra los españoles cuando éstos llegaron a Chile. El conflicto, que duró hasta el siglo XIX, terminó con la conquista definitiva por parte de los españoles. En 1541 Pedro de Valdivia estableció la primera colonia española en Santiago. La independencia de España se obtuvo en 1818 gracias a los famosos generales José de San Martín y Bernardo O'Higgins.

Chile siempre ha contado con una tradición demócrata. En 1970 eligieron al primer socialista del continente, Salvador Allende, pero los militares reaccionaron con un golpe de estado[1]. Augusto Pinochet estableció una dictadura militar desde 1973 a 1989 cuando las elecciones libres fueron de nuevo restituidas.

Chile es una franja[2] de tierra que se extiende desde los Andes hasta el Océano Pacífico.

---

[1]coup d'etat [2]strip [3]take pleasure in

El país tiene 2.880 millas de longitud y solamente 265 millas de anchura. Chile es un lugar de hermosas playas, con centros urbanos donde los visitantes pueden deleitarse con[3] las comidas, los vinos, los bailes y las atracciones más variadas.

¡Usted puede esquiar en el mar por la mañana y por la tarde esquiar en la nieve!

En Chile hay tres regiones principales: la zona árida al norte, donde se encuentra el desierto de Atacama; los picos andinos, siempre cubiertos de

Desierto Atacama, norte de Chile. ¿Por qué no vive nadie aquí?

¿Ha visto usted alguna vez un glaciar? ¿Dónde? ¿Le gustaría visitar esta región? ¿Por qué? Parque Nacional Torres del Paine

¿Por qué le gustaría explorar esta región de Chile? Parque Nacional Torres de Paine, Chile

¡AGUA, AGUA!
En Atacama, Chile, nunca se ha reportado lluvia. Es el lugar más seco del mundo.

nieve, que en el sur del país se transforma en hielo de los glaciares; y el centro, una zona fértil de clima moderado donde vive la mayoría de la población. Ésta es un área de gran prosperidad donde se encuentra la capital, Santiago, el corazón político y cultural del país.

La economía chilena se basa en la exportación de metales, como el cobre, el hierro, y en la exportación de productos alimenticios como frutas, patatas, maíz y pescado. Los Estados Unidos importan una gran cantidad de frutas chilenas, sobre todo durante el invierno (puesto que en Chile es verano y este es el tiempo de cosecha[4]).

---

[4]harvest

¡AY MAMACITA!
La señora Leantina Albina de San Antonio, Chile, tuvo su hijo número 55 en 1981. ¡Por supuesto, tuvo varios gemelos y trillizos (*twins and triplets*).

La Argentina

En el siglo XVI varios exploradores, entre ellos Magallanes, llegaron a la Argentina y en 1536 se fundó Buenos Aires, que tuvo que ser abandonada por los ataques persistentes de los indios. Buenos Aires se fundó otra vez en 1580. La independencia de España se consiguió en 1816

¿Cuántas gradas (*tiers*) hay en el espectacular Teatro Colón de Buenos Aires? Argentina

gracias a los héroes nacionales José de San Martín y Manuel Belgrano.

Después de una serie de dictaduras militares, la Argentina ha conseguido, durante los ochenta, establecer un sistema democrático. Hoy, los presidentes argentinos son elegidos por el pueblo.

Separada de Chile por los Andes, la Argentina es uno de los países más grandes de Sudamérica. Los Andes se extienden a lo largo del oeste del país y es aquí donde está el

Estos gauchos están marcando (*branding*) la vaca. ¿Por qué sería difícil la vida de un gaucho?

¿Por qué es famoso el Pico Aconcagua? Argentina

Las cataratas espectaculares de Iguazú están en la frontera entre la Argentina, el Brasil y el Paraguay. ¿Prefiere usted visitarlas en avión o en canoa?

La Argentina es autosuficiente en petróleo. La ganadería y la agricultura ocupan, sin embargo, el lugar principal de su comercio.

A diferencia de otros países de Latinoamérica, el 95% de los argentinos son descendientes de europeos.

pico más alto de Sudamérica, el Aconcagua, de 22.835 pies de altura. Hay varias regiones distintas en el país. Al norte se encuentran las planicies[5] del río Paraná, donde está la selva; al sur se encuentra La Patagonia, una llanura[6] donde se produce petróleo. Finalmente, en la zona central del país, encontramos la pampa, una gran llanura que se dedica en su mayoría a la ganadería[7]. La pampa es el terreno del famoso y legendario gaucho[8] argentino, mitad mito[9], mitad realidad—el hombre solitario que no quiere atarse[10] a nadie ni a nada.

A pesar de la extensión de la Argentina, la vida argentina gira[11] alrededor de su capital, Buenos Aires, llamada "el París de las Américas". Las artes y el comercio son los principales pilares del ambiente bonaerense.[12]

El Uruguay

La colonia del Uruguay fue fundada en 1624 por los españoles. El Uruguay se unió a la Argentina para declarar su independencia de España en 1810, pero decidió separarse de esta alianza en 1814. En 1820 el Brasil invadió Montevideo y el Uruguay no fue libre hasta 1828. Después de varios movimientos revolucionarios, los uruguayos empezaron al principio del siglo XX una serie de reformas que llevaron al Uruguay a ser una de las naciones más prósperas y estables del continente. Pero más tarde, cuando el país atravesaba[13] una crisis económica, las insurgencias de los Tupamaros, una guerrilla, trajeron la dictadura militar. Pero, en los últimos años, ha habido en el Uruguay una

[13]*was going through*

vuelta a las reformas democráticas.

Esta república es el país más pequeño de Sudamérica y está situado entre los dos países más grandes de Sudamérica, el Brasil y la Argentina. La mitad de la población vive en Montevideo, la bella capital que tiene costas al Atlántico. Al norte están las llanuras y al sur se encuentra la planicie, conocida como la Banda Oriental.

La economía del Uruguay se basa en la agricultura y la ganadería, que, junto con la industria pesquera y la manufactura de productos derivados del ganado (lana, cuero, carne), constituyen la base del comercio del país.

---

[5]*flatlands, plains*   [6]*plain*   [7]*livestock*
[8]*cowboy*   [9]*myth*   [10]*to be tied*   [11]*revolves*
[12]*of Buenos Aires*

¿Cree usted que muchos turistas van a Montevideo? ¿Por qué? El Uruguay

¿Quiénes construyeron estas misiones en Paraguay?
Trinidad, Paraguay

¿Qué tipo de energía se produce aquí? Itapua, frontera
entre el Paraguay y el Brasil

El Paraguay

Los jesuitas llegaron al Paraguay en el siglo XVI y construyeron fortificaciones para proteger a los indios guaraníes de los ataques de otras tribus y de los traficantes de esclavos[14] portugueses y españoles. Los paraguayos conservan con orgullo[15] su legado indígena. Existen en Paraguay dos lenguas principales, el español y el guaraní. El guaraní es la primera lengua y es la lengua en que se hacen las transacciones bancarias.

La capital de Paraguay, Asunción, es la ciudad más moderna del país, aunque todavía hoy se ven tranvías[16] amarillos que se consideran una antigüedad. El gobierno de Paraguay fue por unos 30 años una dictadura. Pero después de la dictadura, el país empezó un proceso democrático que promete[17] traer nuevas reformas sociales y políticas.

Junto con Bolivia, el

Paraguay se encuentra en el corazón de Sudamérica y no tiene salida al océano. El río Paraguay divide el país. Cerca del 95% de la población vive al este de este río. La zona del oeste del río se llama Gran

Chaco y se caracteriza por sus extensas planicies que terminan al pie de los Andes.

Hoy en día el Paraguay está a la cabeza en la producción de energía hidroeléctrica.

¡A ver cuánto aprendimos!

Seleccione el país correcto: a) Chile, b) la Argentina, c) el Uruguay, d) el Paraguay
1. _____ Su capital se llama "el París de las Américas".
2. _____ Se hablan dos idiomas principales.
3. _____ La industria hidroeléctrica es muy importante.
4. _____ Se puede esquiar en el mar y en las montañas en el mismo día.
5. _____ No tiene costas.
6. _____ Su capital tiene costas sobre el Atlántico.
7. _____ Allí se encuentra la pampa, terreno del legendario gaucho.
8. _____ Exporta una gran cantidad de frutas.
9. _____ Es el país más pequeño de Sudamérica.

Actividad

Divídanse en parejas. Seleccionen un país y busquen las frases que mejor describan su historia, geografía, economía, etc.
1. Chile
2. la Argentina
3. el Uruguay
4. el Paraguay
Ahora, algunas parejas presentan sus frases a la clase. Las otras parejas escuchan y luego identifican el país.

---

[14]slave traffickers [15]pride [16]trolley cars
[17]promises

REPASO DE VOCABULARIO ACTIVO

Adjetivos

peligroso(a)

Palabras y expresiones útiles

a causa de   si

Sustantivos

el medio ambiente	la contaminación	la fábrica
la capa de ozono	la desforestación	el planeta

La política y la sociedad

el derecho	el empleo	la ley
el desempleo	el gobierno	la paz
la destrucción	la guerra	el voluntario/la voluntaria

Los problemas humanos

el aborto	la droga	el SIDA
el alcohol	la enfermedad	la persona sin hogar
el cáncer	el hambre	el tabaco
el crimen	la muerte	la víctima
el criminal	el peligro	la vida
la cura	la pobreza	la violencia
la discriminación	el prejuicio	

Verbos y expresiones verbales

apoyar	escoger	reciclar
conservar	luchar (por)	resolver (ue)
construir	matar	robar
contaminar	plantar	sufrir
desperdiciar	prevenir (ie)	votar (por)
destruir	proponer	estar en contra de
eliminar	proteger	estar a favor de
enseñar	protestar	

AUTOPRUEBA Y REPASO #13

I. El imperfecto de subjuntivo
Indique los deseos de las personas. Conteste las preguntas con la información que sigue.

MODELO ¿Qué querías? mi amigo/no apoyar esa causa
Quería que mi amigo no apoyara esa causa.

1. ¿Qué querías?
   mi amigo/ser más conservador
   mi amigo/encontrar empleo
   mi amigo/resolver sus problemas

2. ¿Qué esperaban los padres?
   los hijos/no sufrir discriminación
   los hijos/no tener prejuicios
   los hijos/no ir a la guerra

3. ¿Qué sugería tu compañero(a) de cuarto?
   tú/escuchar las noticias
   tú/participar en las elecciones
   tú/votar por el mejor candidato

4. ¿Qué recomendaba la profesora de biología?
   nosotros/reciclar muchas cosas
   nosotros/no desperdiciar el agua
   nosotros/no contaminar el río

II. El pluscuamperfecto de subjuntivo
¿De qué se alegraron los líderes del Club Medio Ambiente? Conteste usando la información que sigue. Use el pluscuamperfecto de subjuntivo.

MODELO no desperdiciar el agua/nosotros
Se alegraron de que no hubiéramos desperdiciado el agua.

1. no contaminar el lago/nosotros **Se alegraron de que. . .**
2. ayudar a conservar el bosque/los estudiantes
3. plantar más árboles/tú
4. reciclar el papel y el aluminio/yo
5. decidir asociarse al club/mi amiga

III. Cláusulas con si y ojalá
A. Haga oraciones indicando la condición (**si**. . .) y el resultado.

MODELO poder encontrar un trabajo/ganar dinero
Si pudiera encontrar un trabajo, ganaría dinero.

1. ganar dinero/ahorrarlo
2. ahorrarlo/tener mucho dinero
3. tener mucho dinero/comprar un coche
4. comprar un coche/hacer un viaje
5. hacer un viaje/ir a México
6. ir a México/quedarme allí dos meses
7. quedarme allí dos meses/perder mi trabajo
8. perder mi trabajo/no tener dinero

B. Indique sus deseos fuertes en las siguientes situaciones. Use la expresión **ojalá** y el imperfecto de subjuntivo.

MODELO Mi padre es muy conservador.
Ojalá (que) no fuera tan conservador.

1. El medio ambiente está muy contaminado.
2. Hay mucho desempleo en esta ciudad.
3. Tenemos guerras en el mundo hoy.
4. Muchas personas sufren del SIDA y del cáncer.

IV. Repaso general del Capítulo 13
Conteste con oraciones completas.

1. En su opinión, ¿qué deben hacer las industrias para conservar el medio ambiente?
2. ¿Está usted a favor o en contra de la legalización de las drogas? ¿Por qué?
3. ¿Cuáles son algunos problemas serios en nuestra nación hoy?
4. Cuando usted estaba en la escuela secundaria, ¿qué esperaba que sus amigos(as) hicieran o no hicieran?
5. Si usted pudiera cambiar una cosa en nuestro mundo, ¿qué cambiaría? ¿Por qué?

RINCÓN LITERARIO

LA AMÉRICA DEL SUR—LA ARGENTINA

"Apocalipsis"
de Marco Denevi

Marco Denevi (1922–), escritor argentino, está considerado como uno de los mejores cuentistas de Hispanoamérica. Algunos de sus cuentos presentan temas clásicos de la ciencia-ficción con un punto de vista y un final original y sorprendente. El cuento que sigue, "Apocalipsis", es un ejemplo de esto.

Reading Strategies

Quickly skim the entire selection, noting that the first line gives the apparent conclusion to the story. However, review the story again (1) highlighting the specific words and phrases that insinuate changes which lead you as the reader to anticipate a surprise ending, and (2) looking for the line that indicates who is doing the narrating.

happened
reached
it was enough to push

amber-colored

swallows
pins

La extinción de la raza de los hombres se sitúa aproximadamente a fines del siglo XXXI. La cosa sucedió° así: las máquinas habían alcanzado° tal perfección que los hombres no necesitaban comer, ni dormir, ni leer, ni escribir, ni siquiera pensar. Les bastaba apretar° botones y las máquinas lo hacían todo por ellos.

Gradualmente fueron desapareciendo las mesas, los teléfonos, los Leonardo da Vinci, las rosas té°, las tiendas de antigüedades, los discos con las nueve sinfonías de Beethoven, el vino de Burdeos, las golondrinas°, los cuadros de Salvador Dalí, los relojes, los sellos postales, los alfileres°, el Museo del Prado, la sopa de cebolla, los transatlánticos°, las pirámides de Egipto, las Obras Completas de don Benito Pérez Galdós.[1] Sólo había máquinas.

Después los hombres empezaron a notar que ellos mismos iban desapareciendo paulatinamente° y que en cambio las máquinas se multiplicaban. Bastó poco tiempo para que el número de hombres se quedase reducido a la mitad y el de las máquinas aumentase° al doble y luego al décuplo°. Las máquinas terminaron por ocupar todo el espacio disponible°. Nadie podía dar un paso, hacer un simple ademán° sin tropezarse° con una de ellas. Finalmente los hombres se extinguieron.

Como el último se olvidó de desconectar las máquinas, desde entonces seguimos funcionando.

ocean liners

gradually

increase
ten times
available
gesture / bumping

1. ¿Cuándo ocurrió la extinción de la raza de los hombres?
2. ¿Por qué no tenían que trabajar los hombres?
3. ¿Cuáles son algunas cosas que empezaron a desaparecer poco a poco?
4. Cuando las máquinas empezaron a multiplicarse, ¿qué notaron los hombres?
5. Finalmente, ¿quiénes se extinguieron y quiénes siguieron funcionando?
6. En su opinión, ¿cree usted que las máquinas y la tecnología tienen demasiada influencia en la vida contemporánea? Cree usted que no dependemos lo suficiente del contacto personal? ¿Por qué?

---

[1]Benito Pérez Galdós is a famous Spanish novelist of the nineteenth century.

CAPÍTULO 14

La comunicación, la tecnología y el mundo de los negocios

Goals for communication

- To become familiar with terms related to office technology
- To make telephone calls
- To simulate a job interview
- To write simple business letters
- To talk about what will happen and pending actions
- To express conditions and purpose
- To review—present, past, and future

Cultural focus

- The Internet and technology in Hispanic countries

Structures

I. El futuro
II. El subjuntivo—conjunciones temporales
III. El subjuntivo—conjunciones de condición y de finalidad
IV. Las cartas de negocios
V. Resumen—el presente, el pasado, el futuro

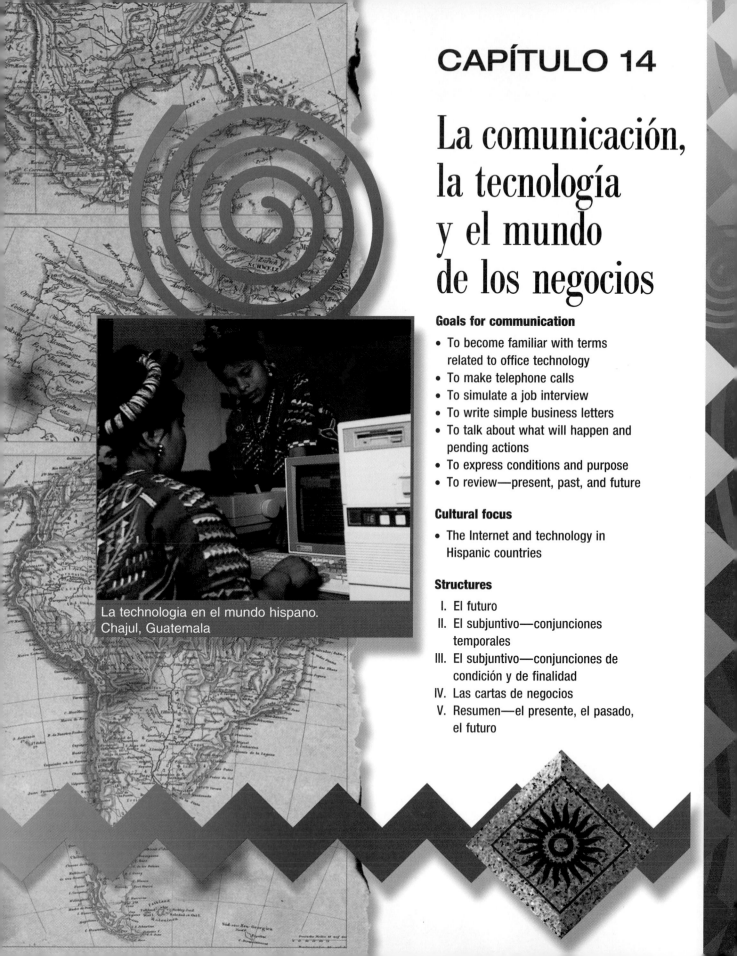

La technologia en el mundo hispano.
Chajul, Guatemala

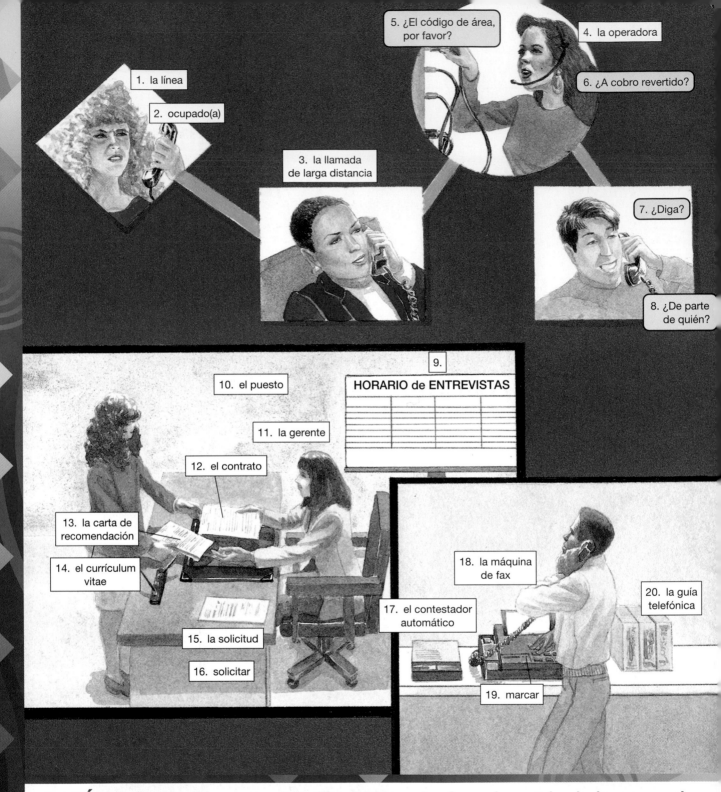

CAPÍTULO 14 La comunicación, la tecnología y el mundo de los negocios

1. line 2. busy 3. long distance call 4. operator (el **operador**, m.) 5. area code 6. collect call 7. hello (phone) (also **aló, dígame**) 8. Who shall I say is calling? 9. interview 10. position (job) 11. manager (el **gerente**, m.) 12. contract 13. letter of recommendation 14. resumé 15. application 16. to apply (job), request 17. answering machine 18. fax machine 19. to dial 20. phone book

21. la empresa, la compañía

AT & E

22. la fotocopiadora

23. las fotocopias

24. la jefa

25. LA PRODUCCIÓN
26. LA INVERSIÓN

1997
1995

27. producir

28. invertir (ie, i)

29. tener éxito

30. LOS CLIENTES

31. los empleados

32. la computadora

33. el correo electrónico

34. la pantalla

35. la calculadora

36. el disco

37. imprimir

38. la impresora

39. el archivo

40. archivar

21. company 22. photocopier 23. photocopies 24. boss (el **jefe**, *m*.) 25. production 26. investment 27. to produce 28. to invest 29. to be successful 30. clients 31. employees 32. computer 33. E-mail 34. screen 35. calculator 36. disk 37. to print 38. printer 39. filing cabinet, file 40. to file

■■■ Práctica y comunicación

A. La comunicación, la tecnología y el mundo de los negocios
Conteste las preguntas según los dibujos en las páginas 452–453.

1. Camila está tratando de hacer una llamada. ¿Por qué se pone impaciente?
2. ¿Qué tipo de llamada está haciendo Linda? ¿Qué información le pide la operadora a Linda?
3. Octavio está hablando por teléfono. ¿Qué dice al contestar el teléfono? ¿Es la llamada para él?
4. Según el horario, ¿tiene la gerente muchas entrevistas?
5. Carmen solicita un puesto. ¿Qué dos cosas trae ella a la entrevista? ¿Qué otros documentos hay en el escritorio de la gerente?
6. Javier quiere hacer una llamada. ¿Qué está haciendo en este momento? ¿Qué cosas tiene en el escritorio?
7. Miren por la ventana grande. ¿Qué es AT&E?
8. ¿Funciona bien la fotocopiadora? ¿Cuál es la responsabilidad de Esteban?
9. La jefa comparte información con los empleados. ¿De qué habla? ¿Tiene éxito su empresa? ¿Cómo lo sabe?
10. Alfonso está contento con sus máquinas. ¿Qué tiene en la mano? ¿Qué máquinas hay en su escritorio? En este momento, ¿está imprimiendo la impresora?
11. Pepita tiene muchos papeles en la mano. ¿Qué está tratando de hacer?

B. Preguntas personales
En parejas, háganse las preguntas y contéstenlas.

1. ¿Haces muchas llamadas de larga distancia? (¿A quién?)
2. ¿Quién te llama con mucha frecuencia?
3. ¿Tienes un contestador automático? ¿Cuál es la ventaja principal de esta máquina?
4. ¿A veces haces llamadas a cobro revertido? (¿Por qué?) (¿A quién?)
5. ¿Quién paga tu cuenta de teléfono?
6. ¿De cuánto fue la cuenta de teléfono más alta que has recibido?
7. ¿Has buscado empleo recientemente? ¿Tuviste una entrevista? ¿Te pusiste nervioso(a)?
8. ¿Vas a trabajar el verano próximo? ¿Has empezado a completar solicitudes de empleo?
9. Al buscar trabajo después de graduarte, ¿a quiénes les pedirás cartas de recomendación? ¿Ya tienes un currículum vitae?
10. ¿Has invertido dinero en algo? (¿En qué?) ¿Conoces a alguien que haya invertido mucho dinero en la bolsa (*stock market*)? (¿Quién?)
11. En el futuro, ¿piensas trabajar en el mundo de los negocios? ¿ser gerente? ¿ser jefe/jefa?

12. ¿Te gustan los aparatos electrónicos? ¿Tienes computadora? (¿Quién te enseñó a usarla?) ¿Usas el correo electrónico? (¿Para comunicarte con quién?) ¿Tiene tu familia una máquina de fax en casa?

C. Programas de información

Usted y su amigo(a) hablan de las ventajas de la Enciclopedia Interactiva Santillana y de cómo este programa puede ayudarles en sus estudios.

- Primero, lean la propaganda rápidamente.
- Luego, en parejas, indiquen por lo menos seis razones y/o ventajas por comprar este programa de información. (Tomen turnos.)

(continuado)

Preguntas de comprensión

1. ¿Cuál de las "ventajas" tiene mayor importancia para ustedes?
2. ¿Cómo les podría ayudar este programa en sus estudios universitarios?
3. Si ustedes tuvieran la oportunidad de crear un nuevo programa de información para los estudiantes universitarios, ¿qué áreas de información incluirían? (Mencionen cuatro o cinco.)

D. ¡Nos encanta hablar por teléfono!
1. Dos compañeros(as) de clase hablan por teléfono.

- Primero, uno(a) averigua cuál es la tarea para la clase de español.
- Luego, los/las dos hablan de sus planes para este fin de semana.

2. Ahora, uno(a) de ustedes es el operador o la operadora, y el otro/la otra es un(a) cliente que necesita ayuda. El/La cliente llama al operador o a la operadora.

- Le dice que el número que está tratando de marcar está ocupado y que usted tiene una emergencia.
- Más tarde, le dice que quiere hacer una llamada de larga distancia a cobro revertido a su madre/padre/hermano(a), etc. en los Estados Unidos.

BIEN DICHO Solicitando empleo

la **meta**	*goal*
la **experiencia**	*experience*
la **competencia**	*competition*
la **responsabilidad**	*responsibility*
el **aumento**	*increase*
el **sueldo, el salario**	*salary*
el **seguro médico**	*health insurance*
el **seguro de vida**	*life insurance*

E. Preparándose para una entrevista importante

Imagínense que ustedes se están preparando para una entrevista con el/la gerente de una empresa muy grande. Su profesor(a) les ha recomendado que anticipen (1) las preguntas que el/la gerente tal vez les haga, y (2) las preguntas que ustedes van a querer hacer.

En parejas, escriban dos listas de preguntas con cinco o seis preguntas en cada lista.

MODELO

GERENTE: **¿Cuáles son sus metas profesionales para los próximos cinco años?** etc.

ASPIRANTE: **Si recibiera el puesto, ¿qué responsabilidades tendría?**

Conversación

Una entrevista de trabajo

Carmen va a una entrevista de trabajo en una compañía de telecomunicaciones muy importante.

SECRETARIA: Señorita Carmen Meléndez, puede pasar a ver al señor Castañeda

CARMEN: (*nerviosa*) Gracias.

(*En la oficina del señor Castañeda.*)

CARMEN: Buenos días.

CASTAÑEDA: Buenos días, señorita. . .

CARMEN: Meléndez, Carmen Meléndez.

CASTAÑEDA: ¡Ah sí!, aquí tengo su currículum vitae. Siéntese, por favor. ¿Por qué le gustaría trabajar aquí?

CARMEN: Bueno, porque siempre me ha interesado mucho trabajar con computadoras. El campo de la tecnología me parece fascinante.

CASTAÑEDA: (*leyendo el currículum vitae*) Veo, veo. Aquí leo que usted está estudiando programación.

CARMEN: Sí, el próximo semestre me graduaré y podré trabajar tiempo completo.

CASTAÑEDA: Bueno, usted parece tener todos los requisitos para el puesto que tenemos. ¿Cuándo podrá comenzar?

CARMEN: (*entusiasmada*) ¡Este mismo lunes!

CASTAÑEDA: Bien, bien. Le hablaré a mi secretaria para que la familiarice con las oficinas.

CARMEN: (*tímida*) . . . ¿Y el salario? . . . ¿Cuál será mi salario?

CASTAÑEDA: Bueno. . . . De eso podemos hablar el lunes. Ahora tengo una cita con el presidente de la compañía. (*Se pone la chaqueta con prisa.*) Tengo que irme. Bienvenida a Computec. Hasta el lunes, señorita. . .

CARMEN: (*desconcertada*) ¡Meléndez!, Carmen Meléndez. (*Sonriendo*) Hasta el lunes, señor. . .

CASTAÑEDA: Castañeda, señorita. No olvide mi nombre: C-A-S-T-A-Ñ-E-D-A. Hasta el lunes.

¿Qué pasa?

1. ¿A qué tipo de compañía va Carmen para buscar trabajo?
2. ¿Qué problema tiene el señor Castañeda con el nombre de Carmen?
3. ¿Por qué quiere trabajar Carmen en Computec?
4. ¿Qué lee el señor Castañeda mientras entrevista a Carmen?
5. ¿Cuál es la especialización de Carmen?
6. ¿Cuál será el salario de Carmen?
7. ¿Le gustaría a usted trabajar para un jefe como el señor Castañeda? ¿Por qué sí o no?

Actividad

En parejas, imagínense que uno(a) de ustedes solicita empleo en la compañía Futurocorp, y el otro o la otra es el/la gerente.

El/La gerente hace preguntas acerca de:

- la experiencia del aspirante/de la aspirante
- los cursos que ha tomado
- las referencias
- las metas profesionales

El/La aspirante hace preguntas acerca de:

- las responsabilidades del trabajo
- el sueldo/salario
- aumentos posibles en el futuro
- el seguro médico y/o el seguro de vida
- la competencia para el puesto, etc.

Estructura

I. *Talking about what will happen:* **El futuro**

In Spanish, as in English, the future tells what *will* happen.

The future tense of all regular **-ar, -er,** or **-ir** verbs is formed by adding to the complete infinitive the endings indicated.

Infinitive + -é, -ás, -á, -emos, -éis, án			
	llamar	*volver*	*ir*
yo	llamar**é**	volver**é**	ir**é**
tú	llamar**ás**	volver**ás**	ir**ás**
usted, él, ella	llamar**á**	volver**á**	ir**á**
nosotros(as)	llamar**emos**	volver**emos**	ir**emos**
vosotros(as)	llamar**éis**	volver**éis**	ir**éis**
ustedes, ellos(as)	llamar**án**	volver**án**	ir**án**

| ¿Cuándo **llegará** la nueva fotocopiadora? | *When **will** the new photocopier **arrive**?* |
| ¿Nos **enseñarán** a usar las computadoras? | ***Will** they **teach** us to use the computers?* |

STUDY HINT ━━━━━━━━━━━━━━

Remember that the future can also be expressed with the construction **ir** + **a** + *infinitive* (Chapter 4, pp. 133–134).

The following verbs add regular future endings to irregular stems (not to the complete infinitive). These are the same verbs that have irregular stems in the conditional. The irregular stems for both the conditional and the future are identical.

Infinitive	Stem	Future Forms
hacer	**har-**	haré, harás, hará, haremos, haréis, harán
decir	**dir-**	diré, dirás, . . .
poder	**podr-**	podré, podrás, . . .
poner	**pondr-**	pondré, pondrás, . . .
querer	**querr-**	querré, querrás, . . .
saber	**sabr-**	sabré, sabrás, . . .
salir	**saldr-**	saldré, saldrás, . . .
tener	**tendr-**	tendré, tendrás, . . .
venir	**vendr-**	vendré, vendrás, . . .

| **Harán** todo lo posible para conseguir el contrato. | *They **will do** everything possible to get the contract.* |
| **Tendremos** éxito. | *We **will be** successful.* |

Notes

1. The future tense may also be used to express conjecture or probability.

| ¿Qué hora **será**? | *I **wonder** what time it is?* |
| **Serán** las tres. | *It's **probably** three o'clock.* |

2. The future of **hay** (*there is, there are*) is **habrá** (*there will be*).

| ¿**Habrá** una fiesta para los empleados? | ***Will there be** a party for the employees?* |

Práctica y comunicación

F. Los planes para el Año Nuevo
¿Qué ocurrirá el año próximo?

> MODELO (Carmen) *solicitar* varias entrevistas
> **Solicitará varias entrevistas.**

En su vida profesional (Carmen). . .

1. *conseguir* empleo con una compañía grande
2. *aprender* a usar los nuevos programas de computación
3. *comprar* una nueva impresora
4. *invertir* un poco de dinero
5. *ahorrar* mucho dinero

En nuestra vida académica (nosotros). . .

6. *asistir* a todas las clases
7. *leer* muchos libros interesantes
8. *estudiar* más
9. *completar* todos los proyectos a tiempo
10. *recibir* mejores notas

En mi vida personal (yo). . .

11. *mirar* la televisión con menos frecuencia
12. *gastar* menos dinero
13. *dejar* de beber tantos refrescos
14. *quejarme* menos
15. *acostarme* más temprano

G. Lo haré más tarde
Su compañero(a) de apartamento le pregunta si usted ha hecho las cosas indicadas. Usted no ha hecho nada porque está muy cansado(a). Dígale que hará las cosas más tarde.

> MODELO ¿Has escrito las cartas?
> **No. Las escribiré más tarde.**

1. ¿Has mandado el paquete?
2. ¿Has llamado al profesor?
3. ¿Has imprimido tu ensayo para la clase de inglés?
4. ¿Has lavado los platos?
5. ¿Has recogido tus cosas?
6. ¿Has puesto la ropa en el ropero?

H. Planes para el verano
En parejas, háganse las preguntas y contéstenlas.

1. ¿Solicitarás entrevistas de trabajo para el verano?
2. ¿Cuándo sabrás si tienes empleo?
3. ¿Tendrás que trabajar todo el verano?
4. ¿Qué otras cosas querrás hacer durante el verano?
5. ¿Qué cosas no podrás hacer?
6. ¿Vendrás a la universidad para asistir a la escuela de verano? (¿Qué clases tomarás?)
7. ¿Saldrás con frecuencia con tus amigos? (¿Adónde irán ustedes?)
8. ¿Harás algún viaje? (¿Adónde?)

I. El adivino o la adivina (*The fortune teller*)

Imagínense que ustedes son adivinas o adivinos y pueden leer el futuro en las líneas de la mano. Trabajando en parejas, indiquen lo que ocurrirá en el futuro del otro/de la otra estudiante. Usen la información que sigue como guía.

MODELO **Esta línea de tu mano me dice que. . .**

. . .tendrás cinco hijas.

Personas
tú. . .
tu futuro(a) esposo(a)
tus hijos(as). . .
tus amigos(as) de la universidad

Futuras posibilidades
graduarte en. . .
estar (*dónde*). . .
estar (*cómo*) porque. . .
estar casado(a) con. . .
ser (*cómo/profesión*, etc.)
trabajar. . .
tener. . .
conseguir. . .
olvidarse de/acordarse de. . .
vivir. . .

J. La bola de cristal—¿Quién será? (*I wonder who it is?*)

Una bola de cristal ha aparecido misteriosamente en la clase de español. Los estudiantes con poderes (*powers*) especiales miran en la bola, y uno a la vez hace una predicción sobre el futuro de otro(a) estudiante. Luego la clase trata de adivinar quién es.

MODELO

ESTUDIANTE: **Veo a una persona que será un jugador de fútbol profesional.**

PROFESOR(A): ¿Quién será?

CLASE: **¡Será** (*nombre de estudiante*)!

Estructura

II. *Talking about pending actions:* El subjuntivo después de conjunciones temporales

The subjunctive is used after the following conjunctions of time only when an action is still pending or yet to occur.

cuando	*when*
antes de que[1]	*before*
después de que	*after*
hasta que	*until*
tan pronto como	*as soon as*

> action pending, yet to occur > subjunctive

Cuando vuelvas a casa, llámame.	*When you return home, call me.*
Vamos a terminar el proyecto **antes de que llegue** el jefe.	*We are going to finish the project before the boss arrives.*
Haré las fotocopias **después de que termines** el reportaje.	*I will make the photocopies after you finish the report.*
Me quedaré aquí **hasta que** la secretaria **nos llame**.	*I will stay here until the secretary calls us.*
Tan pronto como recibas el recado, saldremos.	*As soon as you receive (get) the message, we will leave.*

In contrast, if the action is habitual or completed, the indicative is used.

> habitual action > indicative

Mi amigo siempre me llama **cuando vuelve** a su casa.	*My friend always calls me when he returns home.*

> completed action > indicative

Mi amigo me llamó **cuando volvió** a su casa.	*My friend called me when he returned home.*

---

[1]The conjunction **antes de que**, because of its meaning (signaling an action yet to occur), is always followed by the subjunctive.

Note

When there is no change of subject, the conjunctions **antes de que, después de que,** and **hasta que** most commonly become the prepositions **antes de** + *infinitive*, **después de** + *infinitive*, and **hasta** + *infinitive*.

Change of subject > que + subjunctive	*No change of subject > infinitive*
Lo terminaremos **antes de que salgas**.	Lo terminaremos **antes de salir**.
Hablaremos **después de que recibas** el fax.	Hablaremos **después de recibir** el fax.
Nos quedaremos aquí **hasta que** lo **termines**.	Nos quedaremos aquí **hasta terminarlo**.

■■■■ Práctica y comunicación

K. ¿Cuándro saldrán?

Los estudiantes van a hacer un viaje a la playa durante la semana entre los exámenes finales y la graduación. Indique que saldrán tan pronto como hagan ciertas cosas.

MODELO **Saldrán tan pronto como Camila limpie el apartamento.**

Camila/limpiar

Javier/terminar el proyecto. . .

Alfonso/devolver. . .

Esteban/reparar. . .

Rubén/vender. . .

Linda y Carmen/ comprar. . .

Inés y Pepita/ hacer. . .

L. El viernes por la tarde

Es el viernes por la tarde. Todos los empleados de la oficina están muy apresurados. Indique cuándo van a poder irse. Complete las oraciones de la *Columna A* con las actividades de la *Columna B*. Den por lo menos **tres** opciones para cada oración. Usen todas las opciones.

MODELO Van a irse **cuando** el gerente. . .*recibir* el fax del Perú.
Van a irse cuando el gerente reciba el fax del Perú.

Columna A

1. Van a irse **cuando** el gerente. . .
2. Van a irse **después de** que las secretarias. . .
3. No van a poder irse **hasta que** el vice-presidente. . .
4. Seguramente no van a irse **antes de que** la jefa. . .

Columna B

encontrar el paquete perdido
recibir el fax del Perú
llamar a la oficina UPS
salir de la oficina
hacer las llamadas internacionales
mandar la información por correo electrónico
calcular los gastos
volver a la oficina
escuchar todos los recados en el contestador
pagarles
hacer todas las fotocopias
imprimir todos los documentos
organizar los archivos

Ahora, indique cuándo los empleados de la oficina por fin se fueron. Use las expresiones de la *Columna B* para crear oraciones con el pretérito. Den por lo menos **dos** opciones para cada oración.

MODELO Se fueron **cuando** el gerente. . .*recibir* el fax del Perú
Se fueron cuando el gerente recibió el fax del Perú.

5. Se fueron **cuando** el gerente. . .
6. Se fueron **tan pronto como** las secretarias. . .
7. Se fueron **después de que** la jefa. . .

M. Mis planes

En parejas, completen las oraciones que siguen.

1. Voy a imprimir mi trabajo tan pronto como. . .
2. Voy a aprender a usar la computadora nueva cuando. . .
3. Voy a salir de la universidad tan pronto como. . .
4. Me compraré un coche nuevo cuando. . .
5. Empezaré a buscar empleo cuando. . .
6. Me comprometeré tan pronto como. . .
7. Mi novio(a) y yo **no** vamos a casarnos antes de que yo. . .
8. Nuestros(as) amigos(as) recomiendan que no nos casemos antes de. . .

Estructura

III. *Expressing condition and purpose:* **El subjuntivo después de conjunciones de condición y de finalidad**

The subjunctive is always used after the following conjunctions:

en caso de que	*in case*
con tal (de) que	*provided that*
a menos que	*unless*
para que	*so that, in order that*

These conjunctions denote purpose (*so that. . .*) and condition or contingency (*unless, provided that, in case. . .*). These uses indicate that the outcome of these actions is dependent on other actions. Therefore, in the mind of the speaker, the outcomes are considered to be indefinite or pending.

> "These conjunctions are also especially useful for essay writing."—*A. McMahon, San Bernardino Valley College*

Trae tu tarjeta de crédito **en caso de que** la **necesites**.	*Bring your credit card in case you need it.*
Puedes comprar una computadora **con tal de que** no **sea** demasiado cara.	*You can buy a computer **provided that** it's not too expensive.*
No la compres **a menos que** te **guste** mucho.	*Don't buy it **unless** you like it a lot.*
Vamos a la exhibición **para que** veas los nuevos modelos.	*Let's go to the exhibit so that you can see the new models.*

Note

When there is no change of subject, the conjunction **para que** most commonly becomes the preposition **para** + *infinitive*.

> Vamos a la oficina **para que** ella **conozca** al jefe.
> Vamos a la oficina **para conocer** al jefe.

Práctica y comunicación

N. Por si acaso (*Just in case*)

Alfonso hace un viaje de negocios a Montevideo, Uruguay. También, piensa pasar unos días de vacaciones mientras está allí. ¿Por qué lleva las siguientes cosas?

MODELO **Alfonso lleva el diccionario de español en caso de que no entienda algunas palabras.**

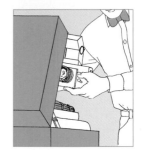

en caso de que

en caso de que

O. La mujer y el hombre de negocios

Una mujer y un hombre de negocios llegan a Miami de La Paz, Bolivia para asistir a una conferencia. Usted va a atenderlos durante su visita. En parejas, digan **para qué** los lleva a los lugares indicados. Completen las oraciones.

MODELO Voy a llevarlos a McDonald's. . .

. . .**para que coman una hamburguesa**, etc.

Voy a llevarlos. . .

1. al centro comercial
2. al banco
3. a la oficina de correos
4. a la "pequeña Habana" en Miami
5. a Kinko's
6. a Office Max

P. Condiciones

En parejas, completen las oraciones que siguen con varias actividades. Usen la conjunción **a menos que** en la oración.

1. Mi novio(a) dice que no quiere salir conmigo **a menos que**. . .
2. El profesor/La profesora dice que no va a volver a clase. . .
3. Mis amigos me dicen que no tendré éxito en el mundo de negocios. . .
4. Mi jefa me dice que no recibiré un aumento de salario. . .

Q. Voy a comprarme una computadora personal con tal de que. . .

Antes de comprarse una computadora personal, indique las características que la máquina debe tener. Refiérase a los símbolos usados en el anuncio, y siga el modelo.

MODELO

Voy a comprarla con tal de que sea ágil.

1.
2.
3.
4.
5.
6.
7.

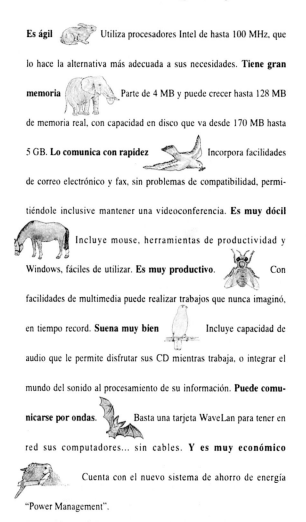

AT&T Global Information Solutions
presenta su amigo personal.

Es ágil Utiliza procesadores Intel de hasta 100 MHz, que lo hace la alternativa más adecuada a sus necesidades. **Tiene gran memoria** Parte de 4 MB y puede crecer hasta 128 MB de memoria real, con capacidad en disco que va desde 170 MB hasta 5 GB. **Lo comunica con rapidez** Incorpora facilidades de correo electrónico y fax, sin problemas de compatibilidad, permitiéndole inclusive mantener una videoconferencia. **Es muy dócil** Incluye mouse, herramientas de productividad y Windows, fáciles de utilizar. **Es muy productivo.** Con facilidades de multimedia puede realizar trabajos que nunca imaginó, en tiempo record. **Suena muy bien** Incluye capacidad de audio que le permite disfrutar sus CD mientras trabaja, o integrar el mundo del sonido al procesamiento de su información. **Puede comunicarse por ondas.** Basta una tarjeta WaveLan para tener en red sus computadores... sin cables. **Y es muy económico** Cuenta con el nuevo sistema de ahorro de energía "Power Management".

LA INTERNET EN HISPANOAMÉRICA Y ESPAÑA

La internet se creó° en los años sesenta con una empresa militar llamada Ampanet. Esta empresa tenía como propósito el comunicarse entre los centros militares en caso de un ataque nuclear. Luego la red° se extendió a las universidades y centros de investigación. La red fue creciendo hasta alcanzar° las dimensiones que tiene hoy: millones de computadoras conectadas en todo el mundo. Los expertos piensan, basados en el aumento actual de usuarios, que para el año 2001 habrá 5.000 millones de computadoras conectadas en todo el planeta.

was created

network
reaching

Esta enorme red de telecomunicaciones, la Internet, está tomando cada vez más importancia en Hispanoamérica y España, facilitando así de gran manera las comunicaciones, el conocimiento y los negocios entre los países hispanos y otros países. Desde su casa, universidad u oficina en los Estados Unidos, usted, por ejemplo, puede buscar información en una biblioteca de Argentina, entablar° una relación amistosa con una chica española o establecer un negocio con un mexicano. También puede usted ver imágenes en su pantalla de localidades de Hispanoamérica y España, y por supuesto, practicar su español "conversando" con un grupo de personas, cada una de un país hispano diferente.

start up

¿Qué información prefiere usted explorar en CompuServe?

1. ¿Cómo se originó la Internet?
2. ¿Qué es la Internet?
3. Según los expertos, ¿cuántas computadoras estarán conectadas para el año 2001?
4. ¿Qué importancia tiene la Internet para los países hispanos?
5. ¿Qué cosas se pueden hacer a través de la Internet para familiarizarnos más con los países hispanos y su gente?
6. ¿Ha utilizado usted la Internet alguna vez? ¿Para qué?

Estructura

IV. _Writing simple business letters:_ Las cartas de negocios

La carta de negocios—su estructura general

(_la dirección de usted y la fecha_)
Calle Ochagavía, 32-B
Buenos Aires, Argentina
5 de octubre de 199_

(_destinatario/a_)
Dra. Justina Pérez Montoya, Directora
Programa de Estudios Internacionales
Universidad de Madrid
Calle Colón, 11235
34050 Madrid, España

(_saludos_)
Muy señores míos:
Estimada señora:
Distinguida señora. . . . :

(_frases de introducción y de cortesía en el texto_)
"En respuesta a su amable carta del 15 de septiembre. . ."
"Le doy las gracias por su carta del 15 de septiembre. . ."
"Tengo el gusto de avisarle (_advise_) a usted. . ."
"Siento mucho tener que informales a ustedes. . ."   (_continuado_)

(despedidas)
"Esperando su respuesta, quedo de usted muy atentamente,"
"Quedo de usted su atento(a) servidor(a),"
"Atentamente"

(firma)
Juan José Cervantes
Jefe de ventas
Librería Cervantes

▇▇▇ Práctica y comunicación

R. Andrea le escribe al Dr. Nestor Urdaneta.
Lea la siguiente carta y conteste las preguntas que siguen.

> International House
> 1202 Westhampton Way
> University of Richmond
> Virginia 23173
> 16 de marzo de 1997
>
> Dr. Nestor Urdaneta, Director
> Programa de Estudios Argentinos
> Calle 3
> Buenos Aires, Argentina
>
> Estimado Señor:
>   En respuesta a su amable carta del 4 de marzo,
> tengo el gusto de informarle que he decidido estu-
> diar en la Argentina durante los meses de junio y
> julio. Le mando toda la documentación que usted
> pidió en su carta. También le incluyo el cheque
> certificado número 134 por valor de $2.500,00 y las
> fotos.
>   Acabo de hacer mis reservaciones con Aerolíneas
> Argentinas y me avisan que el vuelo número 526 lle-
> gará a Buenos Aires a las 11:30 de la mañana, el 2
> de junio. Espero que tenga la bondad° de enviar a un
> representante del programa al aeropuerto para
> esperarme y llevarme a la residencia. Favor de avi-
> sarme si esto es posible. Espero, naturalmente,
> tener el placer° de conocerlo pronto.
>   Sin otro particular, quedo de usted su atenta
> servidora,
>
>   Andrea Simzak

be so kind as to

pleasure

1. ¿Quién es el destinatario? ¿Qué título tiene él?
2. ¿Qué expresión de respeto se usa para saludar al señor Urdaneta?
3. ¿Qué expresiones de cortesía usa Andrea para empezar el texto o cuerpo de su carta?
4. ¿Qué le ha mandado ella al señor Urdaneta?
5. Cuando Andrea llegue a Buenos Aires, ¿quién estará esperándola?
6. ¿Qué expresión de cortesía usa Andrea para terminar su carta?
7. ¿Quiere usted o piensa usted estudiar en otro país? ¿Cuál? ¿Cuándo?

S. Una carta a la directora

Ahora vamos a suponer que usted tiene interés en estudiar en un programa en (*usted decide el país*). Escríbale una carta a la directora, la Dra. Susana Chiriboga. En la carta:

- explíquele por qué usted tiene interés en ese programa
- pídale información sobre el programa (clases, fechas, dónde se vive, las excursiones, el costo, etc.)
- pregúntele lo que usted debe hacer antes de llegar (si necesita sacar pasaporte, etc.)
- indique lo que usted querrá hacer tan pronto como llegue

Estructura

V. *Describing and discussing general situations and topics in the present, past, and future:* **Un resumen del presente, del pasado y del futuro**

 Práctica y comunicación

STUDY HINT ━━━━━━━━━━━━━

The activities found in exercises T, U, and V focus primarily but not solely on the use of the present tense. Review the present tense regular and irregular verb forms found in Chapters 1–4.

T. El/La agente de viajes—presentando información para viajar

Imagínese que usted es un(a) agente de viajes. Prepare una presentación de uno de sus lugares o países favoritos, y presente la información a la clase. Indique:

1. la situación geográfica del lugar o país
2. una descripción de la geografía, etc. del lugar

(*continuado*)

3. el clima; la ropa apropiada para llevar
4. los hoteles, la comida típica, los pasatiempos
5. los modos de transporte para llegar al lugar
6. los precios

U. En la fiesta—¡a conocernos!

Usted ve a una persona fascinante y extraordinaria en una fiesta y quiere conocerlo(la). Haga lo siguiente:

1. preséntese
2. salude a la persona
3. hágale preguntas para conocerlo(la) mejor
4. trate de hacer planes para verlo(la) en el futuro inmediato. (¡El problema es que él/ella resiste sus invitaciones y presenta muchas excusas!)

Luego siga observando a las personas en la fiesta, y ¡trate de conocer a otra!

V. Conversando en un círculo—la vida personal y las relaciones humanas

La clase se divide en dos. La primera mitad se sienta en un círculo. La segunda mitad se sienta en un círculo alrededor del primer círculo. Los estudiantes del círculo interior miran a los estudiantes del círculo exterior. Cada estudiante tiene pareja.

1. Hablen por tres minutos acerca de sus **familias**.

   (Luego el círculo exterior se mueve un lugar hacia la izquierda hasta llegar a la próxima persona.)

2. Hablen por tres minutos acerca de sus **pasatiempos**, actividades favoritas, talentos, lo que les gusta hacer, etc.

   (El círculo exterior se mueve otra vez.)

3. Hablen por tres minutos acerca de la **vida en la residencia de estudiantes o en la universidad versus la vida en casa con su familia**. ¿Cuál prefieren y por qué?

   (El círculo exterior se mueve otra vez.)

4. Hablen por tres minutos acerca de las ventajas y desventajas de **ser miembro de una "fraternidad" o "sororidad"**, y de la influencia positiva o negativa que esas organizaciones tienen en la vida universitaria.

   (El círculo vuelve a moverse.)

5. Hablen por tres minutos acerca de **dónde quieren vivir en el futuro**—en el campo, en una ciudad, o en las afueras de una ciudad—, y de las ventajas o desventajas de vivir en un lugar versus el otro.

   (El círculo exterior se mueve otra vez.)

6. Hablen por tres minutos acerca de las ventajas y desventajas de **casarse joven** versus **casarse más tarde**.

STUDY HINT ━━━━━━━━━━━━━

The activities found in exercises W and X focus primarily but not solely on the use of the preterit and imperfect tenses. Review the regular and irregular verb forms of the preterit (Chapters 6–7) and the imperfect (Chapter 8).

W. ¡Situaciones complicadas!—describiendo lo que pasó
En parejas, hablen para tratar de resolver los problemas que siguen. Cambien de parejas para discutir cada situación. Tomen los papeles indicados.

Personajes: **estudiante** y **profesor(a)**

1. ¡Usted faltó a (*missed*) un examen muy, muy importante! Hable con el profesor/la profesora (otro/a estudiante) y explíquele lo que pasó. ¡El profesor/La profesora le hace muchas preguntas!

Personajes: **víctima** y **policía**

2. Alguien robó todas las cosas (ropa, dinero, discos compactos, etc.) de su habitación. Explíquele al policía lo que pasó, cómo/cuándo lo descubrió usted, etc.

Personajes: **jefe/jefa** y **empleado(a)**

3. Usted debía de haber llegado a su trabajo a las 8:30 de la mañana, pero llega a las 11:00 de la mañana. ¡Su jefe/jefa está furioso(a)! Explíquele lo que pasó.

Personajes: **dos amigos(as)**

4. Usted usó el coche nuevo de su amigo(a) y tuvo un pequeño accidente. Llame a su amigo(a) y explíquele lo que pasó.

Personajes: **testigo** (*witness*) e **investigador(a)**

5. Un crimen horrible ocurrió en la casa de su vecino. Un investigador/ una investigadora llega a su casa y le hace muchas preguntas a usted. Explíquele dónde estaba usted cuando ocurrió el crimen, lo que vio/ oyó, etc.

X. Historias fantásticas—narrando en el pasado
Divídanse en grupos de 5–6 estudiantes. Formen círculos. La persona más alta del grupo hace una bola de papel. Él/Ella empieza la Historia #1 que sigue, completando la primera declaración. Luego, él/ella tira (*throws*) la bola de papel a otro(a) estudiante, y el otro/la otra inventa otra oración para continuar la historia. Usen el pretérito y el imperfecto, y (*continuado*)

posiblemente el imperfecto de subjuntivo. ¡Usen la imaginación! Después de completar la Historia #1, sigan a la Historia #2, etc.

Historia #1: Un sábado por la noche, en una fiesta en la universidad. . .

Historia #2: A las 5:30 de la tarde, en el metro de Nueva York. . .

Historia #3: A las 8:00 de la noche, en un parque en Los Ángeles. . .

Historia #4: Un día durante las vacaciones de primavera en la playa de Daytona, . . .

STUDY HINT

The situations found in exercise Y will require the use of present and past tenses, and also the present subjunctive. Review the forms and concepts of the present subjunctive found in Chapters 10–11.

Y. En el sofá del/de la psiquiatra—haciendo recomendaciones
Un(a) estudiante hace el papel del/de la paciente y el otro/la otra es el/la psiquiatra. El/La psiquiatra le hace preguntas al/a la paciente, quien le explica su problema. El/La psiquiatra toma apuntes (*notes*). Después de la sesión, el/la psiquiatra da sus reacciones (**Me alegro de que. . ./Siento que. . ./Espero que. . ./Dudo que. . .**, etc.) y sus recomendaciones (**Recomiendo que. . ./Es urgente que. . .**, etc.).

Cada "paciente" selecciona uno de los siguientes problemas:

1. El/La paciente tiene un problema muy serio con su novio(a).

2. El/La paciente tiene un problema muy grave con su nuevo(a) compañero(a) de apartamento.

3. El/La paciente está sufriendo del estrés porque va a graduarse pronto y no sabe ni qué carrera quiere seguir ni qué quiere hacer después de la graduación.

4. El/La paciente sufre de un complejo de inferioridad muy grave. ¡No tiene confianza en sí mismo(a)!

STUDY HINT

The topics found in exercise Z, which involve conjecture and projections toward the future, will require the use of the conditional and future tenses as well as the imperfect subjunctive. Review the regular and irregular forms of the future and conditional tenses (Chapters 12–13) and the imperfect subjunctive plus "*if* clauses" in Chapter 13.

Z. Conversando—conjeturando y haciendo planes para el futuro

En parejas, conversen acerca de los siguientes tópicos. Cambien parejas con cada tópico nuevo.

1. Si ganaras la lotería, ¿cómo cambiaría tu vida?
2. Si hubiera un incendio (*fire*) en tu casa, y si tuvieras cinco minutos para recoger cinco de tus cosas favoritas, ¿qué cosas recogerías? ¿Por qué?
3. Si pudieras vivir en cualquier lugar del mundo, ¿dónde vivirías? ¿Por qué?
4. Si pudieras conocer a cualquier persona de la historia, ¿a quién te gustaría conocer? ¿Por qué?
5. ¿Cómo será tu vida en diez años? Usa la imaginación.

En resumen

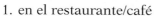

Dramaturgos, actores y actrices

En grupos de 3–5 estudiantes, escriban y presenten mini-dramas originales. Seleccionen uno de los siguientes tópicos:

1. en el restaurante/café
2. en el consultorio del médico
3. en la tienda de ropa/el almacén
4. en el banco
5. en el metro
6. acampando en las montañas
7. tratando de alquilar un apartamento
8. haciendo un viaje en automóvil/en la estación de servicio
9. en la estación del ferrocarril/en el tren
10. en el aeropuerto/avión
11. en el hotel
12. en la oficina

Instrucciones:

1. Escriban el mini-drama utilizando vocabulario y estructuras del libro. ¡No traduzcan del inglés!
2. Cada mini-drama debe ser de 6–8 minutos.
3. Aprendan sus partes de memoria.
4. Al presentar su mini-drama, hablen claramente, con buena pronunciación, ¡y con mucha expresión!

Los países hispanos al frente de la tecnología mundial

Generalmente cuando hablamos de tecnología nos referimos a los Estados Unidos, a Francia o a otro país europeo. ¡Pero los países hispanos se están incorporando rápidamente al ritmo[1] de la evolución tecnológica! Tanto en España como en Hispanoamérica se han realizado importantes avances en los campos de la mecánica, electrónica, medicina y demás ciencias. ¿Sabía usted. . . ?

[1] *rhythm*

Estación de energía solar. Toledo, España. ¿Cree usted que la energía solar será un recurso muy importante en el futuro? ¿Por qué?

UNA HISPANA EN EL ESPACIO

La primera mujer hispana astronauta se llama Ellen Ochoa. Ella asegura a los jóvenes que ¡no hay ningún sueño imposible!"

#1 A LA TELEVISIÓN HISPANA

El programa de televisión que más se ve en todo el mundo es hispano. Se llama "Sábados gigantes", un programa de juegos y entretenimiento producido por Univisión.

"El gigante de la Mancha"

En España está una de las plantas de energía más grandes y modernas del mundo. Este "gigante de la Mancha", como lo llaman los técnicos, está situado cerca de Toledo. Sus módulos fueron fabricados en España y sus paneles se orientan automáticamente a la posición del sol. Esta planta de energía solar es mucho más ecológica que una nuclear y ofrece energía gratuita a 25.000 viviendas.

Mucho por poco

La tecnología de captar la energía solar también ha llegado a Hispanoamérica. Debido a que en muchos sectores rurales es difícil el acceso a la energía eléctrica, la empresa eléctrica de Guatemala ha instalado celdas[2] fotoeléctricas en 38 viviendas en la aldea[3] de San Buenaventura. Esto significa un gran paso[4] hacia el acceso de

[2] *cells*   [3] *village*   [4] *step*

energía eléctrica en las zonas rurales hispanoamericanas; además es una energía gratuita y ecológica.

Televisión en 3D

Si usted disfruta de su televisor a colores ¡es gracias a un mexicano!, el ingeniero Guillermo González Camarena, quien inventó en México la televisión a colores en los años treinta.

Y ahora una empresa española, Realvisión, ha puesto en el mercado un sistema que nos permitirá ver imágenes en 3-D en nuestro televisor ¡sin necesidad de lentes ni otros dispositivos[5]!

_____

[5]*devices*

¡Un ojo al universo!

Los más importantes astrónomos y astrofísicos utilizan para sus investigaciones el radiotelescopio de Cayey, Puerto Rico. Éste es el radiotelescopio más grande y poderoso del mundo. En estos momentos se está utilizando para captar señales (ondas sonoras) de otros mundos en el universo. ¿Cree usted que algún día podamos comunicarnos con los extraterrestres?

Combustible ideal

Un nuevo combustible de la compañía petrolera de México, PEMEX, ha sido creado para reducir substancialmente las

Radiotelescopio de Cayey, Puerto Rico. Si usted tuviera la oportunidad de examinar el universo por medio de este telescopio, ¿qué buscaría?

3 - D, a simple vista

Con dispositivos ópticos tradicionales, y sin utilizar el láser, este sistema proyecta imágenes en 3-D que pueden verse sin lentes especiales.

emisiones de los vehículos de motor que contaminan la atmósfera del valle de México. El nuevo combustible se llama *Diesel Sin* y se proyecta que su uso mejorará notablemente las actuales condiciones de contaminación del aire en México.

Una cara nueva

El Perú actualmente es uno de los países más avanzados en el campo de la cirugía[6] plástica, donde se han inventado y mejorado numerosos métodos de liposucción y cirugía plástica en general.

---

[6]*surgery*

Nobel gaucho

En la Argentina, el científico Luis Federico Leloir ha ganado el Premio Nobel en química por sus investigaciones sobre los azúcares.

Estos son sólo algunos ejemplos de los avances tecnológicos en los países hispanos. Definitivamente, estos países están cruzando una época en que la tecnología cambiará para siempre su manera de aprender, trabajar, vender y comprar.

¡A ver cuánto aprendimos!

Complete las oraciones.
1. "El gigante de la Mancha" es. . .
2. El inventor de la televisión a colores es de. . .
3. El radiotelescopio más grande del mundo está en. . .
4. *Diesel Sin* es un combustible diseñado para. . .
5. El Perú es un país muy avanzado en. . .

Ahora, trabajando en grupos de 4, discutan lo siguiente:
- ¿Cuál de los avances tecnológicos mencionados les interesa más? ¿Por qué?
- ¿Cómo puede su conocimiento del español ayudarle a encontrar empleo en el futuro?

Diseñado por un grupo de estudiantes de diferentes universidades y especialistas en diversas disciplinas, el auto solar de carreras -Tonatiuh- es un hito en el devenir tecnológico del país.

REPASO DE VOCABULARIO ACTIVO

Adjetivo

ocupado(a)

Conjunciones

a menos que	cuando	en caso de que	para que
antes de que	después de que	hasta que	tan pronto como
con tal (de) que			

En el futuro

la semana próxima	la semana que viene	el año próximo	el año que viene

Expresiones útiles

aló	díga(me)	¿De parte de quién?

Sustantivos

el código de área	la llamada	el operador
el contestador automático	a cobro revertido	la operadora
la guía telefónica	de larga distancia	
	la línea	

La tecnología

la calculadora	el disco	la impresora
la computadora	la fotocopia	la máquina de fax
el contestador automático	la fotocopiadora	la pantalla
el correo electrónico		

El mundo de negocios

el archivo	el empleado	la meta
el aumento	la empleada	el puesto
el cajón	la empresa	la producción
la carta de recomendación	la entrevista	la responsabilidad
el cliente	la experiencia	el salario
la compañía	el/la gerente	el seguro de vida
la competencia	la inversión	el seguro médico
el contrato	el jefe	la solicitud
el currículum vitae	la jefa	el sueldo

Verbos y expresiones verbales

archivar	invertir (ie, i)	producir	hacer una llamada
imprimir	marcar	solicitar	tener éxito

I. El futuro

Indique lo que las personas harán en el futuro

> MODELO yo/graduarme
> **Me graduaré.**

1. yo/tener muchas entrevistas
2. yo/encontrar un trabajo magnífico
3. mi novio(a) y yo/casarnos
4. nosotros/vivir en una ciudad grande
5. mis amigos/hacer muchos viajes
6. tú/ir a México frecuentemente
7. vosotros/volver a la universidad cada cinco años

II. El subjuntivo—después de conjunciones temporales

Complete las oraciones usando el verbo entre paréntesis. Use el subjuntivo o el indicativo según las situaciones.

1. (llegar) Hice la llamada tan pronto como. . .
   (llegar) Mario hará la llamada tan pronto como. . .
2. (recibir el paquete) Te llamé cuando. . .
   (recibir el paquete) Él me llamará cuando. . .
3. (conseguir el código postal) No mandes el paquete hasta que. . .
   (conseguir el código postal) No mandé el paquete hasta que. . .
4. (darme el dinero) Voy a comprar la computadora después de que mi tía. . .
   (darme el dinero) Compré la impresora después de que mi abuelo. . .

III. El subjuntivo—después de conjunciones de finalidad y de condición

Conteste las siguientes preguntas según el modelo.

> MODELO ¿El operador no ha contestado? Voy a esperar hasta que. . .
> **Voy a esperar hasta que conteste.**

1. ¿Marta no ha llamado todavía? Voy a quedarme aquí en caso de que. . .
2. ¿José no sabe mi dirección? Voy a escribirle para que él. . .
3. ¿Me ayudas con la carta? Voy a escribirla en español con tal de que tú. . .
4. ¿No tienes el código de área? No puedes llamar a menos que. . .

IV. Las cartas de negocios

Complete las oraciones con la información correcta.

1. En una carta de negocios, dos expresiones de saludo son: . . .
2. Una frase de introducción y de cortesía en el texto que indica que usted recibió la carta de él/ella es: . . .
3. Y una breve despedida es: . . .

V. Repaso general del Capítulo 14

Conteste en oraciones completas.

1. Usted necesita escribirle una carta a su familia. ¿Cuándo va a hacerlo? (Use el subjuntivo.)
2. ¿Cómo se puede contestar el teléfono en español?
3. ¿Qué documentos debe usted llevar a una entrevista?
4. ¿Cómo será su trabajo futuro? (tipo de trabajo, lugar, etc.)

¡Estudiantes!

Esperamos que les haya gustado mucho su estudio de la lengua y de las culturas hispanas. ¡Sigan adelante al próximo nivel! Hasta luego y buena suerte.

LMD y ACD

APÉNDICE 1

Verbos

A. REGULAR VERBS

Infinitive

-ar	**-er**	**-ir**
hablar, *to speak*	**comer,** *to eat*	**vivir,** *to live*

Present Participle

hablando, *speaking*	**comiendo,** *eating*	**viviendo,** *living*

Past Participle

hablado, *spoken*	**comido,** *eaten*	**vivido,** *lived*

Indicative Mood

Present

I speak, do speak, am speaking, etc.		*I eat, do eat, am eating, etc.*		*I live, do live, am living, etc.*	
hablo	hablamos	como	comemos	vivo	vivimos
hablas	habláis	comes	coméis	vives	vivís
habla	hablan	come	comen	vive	viven

Preterit

I spoke, did speak, etc.		*I ate, did eat, etc.*		*I lived, did live, etc.*	
hablé	hablamos	comí	comimos	viví	vivimos
hablaste	hablasteis	comiste	comisteis	viviste	vivisteis
habló	hablaron	comió	comieron	vivió	vivieron

Imperfect

I was speaking, used to speak, spoke, etc.		*I was eating, used too eat, ate, etc.*		*I was living, used to live, lived, etc.*	
hablaba	hablábamos	comía	comíamos	vivía	vivíamos
hablabas	hablabais	comías	comíais	vivías	vivíais
hablaba	hablaban	comía	comían	vivía	vivían

Future

I will speak, etc.		*I will eat, etc.*		*I will live, etc.*	
hablaré	hablaremos	comeré	comeremos	viviré	viviremos
hablarás	hablaréis	comerás	comeréis	vivirás	viviréis
hablará	hablarán	comerá	comerán	vivirá	vivirán

Conditional

I would speak, etc.		*I would eat, etc.*		*I would live, etc.*	
hablaría	hablaríamos	comería	comeríamos	viviría	viviríamos
hablarías	hablaríais	comerías	comeríais	vivirías	viviríais
hablaría	hablarían	comería	comerían	viviría	vivirían

Present Perfect

I have, etc., . . .   *. . . spoken*   *. . . eaten*   *. . . lived*

he   hemos ⎫
has   habéis ⎬   hablado   comido   vivido
ha   han   ⎭

Past Perfect (Pluperfect)

I had, etc., . . .   *. . . spoken*   *. . . eaten*   *. . . lived*

había   habíamos ⎫
habías   habíais ⎬   hablado   comido   vivido
había   habían   ⎭

Future Perfect

I will have, etc., . . .   *. . . spoken*   *. . . eaten*   *. . . lived*

habré   habremos ⎫
habrás   habréis ⎬   hablado   comido   vivido
habrá   habrán   ⎭

Conditional Perfect

I would have, etc., . . .   *. . . spoken*   *. . . eaten*   *. . . lived*

habría   habríamos ⎫
habrías   habríais ⎬   hablado   comido   vivido
habría   habrían   ⎭

Subjunctive Mood

Present Subjunctive

(that) I (may) speak, etc.,   *(that) I (may) eat, etc.,*   *(that) I (may) live, etc.,*

hable   hablemos   coma   comamos   viva   vivamos
hables   habléis   comas   comáis   vivas   viváis
hable   hablen   coma   coman   viva   vivan

Imperfect Subjunctive

(that) I might speak, etc.,   *(that) I might eat, etc.,*   *(that) I might live, etc.,*

hablara   habláramos   comiera   comiéramos   viviera   viviéramos
hablaras   hablarais   comieras   comierais   vivieras   vivierais
hablara   hablaran   comiera   comieran   viviera   vivieran

Present Perfect Subjunctive

(that) I (may) have, etc., . . .   *. . . spoken*   *. . . eaten*   *. . . lived*

haya   hayamos
hayas   hayáis   hablado   comido   vivido
haya   hayan

Past Perfect (Pluperfect) Subjunctive

(that) I might have, etc., . . .   *. . . spoken*   *. . . eaten*   *. . . lived*

hubiera   hubiéramos
hubieras   hubierais   hablado   comido   vivido
hubiera   hubieran

Command Forms

usted	hable	coma	viva
	no hable	no coma	no viva
ustedes	hablen	coman	vivan
	no hablen	no coman	no vivan

Command Forms

nosotros	hablemos	comamos	vivamos
	no	no	no
tú	hablemos	comamos	vivamos
	habla	come	vive
(vosotros)	no hables	no comas	no vivas
	[hablad]	[comed]	[vivid]
	[no	[no	[no
	habléis]	comáis]	viváis]

B. STEM-CHANGING VERBS

Only the tenses with stem-changes are given.

1. -ar and -er stem-changing verbs: e → ie and o → ue

pensar (ie)   *to think*

Present Indicative: **pienso, piensas, piensa,** pensamos, penséis, **piensan**
Present Subjunctive: **piense, pienses, piense,** pensemos, penséis, **piensen**
Commands: **piense (usted), piensen (ustedes),** pensemos (nosotros), **piensa (tú), no pienses (tú),** [pensad (vosotros), no penséis (vosotros)]

volver (ue)   *to return*

Present Indicative: **vuelvo, vuelves, vuelve,** volvemos, volvéis, **vuelven**
Present Subjunctive: **vuelva, vuelvas, vuelva,** volvamos, volváis, **vuelvan**
Commands: **vuelva (usted), vuelvan (ustedes),** volvamos (nosotros), vuelve (tú), **no vuelvas (tú),** [volved (vosotros), no volváis (vosotros)]

Other verbs of this type are:

cerrar (ie)	*to close*	**almorzar (ue)**	*to have lunch*
despertarse (ie)	*to wake up*	**contar (ue)**	*to count, tell*
empezar (ie)	*to begin*	**costar (ue)**	*to cost*
encender (ie)	*to turn on (light)*	**encontrar (ue)**	*to find*
entender(ie)	*to understand*	**jugar (ue)**	*to play*
nevar (ie)	*to snow*	**mostrar (ue)**	*to show*
perder (ie)	*to lose*	**poder (ue)**	*to be able, can*
querer (ie)	*to wish, want, love*	**recordar (ue)**	*to remember*
recomendar (ie)	*to recommend*	**resolver (ue)**	*to resolve*
sentarse (ie)	*to sit down*	**sonar (ue)**	*to sound, ring*
acostarse (ue)	*to go to bed*		

2. -ir stem-changing verbs: e → ie, o → ue, u

preferir (ie, i)   *to prefer*

Present Participle: **prefiriendo**
Present Indicative: **prefiero, prefieres, prefiere,** preferimos, preferís, **prefieren**
Preterit: preferí, preferiste, prefirió, preferimos, preferisteis, prefirieron
Present Subjunctive: **prefiera, prefieras, prefiera, prefiramos, prefiráis, prefieran**
Imperfect Subjunctive: **prefiriera, prefirieras, prefiriera, prefiriéramos, prefirierais, prefirieran**
Commands: **prefiera (usted), prefieran (ustedes), prefiramos (nosotros), prefiere (tú),** no prefieras (tú), [preferid (vosotros), **no prefiráis (vosotros)**]

dormir (ue, u)   *to sleep*

Present Participle: **durmiendo**
Present Indicative: **duermo, duermes, duerme,** dormimos, dormís, **duermen**
Preterit: dormí, dormiste, **durmió,** dormimos, dormisteis, **durmieron**

Present Subjunctive: **duerma, duermas, duerma, durmamos, durmáis, duerman**
Imperfect Subjunctive: **durmiera, durmieras, durmiera, durmiéramos, durmierais, durmieran**
Commands: **duerma (usted), duerman (ustedes), durmamos (nosotros), duerme (tú), no duermas** (tú), [dormid (vosotros), **no durmáis (vosotros)**]

Other verbs of this type are:

divertirse (ie, i)	*to have a good time*
morir (ue, u)	*to die*
sentir (ie, i)	*to be sorry, regret*
sentirse (ie, i)	*to feel*
sugerir (ie, i)	*to suggest*

3. -ir stem-changing verbs: e → i, i

pedir (i, i) *to ask for*

Present Participle: **pidiendo**
Present Indicative: **pido, pides, pide,** pedimos, pedís, **piden**
Preterit: pedí, pediste, **pidió,** pedimos, pedisteis, **pidieron**
Present Subjunctive: **pida, pidas, pida, pidamos, pidáis, pidan**
Imperfect Subjunctive: **pidiera, pidieras, pidiera, pidiéramos, pidierais, pidieran**
Commands: **pida (usted), pidan (ustedes), pidamos (nosotros), pide (tú), no pidas (tú),** [pedid (vosotros), **no pidáis (vosotros)**]

Other verbs of this type are:

conseguir (i, i)	*to get, obtain*
despedirse de (i, i)	*to say good-bye*
reírse (i, i)	*to laugh*
repetir (i, i)	*to repeat*
servir (i, i)	*to serve*
seguir (i, i)	*to follow*
vestirse (i, i)	*to get dressed*

C. VERBS WITH ORTHOGRAPHIC CHANGES

Only the tenses with orthographic changes are given.

1. c → qu

tocar *to play (instrument)*

Preterit: **toqué,** tocaste, tocó, tocamos, tocasteis, tocaron
Present Subjunctive: **toque, toques, toque, toquemos, toquéis, toquen**
Commands: **toque (usted), toquen (ustedes), toquemos (nosotros),** toca (tú), **no toques (tú),** [tocad (vosotros), **no toquéis (vosotros)**]

Like **tocar** are **buscar,** *to look for;* **explicar,** *to explain;* **pescar,** *to fish;* and **sacar,** *to take out.*

2. z → c

empezar (ie) *to begin*

Preterit: **empecé,** empezaste, empezó, empezamos, empezasteis, empezaron
Present Subjunctive: **empiece, empieces, empiece, empecemos, empecéis, empiecen**

Commands: **empiece (usted), empiecen (ustedes), empecemos (nosotros),**
empieza (tú), **no empieces (tú)** [empezad (vosotros), **no empecéis
(vosotros)**]

Like **empezar** are **abrazar,** *to hug;* **almorzar (ue),** *to have lunch;* and **cruzar,** *to
cross.*

3. g → gu

pagar *to pay (for)*

Preterit: **pagué,** pagaste, pagó, pagamos, pagasteis, pagaron
Present Subjunctive: **pague, pagues, pague, paguemos, paguéis, paguen**
Commands: **pague (usted), paguen (ustedes), paguemos (nosotros),** paga (tú),
no pagues (tú), [pagad (vosotros), **no paguéis (vosotros)**]

Like **pagar** are **llegar,** *to arrive;* **jugar (ue),** *to play;* **apagar,** *to turn off.*

4. gu → g

seguir (i, i) *to follow, continue*

Present Indicative: **sigo,** sigues, sigue, seguimos, seguís, siguen
Present Subjunctive: **siga, sigas, siga, sigamos, sigáis, sigan**
Commands: **siga (usted), sigan (ustedes), sigamos (nosotros),** sigue (tú), **no
sigas (tú),** [seguid (vosotros), **no sigáis (vosotros)**]

5. g → j

recoger *to pick up*

Present Indicative: **recojo,** recoges, recoge, recogemos, recogéis, recogen
Present Subjunctive: **recoja, recojas, recoja, recojamos, recojáis, recojan**
Commands: **recoja (usted), recojan (ustedes), recojamos (nosotros),** recoge
(tú), **no recojas (tú),** [recoged (vosotros), **no recojáis (vosotros)**]

Like **recoger** is **escoger,** *to choose,* and **proteger,** *to protect.*

6. i → y

leer *to read*

Present Participle: **leyendo**
Preterit: leí, leíste, **leyó,** leímos, leísteis, **leyeron**
Imperfect Subjunctive: **leyera, leyeras, leyera, leyéramos, leyerais, leyeran**

Like **leer** is **oír,** *to hear;* and in the present participle **traer,** *to bring;* **trayendo;** and
ir, *to go:* **yendo.**

construir *to construct*

Present Participle: **construyendo**
Present Indicative: **construyo, construyes, construye,** construimos, construís,
construyen
Preterit: construí, construiste, **construyó,** construimos, construisteis,
construyeron
Present Subjunctive: **construya, construyas, construya, construyamos,
construyáis, construyan**
Imperfect Subjunctive: **construyera, construyeras, construyera,
construyéramos, construyerais, construyeran**

Commands: **construya (usted), construyan (ustedes), construyamos (nosotros), construye (tú), no construyas (tú), no construyáis (vosotros)**

Like **construir** is **destruir,** *to destroy.*

D. IRREGULAR VERBS

Only the tenses and commands that have irregular forms are given.

andar   *to walk, to go, to run (machinery)*

Preterit: **anduve, anduviste, anduvo, anduvimos, anduvisteis, anduvieron**
Imperfect Subjunctive: **anduviera, anduvieras, anduviera, anduviéramos, anduvierais, anduvieran**

conocer   *to know, be acquainted with*

Present Indicative: **conozco,** conoces, conoce, conocemos, conocéis, conocen
Present Subjunctive: **conozca, conozcas, conozca, conozcamos, conozcáis, conozcan**

dar   *to give*

Present Indicative: **doy,** das, da, damos, dais, dan
Preterit: **di, diste, dio, dimos, disteis, dieron**
Present Subjunctive: **dé,** des, **dé,** demos, deis, den
Imperfect Subjunctive: **diera, dieras, diera, diéramos, dierais, dieran**

decir   *to say, tell*

Present Participle: **diciendo**
Past Participle: **dicho**
Present Indicative: **digo, dices, dice,** decimos, decís, **dicen**
Preterit: **dije, dijiste, dijo, dijimos, dijisteis, dijeron**
Present Subjunctive: **diga, digas, diga, digamos, digáis, digan**
Imperfect Subjunctive: **dijera, dijeras, dijera, dijéramos, dijerais, dijeran**
Future: **diré, dirás, dirá, diremos, diréis, dirán**
Conditional: **diría, dirías, diría, diríamos, diríais, dirían**
Affirmative tú command: **di**

estar   *to be*

Present Indicative: **estoy, estás, está,** estamos, estáis, **están**
Preterit: **estuve, estuviste, estuvo, estuvimos, estuvisteis, estuvieron**
Present Subjunctive: **esté, estés, esté,** estemos, estéis, **estén**
Imperfect Subjunctive: **estuviera, estuvieras, estuviera, estuviéramos, estuvierais, estuvieran**

haber   *to have*

Present Indicative: **he, has, ha, hemos,** habéis, **han**
Preterit: **hube, hubiste, hubo, hubimos, hubisteis, hubieron**
Present Subjunctive: **haya, hayas, haya, hayamos, hayáis, hayan**
Imperfect Subjunctive: **hubiera, hubieras, hubiera, hubiéramos, hubierais, hubieran**
Future: **habré, habrás, habrá, habremos, habréis, habrán**
Conditional: **habría, habrías, habría, habríamos, habríais, habrían**

hacer   *to do, make*

Past Participle: **hecho**
Present Indicative: **hago,** haces, hace, hacemos, hacéis, hacen

Preterit: **hice, hiciste, hizo, hicimos, hicisteis, hicieron**
Present Subjunctive: **haga, hagas, haga, hagamos, hagáis, hagan**
Imperfect Subjunctive: **hiciera, hicieras, hiciera, hiciéramos, hicierais, hicieran**
Future: **haré, harás, hará, haremos, haréis, harán**
Conditional: **haría, harías, haría, haríamos, haríais, harían**
Affirmative tú *command:*   **haz**

ir   *to go*

Present Participle: **yendo**
Past Participle: **ido**
Present Indicative: **voy, vas, va, vamos, vais, van**
Preterit: **fui, fuiste, fue, fuimos, fuisteis, fueron**
Imperfect: **iba, ibas, iba, íbamos, ibais, iban**
Present Subjunctive: **vaya, vayas, vaya, vayamos, vayáis, vayan**
Imperfect Subjunctive: **fuera, fueras, fuera, fuéramos, fuerais, fueran**
Affirmative tú *command:*   **ve**
Affirmative nosotros *command:*   **vamos**

oír   *to hear*

Present Participle: **oyendo**
Past Participle: **oído**
Present Indicative: **oigo, oyes, oye, oímos,** oís, **oyen**
Preterit: oí, **oíste, oyó, oímos, oísteis, oyeron**
Present Subjunctive: **oiga, oigas, oiga, oigamos, oigáis, oigan**
Imperfect Subjunctive: **oyera, oyeras, oyera, oyéramos, oyerais, oyeran**

poder   *to be able, can*

Present Participle: **pudiendo**
Present Indicative: **puedo, puedes, puede,** podemos, podéis, **pueden**
Preterit: **pude, pudiste, pudo, pudimos, pudisteis, pudieron**
Present Subjunctive: **pueda, puedas, pueda,** podamos, podáis, **puedan**
Imperfect Subjunctive: **pudiera, pudieras, pudiera, pudiéramos, pudierais, pudieran**
Future: **podré, podrás, podrá, podremos, podréis, podrán**
Conditional: **podría, podrías, podría, podríamos, podríais, podrían**

poner   *to put, place*

Past Participle: **puesto**
Present Indicative: **pongo,** pones, pone, ponemos, ponéis, ponen
Preterit: **puse, pusiste, puso, pusimos, pusisteis, pusieron**
Present Subjunctive: **ponga, pongas, ponga, pongamos, pongáis, pongan**
Imperfect Subjunctive: **pusiera, pusieras, pusiera, pusiéramos, pusierais, pusieran**
Future: **pondré, pondrás, pondrá, pondremos, pondréis, pondrán**
Conditional: **pondría, pondrías, pondría, pondríamos, pondríais, pondrían**
Affirmative tú *command:*   **pon**

Like **poner** is **proponer,** *to propose.*

querer   *to wish, want*

Present Indicative: **quiero, quieres, quiere,** queremos, queréis, **quieren**
Preterit: **quise, quisiste, quiso, quisimos, quisisteis, quisieron**
Present Subjunctive: **quiera, quieras, quiera,** queramos, queráis, **quieran**
Imperfect Subjunctive: **quisiera, quisieras, quisiera, quisiéramos, quisierais, quisieran**
Future: **querré, querrás, querrá, querremos, querréis, querrán**
Conditional: **querría, querrías, querría, querríamos, querríais, querrían**

saber *to know*

Present Indicative: **sé,** sabes, sabe, sabemos, sabéis, saben
Preterit: **supe, supiste, supo, supimos, supisteis, supieron**
Present Subjunctive: **sepa, sepas, sepa, sepamos, sepáis, sepan**
Imperfect Subjunctive: **supiera, supieras, supiera, supiéramos, supierais, supieran**
Future: **sabré, sabrás, sabrá, sabremos, sabréis, sabrán**
Conditional: **sabría, sabrías, sabría, sabríamos, sabríais, sabrían**

salir *to go out, leave*

Present Indicative: **salgo,** sales, sale, salimos, salís, salen
Present Subjunctive: **salga, salgas, salga, salgamos, salgáis, salgan**
Future: **saldré, saldrás, saldrá, saldremos, saldréis, saldrán**
Conditional: **saldría, saldrías, saldría, saldríamos, saldríais, saldrían**
Affirmative tú command: **sal**

ser *to be*

Present Indicative: **soy, eres, es, somos, sois, son**
Preterit: **fui, fuiste, fue, fuimos, fuisteis, fueron**
Imperfect: **era, eras, era, éramos, erais, eran**
Present Subjunctive: **sea, seas, sea, seamos, seáis, sean**
Imperfect Subjunctive: **fuera, fueras, fuera, fuéramos, fuerais, fueran**
Affirmative tú command: **sé**

tener *to have*

Present Indicative: **tengo, tienes, tiene,** tenemos, tenéis, **tienen**
Preterit: **tuve, tuviste, tuvo, tuvimos, tuvisteis, tuvieron**
Present Subjunctive: **tenga, tengas, tenga, tengamos, tengáis, tengan**
Imperfect Subjunctive: **tuviera, tuvieras, tuviera, tuviéramos, tuvierais, tuvieran**
Future: **tendré, tendrás, tendrá, tendremos, tendréis, tendrán**
Conditional: **tendría, tendrías, tendría, tendríamos, tendríais, tendrían**
Affirmative tú command: **ten**

Like **tener** is **contener,** *to contain.*

traducir *to translate*

Present Indicative: **traduzco,** traduces, traduce, traducimos, traducís, traducen
Preterit: **traduje, tradujiste, tradujo, tradujimos, tradujisteis, tradujeron**
Present Subjunctive: **traduzca, traduzcas, traduzca, traduzcamos, traduzcáis, traduzcan**
Imperfect Subjunctive: **tradujera, tradujeras, tradujera, tradujéramos, tradujerais, tradujeran**

Like **traducir** is **conducir,** *to drive.*

traer *to bring*

Present Participle: **trayendo**
Past Participle: **traído**
Present Indicative: **traigo,** traes, trae, traemos, traéis, traen
Preterit: **traje, trajiste, trajo, trajimos, trajisteis, trajeron**
Present Subjunctive: **traiga, traigas, traiga, traigamos, traigáis, traigan**
Imperfect Subjunctive: **trajera, trajeras, trajera, trajéramos, trajerais, trajeran**

venir *to come*

Present Participle: **viniendo**
Present Indicative: **vengo, vienes, viene,** venimos, venís, **vienen**

Preterit: **vine, viniste, vino, vinimos, vinisteis, vinieron**
Present Subjunctive: venga, vengas, venga, vengamos, vengáis, vengan
Imperfect Subjunctive: **viniera, vinieras, viniera, viniéramos, vinierais, vinieran**
Future: **vendré, vendrás, vendrá, vendremos, vendréis, vendrán**
Conditional: **vendría, vendrías, vendría, vendríamos, vendríais, vendrían**
Affirmative tú *command:* **ven**

Like **venir** is **prevenir,** *to prevent.*

ver *to see*

Past Participle: **visto**
Present Indicative: **veo,** ves, ve, vemos, veis, ven
Preterit: **vi,** viste, **vio,** vimos, visteis, vieron
Imperfect: **veía, veías, veía, veíamos, veíais, veían**
Present Subjunctive: **vea, veas, vea, veamos, veáis, vean**

APÉNDICE 2

AUTOPRUEBA Y REPASO #1

I. 1. PEPITA: Muy bien, gracias.
PROFESORA: Bien, gracias. (Muy bien, bastante bien, así, así, etc.)
2. PROFESORA: ¿Cómo se llama usted? (¿Cómo te llamas?)
3. CARMEN: ¿Qué tal? (¿Cómo estás?)
CARMEN: Bastante bien. (Muy bien, regular, etc.)
4. PROFESORA: Mucho gusto.
CARMEN: El gusto es mío. (Igualmente.)
5. MANUEL: Me llamo Manuel.
PEPITA: Me llamo Pepita.
PEPITA: Igualmente. (El gusto es mío.)
6. PEPITA: Hasta mañana. (Adiós, hasta luego, chao.)
CARMEN: Adiós. (Hasta luego, etc.)

II. 1. Ella es de Panamá. 2. Ellos son de Chile. 3. Nosotras somos de México. 4. Tú eres de Colombia. 5. Usted es de El Salvador. 6. Vosotros sois de Sevilla.

III. A. 1. Escriban los ejercicios. 2. Escriban la oración. 3. Escriban las respuestas. 4. Escriban las preguntas. 5. Escriban la tarea. 6. Escriban el vocabulario.

B. 1. Necesita un bolígrafo. 2. Necesita una computadora. 3. Necesita un cuaderno. 4. Necesita unos papeles. 5. Necesita una pizarra. 6. Necesita unas sillas.

C. 1. Las alumnas son de Washington. 2. Los estudiantes son de Nicaragua. 3. Los profesores son de Guatemala. 4. Las profesoras son de San Antonio.

IV. 1. Nosotros vamos a la universidad el lunes. 2. Ellos van a la cafetería el martes. 3. Ella va a la librería el miércoles. 4. Vosotras vais a la biblioteca el jueves. 5. Ustedes van al centro estudiantil el viernes. 6. Usted va al gimnasio el sábado.

V. 1. Sí, me llamo Juan. (o) No, no me llamo Juan. 2. Sí, soy de Texas. (o) No, no soy de Texas. 3. Sí, voy a la clase de religión. (o) No, no voy a la clase de religión. 4. Sí, soy estudiante. (o) No, no soy estudiante. 5. Sí, soy famoso(a). (o) No, no soy famoso(a). 6. Sí, hay muchos estudiantes excelentes en la clase. (o) No, no hay muchos estudiantes excelentes en la clase. 7. Sí, hay muchos profesores ignorantes en la universidad. (o) No, no hay muchos profesores ignorantes en la universidad.

VI. 1. los martes, los miércoles, los jueves 2. sábado, domingo

VII. A. 1. Es la una y quince (cuarto) de la tarde. 2. Son las nueve y media (treinta) de la noche. 3. Son las cuatro menos veinte de la mañana. 4. Son las seis menos diez de la mañana.

B. 1. Voy a la clase de historia a las ocho y quince (cuarto) de la mañana. 2. Voy a la clase de español a las nueve y veinte de la mañana. 3. Voy a la clase de religión a las once y media (treinta) de la mañana. 4. Voy a la clase de biología a las dos menos quince (cuarto) de la tarde.

AUTOPRUEBA Y REPASO #2

I. 1. tengo 2. tiene 3. tienen 4. tenemos 5. tienes

II. 1. Tengo mis fotos. 2. ¿Tienes tus libros? 3. Tiene su guitarra. 4. Tenemos nuestras computadoras. 5. Tienen su escritorio. 6. Tenéis vuestra calculadora.

III. A. 1. No soy tonto. Soy inteligente. 2. No eres fea. Eres bonita (hermosa). 3. No somos débiles. Somos fuertes. 4. No son altas. Son bajas. 5. No es rubio. Es moreno. 6. No sois pobres. Sois ricos. 7. No es gordo. Es delgado (flaco). 8. No son difíciles. Son fáciles.

B. 1. Son japoneses. 2. Es española. 3. Es canadiense. 4. Son mexicanas. 5. Son alemanes.

IV. 1. No estoy triste. Estoy contento. 2. No estás enfermo. Estás bien. 3. No estamos mal. Estamos bien. 4. No están en la ciudad. Están en el campo. 5. El coche no está aquí. Está allí. 6. Las puertas del coche no están abiertas. Están cerradas.

V. 1. El coche es viejo. 2. Los padres son jóvenes. 3. El padre es hombre de negocios. 4. La hija es muy simpática. 5. La familia está muy contenta. 6. Los abuelos están en la Florida. 7. Los tíos son de la Florida.

VI. 1. Soy alto(a), inteligente, etc. 2. Mi madre es bonita, trabajadora, etc. 3. Mis amigos son simpáticos, amables, etc. 4. No, no estamos preocupados. (o) Sí, estamos preocupados. 5. Sí, tengo muchas clases. (o) No, no tengo muchas clases. 6. No, no tenemos clases los sábados.

AUTOPRUEBA Y REPASO #3

I. 1. necesita, vende, come 2. preparan, compran, venden 3. estudias, desayunas, vives 4. aprendo, escribo, preparo 5. estudiamos, aprendemos, escribimos

II. 1. Pues, ¿qué bebes? 2. Pues, ¿dónde come? 3. Pues, ¿cuál es su fruta favorita? 4. Pues, ¿adónde va? 5. Pues, ¿cuándo trabaja? 6. Pues, ¿de dónde eres? (o) ¿de dónde es usted? 7. Pues, ¿cuántos años tiene? 8. Pues, ¿cómo se llama?

III. 1. Sí, les gusta tomar café. (o) No, no les gusta tomar café. 2. Sí, nos gusta el bistec. (o) No, no nos gusta el bistec. 3. Sí, le gustan los camarones. (o) No, no le gustan los camarones. 4. Sí, nos gusta tomar el desayuno temprano. (o) No, no nos gusta tomar el desayuno temprano. 5. Sí, me gustan los huevos revueltos. (o) No, no me gustan los huevos revueltos.

IV. 1. Como cereal, huevos fritos, pan tostado, etc. 2. Mi postre favorito es la torta de chocolate, etc. 3. Me gustan más las fresas y los duraznos, etc. 4. Soy de Virginia, etc. 5. Vivo en Richmond, etc. 6. Voy a la biblioteca, etc. 7. Estudio por la noche, etc. 8. Sí, necesito estudiar más. (o) No, no necesito estudiar más. 9. Sí, llego a clase a tiempo todos los días. (o) No, no llego a clase a tiempo todos los días. 10. Sí, asistimos a la clase de español todos los días. (o) No, no asistimos a la clase de español todos los días.

AUTOPRUEBA Y REPASO #4

I. 1. Veo a mi amigo. Veo la casa. Veo a los muchachos. 2. Conozco a la señorita. Conozco al señor Lorca. Conozco la ciudad de Nueva York.

II. 1. Vengo a la clase todos los días. Vienes a la clase todos los días. 2. Digo "hola" al entrar en la sala de clase. Decimos "hola" . . . 3. Conozco bien al profesor/a la profesora. Conocéis bien . . . 4. Sé todo el vocabulario. Sabemos . . . 5. No hago errores. No hacen . . . 6. Traduzco las oraciones. Traduce . . . 7. Traigo la tarea a clase. Traen . . . 8. Veo a mis compañeros(as) de clase todos los días. Vemos a nuestros(as) compañeros(as) . . . 9. No salgo de clase temprano. No sales . . .

III. 1. Hace fresco, hace sol, llueve, etc. 2. Hace mucho frío, nieva, etc. 3. Hace fresco, hace viento, llueve, etc. 4. Hace calor, hace viento, etc.

IV. 1. ¿Duermen ustedes en la clase? No, no dormimos en la clase. (o) Sí, dormimos en la clase. 2. ¿Entienden ustedes bien lo que dice el profesor? Sí, entendemos bien lo que dice. (o) No, no entendemos bien lo que dice. 3. ¿Quieren ustedes estudiar esta noche? No, no queremos estudiar esta noche. (o) Sí, queremos estudiar esta noche. 4. ¿Vienen ustedes a mi casa esta noche? Sí, vamos a su casa esta noche. (o) No, no vamos a su casa esta noche. 5. ¿Pueden ustedes llegar a las ocho? Sí, podemos llegar a las ocho. (o) No, no podemos llegar a las ocho. 6. ¿Prefieren ustedes cenar en un restaurante o en la cafetería? Preferimos cenar en un restaurante (en la cafetería). 7. ¿Piden ustedes postre en los restaurantes normalmente? Sí, pedimos postre en los restaurantes normalmente. (o) No, no pedimos postre en los restaurantes.

V. 1. Voy a preparar la comida. 2. Mi hermano va a escuchar música. 3. Teresa y Linda van a bailar en la discoteca. 4. Vamos a buscar a nuestros amigos e ir al centro. 5. Vas a descansar.

VI. 1. En la clase de español, conozco bien al (a la) profesor(a). 2. Tengo que estudiar, trabajar, etc. 3. Tengo ganas de dormir, ir a la cafetería, etc. 4. Voy a hablar con mis amigos, estudiar, etc. 5. Duermo ocho horas normalmente, etc. 6. Mi estación favorita es el verano porque puedo ir a la playa, etc. 7. No, no tengo resfriados normalmente. Tengo dolor de garganta, fiebre, tos, etc.

AUTOPRUEBA Y REPASO #5

I. A. 1. Voy a comprar esta corbata. 2. Voy a comprar esos zapatos. 3. Voy a comprar aquellas camisetas. 4. Voy a comprar ese regalo.

B. 1. Estas gafas cuestan treinta y ocho dólares, ésas cuestan veintidós y aquéllas cuestan diecinueve. 2. Estos jeans cuestan setenta y cinco dólares, ésos cuestan sesenta y tres y aquéllos cuestan treinta y cuatro. 3. Este traje cuesta trescientos cuarenta y cinco dólares, ése cuesta doscientos treinta dólares y aquél cuesta ciento cincuenta. 4. Esta casa cuesta dos millones de dólares, ésa cuesta un millón de dólares y aquél cuesta quinientos mil dólares.

II. A. 1. El abrigo es mío. Las botas son mías. Los guantes son míos. La gorra es mía. 2. La ropa interior es nuestra. Los jeans son nuestros. Las corbatas son nuestras. 3. La blusa es tuya. El vestido es tuyo. La camiseta es tuya. Las medias son tuyas. 4. La ropa de verano es suya. Las faldas son suyas. Los trajes de baño son suyos.

B. 1. Mi primo va con unos amigos suyos. 2. Viviana va con un amigo suyo. 3. Vosotros vais con unas amigas vuestras. 4. Mi hermana y yo vamos con un amigo nuestro. 5. Voy con unos amigos míos.

III. 1. Dos relojes cuestan quinientos dólares. 2. Dos anillos cuestan mil cuatrocientos dólares. 3. Dos coches nuevos cuestan treinta y dos mil dólares. 4. Dos casas nuevas cuestan doscientos cincuenta mil dólares. 5. Dos mansiones cuestan tres millones de dólares.

IV. 1. Hace dos semanas que trabajo aquí. 2. Hace media hora que juego al tenis. 3. Hace un año que conozco a mi compañero(a) de cuarto. 4. Hace dos meses que llevo estas gafas.

V. 1. Está nevando. 2. El niño está durmiendo. 3. Estoy leyendo una novela. 4. Estamos bebiendo café con leche. 5. Mis hermanos están preparando la cena.

VI. 1. Las mujeres llevan vestidos largos, joyas, etc. Los hombres llevan trajes, camisas blancas, corbatas, etc. 2. Debo llevar un abrigo grande, guantes, etc. Debo llevar un traje de baño, gafas de sol, etc.   3. Estoy escribiendo este ejercicio.   4. El coche que manejo es mío (de mis padres), etc.   5. La fecha de mi cumpleaños es el veinticuatro de septiembre.   6. Hace dos años que asisto a esta universidad.

AUTOPRUEBA Y REPASOS #6

I.   1. ¿Dónde se deposita dinero? Se deposita en el banco.   2. ¿Dónde se toma el autobús? Se toma en la Avenida 5, etc.   3. ¿Dónde se compran periódicos? Se compran en el quiosco.   4. ¿Dónde se venden collares y aretes? Se venden en la joyería.

II.   1. Fui al banco ayer.   2. Empecé a trabajar a las nueve.   3. Muchas personas abrieron cuentas.   4. Mi prima cobró un cheque.   5. Cambiaste cheques de viajero. 6. Contamos nuestro dinero.   7. Saqué mi tarjeta de crédito.   8. Pagaron la cuenta. 9. Vi a muchos amigos míos allí.   10. Trabajé en el banco todo el día.

III.   1. Ana, ¿pidió usted la dirección? Carlos y Felipe, ¿pidieron ustedes la dirección? 2. Ana, ¿prefirió usted mandar la carta certificada? Carlos y Felipe, ¿prefirieron ustedes mandar la carta certificada?   3. Ana, ¿durmió usted bien después de volver del centro? Carlos y Felipe, ¿durmieron ustedes bien después de volver del centro?

IV.   A.   1. Antonio va a llevarme.   2. Antonio va a llevarnos.   3. Antonio va a llevarlos. (o) Antonio va a llevarlas.   4. Antonio va a llevarlas.   5. Antonio va a llevarlos.   6. Antonio va a llevarla.   7. Antonio va a llevarte.

B.   1. Sí, las encontré.   2. Sí, las firmé.   3. Sí, la cambié.   4. Sí, los recibí.

C.   1.   Sí, quiero verlos(las). (o) No, no quiero verlos(las). 2.   Sí, voy a llamarlos esta noche. (o) No, no voy a llamarlos.   3.   Sí, necesito depositarlo. (o) No, no necesito depositarlo. 4. Sí, deseo abrirla ahora. (o) No, no deseo abrirla ahora.

V.   1.   Se abren a las diez de la mañana, etc.   2. No, no gasté mucho dinero el mes pasado.   3. Pedimos pescado, patatas, ensalada, etc.   4. Sí, fuimos al centro el sábado por la noche. (o) No, no fuimos al centro . . .   5. Sí, vimos la película "Lo que el viento se llevó". (o) No, no vimos la película "Lo que el viento se llevó".   6. Dormimos ocho horas anoche.

AUTOPRUEBA Y REPASO #7

I.   1. Mi primo vino por un mes. Nosotros vinimos . . .   2. Tuve que preparar la comida. Usted tuvo . . .   3. Ella no pudo nadar en el río. No pudimos . . .   4. No quise montar a caballo. Mis padres no quisieron . . .   5. Hiciste el viaje al pueblo histórico. Hicisteis . . .   6. Anduve por el bosque. Ellos anduvieron . . .   7. Carmen trajo las carpas. Mis amigos trajeron . . .   8. Puse la comida en la carpa. Ustedes pusieron . . .

II.   1. Fui al mar hace cinco años.   2. Visité a mis abuelos hace seis meses.   3. Hice un viaje a Europa hace tres años.

III.   1. Él va a darnos un bote pequeño para la Navidad.   2. Él va a darle una mochila . . . 3. Él va a darles un caballo . . .   4. Él va a darle un canario . . .   5. Él va a darme una tienda de campaña y un saco de dormir . . .

IV.   1. Nos fascinan los relámpagos.   2. Les molestan los mosquitos.   3. Le interesa el bosque.   4. Me encanta pescar.

V.   1. Sí, se las di.   2. Sí, se la expliqué.   3. Sí, se lo mandé.   4. Sí, te lo devolví.   5. Sí, se los pagué.

VI.   A.   1. No, no veo nada en el árbol.   2. No, no vi a nadie en la tienda.   3. No, no le pedí nada.   4. No, no hay nadie en la choza.

B.   1. Yo pesqué en el río también.   2. No monté a caballo tampoco.   3. Hice un viaje a la selva también.   4. No subí la colina tampoco.

VII. 1. Vi vacas, caballos, cerdos, etc. 2. Vi relámpagos, nubes negras, etc. 3. Le dije: "Buenos días, ¿cómo está usted?" 4. Traje mis libros, mis cuadernos, etc. 5. Pusimos los libros en el pupitre, etc. 6. Sí, se la di. 7. Fui de vacaciones hace tres semanas, etc. 8. Me importan mis clases, los deportes, mi familia, etc. 9. Me encanta jugar al tenis, etc.

AUTOPRUEBA Y REPASO #8

I. 1. Ayudaba a mis padres. 2. Conversaba con mi abuela. 3. Corrías en el parque. 4. Andaba en bicicleta. 5. Queríamos jugar con nuestros primos. 6. Siempre visitábamos a nuestros tíos. 7. Caminabais en el centro comercial. 8. Comían mucho helado. 9. Iba al cine. 10. Veía muchas películas.

II. A. 1. El año pasado alquilé un apartamento. 2. Con frecuencia invitaba a mis amigos al apartamento. 3. Todos los sábados limpiaba la sala. 4. Una vez lavé las cortinas. 5. Los fines de semana visitaba a mis vecinos. 6. Todas las mañanas abría las ventanas. 7. Ayer bajé al sótano. 8. Un día vi un insecto enorme en la cocina.

B. 1. Eran las dos de la tarde. 2. Hacía sol. 3. Mónica llevaba vaqueros . . . 4. Ella salió de su apartamento. 5. Decidió ir al parque. 6. Mientras caminaba por el parque, vio un gato hambriento. 7. Lo llevó a su apartamento. 8. Le dio leche caliente y comida. 9. Después, fue al veterinario con el gato. 10. El veterinario lo examinó. 11. El gato estaba en excelentes condiciones.

III. A. 1. Quiero comer después de ver la película en el vídeo. 2. Quiero poner los libros encima de la mesa. 3. Quiero poner la planta detrás del sofá. 4. Quiero estar fuera de la casa.

B. 1. Al entrar en el teatro, vimos a nuestros amigos. 2. Nunca podemos mirar una película sin comer palomitas. 3. Después de la película, fuimos a un restaurante para cenar. 4. Antes de volver a casa, decidimos ir al centro.

C. 1. Durante el verano trabajé para el banco. 2. Trabajé para poder ir a México. 3. Salí para México el 6 de agosto. 4. Estuvimos allí por un mes. 5. Anduve por todo el país. 6. Compré un libro de arte para mi madre. 7. Lo compré por noventa pesos. 8. Mi madre me dijo, "Gracias por el libro".

IV. 1. Era muy grande, con dos cuartos, un baño, una cocina grande, etc. 2. Algunos estudiaban, otros miraban la televisión, otros dormían, etc. 3. Después de comer, volví a la residencia estudiantil y hablé con mi compañero(a) de cuarto, etc. 4. Sí, voy a los centros comerciales con frecuencia. Voy para comprar ropa y discos compactos y para alquilar vídeos, etc.

AUTOPRUEBA Y REPASO #9

I. A. 1. Mi compañero(a) de cuarto se despierta. 2. Me levanto. 3. Te quitas la camiseta. 4. Os vestís. 5. Nos preocupamos por el examen. 6. Ana y Susana se van a clase.

B. 1. Acabo de bañarme. 2. Felipe acaba de peinarse. 3. Acabas de lavarte la cara. 4. Acabamos de afeitarnos. 5. Acaban de cepillarse los dientes.

C. 1. Mi hermano se comprometió con su novia el año pasado. 2. Mis hermanas se enamoraron de dos jóvenes simpáticos cuando fuimos a la playa. 3. Mis tíos se divorciaron recientemente. 4. Me despedí de mi familia al venir a la universidad. 5. Nos divertimos mucho en el viaje que hicimos a España.

II. 1. Hemos visitado las pirámides de Copán. 2. Has sacado fotos de los templos. 3. Inés ha ido al mercado público. 4. Habéis comprado muchas flores. 5. Mis amigos han escrito muchas tarjetas postales. 6. Usted ha viajado por la costa del Mar Caribe. 7. Has visto la selva. 8. He hecho muchas cosas interesantes. 9. Me he divertido mucho.

III. 1. Había apagado la computadora. 2. Mi compañero(a) de cuarto se había duchado. 3. Habías escrito tu composición. 4. Habíamos hecho la tarea para la clase de español. 5. Linda y Teresa habían leído la novela para la clase de inglés.

IV: 1. Después de levantarme, me baño, me peino, me cepillo los dientes, etc. 2. Mi compañero(a) de cuarto se duchó, se peinó, se cepilló los dientes, etc. 3. Ellos se abrazaron, se besaron, etc. 4. Sí, nos queremos mucho. 5. Me he bañado, he desayunado, he asistido a mis clases, etc. 6. Sí, nos hemos divertido mucho. Hemos ido al cine dos o tres veces; hemos cenado en restaurantes buenos; hemos asistido a dos conciertos, etc.

AUTOPRUEBA Y REPASO #10

I. 1. Sugiero que vayas a Puerto Rico durante el invierno. 2. Quiero que mis amigos se diviertan mucho durante su visita a San Juan. 3. Prefiero que viajemos en un barco grande. 4. Le pido a José que que me compre un regalo en Santo Domingo. 5. Quiero que visitemos el bosque nuboso. 6. Recomiendo que mis amigos vuelvan a casa en dos semanas.

II. 1. Espero que hagan el viaje por la Carretera Panamericana. 2. Espero que Linda me mande fotos de todos los países. 3. Siento que mis amigos salgan mañana sin mí. 4. Temo que se olviden de mí. 5. Me alegro de que puedas hacer el viaje. 6. Espero que todos nosotros(as) podamos hacer otro viaje en el futuro.

III. A. 1. Llene el tanque, por favor. 2. Cambie el aceite, . . . 3. Limpie el parabrisas, . . . 4. Ponga agua en la batería. 5. No se olvide del aire para las llantas. 6. Dese prisa, . . .

B. 1. Vengan el lunes por la tarde. 2. Tomen la Carretera Panamericana sur. 3. Vayan a la salida número 10. 4. Doblen a la izquierda en el segundo semáforo. 5. Crucen la avenida Juárez. 6. Paren en la esquina porque siempre hay un policía allí. 7. Sigan derecho cinco cuadras. 8. Busquen la casa número 117. 9. Estacionen en frente de mi casa.

IV. 1. Durmamos mañana por la mañana. No durmamos . . . 2. Levantémonos a las diez. No nos levantemos . . . 3. Salgamos para el centro. No salgamos . . . 4. Vamos por este camino. No vayamos . . . 5. Paremos aquí. No paremos . . . 6. Crucemos el puente. No crucemos . . . 7. Sigamos esta ruta. No sigamos . . .

V. 1. Quiero que llene el tanque con gasolina, que revise la batería, etc. 2. Digo, "¡Caramba!" (o) "¡Ay de mí!" 3. Los policías recomiendan que manejemos con cuidado, que crucemos la calle con cuidado, etc. 4. Espero que mis amigos vengan a mi fiesta, que traigan comida, etc.

AUTOPRUEBA Y REPASO #11

I. A. 1. Limpia la cocina. 2. Apaga la radio. 3. Haz la cama. 4. Pon la mesa. 5. Devuelve los vídeos a la tienda. 6. Sé más optimista. 7. Córtate el pelo. 8. Acuéstate más temprano.

B. 1. No te comas toda la comida del refrigerador. 2. No gastes tanto dinero. 3. No vayas a tantas fiestas. 4. No salgas todas las noches. 5. No seas insolente. 6. No te levantes tan tarde. 7. No te preocupes. 8. No te pongas impaciente.

II. A. 1. No creo que ustedes encuentren sus asientos rápidamente. 2. No estoy seguro(a) de que el auxiliar de vuelo sepa hablar español. 3. Dudo que el avión despegue a tiempo. 4. No estoy seguro(a) de que lleguemos a tiempo. 5. No creo que puedas ir con nosotros.

B. 1. Sí, creo que cuesta más de mil doscientos dólares. No, no creo que cueste . . . 2. Sí, dudo que haya un problema serio. No, no dudo que hay un problema serio. 3. Estoy seguro(a) que nuestro equipaje llega con nosotros. No, no estoy seguro(a) que nuestro equipaje llegue con nosotros. 4. Sí, creo que esta línea aérea es muy eficiente. No, no creo que esta línea sea muy eficiente.

III. 1. Es una lástima que el avión llegue tarde. 2. Es bueno que tenga todo el equipaje. 3. Es urgente que vayamos a la aduana. 4. No es posible que no pueda encontrar el boleto. 5. Es extraño que no haya azafatas.

IV. 1. Siento que mis amigos hayan perdido el tren.   2. Me alegro de que mi mejor amiga me haya traído un regalo.   3. Me alegro de que hayas encontrado tu cámara. 4. Siento que mis amigos no me hayan llamado.   5. Siento que hayas tenido un accidente.   6. Me alegro de que Elena y yo hayamos conseguido nuestros pasaportes.

V. 1. Encontramos las horas de las salidas y las llegadas de los aviones.   2. Generalmente los pasajeros facturan su equipaje, esperan en la sala de espera, etc.   3. Sí, creo que los aviones llegan a tiempo. (o) No, no creo que los aviones lleguen a tiempo.   4. Se venden boletos de ida y vuelta, de primera clase, de segunda clase, etc. Se consiguen en la taquilla.   5. Sí, mi familia ha viajado mucho. (o) No, mi familia no ha viajado mucho. Sí, siento que no hayan viajado más.

AUTOPRUEBA Y REPASO #12

I. 1. No, no ha recibido ningún recado para nosotros.   2. No, no salió ninguna de las criadas.   3. No, ninguno de los huéspedes ha pagado la cuenta o el servicio.   4. No tiene habitaciones con baño privado tampoco. (o) Tampoco tiene habitaciones con baño privado.

II. A. 1. Busco una habitación que esté cerca de la piscina. No tenemos ninguna habitación que esté cerca de la piscina. Sí, tenemos una habitación que está cerca de la piscina.   2. Busco una habitación que sea muy grande. No tenemos ninguna habitación que sea muy grande. Sí, tenemos una habitación que es muy grande. 3. Buscamos una habitación que tenga baño privado. No tenemos ninguna habitación que tenga baño privado. Sí, tenemos una habitación que tiene baño privado. 4. Buscamos una habitación que no cueste mucho. No tenemos ninguna habitación que no cueste mucho. Sí, tenemos una habitación que no cuesta mucho.

B. 1. Necesito una habitación que esté en la planta baja.   2. Prefiero un cuarto que tenga camas individuales.   3. Quiero un baño que sea más grande.   4. Necesito una llave que abra el mini-bar.

III. 1. Los hombres son tan inteligentes como las mujeres.   2. Mis tíos son tan generosos como mis abuelos.   3. Mi hermana es tan simpática como mi hermano.   4. Los Gutiérrez tienen tanto dinero como los Gómez.   5. Los Gutiérrez tienen tantos coches como los Gómez.   6. Los Gutiérrez tienen tanta ropa como los Gómez.

IV. 1. El Hotel Dos Estrellas es más económico que el Hotel Tres Estrellas. El Hotel Una Estrella es el más económico de los tres.   2. La piscina en el Hotel Sol es más grande que la piscina en el Hotel Luna. La piscina en el Hotel Mar es la más grande de las tres.   3. El restaurante El Patio es mejor que el restaurante El Jardín. El restaurante El Capitán es el mejor de los tres.   4. El servicio en el Hotel Playa Linda es peor que el servicio en el Hotel Ritz. El servicio en el Hotel Buen Descanso es el peor de los tres.

V. 1. Yo viajaría a muchos países.   2. Pepe pondría el dinero en el banco.   3. Tú les darías dinero a los pobres.   4. Vosotros gastaríais todo el dinero.   5. Nosotros haríamos un viaje a la Patagonia.   6. Mis amigas irían a Chile a esquiar.

VI. 1. Sí, soy tan generoso(a) como mis amigos(as). Mi mejor amigo(a) es la persona más generosa de mi grupo de amigos(as).   2. Sí, tengo tantas clases como mi compañero(a) de cuarto. (o) No, mi compañero(a) tiene más (menos) clases que yo, (etc.). Sí, mis clases son tan difíciles como las de él/ella.   3. (. . .) es el (la) estudiante más inteligente.   4. La clase de cálculo (historia, etc.) es la más difícil. La clase más interesante es la clase de español.   5. Busco empleados que sean muy amables, que trabajen mucho, que sean honestos, etc.   6. Queremos que el hotel tenga habitaciones muy grandes, que tenga un restaurante excelente, que tenga piscina, etc.   7. Iríamos a la playa para nadar o iríamos a Colorado para esquiar, etc.

AUTOPRUEBA Y REPASO #13

I. 1. Quería que mi amigo fuera más conservador. Quería que mi amigo encontrara empleo. Quería que mi amigo resolviera sus problemas.   2. Los padres esperaban que los hijos no sufrieran discriminación. Los padres esperaban que los hijos no tuvieran prejuicios. Los padres querían que los hijos no fueran a la guerra. 3. Mi compañero(a) de cuarto sugería que escucharas las noticias. Mi compañero(a) de cuarto sugería que participaras en las elecciones. Mi compañero(a) de cuarto sugería que votaras por el mejor candidato. 4. La profesora recomendaba que recicláramos muchas cosas. La profesora recomendaba que no desperdiciáramos el agua. La profesora recomendaba que no contamináramos el río.

II. 1. Se alegraron de que no contamináramos el lago. 2. Se alegraron de que los estudiantes ayudaran a conservar el bosque. 3. Se alegraron de que plantaras más árboles. 4. Se alegraron de que yo reciclara el papel y el aluminio. 5. Se alegraron de que mi amiga decidiera asociarse al club.

III. A. 1. Si ganara dinero, lo ahorraría. 2. Si lo ahorrara, tendría mucho dinero. 3. Si tuviera un coche, haría un viaje. 4. Si comprara un coche, haría un viaje. 5. Si hiciera un viaje, iría a México. 6. Si fuera a México, me quedaría allí dos meses. 7. Si me quedara allí dos meses, perdería mi trabajo. 8. Si perdiera mi trabajo, no tendría dinero.

B. 1. Ojalá (que) el medio ambiente no estuviera muy contaminado. 2. Ojalá (que) no hubiera mucho desempleo en esta ciudad. 3. Ojalá (que) no tuviéramos guerras en el mundo hoy. 4. Ojalá (que) muchas personas no sufrieran del SIDA y del cáncer.

IV. 1. Creo que las industrias no deben contaminar el aire o los ríos y que deben reciclar más. 2. Estoy en contra de la legalización de las drogas porque muchas personas sufren y mueren a causa de las drogas. 3. Algunos problemas muy serios en nuestra nación hoy son la violencia, los robos en la calle, la pobreza, etc. 4. Mis amigos esperaban que jugara al fútbol, etc. con ellos, que tuviera una buena vida, etc. 5. Eliminaría la pobreza, las guerras, etc. No quiero que los niños sufran del hambre. No quiero que los jóvenes tengan que luchar y matar a otras personas, etc.

AUTOPRUEBA Y REPASO #14

I. 1. Tendré muchas entrevistas. 2. Encontraré un trabajo magnífico. 3. Mi novio(a) y yo nos casaremos. 4. Viviremos en una ciudad grande. 5. Mis amigos harán muchos viajes. 6. Irás a México frecuentemente. 7. Volveréis a la universidad cada cinco años.

II. 1. Hice la llamada tan pronto como llegué. Mario hará la llamada tan pronto como llegue. 2. Te llamé cuando recibí el paquete. Él me llamará cuando reciba el paquete. 3. No mandes el paquete hasta que consiga el código postal. No mandé el paquete hasta que conseguí el código postal. 4. Voy a comprar la computadora después de que mi tia me dé el dinero. Compré la impresora después de que mi abuelo me dio el dinero.

III. 1. Voy a quedarme aquí en caso de que Marta llame. 2. Voy a escribirle para que él sepa mi dirección. 3. Voy a escribirla en español con tal de que tú me ayudes con la carta. 4. No puedes llamar a menos que tengas el código de área.

IV. 1. Muy señores míos/Muy señoras mías. (o) Estimada señora/Estimado señor. (o) Distinguida señora/Distinguido señor. 2. Le doy las gracias por su carta del . . . 3. Atentamente.

V. 1. Voy a escribirle una carta a mi familia cuando tenga el tiempo. 2. Se puede contestar diciendo, "Aló" (o) "Dígame". 3. Debo llevar mi currículum vitae, mi solicitud, etc. 4. Trabajaré en una oficina en el centro de San Francisco. Seré contador y me gustará ir a la oficina, etc.

APÉNDICE 3

Definiciones de términos gramaticales

Definitions of grammatical terms with references in *Dicho y hecho*

adjective A word that limits, describes, or qualifies a noun or pronoun (*Dicho y hecho*: Chapter 1, III. Describing people and things)

adjective dependent clause A clause that functions like an adjective in that it limits, describes, or qualifies a noun (*Dicho y hecho*: Chapter 12, II. Other ways to make indefinite and negative references)

adverb A word that modifies a verb, adjective, or another adverb by expressing when, where, how, to what degree, or why. (*Dicho y hecho*: Chapter 9, III. Describing how actions take place)

adverbial dependent clause A clause that functions like an adverb in that it modifies the verb by expressing when, where, how, to what degree, or why the action takes place (*Dicho y hecho*: Chapter 14, II. Talking about pending actions; III. Expressing condition and purpose)

article A word, functioning as an adjective before a noun, that is used to limit or specify the noun (such as the definite article *the* in English) or is used when the referent is unspecified (such as the indefinite articles *a, an* in English) (*Dicho y hecho*: Chapter 1, II. Identifying gender and number)

clause a group of words that contains subject, verb, and qualifying words.

command A form of the verb that gives an order or directs with authority (*Dicho y hecho*: Chapter 10, IV. Giving orders and instructions to others; V. Giving orders and suggestions to a group in which you are included; Chapter 11, I. & II. Giving order and advice to family and friends)

comparative A second degree of comparison in which a quality or attribute of one person or thing is expressed as being in a greater or lesser degree than that of another. (*Dicho y hecho*: Chapter 12, III. Comparing people or things that have the same qualities or quantities; IV. Comparing unequal qualities or quantities)

conditional A verb form expressing a potential, uncompleted action or state of being that takes place future to a past time reference and that is dependent on a condition or conditions. (*Dicho y hecho*: Chapter 12, V. Talking about what might or would happen in certain circumstances)

conditional perfect A verb form expressing a potentially complete action or state of being that took place previous to a past time reference and that was dependent on a condition or conditions

conjunction A word that connects words, phrases, or clauses. Coordinating conjunctions (such as *and, but, or*) connect expressions of equal importance. Subordinating conjunctions connect independent and dependent (subordinating) clauses.

demonstrative An adjective or pronoun that points out a particular person or thing. (*Dicho y hecho*: Chapter 5, I. Pointing out things and persons)

dependent clause A subordinate clause that functions as a noun, adjective, or adverb and cannot stand alone.

direct object A word that denotes the thing or person receiving the action from the verb and answers the question of *what?* or *whom?* (*Dicho y hecho*: Chapter 6, IV. Referring to persons and things without repeating the name)

familiar Describes a form of pronoun or verb used for the second person (*you* = **tú** or **vosotros**) when the style of address is informal or intimate.

formal Describes a form of pronoun or verb used for the second person (*you* = **usted, ustedes**) when the style of address is courteous, conventional, or professional.

future tense A verb form expressing action or state in time to come (*Dicho y hecho*: Chapter 4, V. Making future plans; Chapter 14, I. Talking about what will happen)

future perfect tense A verb form expressing an action or state to be completed in relation to a specified time in the future.

gender A classification of nouns and pronouns according to sex: masculine, feminine, or neuter in English (biologically based); masculine or feminine in Spanish (linguistically based) (*Dicho y hecho*: Chapter 1, II. Identifying gender and number)

gerund A verb form (ending in -*ing* in English) expressing ongoing action or condition; used in the progressive tenses. (*Dicho y hecho*: Chapter 5, VII. Emphasizing that an action is in progress)

imperfect tense A verb form expressing a continuous or repeated past action, a descriptive background in the past, a description of mental or emotional attitudes or characteristics in the past, or time in the past (*Dicho y hecho*: Chapter 8, I. Describing in the past; II. Talking about and describing persons, things and actions in the past)

independent clause A principal clause that states the main thought and can stand alone.

indicative A mood of a verb used to express an act, state, or occurrence as fact.

indirect object A word indicating the person or thing indirectly affected by the action or the verb (naming the person or thing to which something is given or directed or for which something is done). (*Dicho y hecho*: Chapter 7, III. Indicating to whom something is done; V. Answering the questions *what* and *to whom* without repeating names)

infinitive A simple form of the verb that expresses existence or action without reference to person, number, or tense.

interrogative Any word that asks a question. (*Dicho y hecho*: Chapter 3, II. Asking for specific information)

mood The form a verb takes to denote the speaker's attitude toward the action or state expressed, indicating such action or state as fact (indicative), as supposal, wish, possibility, etc. (subjunctive), as a command, or as a condition.

noun Any word (substantives) naming or denoting a person, thing, action, quality, etc.

noun dependent clause A clause that functions like a noun and answers the question *what?* (*Dicho y hecho*: Chapter 10, II. Expressing wishes and requests that affect the actions of others; III. Expressing emotional reactions and feelings about the actions of others; Chapter 11, III. Expressing doubt, uncertainty or disbelief; Using impersonal expressions to state recommendations, emotional reactions, and doubts; V. Expressing reactions to recent events)

neuter A classification for things that are neither masculine nor feminine.

passive voice A form of the verb indicating that the subject is acted upon and therefore is the receiver or object of the action. (*Dicho y hecho*: Chapter 6, I. Indicating an impersonal or anonymous action)

past participle A form of the verb having qualities of both verb and adjective and indicating a time or condition completed. (*Dicho y hecho*: Chapter 9, IV. Describing what has happened)

past perfect (pluperfect) tense A verb form expressing action or state as completed before a stated or implied past time. (*Dicho y hecho*: Chapter 9, V. Describing what had happened)

person Refers to one of three classes of pronouns or verb forms indicating the subject as the speaker (*I, we*), the person spoken to (*you*), or the person or thing spoken of (*he, she, it, they*). (*Dicho y hecho*: Chapter 1, I. Identifying yourself)

possessive Any one of a class of words or constructions expressing possession or ownership. (*Dicho y hecho*: Chapter 2, II. Expression possession; Chapter 5, II. Indicating possession; III. Emphasizing possession)

preposition A relator word that connects a noun, pronoun, or noun phrase to another element of a sentence in terms of cause, time, space, etc. (*Dicho y hecho*: Chapter 8, III. Indicating where and when; V. Stating purpose, destination, cause and motive)

present participle A form of the verb having qualities of both verb and adjective indicating a time or condition in progress.

present tense A verb form expressing an action as taking place now or as a state existing now, an action that is habitual, or an action or condition that is always true. (*Dicho y hecho*: Chapter 3, I. Talking about actions in the present; Chapter 4, II. Talking about a wider variety of activities in the present)

present perfect tense A verb form expressing action or state as completed at the time of speaking but without reference to a definite time in the past. (*Dicho y hecho*: Chapter 9, IV. Describing what has happened; Chapter 11, V. Expressing reactions to recent events)

preterit tense A verb form expressing a single completed past action or a past action with a specific limitation of time (beginning and end). (*Dicho y hecho*: Chapter 6, II. Talking about past actions; III. Expressing additional actions in the past; Chapter 7, I. Expressing additional actions in the past)

progressive tense A verb form indicating development or continuity of an action. (*Dicho y hecho*: Chapter 5, VII. Emphasizing that an action is in progress)

pronoun A word used in place of or substitution for a noun. (*Dicho y hecho*: Chapter 1, I. Identifying yourself; Chapter 6, IV. Referring to persons and things without repeating the name; Chapter 7, III. Indicating to whom something is done; Chapter 8, IV. To refer to persons without repeating the name)

reflexive A form of pronoun that refers back to the subject or doer of the action. (*Dicho y hecho*: Chapter 9, I. Talking about daily routines and emotions or conditions; II. Talking about each other)

relative pronoun A word that introduced a dependent clause by establishing the relationship between that clause and an antecedent.

stem The part of a word to which endings (denoting person, number, tense, etc.) are added.

subject A word or group of words (generally nouns or pronouns) in a sentence about which something is stated.

subjunctive A mood of a verb used to express the speaker's attitude toward the action or state as subjective (supposal, wish, possibility, denial, disbelief, personal bias, command, etc.). (*Dicho y hecho*: Chapter 10, I. Expressing subjective reactions to the actions of others)

superlative The third degree of comparison in which a quality or attribute of a person or thing is expressed as being in the greatest or least degree. (*Dicho y hecho*: Chapter 12, IV. Comparing unequal qualities or quantities)

tense The form of the verb indicating the time of an action or state of being.

verb A word that expresses an action or state of being.

voice A form of verb indicating whether the subject is performing the action (active) or is being acted upon (passive).

VOCABULARIO
Spanish-English

The numbers refer to the chapters in which words are first introduced as active vocabulary.

A

a at, to, 1; **a causa de** because of, 13; **a favor de** in favor of, 13; **a menos que** unless, 14; **a veces** at times, 5
abierto open, 2
abogada *f* lawyer, 2
abogado *m* lawyer, 2
aborto *m* abortion, 13
abrazar to hug, 4
abrigo *m* coat, 5
abril April, 5
abrir to open, 6
abrocharse to fasten, 10
abuela *f* grandmother, 2
abuelo *m* grandfather, 2
aburrido bored, 2
acabar de to have just, 9
acampar to camp, 7
accidente *m* accident, 10
aceite *m* oil, 3
aceituna *f* olive, 3
acerca de about, 8
acordarse (ue) (de) to remember, 10
acostarse (ue) to go to bed, 9
acuerdo *m* agreement, 14
adiós good-bye, 1
¿adónde? (to) where?, 3
aduana *f* customs, 11
aeropuerto *m* airport, 11
afeitarse to shave, 9
agencia de viajes *f* travel agency, 11
agosto August, 5
(el) agua *f* water, 3; **agua mineral** mineral water, 3
ahora now, 3
ahorrar to save, 6
aire *m* air, 10; **aire acondicionado** air-conditioning, 12
ajo *m* garlic, 3
al on, upon, 8; **al lado de** beside, 8
alcohol *m* alcohol, 13
alegrarse (de) to be glad (about), 10
alemán German, 2

alfombra *f* carpet, rug, 8
(el) álgebra *f* algebra, 1
algo something, 7
algodón *m* cotton 5
alguien somebody, someone, 7
alguno some, someone, 12
almacén *m* department store, 6
almohada *f* pillow, 12
almorzar (ue) to have lunch, 4
almuerzo *m* lunch, 3
aló hello (on telephone), 14
alquilar to rent, 8
alto high, tall, 2
alumna *f* student, 1
alumno *m* student, 1
allí there, 2
(el) ama de casa *f* housewife, 2
amable kind, nice, amiable, 2
amar to love, 4
amarillo yellow, 5
ambos both, 9
americano American, 2
amiga *f* friend, 2
amigo *m* friend, 2
anaranjado orange (color), 5
andar to go, travel along, walk, 7
andén *m* platform, 11
anillo *m* ring, 5
animal *m* animal, 7
anoche last night, 6
anteayer day before yesterday, 6
anteojos *m* glasses, 5
antes (de) before, 8; **antes de que** before, 14
antipático disagreeable, unpleasant (persons), 2
año *m* year, 5; **Año Nuevo** New Year's Day, 5; **año pasado** last year, 6; **año próximo, año que viene** next year, 14
apagar to turn off, 8
apartamento *m* apartment, 8
apoyar to support, 13
aprender to learn, 3
aquel *m* that, 5; **aquél** that (one), 5;

aquellos *m* those, 5; **aquellos** those (ones), 5
aquella *f* that, 5; **aquélla** that (one), 5; **aquellas** *f* those, 5; **aquéllos** those (ones), 5
aquí here, 2
araña *f* spider, 7
árbol *m* tree, 7
archivar to file, 14
archivo *m* filing cabinet, 14
arena *f* sand, 7
aretes *m* earrings, 5
(el) arma *f* weapon, 14
arreglar to fix, repair, 10
arroz *m* rice, 3
arte *m*, *f* art, 1
ascensor *m* elevator, 12
aseo *m* restroom, 11
así so, thus; **así así,** so-so (fair), 1
asiento *m* seat, 11
asistir (a) to attend, 3
aterrizar to land (airplane), 11
aumento *m* increase, 14
auto *m* car, 2
autobús *m* bus, 6
automóvil *m* automobile, car, 10
autopista *f* highway, superhighway, 10
autoprueba *f* self-test, 1
auxiliar de vuelo *m* flight attendant, 11
avenida *f* avenue, 6
avión *m* airplane, 11
¡ay de mí! poor me!, 10
ayer yesterday, 6
ayudar to help, 10
azafata *f* flight attendant, 11
azúcar *m* sugar, 3
azul blue, 5

B

bailar to dance, 4
bajar to go down, 8; **bajar de** to get off, 11
bajo low, short, 2

baloncesto *m* basketball, 4
banana *f* banana, 3
banco *m* bank, bench, 6
bañarse to bathe, take a bath, 9
bañera *f* bathtub, 8
baño *m* bath, bathroom, 8; **baño privado** private bath, 12
bar *m* bar, 6
barato inexpensive, 5
barbaridad: ¡qué barbaridad! how awful!, 10
barco *m* boat, 7
básquetbol *m* basketball, 4
bastante enough, quite, 1
bebé *m*, *f* baby, 2
beber to drink, 3
bebida *f* beverage, drink, 3
béisbol *m* baseball, 4
besar to kiss, 4
biblioteca *f* library, 1
bicicleta *f* bicycle, 6
bien well, 2
bienvenido welcome, 12
billete *m* ticket, 11
billetera *f* wallet, 5
biología *f* biology, 1
bistec *m* steak, 3
blanco white, 5
blusa *f* blouse, 5
boca *f* mouth, 4
bocadillo *m* sandwich, 3
boleto *m* ticket, 11
bolígrafo *m* ballpoint pen, 1
bolsa *f* bag, purse, 5
bolso *m* purse, 5
bonito pretty, 2
borrador *m* eraser, 1
bosque *m* forest, woods 7
botas *f* boots, 5
bote *m* boat 7
botones *m* bellboy, 12
brazo *m* arm, 4
bueno good, 2
buscar to look for, 4
buzón *m* mailbox, 6

C

caballo *m* horse, 7
cabeza *f* head, 4
cada each, every, 8
cadena *f* chain, 5
café *m* coffee, 3; café, 6
cafetería *f* cafeteria, dining hall, 1
calcetines *m* socks, 5
calculadora *f* calculator, 14
cálculo *m* calculus, 1
calefacción *f* heating, 12
caliente hot, 3
calle *f* street, 6

calor *m* heat, 5; **hacer calor** to be hot (weather), 5; **tener calor** to be hot (person), 4
cama *f* bed, 8; **cama doble** double bed, 12; **cama individual** single bed, 12
cámara *f* camera, 11
camarera *f* waitress, 2
camarero *m* waiter, 2
camarones *m* shrimp, 3
cambiar to change, 6
cambio *m* change, exchange, small change, 6
caminar to walk, 4
camino *m* road, 10
camión *m* truck, 10
camisa *f* shirt, 5
camiseta *f* T-shirt, undershirt, 5
campo *m* country, field, 2
canadiense Canadian, 2
cáncer *m* cancer, 13
cansado tired, 2
cantar to sing, 4
capa de ozono *f* ozone layer, 13
capítulo *m* chapter, 1
cara *f* face, 4
¡caramba! oh, my gosh!, 10
carne *f* meat, 3
carnet de conducir *m* driver's license, 10
caro expensive, 5
carpa *f* tent, 7
carretera *f* highway, 10
carro *m* car, 2
carta *f* letter, 6; **carta de recomendación** *f* letter of recommendation, 14
cartera *f* wallet, 5
casa *f* house, home, 2
casado married, 9
casarse (con) to get married (to), 9
casi almost, 5
casete *m* cassette, 8
catedral *f* cathedral, 6
cebolla *f* onion, 3
cena *f* dinner, supper, 3
cenar to have dinner, supper, 3
centro *m* center, downtown, 6; **centro comercial** shopping center, 6; **centro estudiantil** student center, 1
cepillar(se) to brush, 9
cepillo *m* brush, 9; **cepillo de dientes** toothbrush, 9
cerca (de) near, 8
cerdo *m* pig, 7
cereal *m* cereal, 3
cereza *f* cherry, 3
cerrado closed, 2
cerrar (ie) to close, 6
cerveza *f* beer, 3
champú *m* shampoo, 9
chao 'bye (so long), 1

chaqueta *f* jacket, 5
cheque *m* check, 6; **cheque de viajero** traveler's check, 6
chica *f* girl, 2
chico *m* boy, 2
chimenea *f* chimney, fireplace, 8
chino Chinese, 2
choza *f* hut, 7
chuleta de cerdo *f* pork chop, 3
cielo *m* sky, 7
ciencias políticas *f* political science, 1
cine *m* movies, movie theater, 6
cinta *f* tape, 8
cinturón *m* belt, 5
ciudad *f* city, 2
¡claro! of course!, 10
clase *f* class, 1
cliente *m,f* client, 14
cobija *f* blanket, 12
cobrar to cash, charge, 6
coche *m* car, 2
cocina *f* kitchen, 8
cocinar to cook, 4
código de área *m* area code, 14
colina *f* hill, 7
collar *m* necklace, 5
comedor *m* dining room, 8
comer to eat, 3
comida *f* food, meal, 3
¿cómo? how?, 3; **¿cómo está usted?, ¿cómo estás?** how are you?, 1; **¿cómo se dice. . .?** how does one say. . .?, 1; **¿cómo se llama usted?, ¿cómo te llamas?** what is your name?, 1; **¿cómo te va?** how's it going?, 1
cómoda *f* bureau, 8
compañera de cuarto *f* roommate, 2
compañero de cuarto *m* roommate, 2
compañía *f* company, 14
competencia *f* competition, 14
comprar to buy, 3
comprometerse (con) to get engaged (to), 9
comprometido engaged, 9; **estar comprometido (con)** to be engaged (to), 9
computación *f* computer science, 1
computadora *f* computer, 14
comúnmente commonly, 9
con with, 3; **con tal que** provided that, 14
conducir to drive, 4
confirmar to confirm, 11
conmigo with me, 8
conocer to know, be acquainted with (persons, places, things), 4
conseguir (i, i) to get, obtain, 11
conservador conservative, 14
constantemente constantly, 9
construir to construct, 13

contabilidad *f* accounting, 1
contador *m* accountant, 2
contadora *f* accountant, 2
contaminación *f* contamination, pollution, 13
contaminar to contaminate, pollute, 13
contar (ue) to count, 6
contento content, happy, 2
contestador automático *m* answering machine, 14
contestar to answer, 7
contigo with you (fam.), 8
contra against, 14
contrato *m* contract, 14
copa *f* glass, goblet, 8
corbata *f* tie, 5
correo electrónico *m* E-mail, 14
correr to run, 4
cortar(se) to cut (oneself), 9; **cortar el césped** to mow the lawn, 8
cortina *f* curtain, 8
corto short, 5
cosa *f* thing, 5
costar (ue) to cost, 5
creer to believe, 11
crema *f* cream, 3; **crema de afeitar** shaving cream, 9
criada *f* maid, 12
crimen *m* crime, 13
criminal *m* criminal, 13
cruzar to cross, 10
cuaderno *m* notebook, 1
cuadra *f* city block, 10
cuadro *m* painting, picture, 8
¿cuál? which (one)?, 3; **¿cuáles?** which (ones)?, 3
cuando when, 14
¿cuándo? when?, 3
¿cuánto? how much?, 3; **¿cuántos?** how many?, 3
cuarto *m* quarter (hour), 1; room, 1; fourth, 12
cubo de basura *m* garbage can, 12
cuchara *f* spoon, 8
cuchillo *m* knife, 8
cuenta *f* bill, 6
cuerpo *m* body, 4
cuidado *m* care; **tener cuidado** to be careful, 10
cumpleaños *m* birthday, 5
cura *f* cure, 13
currículum vitae *m* resumé, 14

D

dar to give, 4; **darse prisa** to hurry up, 10
de about, from, of, 1; **de nada** you are welcome, 3; **¿de parte de quién?** who (shall I say) is calling?, 14
debajo (de) beneath, under, 8
deber to owe, ought, should, 4
débil weak, 2
décimo tenth, 12
decir (i) to say, tell, 4
dedo *m* finger, 4
dejar to allow, let; to leave behind, 12; **dejar de** to stop (doing something), 9
delante (de) in front (of), ahead (of), 8
delgado slender, 2
demasiado too, too much, 9; **demasiados** too many, 9
demora *f* delay, 11
dentro (de) inside, 8
dependienta *f* store clerk, 2
dependiente *m* store clerk, 2
deporte *m* sport, 4
depositar to deposit, 6
derecha *f* right, 10
derecho *m* justice, law, right, 13; *adj.* straight, straight ahead, 10
desafortunadamente unfortunately, 9
desayunar to have breakfast, 3
desayuno *m* breakfast, 3
descansar to rest, 4
desear to desire, 3
desempleo *m* unemployment, 14
desforestación *f* deforestation, 13
desierto *m* desert, 7
desinflado flat (tire), 10
desodorante *m* deodorant, 9
despacio slowly, 10
despedirse (i, i) (de) to say good-bye (to), 9
despegar to take off (airplanes), 11
desperdiciar to waste, 13
desperdicio *m* waste, 14
despertador *m* alarm clock, 9
despertarse (ie) to wake up, 9
después (de) after, 8; **después de que** after, 14
destrucción *f* destruction, 13
destruir to destroy, 13
detrás (de) behind, 8
devolver (ue) to return (something), 7
día *m* day, 1; **buenos días** good morning, 1
diario daily, 9
diciembre December, 5
diente *m* tooth, 4
difícil difficult, 2
diga, dígame hello (on telephone), 14
diligente diligent, hard-working, 2
dinero *m* money, 6
dirección *f* address, 6
disco *m* disc, 14; **disco compacto** compact disc, 8
discriminación *f* discrimination, 13

divertido amusing, funny, 2
divertirse (ie, i) to have a good time, 9
divorciarse to get divorced, 9
doblar to turn, 10
dolor *m* pain, ache, 4; **dolor de cabeza** headache, 4; **dolor de estómago** stomachache, 4; **dolor de garganta** sore throat, 4
domingo *m* Sunday, 1
¿dónde? where?, 3; **¿adónde?** (to) where?, 3; **¿de dónde?** from where?, 3
dormir (ue, u) to sleep, 4; **dormirse** to go to sleep, 9
droga *f* drug, 13
ducha *f* shower, 8
ducharse to take a shower, 9
dudar to doubt, 11
durante during, 8
durazno *m* peach, 3

E

e and (before **i**, **hi**), 2
economía *f* economics, 1
echar al correo to mail, 6
edificio *m* building, 6
efectivo *m* cash, 6
ejercicio *m* exercise, 1
el *m* the, 1
él *m* he (subject), 1; him (obj. of prep.), 8
eliminar to eliminate, 13
ella *f* she (*subject*), 1; her (*obj. of prep.*), 8
ellas *f* they (*subject*), 1; them (*obj. of prep.*), 8
ellos *m* they (*subject*), 1; them (*obj. of prep.*), 8
empezar (ie) to begin, 6
empleada *f* employee, 14
empleado *m* employee, 14
empleo *m* employment, 13
empresa *f* company, 14
en at, in, on, 1; **en caso de que** in case, 14; **en contra de** against, 13; **en vez de** instead of, 8
enamorado in love, 9; **estar enamorado (de)** to be in love (with), 9
enamorarse (de) to fall in love (with), 9
encantado delighted to meet you, 1
encantar to enchant (like a lot, love), 7
encender (ie) to turn on, 8
encima (de) above, on top of, 8
encontrar (ue) to find, 6; **encontrarse con** to meet, 9
energía *f* energy, 14
enero January, 5

enfermarse to get sick, 9
enfermedad *f* sickness, 13
enfermera *f* nurse, 2
enfermero *m* nurse, 2
enfermo sick, 2
enfrente de in front of, opposite, 8
enojado angry, 2
enojarse (con) to get angry (with), 9
ensalada *f* salad, 3
enseñar to teach, to show, 13
entender (ie) to understand, 4
entonces then, 8
entrar (en) to enter, to go in, 6
entre between, 8
entrevista *f* interview, 14
equipaje *m* luggage, 11
equipo *m* team, 4
esa *f* that, 5; **ésa** that (one), 5; **esas** *f* those, 5; **ésas** those (ones), 5
escalera *f* stairs, 8
escoger to choose, 13
escribir to write, 3; **escribir a máquina** to type, 6
escritorio *m* desk, 1
escuchar to listen (to), 4
escuela *f* school, 2; **escuela primaria** elementary school, 2; **escuela secundaria** high school, 2
ese *m* that, 5; **ése** that (one), 5; **esos** *m* those, 5; **ésos** those (ones), 5
espalda *f* back, 4
español Spanish, 1
espejo *m* mirror, 8
esperar to wait (for), 6; to expect, hope, 10
esposa *f* wife, 2
esposo *m* husband, 2
esquiar to ski, 4
esquina *f* corner, 10
esta *f* this, 5; **ésta** this (one), 5; **estas** *f* these, 5; **éstas** these (ones), 5
estación *f* season, 4; station, 10; **estación de ferrocarril** railroad station, 11; **estación de gasolina/servicio** gas/service station, 10
estacionamiento parking place/space, 10
estacionar to park, 10
estadounidense American, 2
estampilla *f* stamp, 6
estante *m* bookshelf, shelf, 8
estar to be, 2
estatua *f* statue, 6
este *m* this, 5; **éste** this (one), 5; **estos** *m* these, 5; **éstos** these (ones), 5
estéreo *m* stereo, 8
estómago *m* stomach, 4
estrella *f* star, 7
estudiante *m, f* student, 1
estudiar to study, 3

estufa *f* stove, 8
examen *m* exam, test, 1
excelente excellent, 2
experiencia *f* experience, 14
explicar to explain, 7
extraño strange, 11

F

fábrica *f* factory, 13
fácil easy, 2
fácilmente easily, 9
facturar to check (baggage), 11
falda *f* skirt, 5
familia *f* family, 2
fascinar to fascinate, 7
febrero February, 5
fecha *f* date, 5
felicitaciones *f* congratulations, 12
feo ugly, 2
ferrocarril *m* railroad, 11
fiebre *f* fever, 4
filosofía *f* philosophy, 1
firmar to sign, 6
física *f* physics, 1
flaco skinny, 2
flor *f* flower, 7
foto *f* photo, 11
fotocopia *f* photocopy, 14
fotocopiadora *f* photocopier, 14
francés French, 2
frecuentemente frequently, 9
fregadero *m* (kitchen) sink, 8
freno *m* brake, 10
frente facing, opposite, 8
fresa *f* strawberry, 3
frijoles *m* beans, 3
frío cold, 3; **hacer frío** to be cold (weather), 5; **tener frío** to be cold (person), 4
frito fried, 3
frontera *f* border, 10
fruta *f* fruit, 3
fuego *m* fire, 7
fuera de outside, 8
fuerte strong, 2
fumar to smoke, 4
funcionar to work (machine), 10
fútbol *m* soccer, 4; **fútbol americano** football, 4
futuro *m* future, 13

G

gafas *f* glasses, 5; **gafas de sol** sunglasses, 5
galleta *f* cookie, 3
gallina *f* chicken, 7

ganar to earn, win, 4
garaje *m* garage, 8
garganta *f* throat, 4
gastar to spend (money), 6
gato *m* cat, 7
generalmente generally, 9
gente *f* people, 6
gerente *m, f* manager, 14
gimnasio *m* gym, 1
gobierno *m* government, 13
golf *m* golf, 4
gordo fat, 2
gorra *f* cap, 5
gracias thanks, thank you, 3
grande big, large, 2
granja *f* farm, 7
gripe *f* flu, 4
gris gray, 5
guantes *m* gloves, 5
guapo handsome, 2
guardar to keep, 8
guerra *f* war, 13
guía telefónica *f* phone book, 14
guisantes *m* peas, 3
gustar to be pleasing, like, 3
gusto *m* pleasure, 1; **mucho gusto** pleased to meet you, 1; **el gusto es mío** it's my pleasure, 1

H

haber (*auxiliary verb*) to have, 9
había there was, there were, 8
habitación *f* (hotel) room, 12; **habitación doble** double room, 12; **habitación sencilla** single room, 12
hablar to speak, 3
hacer to do, make, 4; **hacer buen/mal tiempo** to be good/bad weather, 5; **hacer calor** to be hot, 5; **hacer cola** to get (stand) in line, 6; **hacer fresco** to be cool, 5; **hacer frío** to be cold, 5; **hacer la cama** to make the bed, 8; **hacer las compras** to go (grocery) shopping, 8; **hacer la maleta** to pack the suitcase, 11; **hacer sol** to be sunny, 5; **hacer una llamada** to make a call, 14; **hacer viento** to be windy, 5
(el) hambre *f* hunger, 13; **tener (mucha) hambre** to be (very) hungry, 3
hamburguesa *f* hamburger, 3
hasta until; **hasta luego** see you later, 1; **hasta mañana** see you tomorrow, 1; **hasta que** until, 14
hay there is, there are, 1; **¿qué hay de nuevo?** what's new?, 1
helado *m* ice cream, 3
hermana *f* sister, 2

hermano *m* brother, 2
hermoso beautiful, 2
hielo *m* ice, 3
hierba *f* grass, 7
hija *f* daughter, 2
hijo *m* son, 2
historia *f* history, 1
hogar *m* home, 8; **persona sin hogar** *f* homeless person, 14
hola hello, hi, 1
hombre *m* man, 2; **hombre de negocios** businessman, 2
hombro *m* shoulder, 4
hora *f* hour, time, 1
horario *m* schedule, 11
horno *m* oven, 8; **horno de microondas** microwave oven, 8
horrible horrible, 11; **es horrible** it's horrible, 11
hotel *m* hotel, 12
hoy today, 3
huéspeda *f* guest, 12
huésped *m* guest, 12
huevo *m* egg, 3; **huevos revueltos** scrambled eggs, 3
humano human, 14

I

ida y vuelta round-trip, 11
iglesia *f* church, 6
igualmente likewise, 1
impermeable *m* raincoat, 5
importante important, 11
importar to be important to, matter, 7
imposible impossible, 11
impresora *f* printer, 14
imprimir to print, 14
improbable improbable, 11
impuesto *m* tax, 12
ingeniera *f* engineer, 2
ingeniero *m* engineer, 2
inglés English, 1
inmediatamente immediately, 9
inodoro *m* toilet, 8
insecto *m* insect, 7
insistir (en) to insist (on), 10
inteligente intelligent, 2
interesar to interest, 7
inversión *f* investment, 14
invertir (ie, i) to invest, 14
invierno *m* winter, 4
invitar (a) to invite, 6
ir to go, 1; **ir de compras** to go shopping, 5; **irse** to go away, 9
isla *f* island, 7
italiano Italian, 2
izquierda *f* left, 10

J

jabón *m* soap, 8
jamón *m* ham, 3
Janucá *f* Hanukkah, 5
japonés Japanese, 2
jardín *m* garden, yard, 8
jeans *m* jeans, 5
jefa *f* boss, 14
jefe *m*, *f* boss, 14
joven young, 2
joyas *f* jewelry, 5
joyería *f* jewelry shop, 6
judías *f* green beans, 3
jueves *m* Thursday, 1
jugar (ue) to play, 4; **jugar al fútbol** to play soccer, 4; **jugar al tenis** to play tennis, 4
jugo *m* juice, 3
julio July, 5
junio June, 5
juntos together, 9

K

kilómetro *m* kilometer (0.62 mile), 10

L

la *f* the, 1; her, it, you (*dir. obj.*), 6
labio *m* lip, 4
laboratorio *m* laboratory, 1
lago *m* lake, 7
lámpara *f* lamp, 8
lana *f* wool, 5
langosta *f* lobster, 3
lápiz *m* pencil, 1
largo long, 5
las *f* the (*pl.*), 1; them, you (*pl., dir. obj.*), 6
lástima *f* pity, shame, 10
lavabo *m* sink (bathroom), 8
lavar to wash, 8; **lavar los platos** to wash dishes, 8; **lavarse** to wash (oneself), 9
le to her, to him, to you, 7
lección *f* lesson, 1
leche *f* milk, 3
lechuga *f* lettuce, 3
leer to read, 4
legumbre *f* vegetable, 3
lejos (de) far (from), 8
lengua *f* tongue, 4
lentamente slowly, 9
lentes de contacto *m*, *f* contact lenses, 5
les to them, to you (pl.), 7
levantar pesas to lift weights, 4

levantarse to get up, 9
ley *f* law, 13
liberal liberal, 14
librería *f* bookstore, 1
libro *m* book, 1
licencia de conducir *f* driver's license, 10
limón *m* lemon, 3
limpiaparabrisas *m* windshield wiper, 10
limpiar to clean, 4
limpio clean, 5
línea *f* line, 14; **línea aérea** airline, 11
lío *m* mess, 10
literatura *f* literature, 1
llamada *f* call, 12; **llamada a cobro revertido** collect call, 14; **llamada de larga distancia** long distance call, 14; **llamada local** local call, 13
llamar to call, 4; **llamarse** to be called, named; **me llamo. . .** my name is. . ., 1
llanta *f* tire, 10
llave *f* key, 12
llegada *f* arrival, 11
llegar to arrive, 3
llenar to fill, 10
llevar to carry, take, wear, 5; **llevarse bien/mal** to get along well/badly, 9
llorar to cry, 9
llover (ue) to rain, 5
lluvia *f* rain, 5
lo *m* him, it, you (*dir. obj.*), 6; **lo que** that which, what, 3
los *m* the (*pl.*), 1; them, you (*pl., dir. obj.*), 6
luchar to fight, struggle, 13
luego then, afterwards, 8
lugar *m* place, 6
luna *f* moon, 7; **luna de miel** honeymoon, 12
lunes *m* Monday, 1
luz *f* light, 8

M

madrastra *f* stepmother, 2
madre *f* mother, 2
maestra *f* teacher, 1
maestro *m* teacher, 1
maíz *m* corn, 3
mal bad, badly, 2
maleta *f* suitcase, 11
maletero *m* porter, 11
malo bad, 2
mandar to send, 6
manejar to drive, 4
mano *f* hand, 4
manta *f* blanket, 12
mantequilla *f* butter, 3

manzana *f* apple, 3; city block, 10
mañana *f* morning, 3; tomorrow, 3; **de la mañana** in the morning, 1; **por la mañana** in the morning, 3
mapa *m* map, 1
maquillaje *m* makeup, 9
máquina *f* machine, 14; **máquina de afeitar** electric shaver, 9; **máquina de escribir** typewriter, 6; **máquina de fax** fax machine, 14
mar *m* sea, 7
marcar to mark; to dial, 14
mariscos *m* scafood, 3
marrón brown, 5
martes *m* Tuesday, 1
marzo March, 5
más more, 3; **más que/de** more than, 12
matar to kill, 13
matemáticas *f* mathematics, 1
mayo May, 5
mayor older, 2
me me, 6; to me, 7; myself, 9
medianoche *f* midnight, 1
medias *f* hose, stockings, 5
médica *f* doctor, 2
médico *m* doctor, 2
medio half, middle, 1; **medio ambiente** *m* environment, 13
mediodía *m* noon, 1
mejor better, 11; **el mejor** the best, 12
melocotón *m* peach, 3
menor younger, 2
menos minus, 1; less, 3; **menos que/de** less than, 12
mensaje *m* message, 12
mercado *m* market, 3
merienda *f* afternoon snack, 3
mermelada *f* jam, 3
mes *m* month, 5
mesa *f* table, 1
meta *f* goal, 14
metro *m* metro, subway, 6
mezquita *f* mosque, 6
mí me (*obj. of prep.*), 8
mi(s) my, 2
miedo *m* fear, 7; **tener miedo (de)** to be afraid (of), 7
mientras while, 8
miércoles *m* Wednesday, 1
milla *f* mile, 10
mío mine, of mine, 5
mirar to look (at), 4
mochila *f* backpack, 1
molestar to be annoying to, bother, 7
moneda *f* coin, currency, money, 6
montaña *f* mountain, 2
montar to mount; **montar a caballo** to ride horseback, 7

morado purple, 5
moreno brunette, dark-skinned, 2
morir (ue, u) to die, 6
mosca *f* fly, 7
mosquito *m* mosquito, 7
mostrar (ue) to show, 7
motocicleta *f* motorcycle, 10
motor *m* motor, 10
muchacha *f* girl, 2
muchacho *m* boy, 2
mucho much, a lot, 3; **muchos** many, 3
muebles *m* furniture, 8
muerte *f* death, 13
mujer *f* woman, 2; **mujer de negocios** businesswoman, 2; **mujer policía,** policewoman, 10
multa *f* fine, ticket, 10
mundo *m* world, 11
museo *m* museum, 6
música *f* music, 1
muy very, 1

N

nada nothing, not anything, 7; **de nada** you are welcome, 1; **nada de particular** nothing much, 1
nadar to swim, 4
nadie nobody, no one, 7
naranja *f* orange, 3
nariz *f* nose, 4
naturaleza *f* nature, 7
navaja *f* razor, 9
Navidad *f* Christmas, 5
necesario necessary, 11
necesitar to need, 3
negro black, 5
nervioso nervous, 2
nevar (ie) to snow, 5
ni. . .ni neither. . .nor, 12
nieta *f* granddaughter, 2
nieto *m* grandson, 2
nieve *f* snow, 5
ninguno none, not one, 12
niña *f* child, 2
niño *m* child, 2
no no, 1
noche *f* night, 3; **buenas noches** good evening/night, 1; **de la noche** in the evening, 1; **esta noche** tonight, 3; **por la noche** at night, 3
normalmente normally, 9
norteamericano North American, 2
nos us, 6; to us, 7; ourselves, 9
nosotras *f* we, 1; us (*obj. of prep.*), 8
nosotros *m* we, 1; us (*obj. of prep.*), 8
nota *f* grade, 1
noveno ninth, 12

novia *f* girlfriend, 2
noviembre November, 5
novio *m* boyfriend, 2
nube *f* cloud, 7
nublado cloudy, 5
nuestro(s) our, 2; ours, of ours, 5
nuevo new, 2
número *m* number, 1
nunca never, 5

O

o or, 2; **o. . .o** either. . .or, 12
océano *m* ocean, 7
octavo eighth, 12
octubre October, 5
ocupado busy, 14
oficina *f* office, 1; **oficina de correos** *f* post office, 6
oír to hear, 4
ojo *m* eye, 4
ola *f* wave, 7
olvidar to forget, 10; **olvidarse (de)** to forget (about), 10
operador *m* operator, 14
operadora *f* operator, 14
oración *f* sentence, 1
oreja *f* ear, 4
os you (*fam. pl., dir. obj.*), 6; to you (*fam. pl.*), 7; yourselves (*fam. pl.*), 9
otoño *m* autumn, 4
otro another, other, 3

P

padrastro *m* stepfather, 2
padre *m* father, 2
padres *m* parents, 2
pagar to pay (for), 6
página *f* page, 1
pájaro *m* bird, 7
palabra *f* word, 1
pan *m* bread, 3; **pan tostado** toast, 3
pantalones *m* pants, 5; **pantalones cortos** shorts, 5
pantalla *f* screen, 14
papa *f* potato, 3
papel *m* paper, 1; **papel higiénico** toilet paper, 9
paquete *m* package, 6
para by, for, in order to, 4; **para que** so that, 14
parabrisas *m* windshield, 10
parada de autobús *f* bus stop, 6
paraguas *m* umbrella, 5
parar to stop, 10
pared *f* wall, 8
pariente *m* relative, 2

parque *m* park, 6
participar to participate, 14
pasado *m* past; **el. . .pasado, la. . .pasada** last. . . , 6
pasajero *m* passenger, 11
pasaporte *m* passport, 11
pasar to happen, pass, spend (time), 6; **pasar la aspiradora** to vacuum, 8
Pascua de Florida *f* Easter, 5
pasta de dientes *f* toothpaste, 9
pastel *m* pastry, pie, 3
patata (*Sp.*) *f* potato, 3
paz *f* peace, 13
pecho *m* chest, 4
pedir (i, i) to ask (for), 4
peinarse to comb (one's hair), 9
peine *m* comb, 9
pelearse to fight, 9
película *f* film, 6
peligro *m* danger, 13
peligroso dangerous, 13
pelo *m* hair, 4
pelota *f* ball, 4
pendientes *m* earrings, 5
pensar (ie) to think, 4
peor worse, 12; **el peor** the worst, 12
pequeño little, small, 2
pera *f* pear, 3
perder (ie) to lose, 6; **perder el tren** to miss the train, 11
perdón *m* pardon; pardon me, excuse me, 1
perezoso lazy, 2
periódico *m* newspaper, 6
permiso *m* permission; **con permiso** pardon me, excuse me, 1
permitir to allow, permit, 1
pero but, 2
perro *m* dog, 2
persona *f* person, 2
personalmente personally, 9
pescado *m* fish, 3
pescar to fish, 7
pez *m* fish, 7
pie *m* foot, 4
pierna *f* leg, 4
pilota *f*, pilot, 11
piloto *m* pilot, 11
pimienta *f* pepper, 3
pintar to paint, 4
piña *f* pineapple, 3
piscina *f* pool, 12
piso *m* floor, story (of a building), 8
pizarra *f* blackboard, 1
planchar to iron, 8
planeta *m* planet, 13
planta *f* plant, 12; **planta baja** main floor, 12
plantar to plant, 13
plátano *m* banana, 3
plato *m* dish, plate, 8

playa *f* beach, 2
plaza *f* plaza, 6
pobre poor, 2
pobreza *f* poverty, 13
poco little (quantity), 3; **pocos** few, 3
poder (ue) to be able, can, 4
policía *m* policeman, 10
política *f* politics, 14
pollo *m* chicken, 3
poner to put, place, 4; **poner la mesa** to set the table, 8; **ponerse** to put on, 9; **ponerse impaciente** to become impatient, 10
por along, around, because of, by, by way of, down, for, in exchange for, on account of, on behalf of, per, through, 7; **por favor** please, 1; **por fin** finally, 8; **¿por qué?** why?, 3; **¡por supuesto!** of course!, 10
portero *m* doorman, 12
porque because, 3
¿por qué? why?, 3
portugués Portuguese, 2
posible possible, 11
posiblemente possibly, 9
póster *m* poster, 8
postre *m* dessert, 3
precio *m* price, 5
preferir (ie, i) to prefer, 4
pregunta *f* question, 1
preguntar to ask, inquire, 7
prejuicio *m* prejudice, 13
prender to turn on, 8
preocupado worried, 2
preocuparse (de, por) to worry (about), 9
preparar to prepare, 3
presentar to introduce, present, 1
prestar to lend, 7
prevenir (ie, i) to prevent, 13
prima *f* cousin, 2
primavera *f* spring, 4
primero first, 8; *adj.* 12
primo *m* cousin, 2
prisa *f* hurry; **tener prisa** to be in a hurry, 10
probable probable, 11
probablemente probably, 9
problema *m* problem, 14
producción *f* production, 14
producir to produce, 14
profesor *m* professor, teacher, 1
profesora *f* professor, teacher, 1
programador *m* computer programer, 2
programadora *f* computer programer, 2
pronto soon, 13; **hasta pronto** see you soon, 1
propina *f* tip, 11
proponer to propose, 13

proteger to protect, 13
protestar to protest, 13
próximo next, 11
prueba *f* quiz, 1
psicología (sicología) *f* psychology, 1
pueblo *m* town, village, 7
puente *m* bridge, 10
puerta *f* door, 1; (airport) gate, 11
puertorriqueño(a) *m, f* Puerto Rican, 2
puesto *m* position, job, 14
pulsera *f* bracelet, 5
pupitre *m* desk (student), 1

Q

que that, which, who, 3; than, 12
¿qué? what?, 3; **¿qué tal?** how are you?, 1
¡qué! what!, what a. . . !, 10
quedarse to stay, remain, 12
quejarse (de) to complain (about), 9
querer (ie) to love, want, 4
queso *m* cheese, 3
¿quién(es)? who?, 3; **¿de quién(es)?** whose?, 3
química *f* chemistry, 1
quinto fifth, 12
quiosco *m* newsstand, 6
quitar el polvo to dust, 8; **quitar la mesa** to clear the table, 8;
quitarse to take off (clothing), 9

R

radiograbadora *f* radio/tape recorder, 8
rápidamente rapidly, 9
rascacielos *m* skyscraper, 6
recado *m* message, 12
recepción *f* front desk, 12
recepcionista *m, f* receptionist, 12
recibir to receive, 6
reciclar to recycle, 13
recientemente recently, 9
recoger to gather, pick up, 11
recomendar (ie) to recommend, 10
recordar (ue) to remember, 10
recto straight, straight ahead, 10
refresco *m* soft drink, 3
refrigerador *m* refrigerator, 8
regalo *m* gift, 5
registrarse to register, 12
regresar to return, go back, 6
regular fair, 1; regular, 13
reírse (i, i) to laugh, 9
relámpago *m* lightning, 7
religión *f* religion, 1
reloj *m* clock, watch, 5

reparar to fix, repair, 10
repaso *m* review, 1
repetir (i, i) to repeat, 6
reserva *f* reservation, 11
reservación *f* reservation, 11
resfriado *m* cold, 4
residencia estudiantil *f* dormitory, residence, residence hall, 1
resolver (ue) to resolve, 13
respecto a regarding, with respect to, 14
responsabilidad *f* responsibility, 14
respuesta *f* answer, 1
restaurante *m* restaurant, 6
reunirse to meet, get together, 9
revisar to check, 10
revista *f* magazine, 6
revueltos scrambled, 3
rico rich, 2
ridículo ridiculous, 11
río *m* river, 7
robar to rob, steal, 13
rojo red, 5
rollo *m* roll, 11; **rollo de película** roll of film, 11
ropa *f* clothing, 5; **ropa interior** underwear, 5
ropero *m* closet, 8
rosado pink, 5
rubio blonde, 2
ruido *m* noise, 9
ruso Russian, 2

S

sábado *m* Saturday, 1
sábana *f* sheet, 12
saber to know (facts, information), 4; (how to), 4
sacar to take out, withdraw, 8; **sacar la basura** to take out the garbage, 8; **sacar fotos** to take photos, 11
sal *f* salt, 3
sala *f* living room, 8; **sala de clase** classroom, 1; **sala de espera** waiting room, 11; **sala de reclamación** baggage claim room, 11; **sala familiar** family room, 8
salario *m* salary, 14
salchicha *f* sausage, 3
salida *f* departure, 11
salir (de) to leave, go out of, 4; **salir (con)** to go out (with) to date, 9
saludo *m* greeting, 1
sandalias *f* sandals, 5
sandía *f* watermelon, 3
sandwich *m* sandwich, 3
se herself, himself, themselves, yourself, yourselves, 9
secador de pelo *m* hair dryer, 9

secar to dry, 8; **secar(se)** to dry, 9
sed *f* thirst, 3; **tener (mucha) sed** to be (very) thirsty, 3
seda *f* silk, 5
seguir (i, i) to continue, follow, 10
segundo second, 12
seguro sure, certain, 11; **seguro de vida** *m* life insurance, 14; **seguro médico** health insurance, 14
sello *m* stamp, 6
selva *f* jungle, 7
semáforo *m* traffic light, 10
semana *f* week, 1; **fin de semana** *m* weekend, 1; **semana pasada** last week, 6; **semana próxima** next week, 14; **semana que viene** next week, 14; **Semana Santa** Easter, Holy Week, 5
sentarse (ie) to sit down, 9
sentir (ie, i) to feel sorry, regret, 10; **lo siento mucho** I am very sorry, 10; **sentirse** to feel, 9; **sentirse bien/mal** to feel good/bad, 9
señor *m* gentleman, man, sir, Mr., 1
señora *f* lady, ma'am, Mrs., 1
señorita *f* lady, Miss, 1
separarse to separate, 9
septiembre September, 5
séptimo seventh, 12
ser to be, 1
serio serious, 2
serpiente *f* snake, 7
servicio *m* restroom, 11; service, 12; **servicio de cuarto** room service, 12
servilleta *f* napkin, 8
servir (i, i) to serve, 11
sexto sixth, 12
sí yes, 1
si if, 13
sicología (psicología) *f* psychology, 1
SIDA *m* AIDS, 13
siempre always, 5
silla *f* chair, 1
sillón *m* easy chair, 8
simpático nice (persons), 2
sin without, 3; **la persona sin hogar** *m* the homeless, 13
sinagoga *f* synagogue, 6
sobre *m* envelope, 6
sobrina *f* niece, 2
sobrino *m* nephew, 2
sociedad *f* society, 14
sociología *f* sociology, 1
¡socorro! help!, 10
sofá *m* sofa, 8
sol *m* sun, 7; **hacer sol** to be sunny, 5; **tomar el sol** sunbathe, 7
solicitar to apply, 14
solicitud *f* application, 14
soltero single, 9
sombrero *m* hat, 5
sonar (ue) to ring, sound, 9

sopa *f* soup, 3
sótano *m* basement, 8
su(s) her, his, its, their, your, 2
subir to climb, go up, 8; **subir a** to get on, 11
sucio dirty, 5
sueldo *m* salary, 14
suelo *m* floor, 8
suerte *f* luck, 10
suéter *m* sweater, 5
sufrir to suffer, 13
sugerir (ie, i) to suggest, 10
suyo hers, of hers, his, of his, theirs, of theirs, yours, of yours, 5

T

tabaco *m* tobacco, 13
talla *f* size, 5
también also, too, 7
tampoco neither, not either, 7
tan as, so, 12; **tan. . .como** as. . .as, 12; **tan pronto como** as soon as, 14
tanque *m* tank, 10
tanto as much, so much, 12; **tanto(s). . .como** as much (many). . . as, 12
taquilla *f* ticket window, 11
tarde *f* afternoon, 3; late, 3; **buenas tardes** good afternoon, 3; **más tarde** later, 3
tarea *f* assignment, homework, 1
tarjeta *f* card; **tarjeta de crédito** credit card, 6; **tarjeta de embarque** boarding pass, 11; **tarjeta postal** post card, 6
taxi *m* taxi, 6
taza *f* cup, 8
té *m* tea, 3
te you (*fam., dir. obj.*), 6; to you (*fam.*), 7; yourself (*fam.*), 9
teatro *m* theater, 6
techo *m* roof, 8
teléfono *m* telephone, 12
televisor *m* television set, 8
temer to fear, be afraid, 10
temprano early, 3
tenedor *m* fork, 8
tener (ie) to have, 2; **tener. . .años** to be. . .years old, 2; **tener cuidado** to be careful, 10; **tener éxito** to be successful, 14; **tener ganas de** to feel like, 4; **tener hambre** to be hungry, 3; **tener miedo (de)** to be afraid (of), 7; **tener prisa** to be in a hurry, 10; **tener que** to have to, 4; **tener sed** to be thirsty, 3; **tener sueño** to be sleepy, 9
tenis *m* tennis, 4
tercero third, 12

terminar to finish, 6

ti you (*fam., obj. of prep.*), 8

tía *f* aunt, 2

tiempo *m* time, 3; weather, 5; **a tiempo** on time, 3

tienda *f* store, shop, 5; **tienda de campaña** tent, 7

tierra *f* earth, land, 7

tío *m* uncle, 2

tijeras *f* scissors, 9

tiza *f* chalk, 1

toalla *f* towel, 8

tocar to touch, 4; to play (instrument), 4

tocineta *f* bacon, 3

tocino *m* bacon, 3

todo all, 3; **toda la mañana/tarde/ noche** all morning/afternoon/evening, 3; **todo el día** all day, 3; **todos los días** every day, 3

tomar to drink, take, 3; **tomar el sol** to sunbathe, 7; **tomar fotos** to take photos, 11

tomate *m* tomato, 3

tonto dumb, silly, 2

tormenta *f* storm, 7

torta *f* cake, 3

tos *f* cough, 4

trabajador(a) hardworking, 2

trabajar to work, 3

trabajo *m* work, 2

traducir to translate, 4

traer to bring, 4

tráfico *m* traffic, 10

traje *m* suit, 5; **traje de baño** bathing suit, 5

tránsito *m* traffic, 10

tratar de to try to, 10

tren *m* train, 11

triste sad, 2

tú you (*fam., subject*), 1

tu(s) your (*fam.*), 2

tuyo yours, of yours (*fam.*), 5

U

u or (before **o**, **ho**), 2

un *m* a, an, 1

una *f* a, an, 1

unas *f* some (*pl.*), 1

universidad *f* university, 1

uno one, 1

unos *m* some (*pl.*), 1

uñas *f* fingernails, 14

urgente urgent, 11

usar to use, 4

usted you (*subject*), 1; you (*obj. of prep.*), 8

ustedes you (*pl., subject*), 1; you (*pl., obj. of prep.*), 8

uva *f* grape, 3

V

vaca *f* cow, 7

vacaciones *f* vacation, 7; **estar de vacaciones** to be on vacation, 7; **ir de vacaciones** to go on vacation, 7

valle *m* valley, 7

vaqueros *m* jeans, 5

vaso *m* glass, 8

vecina *f* neighbor, 8

vecino *m* neighbor, 8

velocidad *f* speed, 10

vender to sell, 3

venir (ie, i) to come, 4

ventana *f* window, 1

ver to see, 4

verano *m* summer, 4

verde green, 5

verduras *f* vegetables, 3

vestido *m* dress, 5

vestirse (i, i) to get dressed, 9

vez *f* occasion, time; **en vez de** instead of, 8; **muchas veces** often, 8; **una vez** once, 8

viajar to travel, 7

viaje trip, 7; **hacer un viaje** to take a trip, 7

víctima *f* victim, 13

vida *f* life, 13

vídeo *m* video, 8

viejo old, 2

viento *m* wind, 5

viernes *m* Friday, 1

vinagre *m* vinegar, 3

vino *m* wine, 3

violencia *f* violence, 13

visitar to visit, 6

vivir to live, 3

volar (ue) to fly, 11

voleibol *m* volleyball, 4

voluntaria *f* volunteer, 13

voluntario *m* volunteer, 13

volver (ue) to return, go back, 6

vosotras *f* you (*fam. pl., subject*), 1; you (*fam. pl., obj. of prep.*), 8

vosotros *m* you (*fam. pl., subject*), 1; you (*fam. pl., obj. of prep.*), 8

votar (por) to vote (for), 13

voz *f* voice; **en voz alta** aloud, 1

vuelo *m* flight, 11

vuestro(s) your (*fam. pl.*), 4; yours, of yours (*fam. pl.*), 5

Y

y and, 1

yo I, 1

Z

zanahoria *f* carrot, 3

zapatería *f* shoe store, 6

zapatos *m* shoes, 5; **zapatos de tenis** tennis shoes, 5

zumo *m* juice, 3

English-Spanish

A

a un, una, 1
abortion aborto *m*, 13
about de, 1
above arriba, encima (de), 8
accident accidente *m*, 10
accountant contador *m*, contadora *f*, 2
accounting contabilidad *f*, 1
ache dolor *m*, 4
address dirección *f*, 13
afraid (of), to be temer, 10; tener miedo (de), 7
after después de, 8; después de que, 14
afternoon tarde *f*, 3; **good afternoon** buenas tardes, 1
against contra, en contra de, 13
agency agencia *f*, 11
ahead (of) delante (de), 8
AIDS SIDA *m*, 13
air aire *m*, 10; **air-conditioning** aire acondicionado *m*, 12
airline línea aérea *f*, 11
airplane avión *m*, 11
airport aeropuerto *m*, 11
alarm clock despertador *m*, 9
alcohol alcohol *m*, 13
algebra álgebra *f*, 1
all todo, 3; **all day** todo el día, 3; **all morning/afternoon/evening** toda la mañana/tarde/noche, 3
allow dejar, 12; permitir, 1
almost casi, 5
along por, 7
aloud en voz alta, 1
also también, 7
always siempre, 5
American americano, 2; estadounidense *m*, *f*, 2
amusing divertido, 2
an un, una, 1
and y, 1; e (before *i*, *hi*), 2
angry enojado, 2; **get angry (with)** enojarse (con), 9
animal animal *m*, 7
another otro, 3
answer respuesta *f*, 1; contestar, 7

answering machine contestador automático *m*, 14
apartment apartamento *m*, 8
apple manzana *f*, 3
application solicitud *f*, 14
apply solicitar, 14
April abril, 5
area code código de área *m*, 14
arm brazo *m*, 4
around por, 7
arrival llegada *f*, 11
arrive llegar, 3
art arte *m*, *f*, 1
as tan, 12; **as. . .as** tan. . .como, 12; **as many. . .as** tantos. . .como, 12; **as much. . .as** tanto. . .como, 12
ask preguntar, 7; **ask (for)** pedir (i, i), 4
assignment tarea *f*, 1
at a, en, 1; **at times** a veces, 5
attend asistir (a), 3
August agosto, 5
aunt tía *f*, 2
autumn otoño *m*, 4
avenue avenida *f*, 6
awful: how awful! ¡qué barbaridad!, 10

B

baby bebé, *m*, *f*, 2
back espalda *f*, 4
backpack mochila *f*, 1
bacon tocino *m*, tocineta *f*, 3
bad malo, 2
badly mal, 2
bag bolsa *f*, 5
baggage equipaje *m*, 11; **baggage claim room** sala de reclamación *f*, 7
ball pelota *f*, 4
banana banana *f*, plátano *m*, 3
bank banco *m*, 6
bar bar *m*, 6
baseball béisbol *m*, 4
basement sótano *m*, 8
basketball baloncesto *m*, básquetbol *m*, 4
bath baño *m*, 8; **bathe, take a bath** bañarse, 9

bathing suit traje de baño *m*, 5
bathroom baño *m*, 8
bathtub bañera *f*, 8
be ser, 1; estar, 2; **be successful** tener éxito, 14
beach playa *f*, 2
beans frijoles *m*, 3; **green beans** judías *f*, 3
beautiful hermoso, 2
because porque, 3; **because of** a causa de, 13
bed cama *f*, 8; **double bed** cama de matrimonio *f*, 12; **make the bed** hacer la cama, 8; **single bed** cama individual *f*, 12
beer cerveza *f*, 3
before antes de, 8; antes de que, 14
begin empezar (ie), 6
behind detrás (de), 8
believe creer, 11
bellboy botones *m*, 12
below abajo, 8
belt cinturón *m*, 5
bench banco *m*, 6
beneath debajo de, 8
beside al lado de, 8
best el/la mejor, 12
better mejor, 11
between entre, 8
beverage bebida *f*, 3
bicycle bicicleta *f*, 6
big grande, 2
bill cuenta *f*, 6
biology biología *f*, 1
bird pájaro *m*, 7
birthday cumpleaños *m*, 5
black negro, 5
blackboard pizarra *f*, 1
blanket cobija *f*, **manta** *f*, 12
block (city) cuadra *f*, manzana *f*, 10
blonde rubio, 2
blouse blusa *f*, 5
blue azul, 5
boarding pass tarjeta de embarque *f*, 11
boat barco *m*, bote *m*, 7
body cuerpo *m*, 4
book libro *m*, 1

bookshelf estante *m*, 8
bookstore librería *f*, 1
boots botas *f*, 5
border frontera *f*, 10
bored aburrido, 2
boss jefe *m*, *f*, jefa, 14
both ambos, 9
bother molestar, 7
boy chico *m*, **muchacho** *m*, 2
boyfriend novio *m*, 2
bracelet pulsera *f*, 5
brake freno *m*, 10
bread pan *m*, 3
breakfast desayuno *m*, 3; **have breakfast** desayunar, 3
bridge puente *m*, 10
bring traer, 4
brother hermano *m*, 2
brown marrón, 5
brunette moreno, 2
brush cepillar(se), 9; cepillo *m*, 9
building edificio *m*, 6
bureau cómoda *f*, 8
bus autobús *m*, 6; **bus stop** parada de autobús *f*, 16
businessman hombre de negocios *m*, 2
businesswoman mujer de negocios *f*, 2
busy ocupado, 14
but pero, 2
butter mantequilla *f*, 12
buy comprar, 3
by para, 4; por, 7; **by way of** por, 7

C

café café *m*, 3
cafeteria cafetería *f*, 1
cake torta *f*, 3
calculator calculadora *f*, 14
calculus cálculo *m*, 1
call llamar, 4; llamada *f*, 12; **collect call** llamada a cobro revertido *f*, 14; **long distance call** llamada de larga distancia *f*, 14; **local call** llamada local *f*, 14
camera cámara *f*, 11
camp acampar, 7
can poder (ue), 4
Canadian canadiense *m*, *f*, 2
cancer cáncer *m*, 13
cap gorra *f*, 5
car auto *m*, 2; automóvil *m*, 10; carro *m*, 2; coche *m*, 2
card tarjeta *f*; **credit card** tarjeta de crédito *f*, 6; **post card** tarjeta postal *f*, 6
careful, to be tener cuidado, 10
carpet alfombra *f*, 8

carrot zanahoria *f*, 3
carry llevar, 5
cash efectivo *m*, 6; **to cash** (a check) cobrar, 6
cassette casete *m*, 8
cat gato *m*, 7
cathedral catedral *f*, 6
center centro *m*, 6; **shopping center** centro comercial *m*, 6; **student center** centro estudiantil *m*, 1
cereal cereal *m*, 3
certain seguro, 11
chain cadena *f*, 5
chair silla *f*, 1; **easy chair** sillón *m*, 8
chalk tiza *f*, 1
change cambiar, 6; cambio *m*, 6; **small change** cambio *m*, 6
chapter capítulo *m*, 4
charge cobrar, 6
check revisar, 10; (baggage) facturar, 11; cheque *m*, 6; **traveler's check** cheque de viajero *m*, 6
cheese queso *m*, 3
chemistry química *f*, 1
cherry cereza *f*, 3
chest pecho *m*, 4
chicken gallina *f*, 7; pollo *m*, 3
child niña *f*, niño *m*, 2
chimney chimenea *f*, 8
Chinese chino, 2
choose escoger, 13
Christmas Navidad *f*, 5
church iglesia *f*, 6
city ciudad *f*, 2
class clase *f*, 1
classroom sala de clase *f*, 1
clean limpiar, 4; limpio, 5
clear (the table) quitar la mesa, 8
cliente client *m*, *f*, 14
climb subir, 7
clock reloj *m*, 5
close cerrar (ie), 6
closed cerrado, 2
closet ropero *m*, 8
clothing ropa *f*, 5
cloud nube *f*, 7
cloudy nublado, 5
coat abrigo *m*, 5
coffee café *m*, 3
coin moneda *f*, 6
cold frío, 3; resfriado *m*, 4; **to be cold** (person) tener frío, 4; **to be cold** (weather) hacer frío, 5
comb peine *m*, 9; **comb (one's hair)** peinarse, 9
come venir (ie), 4
commonly comúnmente, 9
compact disc disco compacto *m*, 8
company compañía *f*, empresa *f*, 14
competition competencia *f*, 14
complain (about) quejarse (de), 9

complete completar, 1
computer computadora *f*, 6; **computer programer** programador *m*, programadora *f*, 2; **computer science** computación *f*, 1
confirm confirmar, 11
congratulations felicitaciones *f*, 12
conservative conservador, 14
constantly constantemente, 9
construct construir, 13
contact lenses lentes de contacto *m*, *f*, 5
contaminate contaminar, 13
contamination contaminación *f*, 13
continue seguir (ie, i), 10
contract contrato *m*, 14
cook cocinar, 4
cookie galleta *f*, 3
cool fresco, 5; **be cool** (weather) hacer fresco, 5
corn maíz *m*, 3
corner esquina *f*, 10
cost costar (ue), 5
cough tos *f*, 4
count contar (ue), 6
country campo *m*, 2
cousin prima *f*, primo *m*, 2
cow vaca *f*, 7
cream crema *f*, 3
crime crimen *m*, 13
criminal criminal *m*, 13
cross cruzar, 10
cry llorar, 9
cup taza *f*, 8
cure cura *f*, 13
currency moneda *f*, 6
curtain cortina *f*, 8
customs aduana *f*, 11
cut (oneself) cortar(se), 9

D

daily diario, 9
dance bailar, 4
danger peligro *m*, 13
dangerous peligroso, 13
date fecha *f*, 5; **salir con,** 9
daughter hija *f*, 2
day día *m*, 1; **day before yesterday** anteayer, 6
death muerte *f*, 13
December diciembre, 5
deforestation desforestación *f*, 13
delay demora *f*, 11
delighted to meet you encantado, 1
deodorant desodorante *m*, 9
department store almacén *m*, 6
departure salida *f*, 11
deposit depositar, 6
desert desierto *m*, 7

desire desear, 3
desk escritorio *m*, pupitre *m*, 1; **front desk** recepción *f*, 12
dessert postre *m*, 3
destroy destruir, 14
destruction destrucción *f*, 13
dial marcar, 14
die morir (ue, u), 6
difficult difícil, 2
dining hall cafetería *f*, 1
dining room comedor *m*, 8
dinner cena *f*, 3; **have dinner** cenar, 3
dirty sucio, 5
disagreeable antipático, 2
disc disco *m*, 14; **compact disc** disco compacto, *m*, 14
discrimination discriminación *f*, 13
dish plato *m*, 3
divorce: get divorced divorciarse, 9
do hacer, 4
doctor médica *f*, médico *m*, 2
dog perro *m*, 2
door puerta *f*, 1
doorman portero *m*, 12
dormitory residencia estudiantil *f*, 1
doubt dudar, 11
downtown centro *m*, 6
dress vestido *m*, 5; **get dressed** vestirse (i, i), 9
drink beber, tomar, 3; bebida *f*, 3
drive conducir, manejar, 4
driver's license carnet de conducir *m*, 10
drug droga *f*, 13
dry secar, 8; secar(se), 9
dumb tonto, 2
during durante, 8
dust quitar el polvo, 8

E

ear oreja *f*, 4
early temprano, 3
earn ganar, 4
earrings aretes *m*, pendientes *m*, 5
earth tierra *f*, 7
easily fácilmente, 9
Easter Pascua Florida *f*, Semana Santa, *f*, 5
easy fácil, 2
eat comer, 3
economics economía *f*, 1
egg huevo *m*, 3; **scrambled eggs** huevos revueltos *m*, 3
eighth octavo, 12
either. . .or o. . .o, 12; **not either** tampoco, 7
elevator ascensor *m*, 12
eliminate eliminar, 13
E-mail correo electrónico *m*, 14

employee empleada *f*, empleado *m*, 14
employment empleo, *m*, 13
enchant encantar, 7
energy energía *f*, 13
engaged comprometido, 9; **be engaged (to)** estar comprometido (con), 9; **get engaged (to)** comprometerse (con)
engineer ingeniera *f*, ingeniero *m*, 2
English inglés, 1
enough bastante, 1
enter entrar (en), 6
envelope sobre *m*, 6
environment medio ambiente *m*, 1
eraser borrador *m*, 1
every day todos los días, 3
exam examen *m*, 1
excellent excelente, 2
exchange cambio *m*, 6; **in exchange for** por, 7
excuse me con permiso, 1; perdón, 1
exercise ejercicio *m*, 1
expect esperar, 10
expensive caro, 5
experience experiencia *f*, 14
explain explicar, 7
eye ojo *m*, 4

F

face cara *f*, 4
facing frente a, 8
factory fábrica *f*, 13
fair regular, 1
fall otoño *m*, 4
family familia *f*, 2
far (from) lejos (de), 8
farm granja *f*, 7
fascinate fascinar, 7
fasten abrocharse, 10
fat gordo, 2
father padre *m*, 2
fear temer, 10; miedo *m*, 7
February febrero, 5
feel sentir(se), 9; **feel good/bad** sentirse bien/mal, 9; **feel like** tener ganas de, 4
fever fiebre *f*, 4
few pocos, 3
field campo *m*, 2
fifth quinto, 12
fight luchar, 13; pelearse, 9
file archivar, 14; archivo *m*, 14
filing cabinet archivo *m*, 14
fill llenar, 10
film película *f*, 6
finally por fin, 8
find encontrar (ue), 6
fine (traffic) multa *f*, 10
finger dedo *m*, 4
fingernails uñas *f*, 4

finish terminar, 6
fire fuego *m*, 7
fireplace chimenea *f*, 8
first primero, 8
fish pescar, 7; pescado *m*, 3; pez *m*, 7
fix arreglar, reparar, 10
flat (tire) desinflado, 10
flight vuelo *m*, 11; **flight attendant** azafata *f*, auxiliar de vuelo *m, f*, 11
floor piso *m*, suelo *m*, 8; **main floor** planta baja *f*, 12
flower flor *f*, 7
flu gripe *f*, 4
fly volar (ue), 11; mosca *f*, 7
follow seguir (ie, i), 10
food comida *f*, 3
foot pie *m*, 4
football fútbol americano *m*, 4
for para, 4; por, 7
forest bosque *m*, 7
forget (about) olvidar(se) (de), 10
fork tenedor *m*, 8
fourth cuarto, 12
French francés, 2
frequently frecuentemente, 9
Friday viernes *m*, 1
fried frito, 3
friend amiga *f*, amigo *m*, 2
from de, 1
front, in front (of) delante (de), enfrente (de), 8
fruit fruta *f*, 3
funny divertido, 2
furniture muebles *m*, 8
future futuro *m*, 3

G

garage garaje *m*, 8
garbage can cubo de la basura *m*, 12
garden jardín *m*, 8
garlic ajo *m*, 3
gasoline gasolina *f*, 10
gate (airport) puerta *f*, 11
gather recoger, 11
generally generalmente, 9
gentleman señor *m*, 1
German alemán, 2
get (obtain) conseguir (i, i), 11; **get along well/badly** llevarse bien/mal, 9; **get (stand) in line** hacer cola, 6; **get off** bajar de, 11; **get on** subir a, 11; **get sick** enfermarse, 9; **get together** reunirse, 9; **get up** levantarse, 9
gift regalo *m*, 5
girl chica *f*, muchacha *f*, 2
girlfriend novia *f*, 2
give dar, 4; regalar, 7
glad, to be alegrarse, 10
glass vaso *m*, 8; (goblet) copa *f*, 8

glasses anteojos *m*, gafas *f*, 5
gloves guantes *m*, 5
go ir, 1; andar, 7; **go away** irse, 9; **go down** bajar, 7; **go in** entrar (en), 6; **go out (of)** salir (de), 4; **go out (with)** salir (con), 9; **go (grocery) shopping** hacer las compras, 8; **go shopping** ir de compras, 5; **go to bed** acostarse (ue), 9; **go up** subir, 8
goal meta *f*, 14
goblet copa *f*, 8
golf golf *m* 4
good bueno, 2; **good morning (afternoon, evening/night)** buenos días (buenas tardes, buenas noches), 2
good-bye adiós, chao, hasta luego, hasta mañana, 1; **say good-bye (to)** despedirse (i, i) (de), 9
gosh: oh my gosh! ¡caramba!, 10
government gobierno *m*, 13
grade nota *f*, 1
granddaughter nieta *f*, 2
grandfather abuelo *m*, 2
grandmother abuela *f*, 2
grandson nieto *m*, 2
grape uva *f*, 3
grass hierba *f*, 7
gray gris, 5
green verde, 5
greeting saludo *m*, 1
guest huésped *m*, huéspeda *f*, 12
gym gimnasio *m*, 14

H

hair pelo *m*, 4
hair dryer secador de pelo *m*, 9
half medio, 1
ham jamón *m*, 3
hamburger hamburguesa *f*, 3
hand mano *f*, 4
handsome guapo, 2
Hanukkah Janucá *f*, 5
happen pasar, 6
happy contento, 2
hard-working diligente, trabajador(a), 2
hat sombrero *m*, 5
have tener (ie), 2; haber, 9; **have a good time** divertirse (ie,i), 9; **have just** acabar de, 9; **have to** tener que, 4
he él *m*, 1
head cabeza *f*, 4; **headache** dolor de cabeza *m*, 4
hear oír, 4
heat calor *m*, 5
heating calefacción *f*, 12
hello hola, 1; (on telephone) aló, diga, dígame, 14
help ayudar, 8; ¡socorro!, 10

her su(s) (*poss.*), 2; la (*dir. obj.*), 6; le (*ind. obj.*), 7; ella (*obj. of prep.*), 8
here aquí, 2
hers suyo (de ella), 5
herself se, 9
hi hola, 1
high alto, 2
highway carretera *f*, autopista *f*, 10
hill colina *f*, 7
him lo (*dir. obj.*), 6; le (*ind. obj.*), 7; él (*obj. of prep.*), 8
his su(s), 2; suyo (de él), 5
history historia *f*, 1
home hogar *m*, 8; **homeless (person)** persona sin hogar *f*, 13
homework tarea *f*, 1
honeymoon luna de miel *f*, 12
hope esperar, 10
horrible horrible, 11; **it's horrible** es horrible, 11
horse caballo *m*, 7
hose medias *f*, 5
hot caliente, 3; **be hot** (persons) tener calor, 4; **be hot** (weather) hacer calor, 5
hotel hotel *m*, 12
hour hora *f*, 1
house casa *f*, 2
housewife ama de casa *f*, 2
how ¿cómo?, 3; **how many?** ¿cuántos?, 3; **how much?** ¿cuánto?, 3; **how's it going?** ¿cómo te va?, 1
hug abrazar, 4
human humano *m*, 4
hunger hambre *f*, 3
hungry, be tener hambre, 3
hurry prisa *f*, 10; **be in a hurry** tener prisa, 10
husband esposo *m*, 2
hut choza *f*, 7

I

I yo, 1
ice hielo *m*, 3
ice cream helado *m*, 3
if si, 1
immediately inmediatamente, 9
impatient, become ponerse impaciente, 10
important importante, 11; **be important** (matter) importar, 7
impossible imposible, 11
improbable improbable, 11
inexpensive barato, 5
in en, 1; **in case** en caso de que, 14; **in favor of** a favor de, 13; **in front of** enfrente de, delante de, 8; **in order to** para, 4
increase aumento *m*, 14
insect insecto *m*, 7

inside dentro de, 8
insist (on) insistir (en), 10
instead of en vez de, 8
insurance seguro *m*, 10; **health insurance** seguro de médico, 14; **life insurance** seguro de vida, 14
intelligent inteligente, 2
interest interesar, 7
interview entrevista *f*, 14
introduce presentar, 1
invest invertir (ie,i), 14
investment inversión *f*, 14
invite invitar, 6
iron planchar, 8
island isla *f*, 7
it la, lo (*dir. obj.*), 6
Italian italiano, 2
its su, 4

J

jacket chaqueta *f*, 5
jam mermelada *f*, 3
January enero, 5
Japanese japonés, 2
jeans jeans *m*, vaqueros *m*, 5
jewelry joyas *f*, **jewelry shop** joyería *f*, 5
job puesto *m*, 14
juice jugo *m*, zumo *m*, 3
July julio, 5
June junio, 5
jungle selva *f*, 7

K

keep guardar, 8
key llave *f*, 12
kill matar, 13
kilometer kilómetro *m*, 10
kind amable, 2
kiss besar, 4
kitchen cocina *f*, 8
knife cuchillo *m*, 8
know (facts, information) saber, 4; (how to) saber, 4; (persons, places, things) conocer, 4

L

laboratory laboratorio *m*, 1
lady señora *f*, 1; señorita *f*, 1
lake lago *m*, 7
lamp lámpara *f*, 8
land aterrizar, 11; tierra *f*, 7
large grande, 2
last último; **last night** anoche, 6; **last week** semana pasada *f*, 6; **last year** año pasado *m*, 6

late tarde, 3; **later** más tarde, 3

laugh reírse (i, i), 9

law ley *f*, 13

lawyer abogada *f*, abogado *m*, 2

lazy perezoso, 2

learn aprender, 3

leave salir (de), 4; **leave behind** dejar, 12

left izquierda *f*, 10

leg pierna *f*, 4

lemon limón *m*, 3

lend prestar, 7

less menos, 2; **less than** menos que/de, 12

lesson lección *f*, 1

let dejar, 12; permitir, 1

letter carta *f*, 6; **letter of recommendation** carta de recomendación, 14

lettuce lechuga *f*, 3

liberal liberal, 14

library biblioteca *f*, 1

license (driver's) carnet de conducir *m*, licencia de conducir *f*, 10

life vida *f*, 13; **life insurance** seguro de vida, 14

lift weights levantar pesas, 4

light luz *f*, 8

lightning relámpago *m*, 7

like gustar, 3; (a lot) encantar, 7

likewise igualmente, 1

line línea *f*, 14

lip labio *m*, 4

listen escuchar, 4

literature literatura *f*, 1

little (quantity) poco, 3; (size) pequeño, 2

live vivir, 3

living room sala *f*, 8

lobby vestíbulo *m*, 12

lobster langosta *f*, 3

long largo, 5

look mirar, 4; **look for** buscar, 4

lose perder (ie), 6

love amar, querer (ie), 4; encantar, 7; **be in love (with)** estar enamorado (de), 9; **fall in love (with)** enamorarse (de), 9

low bajo, 2

luck suerte *f*, 10

luggage equipaje *m*, 11

lunch almuerzo *m*, 3; **have lunch** almorzar (ue), 4

M

ma'am señora, 1

machine máquina *f*, 14; **fax machine** máquina de fax, 14

magazine revista *f*, 6

maid criada *f*, 12

mail echar al correo, 4

mailbox buzón *m*, 6

make hacer, 4; **make a call** hacer una llamada, 14; **make the bed** hacer la cama, 8

makeup maquillaje *m*, 9

man hombre *m*, 2

manager gerente *m, f*, 14

many muchos, 3

map mapa *m*, 1

March marzo, 5

market mercado *m*, 3

married casado, 9

marry casarse, 10; **get married to** casarse con, 10

mathematics matemáticas *f*, 1

matter importar, 7

May mayo, 5

me me (*dir. obj.*), 6; me (*ind. obj.*), 7; mí (*obj. of prep.*), 8

meal comida *f*, 3

meat carne *f*, 3

meet encontrarse con, reunirse, 9

mess lío *m*, 10

message recado *m*, **mensaje** *m*, 12

Mexican mexicano, 2

microwave oven horno de microondas *m*, 8

middle medio *m*, 1

midnight medianoche *f*, 1

mile milla *f*, 10

milk leche *f*, 3

mine mío, 5

minus menos, 1

mirror espejo *m*, 8

Miss señorita, 1

Monday lunes *m*, 1

money dinero *m*, moneda *f*, 6

month mes *m*, 5

moon luna *f*, 7

more más, 3; **more than** más que/de, 12

morning mañana *f*, 3; **good morning** buenos días, 1

mosque mezquita *f*, 6

mosquito mosquito *m*, 7

mother madre *f*, 2

motor motor *m*, 10

motorcycle motocicleta *f*, 10

mountain montaña *f*, 2

mouth boca *f*, 4

movies cine *m*, 6; **movie theater** cine *m*, 6

mow (the lawn) cortar (el césped), 8

Mr. señor, 1

Mrs. señora, 1

much mucho, 3

museum museo *m*, 6

music música *f*, 1

my mi(s), 2

myself me, 9

N

name: my name is. . . me llamo. . . , 1

napkin servilleta *f*, 8

nature naturaleza *f*, 7

near cerca (de), 8

necessary necesario, 11

necklace collar *m*, 5

need necesitar, 3

neighbor vecina *f*, vecino *m*, 8

neither tampoco, 7; **neither. . .nor** ni. . .ni, 12

nephew sobrino *m*, 2

nervous nervioso, 2

never nunca, 5

new nuevo, 2; **New Year's Day** Año Nuevo *m*, 5; **what's new?** ¿qué hay de nuevo?, 1

newspaper periódico *m*, 6

newsstand quiosco *m*, 6

next próximo, 11

nice amable, simpático, 2

niece sobrina *f*, 2

night noche *f*, 3; **good night** buenas noches, 1; **last night** anoche, 6

ninth noveno, 12

no no, 1

nobody nadie, 7

noise ruido *m*, 9

none ninguno, 12

noon mediodía *m*, 1

no one nadie, 7

normally normalmente, 9

North American norteamericano, 2

nose nariz *f*, 4

notebook cuaderno *m*, 1

nothing nada, 7; **nothing much** nada de particular, 1

November noviembre, 5

now ahora, 3

number número *m*, 1

nurse enfermera *f*, emfermero *m*, 2

O

ocean océano *m*, 7

October octubre, 5

of de, 1; **of course!** ¡claro!, ¡por supuesto!, 10

office oficina *f*, 1

often muchas veces, 8

oil aceite *m*, 3

old viejo, 2

older mayor, 2

olive aceituna *f*, 3

on en, 1; al, 8; **on account of** por, 7; **on behalf of** por, 7

once una vez, 8

one uno, 1

onion cebolla *f*, 3

open abrir, 6; abierto, 2

operator operador *m*, operadora *f*, 14
opposite frente a, enfrente de, 8
or o, 2; u (before *o, ho*), 2
orange naranja *f*, 3; (color) anaranjado, 5
other otro, 3
ought deber, 4
our nuestro(s), 2
ours nuestro, 5
outside fuera (de), 8
oven horno *m*, 8
owe deber, 4
ozone layer capa de ozono *f*, 13

P

package paquete *m*, 6
page página *f*, 1
pain dolor *m*, 4
paint pintar, 4
painting cuadro *m*, 8
pants pantalones *m*, 5
paper papel *m*, 1; **toilet paper** papel higiénico *m*, 9
pardon me con permiso, perdón, 1
parents padres *m*, 2
park estacionar, 10; parque *m*, 6
parking place/space estacionamiento *m*, 10
participate participar, 14
pass pasar, 6
passenger pasajero *m*, 11
passport pasaporte *m*, 11
past pasado *m*, 6
pastry pastel *m*, 3
pay (for) pagar, 6
peas guisantes *m*, 3
peace paz *f*, 13
peach durazno *m*, 3; melocotón *m*, 3
pear pera *f*, 3
pen (ball-point) bolígrafo *m*, 1
pencil lápiz *m*, 1
people gente *f*, 6
pepper pimienta *f*, 3
per por, 7
person persona *f*, 2
personally personalmente, 9
philosophy filosofía *f*, 1
phone book guía telefónica *f*, 14
photo foto *f*, 11
photocopier fotocopiadora *f*, 14
photocopy fotocopia *f*, 14
physics física *f*, 1
pick up recoger, 11
picture cuadro *m*, 8
pie pastel *m*, 3
pig cerdo *m*, 7
pillow almohada *f*, 12
pilot pilota *f*, piloto *m*, 11
pineapple piña *f*, 3
pink rosado, 5
pity lástima *f*, 10

place poner, 4; lugar *m*, 6
planet planeta *m*, 13
plant plantar, 13; planta *f*, 12
plate plato *m*, 3
platform andén *m*, 11
play jugar (ue), 4; (instrument) tocar, 4
plaza plaza *f*, 6
please por favor, 3
pleasure gusto *m*, 1; **it's my pleasure** el gusto es mío, 1; **pleased to meet you** mucho gusto, 1
policeman policía *m*, 10
policewoman mujer policía *f*, 10
political science ciencias políticas *f*, 1
politics política *f*, 14
pollute contaminar, 13
pollution contaminación *f*, 13
pool piscina *f*, 12
poor pobre, 2; **poor me!** ¿ay de mí!, 10
pork chop chuleta de cerdo *f*, 3
porter maletero *m*, 11
Portuguese portugués, 2
position puesto *m*, 14
possible posible, 11
possibly posiblemente, 9
poster póster *m*, 8
post office oficina de correos *f*, 6
potato papa *f*, patata (*Sp.*) *f*, 3
poverty pobreza *f*, 13
prefer preferir (ie), 4
prejudice prejuicio *m*, 13
prepare preparar, 3
pretty bonito, 2
prevent prevenir (ie), 13
price precio *m*, 5
print imprimir, 14
printer impresora *f*, 14
private privado, 12
probable probable, 11
probably probablemente, 9
problem problema *m*, 14
produce producir, 14
production producción *f*, 14
professor profesor *m*, profesora *f*, 1
programer programador *m*, programadora *f*, 2
propose proponer, 13
protect proteger, 13
protest protestar, 13
provided that con tal que, 14
psychology sicología (psicología) *f*, 1
Puerto Rican puertorriqueño, 2
purple morado, 5
purse bolsa *f*, 5; bolso *m*, 5
put poner, 4; **put on** ponerse, 9

Q

quarter (hour) cuarto *m*, 1
question pregunta *f*, 1
quite bastante, 1

R

radio/tape recorder radiograbadora *f*, 8
railroad ferrocarril *m*, 11
rain llover (ue), 5; lluvia *f*, 5
raincoat impermeable *m*, 5
rapidly rápidamente, 9
razor navaja *f*, 9
read leer, 4
receive recibir, 6
recently recientemente, 9
receptionist recepcionista *m, f*, 12
recommend recomendar (ie), 10
record disco *m*, 8
recycle reciclar, 13
red rojo, 5
refrigerator refrigerador *m*, 8
regarding respecto a, 14
register registrarse, 12
regret sentir (ie, i), 10
regular regular, 1
relative pariente *m*, 2
religion religión *f*, 1
remain quedarse, 12
remember acordarse (ue) (de), recordar (ue), 10
rent alquilar, 8
repair arreglar, 6; reparar, 10
repeat repetir (i, i), 6
reservation reservación *f*, reserva *f*, 11
resolve resolver (ue), 13
resource recurso *m*, 14
responsibility responsabilidad *f*, 14
rest descansar, 4
restaurant restaurante *m*, 6
restroom aseo *m*, servicio *m*, 11
resumé currículum vitae *m*, 14
return volver (ue), regresar, 6; **return (something)** devolver (ue), 7
rice arroz *m*, 3
rich rico, 2
ride (horseback) montar (a caballo), 7
ridiculous ridículo, 11
right (direction) derecha *f*, 10; (law, justice) derecho *m*, 13
ring anillo *m*, 5; sonar (ue), 9
river río *m*, 7
road camino *m*, 10
rob robar, 13
roll rollo *m*, 11
roof techo *m*, 8
room cuarto *m*, 1; habitación *f*, 12; **double room** habitación doble *m*, 12; **family room** sala familiar *f*, 8; **single room** habitación sencilla *m*, 12
roommate compañera de cuarto *f*, compañero de cuarto *m*, 2
rug alfombra *f*, 8
run correr, 4
Russian ruso, 2

S

sad triste, 2
salad ensalada *f*, 3
salary sueldo *m*, salario *m*, 14
salt sal *f*, 3
sand arena *f*, 7
sandals sandalias *f*, 5
sandwich bocadillo *m*, sandwich *m*, 3
Saturday sábado *m*, 1
sausage salchicha *f*, 3
save ahorrar, 6
say decir, 4
schedule horario *m*, 11
school escuela *f*, 2; **elementary school** escuela primaria *f*, 2; **high school** escuela secundaria *f*, 2
scissors tijeras *f*, 9
screen pantalla *f*, 14
sea mar *m*, 7
seafood mariscos *m*, 3
season estación *f*, 4
seat asiento *m*, 11
second segundo, 12
see ver, 4
sell vender, 3
send mandar, 6
sentence oración *f*, 1
separate separarse, 9
September septiembre, 5
serious serio, 2
serve servir (i, i), 11; **service** servicio *m*, 12; **room service** servicio de cuarto *m*, 12
seventh séptimo, 12
shame lástima *f*, 10
shampoo champú *m*, 9
shave afeitarse, 9
shaving cream crema de afeitar *f*, 9
shaver (electric) máquina de afeitar *f*, 9
she ella, 1
sheet sábana *f*, 12
shelf estante *m*, 8
shirt camisa *f*, 5
shoes zapatos *m*, 5; **tennis shoes** zapatos de tenis *m*, 5
shoe store zapatería *f*, 6
shop tienda *f*, 5
shopping, to go ir de compras, 5
short (height) bajo, 2; **short** (length) corto, 5
shorts pantalones cortos *m*, 5
should deber, 4
shoulder hombro *m*, 4
show mostrar (ue), 7; enseñar, 13
shower ducha *f*, 8; **take a shower** ducharse, 9
shrimp camarones *m*, 3
sick enfermo, 2
sickness enfermedad *f*, 13
sign firmar, 6

silk seda *f*, 5
silly tonto, 2
sing cantar, 4
single soltero, 9
sink (bathroom) lavabo *m*, 8; (kitchen) fregadero *m*, 8
sir señor, 1
sister hermana *f*, 2
sit down sentarse (ie), 9
sixth sexto, 12
size talla *f*, 5
ski esquiar, 4
skinny flaco, 2
skirt falda *f*, 5
sky cielo *m*, 7
skyscraper rascacielos *m*, 6
sleep dormir (ue, u), 4; **be sleepy** tener sueño, 9; **go to sleep** dormirse (ue, u), 9
slender delgado, 2
slowly despacio, 10; lentamente, 9
small pequeño, 2
smoke fumar, 4
snack (afternoon) merienda *f*, 3
snake serpiente *f*, 7
snow nevar (ie), 5; nieve *f*, 5
so así; tan, 12; **so much** tanto, 12; **so-so** así así, 1; **so that** para que, 14
soap jabón *m*, 8
sociology sociología *f*, 1
soccer fútbol *m*, 4; **to play soccer** jugar al fútbol, 4
society sociedad *f*, 14
socks calcetines *m*, 5
sofa sofá *m*, 8
soft drink refresco *m*, 3
some unos, 1; alguno(s), 12
somebody alguien, 7
someone alguien, 7; alguno, 12
something algo, 7
son hijo *m*, 2
soon pronto, 13; **as soon as** tan pronto como, 14; **see you soon** hasta pronto, 1
sorry, feel sentir (ie, i), 10
sound sonar (ue), 9
soup sopa *f*, 3
Spanish español, 1
speak hablar, 3
speed velocidad *f*, 10
spend (money) gastar, 6; (time) pasar, 6
spider araña *f*, 7
spoon cuchara *f*, 8
sport deporte *m*, 4
spring primavera *f*, 4
stairs escalera *f*, 8
stamp sello *m*, estampilla *f*, 6
star estrella *f*, 7
station estación *f*, 10; **railroad station** estación de ferrocarril *f*, 11; **gas/ service station** estación de gas/ servicio *f*, 10

statue estatua *f*, 6
stay quedarse, 12
steak bistec *m*, 3
steal robar, 14
stepfather padrastro *m*, 2
stepmother madrastra *f*, 2
stereo estéreo *m*, 8
stockings medias *f*, 5
stomach estómago *m*, 4; **stomachache** dolor de estómago *m*, 4
stop parar, 10; **stop** (doing something) dejar de, 9
store tienda *f*, 5
store clerk dependienta *f*, dependiente *m*, 2
storm tormenta *f*, 7
story (building) piso *m*, 8
stove estufa *f*, 8
straight (ahead) derecho, recto, 10
strange extraño, 11
strawberry fresa *f*, 3
street calle *f*, 6
strong fuerte, 2
struggle luchar, 13
student alumna *f*, alumno *m*, estudiante *m, f*, 1
study estudiar, 3
subway metro *m*, 6
suffer sufrir, 13
sugar azúcar *m*, 3
suggest sugerir (ie, i), 10
suit traje *m*, 5
suitcase maleta *f*, 11; **pack the suitcase** hacer la maleta, 11
summer verano *m*, 4
sun sol *m*, 7; **be sunny** hacer sol, 5; **sunbathe** tomar el sol, 7
Sunday domingo *m*, 1
sunglasses gafas de sol *f*, 5
superhighway autopista *f*, 10
supper cena *f*, 3; **have supper** cenar, 3
support apoyar, 13
sure seguro, 11
sweater suéter *m*, 5
swim nadar, 4
synagogue sinagoga *f*, 6

T

table mesa *f*, 1; **set the table** poner la mesa, 8
take tomar, 3; **take** (persons) llevar, 5; **take off** (airplanes) despegar, 11; **take off** (clothes) quitarse, 9; **take out** sacar, 8; **take out the garbage** sacar la basura, 8; **take photos** sacar fotos, tomar fotos, 11
tall alto, 2
tank tanque *m*, 10
tape cinta *f*, 8

tax impuesto *m*, 12
taxi taxi *m*, 6
tea té *m*, 3
teach enseñar, 13
teacher maestra *f*, maestro *m*, profesor *m*, profesora *f*, 1
team equipo *m*, 4
telephone telefonear, 13; teléfono *m*, 13
television set televisor *m*, 8
tell decir (i), 4
tennis tenis *m*, 4; **to play tennis** jugar al tenis, 4
tent carpa *f*, 7; tienda de campaña *f*, 7
tenth décimo, 12
test examen *m*, 1; prueba *f*, 1
than que, 12
thanks gracias, 3
that aquel, aquella, ese, esa, 5; que, 3; **that which** lo que, 3
the el, la, los, las, 1
theater teatro *m*, 6
their su(s), 2
theirs suyo (de ellos), 5
them las, los (*dir. obj.*), 6; les (*ind. obj.*), 7; ellas, ellos (*obj. of prep.*), 8
then entonces, 8
there allí, 2; **there is/are** hay, 1; **there was/were** había, 8
these estas, estos, 5
they ellas, ellos, 1
thing cosa *f*, 5
think pensar (ie), 4
third tercero, 12
thirst sed *f*, 3; **be thirsty** tener sed, 3
this esta, este, 5
those aquellas, aquellos, esas, esos, 5
throat garganta *f*, 4; **sore throat** dolor de garganta *m*, 4
through por, 7
Thursday jueves *m*, 1
ticket billete *m*, boleto *m*, 11; **round-trip ticket** billete de ida y vuelta *m*, 11; **traffic ticket** multa *f*, 10
ticket window taquilla *f*, 11
tie corbata *f*, 5
time hora *f*, 1; tiempo *m*, 3; vez *f*, 8; **on time** a tiempo, 3
tip propina *f*, 11
tire llanta *f*, 10
tired cansado, 2
to a, 1
toast pan tostado *m*, 3
tobacco tabaco *m*, 13
today hoy, 3
together juntos(as), 9
toilet inodoro *m*, 8
toilet paper papel higiénico *m*, 9
tomato tomate *m*, 3
tomorrow mañana, 3
tongue lengua *f*, 4
tonight esta noche, 3

too también, 4; demasiado, 9; **too many** demasiados, 9; **too much** demasiado, 9
tooth diente *m*, 4
toothbrush cepillo de dientes *m*, 9
toothpaste pasta de dientes *f*, 9
top: on top of encima de, 8
touch tocar, 4
towel toalla *f*, 8
town pueblo *m*, 7
traffic tráfico *m*, tránsito *m*, 10
traffic light semáforo *m*, 10
train tren *m*, 11; **to miss the train** perder el tren, 11
translate traducir, 4
travel viajar, 7
travel agency agencia de viajes *f*, 11
tree árbol *m*, 7
trip viaje *m*, 7; **take a trip** hacer un viaje, 7
truck camión *m*, 10
try to tratar de, 10
T-shirt camiseta, 5
Tuesday martes *m*, 1
turn doblar, 10; **turn off** apagar, 8; **turn on** encender (ie), prender, 8
type escribir a máquina, 6
typewriter máquina de escribir *f*, 6

U

ugly feo, 2
umbrella paraguas *f*, 5
uncle tío *m*, 2
under debajo de, 8
undershirt camiseta, 5
understand entender (ie), 4
underwear ropa interior *f*, 5
unemployment desempleo *m*, 13
unfortunately desafortunadamente, 9
university universidad *f*, 1
unless a menos que, 14
unpleasant (persons) antipático, 2
until hasta, 13; hasta que, 14
up arriba, 8
upon al, 8
urgent urgente, 11
us nos (*dir. obj.*), 6; nos (*ind. obj.*), 7; nosotras, nosotros (*obj. of prep.*), 8
use usar, 4

V

vacation vacaciones *f*, 7; **be on Dvacation** estar de vacaciones, 7; **go on vacation** ir de vacaciones, 7
vacuum pasar la aspiradora, 8
valley valle *m*, 7

vegetable legumbre *f*, 3; **vegetables** verduras *f*, 3
very muy, 2
victim víctima *f*, 13
video vídeo *m*, 8
village pueblo *m*, 13
vinegar vinagre *m*, 3
violence violencia *f*, 13
visit visitar, 6
volleyball voleibol *m*, 4
volunteer voluntaria *f*, voluntario *m*, 13
vote (for) votar (por), 13

W

wait (for) esperar, 6; **wait in line** hacer cola, 6
waiter camarero *m*, 2
waiting room sala de espera *f*, 11
waitress camarera *f*, 2
wake up despertarse (ie), 9
walk andar, 7; caminar, 4
wall pared *f*, 8
wallet cartera *f*, 5; billetera *f*, 5
want querer (ie), 4
war guerra *f*, 13
wash (oneself) lavar(se), 9; **wash dishes** lavar los platos, 8
waste desperdicio *m*, 14; desperdiciar, 13
watch reloj *m*, 5
water agua *f*, 3; **mineral water** agua mineral *f*
watermelon sandía *f*, 3
wave ola *f*, 7
we nosotras, nosotros, 1
weak débil, 2
weapon arma *f*, 14; **nuclear weapons** armas nucleares *f*, 14
wear llevar, 5
weather tiempo *m*, 5; **be good/bad weather** hacer buen/mal tiempo, 5
Wednesday miércoles *m*, 1
week semana *f*, 1; **last week** la semana pasada, 6; **next week** la semana próxima, la semana que viene, 14
weekend fin de semana *m*, 1
welcome bienvenido, 12; **you are welcome** de nada, 3
well bien, 2
what ¿qué?, 3; lo que, 3; **what a . . . !** ¡qué. . . !, 10
when ¿cuándo?, 3; cuando, 14
where ¿dónde?, 3; **(from) where** ¿de dónde?, 3; **(to) where** ¿adónde?, 3
which ¿cuál?, ¿cuáles?, 3; que, 3; qué, 3; **that which** lo que, 3
while mientras, 8
white blanco, 5

who que, 3; qué, 3; ¿quién(es)?, 3; **who (shall I say) is calling?** ¿de parte de quién?, 14

whose? ¿de quién(es)?, 3

why ¿por qué?, 3

wife esposa *f*, 2

win ganar, 4

wind viento *m*, 5; **be windy** hacer viento, 5

window ventana *f*, 1

windshield parabrisas *m*, 10

windshield wiper limpiaparabrisas *m*, 10

wine vino *m*, 3

winter invierno *m*, 4

with con, 3; **with me** conmigo, 8; **with you** (fam.) contigo, 8

withdraw sacar, 8

without sin, 3

woman mujer *f*, 2

woods bosque *m*, 7

wool lana *f*, 5

word palabra *f*, 1

work trabajar, 3; (machine) funcionar, 10; trabajo *m*, 2

world mundo *m*, 11

worried preocupado, 2

worry preocuparse (de, por), 9

worse peor, 12

worst el/la peor, 12

write escribir, 3

Y

yard jardín *m*, 8

year año *m*, 5; **be. . .years old** tener. . .años, 2; **last year** año pasado *m*, 6; **next year** año próximo *m*, año que viene *m*, 14

yellow amarillo, 5

yes sí, 1

yesterday ayer, 6

you usted, ustedes, tú, vosotras, vosotros (*subject*), 1; la, las, lo, los, te, os (*dir. obj.*), 6; le, les, te, os (*ind. obj.*), 7; usted, ustedes, ti, vosotras, vosotros (*obj. of prep.*), 8

young joven, 2

younger menor, 2

your su(s), tu(s), vuestro(s); vuestra(s), 2

yours suyo (de usted, de ustedes), tuyo, vuestro, 5

INDICE

A

Accents, see Stress
Adjectives:
  agreement of, 49
  of nationality, 55
  position of, 50
Adverbs, formation from adjectives, 295
Affirmative and negative words, 237, 393
Agreement, see Adjectives; Articles; Nouns
Alphabet, 5
Articles:
  definite, 19
  indefinite, 19

B

Business letter, writing, 469

C

Commands:
  nosotros, 340
  tú
    affirmative, regular, 358
    affirmative, irregular, 359
    negative, 362
  usted, **ustedes**, 335
  vosotros, 363
Comparisons:
  equal, 401
  superlatives, 405
  unequal, 403
Conditional:
  in "if" clause, 436
  of irregular verbs, 408
  of regular verbs, 407
Conocer versus **saber**, 118
Consonants, 3
Contractions, 23

D

Dates, 164
Days of the week, 26

Definite articles, see Articles
Demonstratives:
  adjectives, 151
  neuter, 152
  pronouns, 151
Diphthongs, 2
Direct object pronouns, 203
  with indirect object pronouns, 234
  position of, 204

E

Estar, 57
  plus condition, 60
  plus location, 56
  versus **ser**, 62

F

Future:
  of irregular verbs, 459
  or regular verbs, 458

G

Greetings, 13
Gustar, 92
  verbs similar to **gustar**, 232

H

Hacer in expressions of time:
  ago, 227
  duration of time, 166

I

"If" clauses, 436
Imperfect indicative:
  of irregular verbs, 256
  preterit versus imperfect, 258
  of regular verbs, 255

Imperfect subjunctive:
    formation of, 429
    in "if" clauses, 436
Indefinite articles, see Articles
Indicative versus subjunctive mood, 322
Indirect object pronouns, 229
    changed to **se**, 235
    with direct objects, 234
    position of, 230
Interrogatives, 90
Ir, 22
    plus **a** with destination, 22
    plus **a** with infinitive, 133

M

Maps:
    Antilles, 344
    Argentina, Chile, Paraguay, Uruguay, 441
    Bolivia, Ecuador, Perú, 410
    Central America, 306
    Colombia, Venezuela, 378
    Hispanic world, 32
    Mexico, 240
    Spain, 136
    U. S. A., 66
Months, 164

N

Negation with **no**, 25
Negation with other negative words, 237
Nouns:
    masculine and feminine plural, 20
    masculine and feminine singular, 20
Numbers:
    0–30, 3
    30–100, 44
    100 and up, 160
    ordinals, 399

O

Object of preposition pronouns, 269
Ojalá (que) plus subjunctive, 439
Origin: **ser** plus **de**, 12

P

Para versus **por**, 270
Passive with **se**, 188

Past participles:
    irregular, 298
    in perfect tenses, see Past perfect indicative; Past perfect subjunctive; Present perfect indicative; Present perfect subjunctive
    regular, 298
Past perfect indicative, 303
Past perfect subjunctive (Pluperfect), 433
Personal **a**, 115
Por versus **para**, 270
Possession:
    with **de**, 157
    possessive adjectives used after the noun, 158
    possessive adjectives used before the noun, 46
    possessive pronouns, 159
Prepositions, 265
    object of preposition pronouns, 269
    plus infinitives, 266
    por versus **para**, 270
Present indicative:
    of irregular verb **estar**, 57
    of irregular verb **ir**, 22
    or irregular verb **ser**, 11
    of irregular **yo** form verbs, 117
    of regular verbs, 76
    of stem-changing verbs, 127
Present participles:
    irregular, 169
    in present progressive tense, 168
    regular, 168
Present perfect indicative, 297
Present perfect subjunctive, 373
Present progressive, 168
Present subjunctive:
    of irregular verbs, 324
    of regular verbs, 323
    of spelling-change verbs, 323
    of stem-changing verbs, 324
Preterit:
    of **dar**, 231
    of irregular verbs, 222
    preterit versus imperfect, 258
    of regular verbs, 191
    of **ser** and **ir**, 192
    of stem-changing verbs, 198
    spelling change verbs, 192
Pronouns:
    demonstrative, 151
    direct object, 203, 234
    indirect object, 229, 234
    object of preposition, 269
    possessive, 159
    reflexive, 286
    subject, 11
Pronunciation, see Consonants; Vowels

R

Reflexive pronouns, see Pronouns
Reflexive verbs, 286
    reciprocal reflexive, 291

S

Saber versus **conocer**, 118
Se:
    to express a passive action, 188
    impersonal, 188
    as indirect object pronoun, 235
    as reflexive pronoun, 286
Seasons, 124
Ser, 11
    plus **de**, 12
    versus **estar**, 62
Stem-changing verbs, see Present indicative; Preterit
Stress (accents), 5
Subject pronouns, 11
Subjunctive mood, see also Imperfect subjunctive;
    Past perfect subjunctive (Pluperfect); Present
    perfect subjunctive; Present subjunctive
    after conjunctions of purpose and condition, 465
    after conjunctions of time, 461
    with expressions of doubt, disbelief, 366
    with expressions of emotion, 330
    in "if" clauses, 436
    versus indicative mood, 322
    in indirect (implied) commands, 326
    after **Ojalá (que)**, 439
    with impersonal expressions, 368
    with reference to what is indefinite or
        non-existent, 395

T

Tener, 45
    tener...años, 45
Time, 27

V

Vowels, 2

W

Weather, 123
Word order:
    in questions, 25
    of adjectives, 50
    negatives, 25

PHOTO CREDITS

CHAPTER 1

Opener: Robert Frerck/Odyssey Productions. *Page 16 [left]:* Michael Newman/PhotoEdit/PNI. *Page 16 [right]:* Van Bucher/Photo Researchers. *Page 33 [left]:* Owen Franken/Stock, Boston. *Page 33 [center]:* Richard Pasley/Stock, Boston. *Page 33 [right]:* David Alan Harvey/Woodfin Camp & Associates.

CHAPTER 2

Opener: Jose L. Palaez/The Stock Market. *Page 48:* Stephanie Maze/Woodfin Camp & Associates. *Page 58 [top left]:* Robert Frerck/The Stock Market. *Page 58 [top right]:* Michael Newman/PhotoEdit/PNI. *Page 58 [bottom]:* Suzanne L. Murphy/D. Donne Bryant Stock. *Page 59 [top]:* J.P. Courau/D. Donne Bryant Stock. *Page 59 [center]:* Robert Frerck/Woodfin Camp & Associates. *Page 59 [bottom left]:* Tony Freeman/ PhotoEdit/PNI. *Page 59 [bottom right]:* Robert Frerck/ Woodfin Camp & Associates. *Page 67 [top]:* Susan Greenwood/Gamma Liaison. *Page 67 [bottom]:* Collins/Monkmeyer Press Photo. *Page 68:* B. Daemmrich/The Image Works.

CHAPTER 3

Opener: Tibor Bognar/The Stock Market. *Page 75:* Chip Peterson/Rosa Maria de la Cueva Peterson. *Pages 85 [bottom] and 88 [far left]:* Robert Frerck/Odyssey Productions. *Page 88 [top left]:* Focus-Stock Fotografico. *Page 88 [top right]:* John Lei/Stock, Boston. *Page 88 [bottom left]:* Matthew Klein/Photo Researchers. *Page 88 [bottom right]:* David Simson/ Stock, Boston. *Page 98:* Timothy White/ABC/Photofest. *Page 99 [left and center]:* Gerardo Somoza/Outline. *Page 99 [right]:* Dave Hogan/REX USA Ltd. *Page 100 [top]:* Gerardo Somoza/Outline. *Page 100 [bottom]:* Bryan Yablonsky/Duomo Photography, Inc.

CHAPTER 4

Opener: Tony Duffy/Allsport. *Page 112:* Yellow Dog Productions/The Image Bank. *Page 113:* Mug Shots/ The Stock Market. *Page 121 [left]:* Gerard Vandystadt/ Photo Researchers. *Page 121 [right]:* Collins/ Monkmeyer Press Photo. *Page 137 [top]:* Luis Castaneda/The Image Bank. *Page 137 [center]:* Robert Frerck/Odyssey Productions. *Page 137 [bottom]:* Raga/ The Stock Market. *Page 138 [top]:* Kay Chernush/The Image Bank. *Page 138 [bottom]:* Pedro Coll/The Stock Market. *Page 139:* Robert Frerck/Odyssey Productions.

CHAPTER 5

Opener: Erica Lansner/Black Star. *Page 156 [top left]:* Oliver Benn/Tony Stone Images/New York, Inc. *Page 156 [right and bottom left]:* Suzanne Murphy/D. Donne Bryant Stock. *Page 172:* Peter Menzel/Stock, Boston. *Page 173 [left]:* Culver Pictures, Inc. *Page 173 [right]:* Gerry Goodstein. *Page 174 [top left]:* Logan Bentley/ Globe Photos, Inc. *Page 174 [top right]:* Brian Rasic/ REX USA Ltd. *Page 174 [bottom]:* Chris Delmas/ Gamma Liaison. *Page 175:* Art Resource. *Page 176 [top left]:* Joan Miro, "Two Personages"; ©1996 Artists Rights Society (ARS), New York/ADAGP, Paris/P. Harholdt/SUPERSTOCK. *Page 176 [top right]:* Pablo Picasso, "Femme Assise Dans Un Fauteuil"; ©1996 Succession Picasso/Artists Rights Society (ARS), New York/Christie's, London/SUPERSTOCK. *Page 176 [bottom]:* Salvador Dali, "Still Life"; ©1996 Demart Pro Arte, Geneva/Artists Rights Society (ARS), New York/Salvador Dali Museum, St. Petersburg, FL/ Lerner/SUPERSTOCK. *Page 177:* Julieta Serrano/ Orion Pictures Corp./Photofest.

CHAPTER 6

Opener: D. Donne Bryant Stock. *Page 197 [top]:* Ulrike Welsch Photography. *Page 197 [bottom]:* Shaun Egan/ Tony Stone Images/New York, Inc. *Page 207 [left]:* Robert Frerck/Odyssey Productions. *Page 207 [right]:*

John Mason/The Stock Market. *Page 208 [left and right]:* Robert Frerck/Odyssey Productions. *Page 208 [center]:* Owen Franken/Stock, Boston. *Page 209:* Art Resource. *Page 210:* Daniel Beltra/Gamma Liaison.

CHAPTER 7

Opener: Mireille Vautier/Woodfin Camp & Associates. *Page 221:* Virginia Ferrero/D. Donne Bryant Stock. *Page 226:* Jane Art Ltd./The Image Bank. *Page 241 [left]:* Nigel Atherton/Tony Stone Images/New York, Inc. *Page 241 [top right]:* Rogers/Monkmeyer Press Photo. *Page 241 [right center and bottom right]:* Robert Frerck/Odyssey Productions. *Page 242 [top]:* Robert Frerck/Woodfin Camp & Associates. *Page 242 [bottom]:* Lisa Quinones/Black Star. *Page 243 [left]:* Albano Guatti/The Stock Market. *Page 243 [center]:* Bryan Hemphill/Photo Researchers. *Page 243 [right]:* Filmteam/D. Donne Bryant Stock.

CHAPTER 8

Opener: Robert Frerck/Woodfin Camp & Associates. *Page 264:* Ulrike Welsch/Photo Researchers. *Page 274 [left]:* D. Donne Bryant Stock. *Page 274 [right]:* Rogers/Monkmeyer Press Photo. *Page 275 [left]:* Mary Evans Picture Library. *Page 275 [right]:* Culver Pictures, Inc. *Page 276:* Corbis-Bettmann.

CHAPTER 9

Opener: Jeff Greenberg/Photo Researchers. *Page 293:* Robert Frerck/Woodfin Camp & Associates. *Page 294 [left]:* L. Mangino/The Image Works. *Page 294 [right]:* Alyx Kellington/D. Donne Bryant Stock. *Page 307 [top left]:* Rob Crandall/Stock, Boston. *Page 307 [top right]:* Mireille Vautier/Woodfin Camp & Associates. *Page 307 [bottom]:* Byron Augustin/D. Donne Bryant Stock. *Page 308 [top]:* Jeff Perkell/Impact Visuals. *Page 308 [bottom]:* Susan McCartney/Photo Researchers. *Page 309 [top]:* D. Donne Bryant Stock. *Page 309 [bottom]:* Will & Deni McIntyre/Photo Researchers.

CHAPTER 10

Opener: Robert Frerck/The Stock Market. *Page 334 [bottom]:* Mike Mazzaschi/Stock, Boston. *Page 345 [top]:* Klaus D. Francke/BILDERBERG/The Stock Market. *Page 345 [bottom]:* Rob Crandall/Stock, Boston. *Page 346 [left]:* J.W. Mowbray/Photo Researchers. *Page 346 [right]:* Max & Bea Hunn/D. Donne Bryant Stock. *Page 347 [left and top]:* Robert Frerck/Odyssey Productions. *Page 347 [bottom]:* Grue/Boisberrang/Figaro/Gamma Liaison.

CHAPTER 11

Opener: Gilles Guittard/The Image Bank. *Page 379 [left]:* Chip Peterson/Rosa Maria de la Cueva Peterson. *Page 379 [top right]:* Erik Svensson/The Stock Market. *Page 379 [bottom right]:* Joseph Standart/The Stock Market. *Page 380 [top]:* Daniel I Komer/D. Donne Bryant Stock. *Page 380 [left]:* Rogers/Monkmeyer Press Photo. *Page 380 [bottom right]:* Russell A. Mittermeier/Bruce Coleman, Inc. *Page 381 [left]:* M. Algaze/The Image Works. *Page 381 [right]:* Russell A. Mittermeier/Bruce Coleman, Inc.

CHAPTER 12

Opener: Wolfgang Kaehler/Gamma Liaison. *Page 400 [right]:* Daniel Aubry/Odyssey Productions. *Page 411 [top]:* Kenneth Murray/Photo Researchers. *Page 411 [center]:* Robert Frerck/Odyssey Productions. *Page 411 [bottom]:* Ted Kerasote/Photo Researchers. *Page 412:* Robert Frerck/Odyssey Productions. *Page 413 [top]:* Victor Englebert/Photo Researchers. *Page 413 [bottom]:* William J. Jahoda/Photo Researchers. *Page 414 [left]:* Claudia Parks/The Stock Market. *Page 414 [right]:* Francois Gohier/Photo Researchers.

CHAPTER 13

Opener: Robert Frerck/The Stock Market. *Page 428 [left]:* Erwin & Peggy Bauer/Bruce Coleman, Inc. *Page 428 [right]:* Robert Frerck/Odyssey Productions. *Page 435:* Julio Etchart/Impact Visuals. *Page 442 [top]:* Steve Benbow/Woodfin Camp & Associates. *Page 442 [left]:* Alex Stewart/The Image Bank. *Page 442 [right]:* Kactus/Gamma Liaison. *Page 443 [top left]:* Robert Frerck/Odyssey Productions. *Page 443 [top right]:* Courtesy Argentina Department of Tourism. *Page 443 [bottom left]:* Loren McIntyre. *Page 443 [bottom right]:* Robert Fried/D. Donne Bryant Stock. *Page 444:* Max & Bea Hunn/D. Donne Bryant Stock. *Page 445 [left]:* Haroldo & Flavia de Faria Castro/FPG International. *Page 445 [right]:* Carlos Sanuvo/Bruce Coleman, Inc.

CHAPTER 14

Opener: Vera A. Lentz/Black Star. *Page 468:* Courtesy CompuServe, Inc. *Page 476:* Peter Ginter/BILDERBERG/The Stock Market. *Page 477 [top]:* Dr. Seth Shostak/Science Photo Library/Photo Researchers.

REALIA CREDITS

CHAPTER 1 *Page 31:* GARFIELD © 1978 Paws, Inc. Dist by UNIVERSAL PRESS SYNDICATE. Reprinted with permission. All rights reserved.

CHAPTER 2 *Page 65:* Printed with permission of The Advertising Council.

CHAPTER 3 *Page 81:* Reprinted by permission of Goya Foods, Inc.; *Page 85:* Kellogg's™, Zucaritas™, and TIGRE TONO and Design™ are Registered Trademarks of Kellogg Company used with permission, ©1996 Kellogg Corporation; *Pages 96 and 101:* From "Vanidades." Reprinted by permission of Editorial América S.A.

CHAPTER 5 *Page 162:* From "Vanidades." Reprinted by permission of Editorial América S.A.; *Page 163:* Reprinted by permission of Domino's Pizza, Inc.

CHAPTER 6 *Page 190:* Reprinted by permission of the Hotel Claremont.

CHAPTER 8 *Page 253:* Reprinted by permission of "El Panamá América."

CHAPTER 10 *Page 321:* From "Hombre Internacional," Año 19 #11, Reprinted by permission of Editorial América S.A.; *Page 329:* Reprinted by permission of "La Nación."

CHAPTER 11 *Page 360:* Reprinted by permission of Taca International Airlines and Minden Pictures.

CHAPTER 12 *Page 398:* Reprinted by permission.; Reprinted by permission of the Hotel Inter-Continental Panama.

CHAPTER 13 *Page 424:* Reprinted by permission of the New York City Recycling Program.

CHAPTER 14 *Page 455:* Reprinted by permission of Chinon America, Inc.; *Page 467:* Reproduced with permission of AT&T.

TEST PERMISSIONS

We would like to thank the following for their permission to reprint the selections that appear in *Dicho y hecho.*

Agencia literaria latinoamericana for "Sensemayá" by Nicolás Guillén. Reprinted by permission.

Arte Público Press for "Es que duele" by Tomás Rivera from *...y no se lo tragó la tierra...And the Earth Did Not Devour Him.* Reprinted by permission.

Ediciones Cátedra for "Música celestial," "Son celdas de castigo," "Manos a la obra," and "Antiguo ejercicio de redacción de Glorita" by Gloria Fuertes. Reprinted by permission.

Ernesto Cardenal for "Loras" by Ernesto Cardenal. Reprinted by permission.

Agencia Literaria Carmen Balcells for "Me habían visto" Gabriel García Márquez from *Relato de un náufrago.* Reprinted by permission.

Ediciones Cátedra for "Masa" by César Vallejo. Reprinted by permission.

Marco Denevi for "Apocalipsis I" by Marco Denevi. Reprinted by permission.